**Armenien
Land am Ararat**

Gisela Ramming-Leupold

Armenien
Land am Ararat

Geschichte, Religion
und Tradition

mitteldeutscher verlag

Übersicht der Provinzen Armeniens

Inhalt

Neugierig auf Armenien 7

1 Graue Vorzeit 11
Noah und der heilige Berg 11
Steine bergen ein Geheimnis 14
Das Königreich Urartu 17
Die Stammväter: Von Noah zu Hayk 22
Aram, der Namensgeber 24
Große und kleine Könige 24

2 Biblisches Zeitalter 29
Erste Annäherung an Jesus Christus 29
Briefwechsel mit dem Heiland 29
Exkurs: Die Erzväter der Bibel 30
Exkurs: Moses und die Gesetzestafeln 35
Exkurs: Die Zehn Gebote 38
Die Lehre und der Lehrer 40
Beginn der Christianisierung Armeniens 43
Christus am römischen Götterhimmel 43
Wie wird man göttlich? 44
● Der Tempel von Garni 47

3 Das christliche Armenien 50
● Chor Virap, dem Ararat am nächsten 50
Der Mythos Ararat und seine Weiterdichtung 51
Die Anfänge des Christentums 54
Die armenische Schrift 55
Bibelübersetzungen 59
Bücher, ein hoher Wert 61
Kreuzsteine – Chatschkare 66
● Der Friedhof von Noratus 69

Erste Gotteshäuser 72
Das Heer der Heiligen 74
Exkurs: Kleine Genealogie der großen Familien 75
Wahr' Mensch und wahrer Gott – oder nicht? 78
Die Sprache der Architektur 80
Kleine Kirchen – großer Glaube 82

4 Klostergründungen 85
● Etschmiadsin, der Sitz des Katholikos 85
Der erste armenische Gottesdienst 86
Christus, lachend am Kreuz 90
● Das Gedächtnis der schönen Hripsime 91
● Das Sanktuarium der Heiligen Gayane 92
● Surb Shoghakath – Die Kirche des Lichtstrahls 94
● Die Rundkirche von Svartnots 95
Exkurs: Vom heidnischen Ritual zum christlichen Sakrament 98
● Das Höhlenkloster Geghard 100
● Aschtarak: Noah spielen an der Karmravor 102
● Die Aprikosenfarbene, die Weiße und die Heilige Marine 104
● Saghmosavank, das Psalmenkloster 105
● Legenden um den Berg Aragaz 107
● Das Johanneskloster Howanawank 108
Exkurs: Vom Olivenöl zum Heiligen Myron 112
Die armenische Taufe 116
● Vor- und Frühchristliches im Kloster Mughni 118
Exkurs: Armenisches Brauchtum 121
● Die Inselklöster am Sewan-See 123
Ein Juwel unter den Chatschkaren 126
● Die Kathedrale von Odsun 128

**5 Das Königreich Ani,
heute Ostanatolien** 130
Von der Krone zum Turban 130
Von Glanz und Untergang 132
Ani, eine Stadt wie aus dem Märchen 136
Exkurs: Leben in der Lehmhüttenregion 142
● Klostergründungen nach Ani: Sanahin,
das ältere 144
Exkurs: Auf Entdeckungsreise in Sanahin 147
● Haghpat: die Idylle an der Straße der Klöster 149
Der berühmte Allerlöser-Kreuzstein
von Haghpat 151
Exkurs über Rose und Nachtigall 153

**6 Geschichte und Geschichten von
Achtamar** 156
Vom kleinen Königreich Vaspurakan,
heute Ostanatolien 156
Die Heiligkreuzkirche von Achtamar,
heute Ostanatolien 157
Steine erzählen biblische Geschichten 163
Vom Propheten Jona 163
David und Goliath 165
Eva und die vierfüßige Schlange 167
Kirchweih 168

7 Neue Fürstentümer 169
Das Kilikische Königreich,
heute Südostanatolien 169
Exkurs: Ein Wort zu den Kreuzzügen 176
Exkurs: Das Christusporträt von Edessa 180
Glück im Unglück:
Klostergründungen in Serie 182
● Festung und Kirche Amberd 183
● Haghardsin in den tiefen Wäldern
des Nordens 185
Exkurs über die ›Liedermacher‹ der Alten 188
Exkurs über Komitas 191

● Gladsor/Tanahat – das neue Athen 195
● Kloster Tatev, ganz im Süden 197
● Norawank, das neue Kloster 200
Exkurs: Der armenische Teppich 204
● Mesrops Andenken in Oshakan 206

8 Armeniens jüngere Vergangenheit 209
Armenier in der Diaspora 209
Die Armenier im Osmanischen Reich 214
Wie kam es zum Genozid? 220
Das dunkle Kapitel: Der Genozid 229
Schicksale 235
Wegbegleiter 237
Das Genozid-Memorial 240
Die Täter und ihr schlimmes Ende 242
Die Zeit danach 246
Vielleicht eine Vision 250
● Jerewan 256

Zum guten Schluss 267

Verzeichnis der Bibelstellen 270
Glossar 271
Personen- und Sachregister 272
Geographisches Register 275
Quellenverzeichnis 277
Abbildungsnachweis 279

Neugierig auf Armenien

Irgendwie war mein Name auf eine Liste bewährter und potentieller Reiseleiter eines Touristik-Unternehmens geraten, und ich sollte auswählen, in welches Land ich reisen wollte, um vielleicht selbst einmal eine Gruppe dorthin zu führen. Ohne die Absicht, je Reiseleiterin zu spielen, reizte es mich, Neuland kennenzulernen. Gleich zu Anfang der Aufstellung las ich »Armenien«. Meine nächsten Gedanken weiß ich noch genau: »Wo liegt denn das?« – »Kenne ich nicht.« – »Da muss ich hin!«, und ich meldete mich an.

Alles ging sehr schnell. Während der Anreise bat ich einen der ›alten Hasen‹, mir in drei Sätzen die Geschichte Armeniens zu erzählen. Er meinte, drei Sätze brauche er nicht, einer genüge: Sie gerieten politisch immer zwischen die Räder. Das war die kürzestmögliche Zusammenfassung dessen, was die Armenier jahrtausendelang im Räderwerk der Geschichte zu erdulden hatten. Praktisch ohne Vorkenntnisse betrat ich Pfingsten 2001 armenischen Boden, aber als Mitglied der ersten ausländischen Reisegesellschaft auf dem bewussten roten Teppich. Ich erlebte eine brillante Präsentation des Landes von armenischer Seite, dazu vielfältige spontane Beiträge aus den beruflichen oder privaten Wissensgebieten aus unseren Reihen. Mit der Erkenntnis, dass ich es hier mit einem sehr alten Kulturvolk zu tun bekäme und an Informationen gelangte, die sich so komprimiert nirgendwo nachlesen ließen, regte sich der Reflex aus meinen späten Studentenjahren – ich schrieb alles mit.

Als ich später begann, meine Notizen ins Reine zu bringen und etwas tiefer zu schürfen, wurde es noch interessanter: Ich fand Hintergrundwissen in zumeist älteren bis sehr alten Büchern in den Universitäts-Bibliotheken, deutschlandweit. Durch mein wachsendes Interesse lernte ich gebürtige Armenier und Armenierinnen kennen, die meine tausend Fragen beantworteten, die aber auch ›aus dem Nähkästchen‹ plauderten, mir von Sitten und Gebräuchen ihres Volkes erzählten. Es entstand der Gedanke an ein eigenes Buch.

Ich entschied, die Geschichte, Kultur, Mythen, Erzählungen und die zum Verständnis wichtigsten biblischen Geschichten in einer gewissen chronologischen Reihenfolge zu bringen. So knüpfte ich meinen roten Faden bei Movses von Chorene an, dem Historiker des 5. Jahrhunderts, der als Erster alles bis dahin nur mündlich Überlieferte schriftlich festgehalten hatte. Jeder der späteren Fürsten- und Königshöfe hielt sich Geschichtsschreiber, deren Historien wohl nicht unbedingt objektiv ausfielen, aber sie waren ausgeschmückt mit wunderschönen Details und Legenden, die mir sehr willkommen waren: prachtvoll leuchtendes, historisches Lokalkolorit.

Der Ararat ist der heilige Berg der Armenier, denn sie leiten nach Movses von Chorene ihre Herkunft aus der Arche ab, von Noahs drittem Sohn Javith. Aus Javiths Geschlecht stammte Hayk, der Held, Namensgeber Hayastans, des früheren Namens, ehe es ›Armenien‹ genannt wurde nach Aram, seinem späten Nachfahren, dem ersten namentlich bekannten Urartäerkönig. Als das Urartäische Reich zu Beginn des 6. vorchristlichen Jahrhunderts zerschlagen war, wurde es eine persische Satrapie. Ihre Unabhängigkeit erlangten die Armenier erst nach dem Sieg Alexander des Großen über Darius III. Codomannus im Jahre 334 vor Christus. Aus der Dynastie der Artaxiden war es Tigran II. der Große (95–55 v. Chr.), der ein riesiges armenisches Reich vom Kaukasus bis nach Palästina, von Kappadokien bis ans Kaspische Meer eroberte. Als er im Jahr 65 vor Christus von Pompejus besiegt wurde, verlor er nur die neu eroberten Gebiete, denn er schloss einen Bündnisvertrag und wurde ›Freund und Verbündeter Roms‹. So blieb Armenien ein selbständiges Königreich, auch wenn es zudem von den Parthern abhängig war. Beiden Weltreichen war Armenien Pufferstaat wie Handelspartner. Dem politischen Gleichgewicht zuliebe hatte Nero dem von den Parthern favorisierten Arsakiden Trdat I., dem Spross einer königlichen Seitenlinie, als Armeniens Oberhaupt zugestimmt, ja, ihn sogar gekrönt. Mit dem Niedergang der Parther und dem Erstarken der Sassaniden zum zweiten persischen Großreich (224) begann es gewaltig zu knirschen im Räderwerk der Geschichte, denn diese waren Erzfeinde der Arsakiden. Die Römer mussten einer Aufteilung Armeniens (384–387) zustimmen, wobei der weitaus größere Teil unter persische Herrschaft geriet. Aber niemand konnte ahnen, dass der parthisch-armenische König Trdat III. im Jahre 301 als Erster das Christentum als Staatsreligion ausrufen würde. Wie die neue Religion ins Land und wie es zur Bekehrung des Königs kam, ist wiederum eine spannende Geschichte, umwoben von Legenden. Nur ein Jahrhundert später wurde den Armeniern durch den gelehrten Mönch Mesrop Maschtoz eine eigene Schrift geschenkt, was sie in ihrer Identität wie in ihrem Zusammengehörigkeitsgefühl ungemein bestärkte. Das Jahr 451 war ein Schicksalsjahr der Armenier. Der persische König Jesgerd wollte sie zwingen, zum Glauben Zarathustras zurückzukehren. Unter ihrem Feldherrn Vartan verloren sie zwar die Schlacht, aber in 30-jährigem Widerstand aus dem Untergrund erreichten sie ihre nationale Unabhängigkeit. Allerdings konnten die Armenier wegen dieses Kriegs gegen die Perser nicht an dem Konzil von Chalcedon teilnehmen. Es ergaben sich mit den Byzantinern unüberbrückbare Differenzen um die ›Natur Christi‹, eine Spaltung der Kirche, endloses Sich-Bekriegen, während die Araber schon an den Grenzen standen. Byzanz wäre nur um den Preis der Anerkennung seiner Glaubenslehre zur Unterstützung gegen die Überfälle bereit gewesen. Das wiederum kam für die Armenier nicht in Frage. Folglich mussten sie sich nach aufreibenden Kämpfen den Arabern unterwerfen. Immerhin waren sie mit der neuen Herrschaft von den bisherigen Großmächten befreit. Doch aus Schutzverträgen wurde Unterdrückung. Aus Fürstengeschlechtern bildeten sich neue Königshäuser ›von Kalifs Gnaden‹, die der Bagratiden (885) mit Ani, der ›Stadt der 1 001 Kirchen‹ und der Artsruniden in Vaspurakan (835). Ab 1044 stürmten aus dem Osten Horden der seldschukischen Turkvölker herein. Byzanz zerstörte mit Ani (1045) selbst seinen bisherigen Schutzwall gegen Feinde aus dem Osten. 1064 belagerte und vernichtete der Seldschuken-Sultan Arp Arslan, was von der prächtigen Königsstadt noch übrig war. Dschingis Khans Mongolenhorden zogen 1235/36 ihre Blutspur, denen 1386 bis 1403 Timur Lenks verheerendste Feldzüge durch die armenischen Gebiete folgten.

Wie bei früheren kriegerischen Ereignissen hatte auch nach der Zerstörung Anis ein Exodus stattgefunden. Man überlebte in den umgebenden Reichen, in der Diaspora. Aus einem bestehenden armenischen Fürstentum begründete im 11. Jahrhundert Ruben I. das neue Rubenidische Königreich Kilikien, das während der Zeit der Kreuzzüge als wichtiger Stützpunkt der ›Franken‹ erstarkte und den Seldschuken standhalten konnte. Mit den im 13. Jahrhundert einfallenden Mamelukken, ohne die Unterstützung Roms oder der europäischen christlichen Brudervölker, war trotz allem diplomatischen Ränkespiel nach 200 glanzvollen Jahren der Untergang eines eigenen Reiches besiegelt.

Wie war so viel Leid und Unheil überhaupt zu überleben, vom Einzelnen wie vom Volk der Armenier? Es hatte sich nie den Großmächten ergeben, die um die Grenzen von Orient und Okzident auf ihrem Territorium stritten. Auch muss man unter ihren

Königreichen eher locker gefügte Feudalstaaten mit mächtigen Stammesfürsten und Geschlechterhäuptlingen verstehen, die sich Kraft ihrer großen Besitztümer eher untereinander anfeindeten als dass sie nach außen eine gemeinsame Front bildeten. Einig waren sie sich jedoch immer, ihre Identität zu bewahren, die sich auf ihren armenisch-apostolischen Glauben und ihre Schrift gründete. Nie gelang es bei aller Unterdrückung, Dezimierung oder Vertreibung, sie zu assimilieren. Es bestärkte sie höchstens, denn sie empfanden all diese Katastrophen als Prüfungen Gottes. Die letzte und größte war der Genozid im 20. Jahrhundert.

Das brachte mich dazu, mich mit ihrer Religion zu befassen und sie mit meiner eigenen, der evangelisch-lutherischen zu vergleichen. An welche biblischen Geschichten erinnern die schönen Künste, die in Friedenszeiten wieder aufblühten, zum Beispiel in der Buchmalerei? Was erzählen allein die zauberhaften Illustrationen der uralten Bibeln im Matenadaran, dem Museum für alte Schriften in Jerewan! Wie war das mit Adam und Eva, mit Noah und Mose oder den altjüdischen Vätergeschichten, deren Zwölfersymbolik sich in der Architektur der weit verstreuten Klosterakademien entdecken lässt? Ich besuche diese Zufluchtsorte in der Reihenfolge ihrer Gründung, und, wo sie aufzufinden waren, hole ich ihre die bedeutendsten Persönlichkeiten und ihr Wirken wieder ans Licht. Wie diese steinalten Kirchen lebendig werden im Kerzenschein einer Messe, bei der berührend schönen, schwermütigen armenischen Melodik, beim Gesang der Priester und der großartigen Chöre!

Über die Kunstfertigkeit der Bildhauer staunt man immer wieder, auch unvermutet irgendwo in der freien Natur. Nie habe ich so viele Kreuze gesehen wie hier. ›Chatschkare‹ heißen sie in ihren hunderten von Variationen, und jeder einzelne ist anders als bei uns: Es ist immer ein Lebensbaum mit Knospen an den Balkenenden. – Wie war das doch gleich mit der Verbindung zwischen dem Kreuz und Adam, der ›Adamslegende‹?

Bei der Arbeit an diesem Buch kam mir mein jahrelanges Gasthören bei den Theologen in Bayreuth zustatten. Für eine Exkursion »Auf den Spuren des Apostels Paulus« waren von uns Teilnehmern der theologische und historische Hintergrund der zu besichtigenden Stätten selbständig zu erarbeiten. Mir fiel Ephesus zu, das ich zwar kannte, womit ich mich aber nie so intensiv beschäftigt hatte. Das war ja faszinierend, so in die Tiefe zu gehen, so viel darüber nachzulesen und zu erfahren! Und genau diese Neugier und Begeisterung stellten sich bei den Recherchen über Armenien wieder ein, auch für die verlorenen Regionen in Ostanatolien und die Diasporagemeinden im Iran und im Libanon – und hielt zehn Jahre an.

Das Mutterland Armenien ist jetzt noch knapp 30 000 Quadratkilometer groß mit seiner aufstrebenden, quirligen 1,5-Millionen-Metropole Jerewan. Ewig schön thront der Ararat wie ein Hausberg darüber – wenn er sich zeigt. Aber abseits, einsam in einer grandiosen Landschaft, umgeben von schneebedeckten Gipfeln des Kleinen Kaukasus oder in der Weite des Sewan-Sees, gewähren die Mauern der Klöster Raum für Stille, wie seit Jahrhunderten.

Melchior Kysel, Augsburg, MDCLXXIX: Figuren Biblischer Historien Alten und Neuen Testaments, Texte: Johannes Grophius, 1679

1 Graue Vorzeit

Noah und der heilige Berg

Ich schüttelte den Kopf, weil es mir so unwirklich erschien, was ich erblickte: Seit märchengläubigen Kindertagen war der Ort der Geschichte von Noah und seiner Arche fest verankert in der gleichen blauen Ferne wie Schneewittchens sieben Berge, jeglicher Belehrung zum Trotz. Wie viele der großartigsten Gebirge dieser Welt ich seither auch gesehen habe, das Staunen des kleinen Mädchens blieb: Ist denn das möglich – ich sehe den Ararat mit eigenen Augen!

Den Namen hatte ich wohl im Kindergottesdienst aufgeschnappt. Dorthin ging ich gern, war er doch das größte Ereignis der Woche. Er gehörte zum Sonntag wie die Klöße. Eine Freundin aus der Kinderschule holte mich ab, ganz allein stiefelten wir los, in unseren Sonntagskleidchen mit Sonntagsschleifen im Haar, nicht weit, nur auf die andere Straßenseite. Wir, die kleineren Mädchen auf der einen Seite bei einem ›Fräulein‹, die etwas größeren im Abstand bei einem anderen, und drüben die Buben, so saßen wir immer am späten Sonntagmorgen etwas befangen in den langen Bänken der großen, leeren Kirche, während die Orgel spielte, der Pfarrer sprach, gesungen und gebetet wurde. Aber wenn das Erzählen begann, rückten wir eng zusammen, gespannt, was das ›Fräulein‹ in unserer Phantasie lebendig werden ließ. So auch die Geschichte von der Sintflut: dass die Menschen so schlecht waren, dass es Gott ärgerte und er alles Leben auf der Erde wieder auslöschen wollte, alle und alles vernichten. Nur einer war gut, der sollte überleben und mit ihm seine Familie: Noah. Ein Schiff wurde gebaut, so groß, dass ein endlos langer Zug von Tieren darin Platz fand, von jeder Art ein Pärchen. Schon das war unbegreiflich. Meine Gedanken schweiften ab zum Faltboot meines großen Bruders, dem einzigen Wasserfahrzeug, das ich bis dahin kannte, und da hinein hätte ich nicht einmal meine Katze gebracht.

Richtige Regengüsse hatten wir wohl erlebt, sogar Pfützen im Keller, aber eine ganze Sintflut blieb mir etwas Unvorstellbares. Doch es folgte ja die Errettung der ganzen Menagerie auf dem höchsten aller Berge, dem Ararat, mit den freigelassenen Vögeln als Kundschaftern. Und schließlich setzte der liebe Gott zu Sonne, Mond und Sternen noch so ein prächtig leuchtendes Zeichen an den hohen Himmel, nach dem jeder Ausschau hält, wenn nach einem Schauer gleich wieder die Sonne scheint. Nur denkt heute kaum mehr jemand an die alte Geschichte. So viele bunte Bilder, Zauber und Rätsel für einen Kinderverstand. – Erst viel später habe ich den Blick dahinter gewagt, habe versucht, den Sinn, die Aussage zu erfassen *Und Gott sprach ... Meinen Bogen hab ich gesetzt jnn die wolcken / der sol das zeichen sein des Bunds / zwischen mir vnd der erden ... das nicht mehr hinfurt ein Sindflut kome / die alles fleisch verderbe. So lautet es in der markigen Sprache der ersten Übersetzung Dr. Martin Luthers ins Deutsche von 1534: *Da aber der HERRE sahe / das der menschen bosheit gros war auff erden ... da rewet es jn / das er die menschen gemacht hatte auff erden. Der Schöpfer wird hier nicht als der Allwissende geschildert, sondern als der Vater, der seine Kinder in die Freiheit entlässt. Er geht das Risiko ein, dass sie sich von ihm abwenden. Das geschah, und damit hatten sie ihr Lebensrecht verwirkt. Noah aber fand Gnade in Gottes Augen und mit ihm sein *gantz haus. Er war ein frommer Mann und ohne Tadel. Gehorsam war er der merkwürdigen Weisung Gottes gefolgt, diesen 300 Ellen langen Kasten aus Tannenholz, die ›Arche‹, zu bauen, zu verpichen und

mit seiner Frau und seinen Söhnen Sem, Ham und Javith *vnd seiner söne dreien weiber / dazu allerley thier nach seiner art / allerley viech nach seiner art / allerley gewürm das auff erden kreucht nach seiner art / vnd allerley vogel nach jrer art / alles was fliegen kund / vnd alles was fittich hatte / das gieng alles zu Noah jnn den Kasten bey paren von allem fleisch / da ein lebendiger geist jnnen war / vnd das waren menlin vnd frewlin von allerley fleisch / vnd giengen hinein / wie denn Gott jm geboten hatte / Und der HERRE schlos hinder jm zu.
Wie angekündigt, brach nach sieben Tagen das Unheil über sie herein. Die Brunnen liefen über und alle Schleusen des Himmels öffneten sich, ein nie da gewesenes Unwetter kam über die Erde für vierzig Tage und vierzig Nächte. Die Wasser schwollen an und hoben die Arche empor und trugen sie weit über die Erde ... – *Und das gewesser nam vberhand vnd wuchs so seer auff erden / das alle hohe berge vnter dem gantzen himel bedeckt wurden / Fünfftzehen ellen hoch gieng das gewesser vber die berge / die bedeckt wurden. / Da gieng alles fleisch vnter / das auff erden kreucht / an vogeln, an viech / an thieren / vnd an allem das sich reget auff erden / vnd an allen menschen / Alles was ein lebendigen odem hatte im trocken / das starb ... Allein Noah bleib vber / vnd was mit jm jnn dem Kasten war / vnd das gewesser stund auff erden hundertvnd fünfftzig tage.
Da gedachte Gott an Noah / vnd an alle thier vnd an alles viech / das mit jm jnn dem Kasten war / vnd ließ wind auff erden komen ... Das erinnert an die Schöpfungsgeschichte, als auch Gottes Odem dem ersten Menschen Leben einblies –... vnd die wasser fielen / vnd die brünne der tieffen wurden verstopfft sampt den fenstern des himels / vnd dem regen vom himel ward gewehret / vnd das gewesser verlieff sich von der erden jmmer hin / vnd nam ab / nach hundert vnd funfftzig tagen.
Jetzt kommt das Erwartete: *Am siebzehenden tag des siebenden monden / lies sich der Kaste nidder auff das gebirge Ararat / Es verlieff aber das gewesser fort an vnd nam abe bis auff den zehenden mond / An ersten tag des zehenden monds / sahen der berge spitzen erfur. Nach viertzig tagen / thet Noah das fenster auff an dem Kasten / das er gemacht hatte / vnd lies ein raben aus fliegen / der flog jmer hin vnd widder her ... Der Rabe, Symbol für Unglück und Strafe, der nächste Vogel, die Taube, das für Hoffnung. Die ließ er nach weiteren sieben Tagen frei. Da sie keinen trockenen Platz zum Ausruhen fand, kam sie um die Abendzeit zu ihm zurück. Einen Ölzweig hatte sie abgebrochen und trug ihn in ihrem Schnabel. Das wurde das Friedenssymbol weltweit. Eine Woche später ließ er wieder eine Taube fliegen, die nicht mehr zurückkam. Sie musste festen Boden gefunden haben.
Noah kroch mit den Seinen aufs Trockene, baute einen Altar und brachte ein Dankopfer am Fuße des Ararat. Gott nahm es an und gelobte Gnade vor Recht, so lange die Erde bestünde, wegen dieses einen Menschen. Das gilt bis zum heutigen Tag. Jeder Mensch ist frei in seinen Entscheidungen, er erkennt, was gut und böse ist, und er hat die Wahl. Gott lässt ihn gewähren. Die ganze Frist seines Erdenlebens soll er die Möglichkeit haben, sich zu bewähren. Seine ›Gedanken, Worte und Werke‹ misst er erst beim Jüngsten Gericht. Deshalb ist die Todesstrafe unzulässig, deshalb steht es keinem Menschen zu, Weltenrichter zu spielen und eine Achse des Bösen zu konstruieren. Gott ist absolut gegen das Töten von Menschen: *Wer menschen blut vergeusst / des blut sol auch durch menschen vergossen werden ...
Er segnete Noah und die Seinen und setzte sie, die Menschen, die ganze Menschheit, zu seinem Gegenüber und zu verantwortlichen Stellvertretern für die tote und belebte Natur: *... Ewer furcht vnd schrecken sey vber alle thier auff erden / vber alle vogel vnter dem himel / vnd vber alles was auff dem erdboden kreucht / vnd alle fisch im meer seien jnn ewer hend geben / Alles was sich reget und lebet / das sey ewer speise / Wie das grüne kraut / hab ichs euch alles gegeben ... *Seid fruchtbar vnd mehret euch ...

Und Gott setzte den Regenbogen an den Himmel als Zeichen der Versöhnung.

Alle frühen Kulturen dieser Gegend berichten in ihren Mythen von dieser Katastrophe. Am bekanntesten ist das babylonisch-assyrische »Gilgamesch-Epos«. Dort hatten die Götter eines Tages beschlossen, die ganze Menschheit zu ersäufen. Wie waren sie aber erschrocken, als sie den heranziehenden Schlachtreihen der Unterwelt gegenüberstanden, den Unterirdischen, die sie damit herausgefordert hatten. Bei ihnen hatte sich die Flut als kosmischer Kampf zwischen den Urmächten der Wassertiefe und den Göttern in der Höhe abgespielt. Die Menschen waren ohnmächtig diesem und allem Unheil ausgeliefert, das ihnen die Götter zudachten.

Wenn nun im Alten Testament diese Überschwemmung erwähnt wird, dann nicht, um einen Mythos zu wiederholen, sondern um ihn zu verwandeln. Gott lässt die Flut kommen, er lässt sie gehen. Auf der Erde spielt eine Geschichte, die gelenkt und geplant ist. Es ist Gottes erklärter Wille, dass das Leben auf Erden gesichert bleibt: ***So lange die erden stehet / sol nicht auffhören / samen vnd ernd / frost vnd hitz / sommer vnd winter / tag vnd nacht.*** Nicht Gott wird sie vernichten, sondern die Menschen, die sich die Freiheit anmaßen, unverantwortlich in seine Schöpfung einzugreifen. Es gilt das Gesetz von Saat und Ernte: Ich bin für meine Handlungen verantwortlich.

Ein Bergmassiv, das als einzige Erhebung aus einer weiten Hochebene aufragt, bewegt seit alten Zeiten die Phantasie der Menschen: Majestätisch, 5 156 Meter hoch, mit abgeflachtem Gipfel der Große Ararat, daneben der Kleine Ararat, ein klassisch schöner Vulkankegel von 3 896 Metern, beide schneebekrönt. Für die Menschen der Frühzeit war der Ararat göttlicher Natur, da Berge das Wetter und damit das Wohl und Wehe bestimmen. Folglich hausten oben in seinen Klüften Geister und Mächte, die das persönliche Leben beeinflussten. Die Menschen fürchteten sich vor ihnen und versuchten, sie mit Gaben zu beschwichtigen. So manches davon lebt in Armeniens Märchen und Legenden und im Volksglauben weiter, trotz des Segens über Noah und seine Nachkommen für alle Zeiten. Aber der alte Glaube, dass auf dem Ararat noch Reste der Arche zu finden seien, macht ihn zu etwas Einmaligem, zu *dem* heiligen Berg. Das verbot, ihn zu besteigen.

Stadtansicht von Jerewan mit Ararat

Steine bergen ein Geheimnis

Das Land um den Ararat mit offenen Augen zu erleben, heißt, einen interessanten Weg mitzugehen, bis es zu Kirchen und Klöstern kam, hier allerdings nicht Schritt für Schritt, nur in weiten Sprüngen. Die Fragen nach dem Woher und Wohin und das Wissen um eine übergeordnete, übersinnliche Macht bewegen seit jeher die Menschheit ebenso wie jeden Einzelnen in unserer Zeit. So hat jeder mit einer Gruppe oder für sich allein in irgendeiner Form seine Religion. Ein Kult wird daraus, wenn man sich dem Gott nähert oder dem, was man vergöttert.

Schon in der Altsteinzeit war das fruchtbare armenische Hochland von menschlichen Wesen besiedelt. Es gilt als sicher, dass bereits sie eine der härtesten Gesteinsarten der Welt nutzten, den Obsidian. Doch wurden keine Kultgegenstände daraus gefertigt, wie später bei den Ägyptern, oder Gerätschaften wie bei den Azteken. Zumeist tiefschwarz, an den scharfkantigen Bruchstellen schimmernd wie Glas, manchmal auch rostrot gebändert, braun oder grau, sammelte ich die schönsten Brocken von den Hängen des Aragaz, des westlichen Pendants des Ararat, des mit 4 095 Metern höchsten Berges Armeniens. Dieses Gestein kam zustande, als aus den Kratern der Vulkane besonders kieselsäurereiches Magma spritzte und sehr rasch erkaltete. ›Teufelskrallen‹ nennt man es hier, entstanden, als Luzifer aus dem Himmel gestoßen wurde. Kain, der erstgeborene Sohn von Adam und Eva, soll damit seinen Bruder Abel erschlagen haben.

Aus der Kupferzeit, dem 6. bis 4. Jahrtausend vor Christus, stammen die ersten religiösen Symbole. Es sind Terrakotten, stehende oder sitzende Frauenstatuetten, Arme und Beine rudimentär, der Kopf nur angedeutet, die Brüste und der Schoß umso mehr betont: Fruchtbarkeitsidole. Diese Gottheit, die ›Große Mutter‹, wahrte sowohl das Geheimnis des Werdens und Erhaltens wie des Vergehens und Sterbens.

Am Ufer des Flusses Kasach hat man ein 5 000 Jahre altes Kultgebäude ausgegraben, siebeneinhalb mal fünfeinhalb Meter groß, mit einem monumentalen Opfertisch und Aschegruben, ein Heiligtum für Feuerrituale und Brandopfer.

Rätsel geben die Steinkreise bei Sorazkar auf, in der Provinz Sjunik, der größten und urtümlichsten, südwestlich von Jerewan gelegen, zwischen Aserbaidshan und dem Iran. Stammen sie nun aus dem 2. Jahrtausend vor Christus, aus der mittleren Bronzezeit oder gar aus dem 5. Jahrtausend?

Ich habe den Doppelkreis von Stonehenge in Südengland und die Menhire von Carnac in der Bretagne gesehen, am Rande einer stark befahrenen Straße oder von Wohnhäusern bedrängt. Die Ausstrahlung eines urzeitlichen Kultortes spürte ich nur in Armenien. Die exponierte Lage der Steinkreise bei Sorazkar, in einer an Großartigkeit kaum zu überbietenden Landschaft, trägt das Ihre dazu bei. Von Sisian aus ist dieses Ende der Welt nur mit geländegängigen Fahrzeugen oder zu Fuß zu erreichen. Mehr als ein paar Schafe sind mir dort nie begegnet. Woher stammen diese steinernen Zeugen nebulöser Vorzeit und wer hat sie über die ganze Hochebene verstreut, über diese abschüssige Landzunge, die nach drei Seiten so steil abgebrochen ist? Majestätisch erheben sich dahinter die schneebedeckten Dreitausender des Sangezur- und Karabach-Gebirges. Überwältigt von dieser Einsamkeit und Stille meinte ich die Wolken im weiten Himmelsblau ziehen zu hören.

Fruchtbarkeitsidol aus der Kupferzeit, 6.–4. Jahrtausend vor Christus

Etwa zweihundert bizarre, spitz zulaufende Felsbrocken stehen da, in angedeuteten Kreisen oder geschwungenen Linien, vor ewigen Zeiten gesetzt, für alle Ewigkeit. Die größeren, zehn Tonnen schweren, ragen bis zu drei Meter empor, die kleinsten nur einen halben. Viele wurden knapp unterhalb der von Hand gehauenen Spitze kreisrund durchbohrt. ›Soraz-Kar‹ wird der Ort genannt, ›Steine der Kraft‹. Sind es die Steine, die nach der Legende die Riesen herangeschleppt haben, um das Volk der Zwerge zu schützen? Oder sind sie das Verbindungsglied zwischen Gestirnen und Almen, zwischen Himmel und Erde? Oder ist es eine Stätte des Ahnenkults? Grabhügel hat man gefunden mit einem Durchmesser von 100 Metern, Bestattungsräume, bis zu sieben Meter tief. Versicherten sich Krieger der Kraft der Erde, um über die Verstorbenen mit dem Himmel Verbindung aufzunehmen, ehe sie ins Feld zogen? Als man begann, Himmelskunde zu betreiben, glaubte man, in Sonne, Mond und Sternen Götter oder zum Firmament emporgestiegene Verstorbene zu beobachten und hoffte, diese durch Opfer und Gebete beeinflussen zu können. Man ging nicht davon aus, dass die Gestirne mechanisch ihre Bahn zogen. Meilensteine in der Entwicklung der Menschheit sind sie, alle diese Halbkreise und der Dolmen in der Mitte, die Begräbnisstätte, bestehend aus Tragsteinen und der riesigen Deckplatte.

Nach der neuesten Theorie der Wissenschaftler dienten Anordnung und Bohrungen der magischen Steine dazu, die Gestirne zu beobachten: **From these holes you can watch lunar phases and the sunrise at the solstice** [die Sommer- oder Wintersonnenwende], stellte die Archäoastronomin Elma Parsamian überrascht fest, die mit ihrem Team im Wechsel mit den tagsüber grabenden Archäologen vom Abend bis zum Sonnenaufgang forschte. **Those eye-holes were pointing exactly at the horizon. They looked at specific points in the night sky in different directions.**

Steinkreise von Sorazkar

Das stimmt überein mit den bei den Ausgrabungsarbeiten in Goseck in Sachsen-Anhalt gewonnenen Erkenntnissen. Man hat dort 1991 das 7 000 Jahre alte Sonnenobservatorium, das älteste Europas gefunden, dazu in 20 Kilometern Entfernung die inzwischen berühmte ›Himmelsscheibe von Nebra‹, die erste himmelskundliche Darstellung der Menschheit. Diese Anlagen wurden tatsächlich benutzt, um die Sommer- und Wintersonnenwende, die Tag- und Nachtgleiche im Frühling und im Herbst sowie Sonnen- und Mondfinsternisse vorherzusagen. So war eine Art Kalender geschaffen, im ununterbrochenen Einerlei der Tage die richtige Zeit für das Ausbringen der Saat und Einbringen der Ernte festzulegen, und für die ebenso wichtigen Ahnen- und Götterfeste. Denn zwei Unsicherheitsfaktoren bedrohten stets das Leben dieser frühen Menschen ganz konkret: zu wenige zu sein, um sich verteidigen zu können, und zu viele, um Zeiten der Not zu überleben. Fruchtbarkeit war das A und O. Lust und Liebe spielten eine gänzlich untergeordnete Rolle.
In Metsamor, der weitläufigen, ältesten bronzezeitlichen Siedlung südlich von Jerewan, fand man Felsritzungen zur Beobachtung der Himmelskörper. Eine weitere Besonderheit der Megalithkultur sind die bis zu fünf Meter hohen und einen Meter breiten, aufrecht stehenden Steinblöcke in Fischgestalt, als Spalier aufgereiht vor dem Museum. ›Vishaps‹ werden sie genannt, Drachen und Wächter, wie die Mythen erzählen. Aber hier sollen sie einen Fischtyp mit deutlich abgesetztem, großem Kopf verkörpern, etwa einen Wels oder eine Bachforelle. Einst dienten sie an Quellen oder künstlichen Wasserbecken einem Wasserkult, jetzt stehen sie den Kühltürmen des Kernkraftwerks Metsamor gegenüber. Hoffentlich reichen ihre Kräfte auch dafür… Den Anführer, den größten der Vishaps schmückt im oberen Bereich der Rückseite ein stark verwittertes Halbrelief, vielleicht ein Widderkopf, vielleicht ein Vogel. Auf den ersten Blick hatte ich das nachfolgende Spalier für Phallussymbole gehalten, die sie zweifellos sind, denn Wasser und Fruchtbarkeit gehören nun einmal zusammen.

In Metsamor
oben
Vishaps, Wächter
unten
Kühltürme des Atomkraftwerks

Das Königreich Urartu

Geglättete Felswände wie ein Tor gestaltet, ein Kult-Scheintor also, hinter dem sich die Götter verbargen, sind die Anfänge der nächsten, der ersten hohen Kultur im Schatten des Ararat. Symbolisch für ›ewige Anbetung‹ steht die kleine Gestalt des Königs davor. Angst, sich bedroht fühlen, wovor auch immer, ist die Grundstimmung jeder heidnischen Religion. Man suchte alles und jedes als ein göttliches Zeichen zu deuten. Deshalb wurden auffällige Bäume oder Sträucher weiterhin als Naturheiligtümer verehrt, musste man sich doch, so gut es ging, vor der höheren Macht schützen oder sich gut mit ihr stellen.

›Urartu – Land am Berg‹ nannten es die feindlichen assyrischen Nachbarn nach dem Ort, an dem man diesem Volk begegnete, dem Ararat. Im 9. Jahrhundert vor Christi Geburt wurde der Name erstmals in Bronze und Stein verewigt, wenn auch unrühmlich: Beträchtliche Landgewinne hatte der Feind gemacht, Städte erobert samt der Residenz des urartäischen Herrschers Aram. Der Assyrerkönig Salmanassar III. (858–824 v. Chr.) brüstet sich: **Aramu, der Urartäer, fürchtete das Wüten meiner starken Waffen und die gewaltige Schlacht und floh aus seiner Stadt [Arzaschkun]. Er stieg hinauf in das Adduri-Gebirge, ich zog ihm nach und schlug in den Bergen eine gewaltige Schlacht. 3 400 Krieger schlug ich mit meinem Schwert nieder … Mit dem Blut meines Feindes färbte ich die Berge, als wären sie Wolle … Um sein Leben zu retten, flüchtete Aramu auf einen unzugänglichen Berg … Die Stadt Arzaschkun und die Siedlungen in ihrer Nachbarschaft eroberte ich, zerstörte ich und verbrannte ich mit Feuer, Haufen von Köpfen schichtete ich gegenüber den Stadttoren auf. Einige Leute fügte ich lebendig zu Haufen, andere pfählte ich rings darum.**

Die assyrische Taktik der Kriegsführung, eine Landschaft nach der anderen zu verheeren, die Ortschaften niederzubrennen, Zwingburgen anzulegen, die Bewohner auszurotten oder in die Sklaverei zu verschleppen, das Vieh wegzutreiben, die Ernten zu vernichten, Plantagen zu zerstören und Künstler und Handwerker umzusiedeln, war eine neue Dimension an Grausamkeit. Die Assyrer gelten als die Erfinder der Kriegsverbrechen. Die Überlebenden vergaßen ihnen das nie. Kriegsglück und Machtverhältnisse wechselten mit der Stärke oder Härte ihrer Könige. Urartu und Assyrien blieben Erzfeinde; das Assyrische Reich ging erst kurz vor dem der Urartäer unter.

Die Urartäer hausten bald nicht mehr auf ihren Gipfeln. In Stammesverbänden schlossen sie sich mit abtrünnigen assyrischen Vasallenstaaten zusammen, banden Fürstentümer und Kleinkönigreiche durch Verträge an sich, und hatten keine Scheu, die erlittenen Grausamkeiten bei der Unterwerfung von Nachbarvölkern zu wiederholen, bis sie schließlich ein riesiges Gebiet zwischen Van-, Urmia-, und Sewan-See beherrschten. ›Nairi‹ oder ›Biainili‹ waren die Namen, die sie sich selbst gaben. Genaue Grenzen lassen sich nicht mehr ausmachen; sichere Zeugen sind allein Festungsanlagen – wenn nicht ›Kommissar Zufall‹ mitspielt. So entdeckte Graf Moltke, als deutscher Offizier in osmanischen Diensten, 1838 bei Malatya am Euphrat-Knie eine urartäische Felsinschrift, die noch immer das am weitesten westlich gelegene Schriftzeugnis dieser Kultur geblieben ist. Es stammt aus der Zeit, als Urartu der größte und mächtigste Staat im westlichen Asien war.

Aus halbnomadischen Stämmen war bereits im 8. und 7. Jahrhundert vor Christi Geburt ein durchorganisierter und differenzierter Staat geworden. Ihr Anführer war nicht mehr ein unter seinen Leuten lebender Stammeshäuptling, sondern eine schon beinahe der menschlichen Sphäre entrückte Figur mit fast göttlicher Machtfülle. Ein Kriegsbericht wurde im Stil eines Gottesbriefes verfasst: **Der dem [Gott] Haldi eigene Kriegswagen zog aus und suchte heim das Land Etiuni … und warf es nieder vor [König]**

Argischti. Mit dem ›Schreckensglanz‹ des Kriegswagens Haldis, durch die Größe Haldis zog aus Argischti, der Sohn des Menua: Haldi zog ihm voran ... Durch die Macht des Gottes Haldi haben die [die vorher aufgezählte Beute an Mensch und Tier] **fortgetrieben ...**

Von Menschenrechten war da nicht die Rede, der König handelte als Vollstrecker des göttlichen Willens, in seinem Namen und als sein Werkzeug, jeglicher Verantwortung enthoben. Sarduri II. Kriegsbeute eines einzigen Jahres umfasste 27 800 Gefangene, 3 500 Pferde, 40 353 Rinder und 214 700 Schafe. Diese Leistung wurde für die Nachwelt abgespeichert und konserviert auf einer die Jahrtausende überdauernden ›Festplatte‹ aus schwarzem Basalt.

Haldi war oberster Staatsgott, Kriegs- und Herdengott, ist auf einem Keilschrifttext aus dem Jahre 810 festgehalten. Aber das urartäische Pantheon beherbergte weitere 79 Gottheiten. Bestand das Opfer üblicherweise aus einem Rind und zwei Schafen, wurden für ihn 17 Rinder, 34 Schafe und sechs Lämmer geschlachtet, für den Wettergott Teischeba sechs Rinder und zwölf Schafe, für den Sonnengott Schiwini vier Rinder und acht Schafe.

Gab es Menschenopfer? – Der deutsche Armenienforscher Carl Ferdinand Lehmann-Haupt grub Ende des 19. Jahrhunderts auf der Burg von Toprakkale an einer kultischen Anlage große Mengen von Menschenknochen aus, aber nicht einen einzigen Schädel. Kriegsgefangene werden es gewesen sein, die durch Enthaupten getötet und hinabgestürzt worden waren. In den höheren Bereichen des Hanges fand er vier, in tieferen bis zu neun mit Erde abgedeckten Schichten menschlicher Gebeine. Das Blut floss aus der Opferschale des Kultplatzes in einer Rinne bergab. Der Lebenssaft, das Kostbarste musste es sein, den Zorn der Götter zu beschwichtigen.

Inschrift des Sarduri, des Sohnes des Lutipri, des großen Königs, des mächtigen Königs, des Königs der Welt, des Königs des Landes Nairi, des Königs, der seinesgleichen nicht hat, des bewunderswerten Hirten, der keinen Kampf fürchtet, des Königs, der unterwirft, die sich nicht beugen ... der ich von allen Königen Tribut empfing. Sarduri ... verkündet also: ›Ich habe diese Steinblöcke aus der Stadt Alniunu her gebracht. Ich habe diese Mauer gebaut.‹

Urartäische Schrift

So lautet in sechsfacher Wiederholung die Begrüßungsinschrift auf dem Burgfelsen von Tušpa, hoch über dem Van-See in Ostanatolien, dem ehemaligen Westarmenien. Das ließ aufhorchen – sehr selbstbewusst, das königliche Selbstverständnis. Eine ähnliche Inschrift wartete auf der nächsten Festung, dem Felsrücken von Çavuştepe südlich von Van über der fruchtbaren Ebene, dazu Mehmet Kuşman, ein ganz besonderer Führer. Hier war er es, der aufhorchen ließ, denn er sprach urartäisch. Eigentlich sah der Alte aus wie jeder andere sonnengedörrte, alte türkische Bauer, aber er war keiner. Beinahe sein ganzes Leben hatte er auf der Ausgrabungsstätte mitgearbeitet, hatte mit Schaufel und Schiebekarre begonnen. Aber er hatte aufgepasst und mitgelernt, wie das türkische Archäologenteam von Professor Afif Erzen Zeichen für Zeichen der urartäischen Keilschrift enträtselte – und jetzt beherrschte er sie! Ratlos stand ich vor der riesigen Basalttafel und studierte die Silben als langgestreckte Dreiecke, längs oder quer, groß oder klein, ordentlich aufgereiht, die Zeilen durch Linien getrennt. Mit seinen verarbeiteten Händen fuhr er die Reihen entlang, las urartäisch vor, übersetzte ins Englische und beantwortete geduldig Rückfragen nach der Bedeutung der einzelnen Zeichen. Als Experte für urartäische Schrift war er bis nach Japan gerufen worden.

Das nun schwer zu bewältigende Burggelände auf den Felsspornen war einst abgearbeitet und geglättet worden und mit Quadern aus schwarzem Basalt und weißem Kalkstein von bis zu 75 Zentimetern Stärke und sechs Metern Länge terrassenartig großzügig gestaltet gewesen. Zertrümmert fanden sie als Baumaterial in den umliegenden Ortschaften neue Verwendung. Die Festungsmauern aus Lehmziegelschichten waren vier bis fünf Meter stark, die Ecken und Toranlagen mit mehreren vorstehenden, rechteckigen, zinnengekrönten Türmen verstärkt, auf denen die Brustwehr die assyrischen Angreifer empfing. Dahinter fand sich alles, was zum Leben und in Kriegszeiten zum Überleben notwendig war. Die Sklaven und die Nicht-Urartäer siedelten hangabwärts in der Unterstadt, ebenfalls hinter einer Festungsmauer in insulaartig aneinandergesetzten Ein- bis Zweizimmer-Wohneinheiten einfachster Lehmbauweise. Die freien Bürger lebten in den Städten, von denen siebzig bekannt sind, vierzig davon auf heute türkischem Territorium.

Aus assyrischer Sicht war Urartu nicht nur ein mächtiges, sondern vor allem ein sehr reiches Land, das zu Überfällen nur so einlud. Grundnahrungsmittel und Vieh gab es im Überfluss. Die Urartäer hatten neue Methoden gefunden, die schweren Böden zu kultivieren. Außer mit Metallhacken und Spaten bearbeiteten sie den bewässerten Boden mit riesigen, eisernen Karrenpflügen, die von bis zu zehn Ochsen oder Büffeln gezogen wurden. Beim Bau von Kanälen und Aquädukten waren sie große Meister. Mit blühenden Auen und Obstkulturen war die Palastanlage von Tušpa umgeben. Durch den Menuakanal wurde das hierfür benötigte Wasser aus 70 Kilometern Entfernung herangeleitet. Das war eine derart unvorstellbar große baumeisterliche Leistung, dass spätere Generationen ihn für ein weiteres Wunderwerk der legendären, macht- wie liebeshungrigen, aber durch ihre Hängenden Gärten berühmt gewordenen assyrischen Königin Semiramis hielten. Deshalb heißt er bis heute ›Šamiram-Kanal‹. Diese Legende war Movses von Chorene, dem armenischen ›Vater der Geschichtsschreibung‹ bekannt, denn er schrieb sie nieder. Angeregt durch diese Schilderungen der von Šamiram neu angelegten Stadt

Urartäer-Burg Tušpa, Ostanatolien

östlich des Salzsees und südlich des Ararat-Tals war 1827 der deutsche Forscher Friedrich Eduard Schulz im Auftrag der französischen Orient-Gesellschaft in das Gebiet Vans zu einer ›literarischen Reise‹ aufgebrochen. Viele der Archäologen von Rang und Namen wie Charles Texier (1802–1871), Carl Ferdinand Lehmann-Haupt (1861–1938) und Nicolas Marr (1864–1934) wurden im 19. und 20. Jahrhundert im Urartäischen fündig. Die Schrift zu lesen und zu verstehen gelang erst aufgrund der bereits von Schulz entdeckten urartäisch-assyrischen Bilingue der Kelešin-Stele in beinahe 3000 Metern Höhe und späteren Forschern. Erst zwischen 1930 und 1935 hatten Albrecht Götze und Johannes Friedrich den entscheidenden Erfolg bei der Erschließung des Wortschatzes und der Grammatik.

Auch in der Pferdezucht gingen die Urartäer neue Wege, denn die Reiterei war die Kerntruppe ihrer Armee. Wie man auf den Gravuren an Helmen, Gürteln oder Beschlägen erkennt, waren es kleine, elegante, gepflegte Tiere, Schweif und Mähne geflochten und mit Bronzeblech-Plättchen geschmückt. Nach den Skelettfunden hatten sie nur eine Widerristhöhe von 1,25 bis 1,45 Metern. Sie wurden zentral in Trainingscamps am Urmia-See gezüchtet, zugeritten oder für die wendigen Kampfwagen von König, Statthalter oder hohen Offizieren ausgebildet. Die Viehzucht war so erfolgreich, weil man die Weidemöglichkeiten halbnomadisch nutzte. In den glühend heißen Sommern zog man auf die Wiesen und Matten der Bergregionen, in den beißend kalten Wintern ins südliche Mesopotamien.

Am Beispiel der Burg Çavuştepe gewinnt man Einblick in das Leben hinter den Burgmauern, in die urartäische Staatsform, die man ›theokratischen Staatssozialismus‹ nennen kann. Für die Versorgung der Götter mit Opfergaben, des Königs oder Statthalters und der dazugehörenden Bevölkerung waren riesige Magazine angelegt. Mehr als hundert ›Pithoi‹, große bauchige Tonkrüge mit bis zu 1000 Litern Fassungsvermögen waren in Reih und Glied in den Boden eingelassen. Sechserlei Getreidesorten kannte man, mindestens 5000 Tonnen davon waren, auch in Korngruben, auf jeder Festung eingelagert. Aber neben dem übrigen Grundbedarf an Bohnenkernen, Sesamkörnern oder Gewürzen, Milch, Öl aus den reichen Ölbaumkulturen und Bier lagerten dort unvorstellbare Mengen an Wein von vierzig verschiedenen Rebsorten. Was Noah an den Hängen des Ararat begonnen hatte, lebt über die Urartäer in Armenien in ungebrochener Tradition fort. Wein zähle auch heute noch zu den Grundnahrungsmitteln, wird gelästert.

Wer nicht als Soldat in Staatsdiensten stand, wurde in den staatlichen Gärten und Feldern außerhalb gebraucht oder in den Werkstätten der Zitadelle. Die Metallbearbeitung war besonders hoch entwickelt: von Werkzeugen zur Steinbearbeitung, über die großen, bronzenen Mischkessel, versehen mit Tierköpfen und Henkeln, auf hohen, dreibeinigen Ständern bis zu wundervoll fein getriebenen und gravierten Bronzearbeiten für Türbeschläge, Kultschilde und die in einer Spitze endenden Prunkhelme. Diese Meisterwerke waren in der ganzen damaligen Welt bekannt und begehrt. Ebenso die Juwelierkunst: goldener Schmuck, hohl gearbeitet mit aufgelötetem Filigranwerk, Gold- und Silberintarsien für Kultmöbel – alles vom Feinsten.

Der Palast des Herrschers verfügte über Repräsentationsräume, einen den Frauen vorbehaltenen Teil, einen Wohn- und Hauswirtschaftstrakt mit Wasserzu- und -abfluss, die Latrine abseits. Zisternen reichten auch bei langen Belagerungszeiten, oder man hatte einen Schacht bis hinunter zum Grundwasser gegraben.

Auf der Kultterrasse vor einem Tempel versammelten sich Gottkönig und Volk zum Blutopfer am Altar, ehe sie sich in feierlichem Zug über die Prozessionsstraße dem höchsten und wichtigsten Teil der Festung näherten, dem quadratischen, von vier

Modell der Festung Erebuni

Zinnentürmen flankierten Haldi-Tempel. 782 vor Christus entstand die Festung Erebuni: **Durch die Größe des Gottes Haldi hat Argischti, Sohn des Menua, diesen mächtigen Festungspalast errichtet. Ich bestimme seinen Namen mit ›Stadt Irbuni‹, für die Macht des Landes Biainili und zur Abschreckung des feindlichen Landes. Argischti spricht: Das Land war wüst, gewaltige Taten vollbrachte ich dort.**

Erst 1950 wurde diese Tafel entdeckt. Sie gilt gleichzeitig als Gründungsurkunde der jetzigen Hauptstadt Jerewan, die daraus hervorging. Auf einer weiteren Inschrift ist verewigt, dass der König zum Bau der Anlage und um die fruchtbare Ebene am Fuße des Ararat urbar zu machen, 6600 Kriegsgefangene aus Supa im Hethiterland, im heutigen Nordsyrien, ›umsiedelte‹.

Die Reste der Festung Erebuni stammen aus der Blütezeit des Königreiches Urartu im 8. vorchristlichen Jahrhundert. Nicht millimetergenau zugeschnittene Steinquader sind hier verlegt: Aus grobem Zyklopmauerwerk, das die Knochenarbeit ahnen lässt, wurden eine Palasthalle, ein Opferplatz mit Keilschrifttafeln und der Tempel für Gott Haldi aufgeschichtet.

Haldis Abbildungen haben sich an den umgebenden Wandelhallen erhalten, als thronende Gottheit oder als Held, auf einem schreitenden Löwen stehend. Der Wettergott Teischeba wird dargestellt auf dem Stier und Schiwinini, der Sonnengott, mit dem Sonnenrad. Der Gott Ardsibidini erscheint in Gestalt eines schwebenden Adlers. Häufig gab man den Göttern menschenähnliche Gestalt mit Schwingen. Es gibt Chimären mit Tierkörpern, Flügeln und Menschenantlitzen, und die Genien, göttlich begabte Wesen, unseren Engeln ähnlich. Das sind Symbole, denen wir noch oft an und in Kirchen begegneten: Die Armenier tragen ihr urartäisches Erbe weiter. Verschüttetes urartäisches Kulturgut ist eingewoben in einen Kranz von Sagen und Legenden, und es finden sich im Volksglauben Elemente aus vorbiblischer Zeit, trotz Noah und dem Regenbogen über dem Ararat, dem biblischen Urgestein.

Haldi, oberste urartäische Gottheit, auf einem schreitenden Löwen

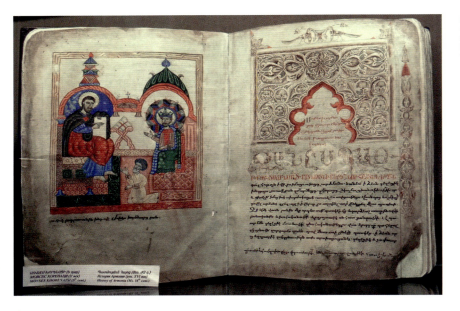

Movses von Chorene: »Geschichte der Armenier« aus dem 5. Jahrhundert in einer Abschrift aus dem 16. Jahrhundert

Die Stammväter: Von Noah zu Hayk

Nach hethitischen Quellen taucht der Name ›Hay‹, wie sich die Armenier selbst nennen, bereits im 2. Jahrtausend vor Christus auf, in einem Gebiet zwischen dem Euphrat und dem Schwarzen Meer. Nach dem griechischen Historiker Herodot (5. Jh. v. Chr.) haben die Armenier dieselbe indogermanische Abstammung wie die Phryger westlich des Euphrats. Mögen sich die Gelehrten weiter streiten – ich habe mich für ihre Herkunft aus der Arche Noahs entschieden, wie sie in der »Geschichte der Armenier« von Movses von Chorene niedergeschrieben wurde. Er war der erste Historiker, der sich daran machte, die Geschichte seines Landes aus dem Schatz mündlicher Überlieferung von Anbeginn bis zu seinen Tagen im 5. Jahrhundert nach Christus zu bewahren, bis zum Tode Mesrop Maschtoz' im Jahre 440. Movses war von früher Jugend an mit ihm, dem Erschaffer der armenischen Schrift, verbunden, wie auch mit dem bedeutenden christlichen Patriarchen Sahak, der ihnen bei ihren Übersetzungen als dritter Gelehrter zuarbeitete. Um an die Texte zu gelangen, scheute er nicht die Mühen der weitesten Reisen nach Mesopotamien, Alexandrien, Rom, Athen und Konstantinopel. Was er in der großen Bibliothek in Edessa fand, sind die erstaunlichsten Zeugnisse, die ich an anderer Stelle erzählen oder zitieren werde, die weit über die Geschichten zur Geschichte hinausgehen. **Feinheit und Würde des Stiles und Reinheit der Sprache haben Movses den ersten Platz unter den armenischen Klassikern gesichert,** lobt man ihn.

Ahnherr und Namensgeber der Armenier ist Hayk aus dem Stamme Javiths, des dritten Sohnes Noahs: **Jabeth zeugt den Gomer, Gomer den Thiras, Thiras** den Thorgom, Thorgom den Haik … Dieser Haik, sagt er, schön, von guter Gestalt, mit mächtigem Haarwuchse, angenehmen Augen, starkem Arme, dieser unter den Riesen stark und berühmt, der Gegner Aller, welche die Hand erhoben, um allein über alle Riesen und Helden zu herrschen, dieser hob erzürnt die Hand auf gegen die Tyrannei Bels, als sich das Menschengeschlecht über die ganze weite Erde verbreitete, mitten unter der Menge der ungeheueren, gefühllosen und starken Riesen. Denn jeder wüthende Mann bemühte sich dadurch, dass er seinem Genossen den Dolch in die Seite stiess, über die Andern zu herrschen, indess das Glück dem Bel zu Statten kam, um des ganzen Landes sich zu bemächtigen. Hayk geriet nach dieser Legende in einen Streit mit Bel, dem Herrscher Mesopotamiens, der sich der ganzen Welt zu bemächtigen suchte, und verließ mit den Seinen Babylon, um in das Land des Ararat im Norden zu ziehen. Er ließ sich nieder am Fuße des Bergs, in einer Ebene, in der von früherer Zeit her nur einige wenige Menschen verstreut siedelten, die er unterwarf. Das von Bergketten, Flusstälern und Schluchten durchzogene Hochplateau überragt seine Umgebung um 1 500 bis 5 000 Meter. Es ist im Westen von den Flüssen Euphrat und Halys (heute Kızılırmak), im Süden vom Tigris begrenzt. Im Norden fällt es in das Kura-Tal hinab, im Osten bildet das Becken des Urmia-Sees einen natürlichen Abschluss. Zentrum ist der Ararat. Bel schickt einen seiner Söhne mit treuen Männern nach Norden zu Haik, dass dieser sich ihm unterwerfe und in Frieden lebe. Wohne, sagt er, in Mitten des Frostes und Eises, aber entflamme und erweiche die eisige Kälte deines aufgeblasenen Benehmens und sei mir unterthan in Ruhe, wo es dir gefällt in dem Lande, in welchem ich wohne. Als diese Bemühungen wirkungslos bleiben, zieht er mit einem großen Heer … mit **unsterblichen Helden, riesigen Staturen, gigantischen Kriegern** gegen Hayk. **Aber der weise Riese mit schön gelocktem Haare und lebhaftem Auge versammelt in Eile seine Söhne und Enkel, tapfere und des Bogens kundige, an Zahl aber geringe Männer, und Andere, die unter seiner Macht standen … Als sie die Augen erhoben, erschien ihnen die ungeordnete Menge der Angriffsarmee Bels in verwegenem Anlaufe über die Oberfläche des Landes hier und dorthin laufen, Bel aber ruhig und vertrauend auf das grosse Heer zur Linken des Wassers wie auf einem Beobachtungsplatze … Er hatte einen eisernen Helm mit ausgezeichneten Schweifen, aufgesetzten Kupferplatten auf die Schulter und Brust gelegt, er hatte seine Lenden gegürtet, an der linken Seite ein zweischneidiges Schwert, eine mächtige Lanze in der Rechten, einen Schild an der Linken und Kerntruppen zu seiner Rechten und Linken. Noch stehen sie sich in einiger Distanz gegenüber. Aber, als die Riesen von zwei Seiten aneinander gekommen waren, machten sie ein schreckliches Getöse über der Erde beim Angriffe und warfen niederschlagenden Schrecken unter einander durch die Weise des Angriffes. Nicht wenige dieser riesigen Männer fielen … Erschrocken merkt Bel, der Titanenkönig, dass der Kampf so nicht entschieden werden kann. Umringt von seinem Heer, gedenkt er, sich auf die Kuppe eines Hügels zurückzuziehen. Als der Bogenschütze Haik das merkt, stürzt er voran, gelangt in die Nähe des Königs, spannt voll, stark, weitausholend den Bogen und entsendet einen geflügelten Pfeil auf dessen Brustplatte; der spitze Pfeil dringt durch die Mitte des Rückens hindurch und fällt auf die Erde; und so fällt der aufgeblasene Titane hin zu Boden geworfen und gibt den Geist auf.** Dank seiner sagenhaften Kräfte rettete Hayk mit dieser mutigen Tat sein Volk vor der Sklaverei und wurde zum Namensgeber für das Land Hayastan. **Von dort her, heisst es, begannen sie sich zu vermehren und die Erde zu erfüllen. Fürstengeschlechter entstanden, nach denen Landesteile benannt wurden.** Die Verehrung des armenischen Volkes für Hayk reicht bis in die Gegenwart: Bis heute wird das Sternbild des Orion, des himmlischen Jägers, nach ihm ›Häk‹ genannt.

Aram, der Namensgeber

Der jetzige Name Armenien, berichtet Movses von Chorene weiter, stammt von Aram, dem ersten namentlich bekannten urartäischen König, einem Nachkommen Hayks. **Nach dessen Namen nennen alle Völker unser Land, in persischen wie griechischen Texten wird er genannt.** Er wiederholt, dass Aram seine kriegerischen Nachbarn bezwungen und die Grenzen des Reiches ausgeweitet hat. **Dieser arbeits- und vaterlandsliebende Mann hielt es für schöner, fürs Vaterland zu sterben, als zu sehen, wie die Söhne der Fremden den vaterländischen Boden betreten und fremde Männer über seine Blutsverwandten herrschen.**

Nach dem mit derart ungleichen Kräften geführten Irakkrieg las ich 2003 mit besonderem Interesse vom historischen Schlachtgetümmel in dieser Region. Mann gegen Mann wurde gekämpft, grausam gemetzelt, mit Mut und Wut. Von assyrischer Seite lautet die Kriegsberichterstattung deshalb: **Eine gewonnene Schlacht zu Anfang Arams Regierungszeit, aber Salmanassar musste sich mit dessen Flucht zufrieden geben und sich aus dem unwegsamen Gelände wieder zurückziehen.** Doch Aram reagiert richtig: **Er versammelte die ihm gehörige Schaar, tapfere, des Bogens kundige und im Lanzenschwingen erprobte Männer, noch jung, aber sehr reich an Geschicklichkeit und muthig, an Muth und Ausrüstung fünfzig Tausenden gleich.** Als Erstes nahm er es mit den Medern auf, die das Land zwei Jahre lang mit Füßen getreten, unterjocht hatten, angeführt von Mades, einem stolzen und kriegsliebenden Mann. **Aram überfiel ihn unvermuthet vor Sonnenaufgang und tödtete eine Menge der Truppen, führte Niukhar selbst, genannt Mades, gefangen nach Armavir, schlägt daselbst auf der Spitze des Mauerthurmes ihm einen Pfahl von Eisen in die Stirne und befiehlt ihn an die Mauer anzuheften im Angesichte der Vorübergehenden und aller dort Gegenwärtigen.** Einer der Zwischenerfolge. Auch sein Sohn Ara ging in die Geschichte ein besser in die Legende: ›Ara der Schöne‹ wurde er genannt. Wie man sich erzählt, war die assyrische Königin Semiramis in Liebe zu ihm entbrannt. Sie sandte ihm kostbare Geschenke und lud ihn nach Ninive ein. Als er sie abwies, zog sie mit einem großen Heer ins Hochland von Armenien und tötete den Königssohn in der Schlacht. Seinen Leichnam ließ sie auf den Söller ihres Palastes betten und rief die Götter an, seine Wunden zu belecken, um ihn ins Leben zurückzubringen.

Große und kleinere Könige

Das Königreich Urartu scheint zu Beginn des 6. Jahrhunderts mit dem Eindringen von Nomadenvölkern, der Kimmerer, der Skythen, der Meder, der wiedererstarkten Assyrer und der Lyder zerfallen zu sein. Danach begann die Herrschaft der Perser. In diesem Zusammenhang wird bereits ein gewisser Tigran als Sohn des Königs Jerwand des Kurzlebigen von Armenien erwähnt, der sich gegen die Perser erhoben hatte.

Seine Unabhängigkeit erlangte das armenische Königreich nach dem Sieg Alexanders über Darius III. Codomannus im Jahre 334 vor Christus. Mit dem nun regierenden Geschlecht der Orontiden kam der Einfluss des Hellenismus in die persisch geprägte armenische Kultur. Der persische Mysterienkult wurde um den ganzen griechischen Götterhimmel erweitert. Die Hellenisierung wurde noch ausgeprägter unter den Artaxiden. Der berühmteste dieser Dynastie war Tigran, Tigran II. oder der Große genannt, der von 95 bis 55 vor Christi Geburt regierte und ein riesiges Reich eroberte, ein Zeitgenosse von Cicero und Pompejus.

Movses von Chorene bringt Leben und Farbe in das Bild von ihm und seiner Zeit: **... denn dieser ist der mächtigste und klugste von allen unseren Königen und der tapferste von diesen und allen Männern. Er**

Armenische Delegation bringt Tribut beim Neujahrsempfang in Persepolis

unterstützte den Cyrus, als dieser die Macht der Meder vernichtete, nicht wenige Zeit hindurch hielt er die Griechen sich unterworfen; die Grenzen unseres Wohnsitzes vergrösserte und dehnte er aus bis zu unsern alten Grenzen, bis zum äussersten Ende unserer Wohnsitze. Er war verhasst Allen, die zu seiner Zeit lebten, den Späteren aber lieb, er selbst und seine Zeit … Als Haupt der Männer und Tapferkeit zeigend erhöhte er unser Volk und die unter seinem Joche Lebenden machte er zu Unterjochern und Zinsherren vieler Völker. Er vermehrte die Magazine für Gold, Silber, kostbare Steine und Kleider, verschiedene Farben und Werthsachen für Männer und Frauen, wodurch die Hässlichsten bewunderungswürdig erschienen, wie sonst die Schönsten, und die Schönen nach dem Zeitgeiste im Allgemeinen vergöttert wurden. [Unser guter Movses von Chorene hatte sogar einen Blick für Frauen!] Die Fußsoldaten ritten auf Pferden, die Schleuderer wurden zu Bogenschützen, die mit Holzkeulen Bewaffneten wurden mit Schwert und Lanze gerüstet, die Nackten mit Schildern und Panzerhemden umgeben. Wenn diese an einem Orte zusammen waren, war ihr Anblick, der Glanz und die Strahlen, welche von ihren Rüstungen und Waffen ausgingen, allein hinreichend, die Feinde zu verjagen. Als Friedensbringer und Städtebauer konnte er mit Oel und Honig die Körper Aller mästen … Dieses und noch vielmehr der Art brachte unserem Lande dieser blonde, mit grauspitzigen Haaren, der Sohn des Jerwand, Tigran, von gefärbtem Angesichte, mit mildem Auge, gutem Wuchse, breiten Schultern, schnellem Schritte, schönen Füssen, mäßig in Speise und Trank und Mass haltend in der Freude. Von diesem sagten unsere Alten, welche nach der Cymbel sangen, dass er auch in den Genüssen des Körpers Mass haltend, dass er sehr klug und beredt war und für Alles sorgte, was für die Menschheit nützlich war. Was sollte mir in diesem Buche lieber sein, als sein Lob und die Erzählungen über ihn in Breite darzulegen? Da er in Allem eine gerechturtheilende und gerechtigkeitsliebende Waage hatte, wog er alle Menschen nur nach dem Gewicht ihres Herzens.

Wenn es politisch geraten war, konnte Tigran auch anders. Dass er jedoch seine Schwester Tigranuhi dem König der Meder, Aschdahak, zur Ehe gab, hatte mehr als den Grund, als dass jener heftig nach ihr verlangte. Er sagte nämlich, dass er durch diese Annäherung entweder eine feste Liebe zu Tigran haben werde oder ihn auf leichte Weise dem Tode überliefern könne: denn er trug Hass gegen ihn in seinem Innern.

Hass oder Ahnungen? Sein Schwager trachtete ihm tatsächlich nach dem Leben. Nur machte Aschdahak den Fehler, seine Gemahlin in sein listiges Spiel einzuweihen. Sie sandte treue Freunde zu ihrem Bruder, ihn zu warnen. Tigran marschierte zum Treffen mit Auserlesenen aus ganz Gross- und Kleinarmenien und wurde von Aschdahak … mit einer nicht kleinen Schaar empfangen. Aber ich lobe meinen schlanken, des Speeres kundigen, in allen Gliedern proportionirten und in der Schönheit des Wuchses vollendeten Tigran; denn er war schnell … und fand an Stärke nicht seines Gleichen … Bei Beginne des Kampfes durchbohrt er mit einer Lanze das feste Kleid von Eisen wie Wasser

Großarmenien unter Tigran II.

spaltend, den Aschdahak mit seiner langen Lanzenspitze und zieht, die Hand wieder zurückziehend, die Hälfte der Lunge mit der Waffe heraus. Der Kampf war bewunderswerth; denn die Helden, Helden gegenüberstehend, wandten einander nicht sogleich den Rücken, weshalb der Kampf ausgedehnt lange Zeit sich dahinzog. Jedoch das Ende machte der Tod des Aschdahak. Dieses Ereignis, zu dem guten Glücke hinzugefügt, vermehrte den Ruhm Tigrans.

Tigrans Reich erstreckte sich vom Kaukasus bis nach Palästina, von Kappadokien bis Atropatene in Aserbaidshan. Es hatte Zugang zum Mittelmeer. Weder vorher noch je danach war Armenien so mächtig wie unter der Herrschaft des großen Tigran. Sein Ruhm reichte über die ganze damals bekannte Welt. In den Werken von nicht weniger als fünfzig antiken Autoren ist er erwähnt. Trotzdem nennt Movses von Chorene eine andere Reihenfolge: **Deshalb liebe ich es nach den Stufen der Tapferkeit zu nennen Haik, Aram, Tigran; denn nach meiner Meinung sind die Nachkommen der Tapfern auch wieder tapfer: Die zwischen ihnen Liegenden mag man nach Gutdünken nennen.**

Die Selbstständigkeit war nur für kurze Zeit zu halten. Nachdem Tigran 66 vor Christus von Pompejus besiegt worden war, musste er sich mit seinem alten Reich Groß-Armenien begnügen. Er schloss mit Rom ein Bündnis, das trotz aller widrigen Umstände bis zu den arabischen Invasionen der Muslime bestand.

König Abgar V.

Imperium Romanum des Kaisers Augustus

König Abgar, von hochgewachsener Gestalt, wurde ein großer Mann genannt wegen seiner besonderen Milde und Weisheit. Im zweiten Jahr seiner Regierung wurden alle Provinzen Armeniens den Römern tributpflichtig. Wenn es im Evangelium des Lukas heißt, *dass alle Welt geschätzet würde, bedeutet das, dass eine Volkszählung durchgeführt werden sollte. Das war um die Zeit, als Jesus Christus geboren wurde. Die römischen Beamten kamen dazu überallhin – auch in Armenien? Sie taxierten außerdem Land- und Viehbesitz, um ihn zu versteuern. Roms Steuereinnehmer bereicherten sich zudem persönlich. Das Bildnis des (Gott-)Kaisers Augustus hielt Einzug in die Tempel.

König Herodes Antipas

Noch eine Verbindung in der Vergangenheit Armeniens gibt es mit der Bibel: Aus politischen Gründen, wegen eines Konflikts mit Herodes Antipas, dem König von Judäa, hatte sich Abgar mit dem Nabatäer-König Aretas verbündet. Nur hatte Herodes gerade seine Ehefrau, dessen Tochter, verstoßen, weil ihm die Verbindung mit Herodias mehr am Herzen lag. Sie brachte Salome, ihre Tochter, mit in die Ehe. *Und es kam ein gelegener Tag, als Herodes an seinem Geburtstag ein Festmahl gab für seine Großen, und die Obersten und die Vornehmsten von Galiläa. Da trat herein die Tochter der Herodias und tanzte und gefiel Herodes und denen, die mit am Tisch saßen. Da sprach der König zu dem Mädchen: Bitte von mir, was du willst, ich will dir's geben. Und er schwor ihr einen Eid: Was du von mir bittest, will ich dir geben, bis zur Hälfte meines Königreichs. – Für ein bisschen Kinderhüpfen ein halbes Königreich?

Mir sind die Augen auf- und übergegangen bei einer Aufführung der Oper »Salome« von Richard Strauss nach dem Text von Oscar Wilde in Stuttgart. Für mein Empfinden ist die Interpretation der Geschichte hier stimmiger – er charakterisiert Herodes als einen unmoralischen, haltlosen Menschen. Das mag zutreffen, denn wenn ein König seine Ehefrau, eine Königstochter verstößt, riskiert er einen Krieg. Nun war er auch noch verrückt nach der jungen, schönen Stieftochter. Es war der ›Tanz der sieben Schleier‹, den er sehen wollte, der bräutliche Tanz. Salome war nicht mehr das Kind, sie wusste selbst, was sie wollte; da wurde keine Mutter gefragt. Der Wunsch, Johannes zu töten, entsprang ihrer völlig aussichtslosen, demütigenden Liebe zu diesem Asketen, zu dieser wilden Gestalt, in ein Fell gehüllt, zottelig und ungewaschen. Als Einsiedler hatte er in der Wüste gelebt, sich von Heuschrecken und wildem Honig ernährt. Aber seine Stimme reichte weit. Er war der Prediger, der Mahner, der zur Umkehr aufrief in der Tradition der alttestamentarischen Gerichtspropheten und zur Taufe zur Vergebung der Sünden. Er hatte auch vor dem König nicht haltgemacht. Er hatte ihn zurechtgewiesen, dass er mit Herodias lebte, der Frau seines Bruders. Herodes ließ Johannes in den Kerker werfen. Herodias aber stellte ihm nach, trachtete ihm nach dem Leben; nur reichte ihre Macht nicht so weit. *Herodes aber fürchtete Johannes; denn er wusste, dass er ein frommer und heiliger Mann war; und verwahrte ihn und gehorchte ihm in vielen Sachen und hörte ihn gern, so die biblische Geschichte. Johannes war eine starke Persönlichkeit mit großer Ausstrahlung. Der Sinn seines Lebens war, auf den noch Größeren hinzuweisen, auf den Weltenrichter, an der Schwelle von der alttestamentarischen zur christlichen Welt.

Movses von Chorene verbindet beide Ereignisse: **Es entstand zwischen ihm [Herodes] und** [seinem Ex-Schwiegersohn] **Aretas ein gewaltiger Krieg, in welchem die Truppen des Herodes gewaltig geschlagen und vernichtet wurden mit Hilfe der tapfern Armenier, gleichsam durch die göttliche Vorsehung, sollte man sagen, um Genugthuung zu leisten für den Tod des Johannes.** Und wie reagierte Gott auf diese sittenlose, ihrem Verderben entgegentaumelnde Welt? – Nicht mit einer neuen Sintflut – er sandte seinen Sohn.

Maria, Joseph und die Heiligen Drei Könige mit dem Jesuskind

2 Biblisches Zeitalter

Erste Annäherung an Jesus Christus

Wie klein war doch damals schon die Welt, und wie rasch sprach sich etwas Bedeutsames herum: Dieser König Abgar V. Ukhama, der Schwarze (4 v. bis 7 n. Chr. und 13 bis 50 n. Chr.) hatte zwei seiner Fürsten in einer politischen Mission zum Statthalter in den Norden Palästinas geschickt. Dort hatten sie von diesem Wanderprediger Jesus erzählen hören. Also waren sie weiter in den Süden nach Jerusalem gezogen und hatten ihn tatsächlich gesehen. Noch ganz erfüllt von dem Wunder, dessen Augenzeugen sie geworden waren, erstatteten sie ihrem König Bericht. Das hatte Abgars letzte Zweifel ausgeräumt, und er glaubte an Christus als den wahrhaftigen Sohn Gottes. Er bekannte: **Diese Machtwerke sind nicht die eines Menschen, sondern die Gottes; denn es gibt keinen Menschen, der Todte erwecken kann, ausser Gott allein.**
Er glaubte so felsenfest an ihn, den Wundertäter, dass er alle seine Hoffnung auf ihn setzte, denn er war krank. Seit sieben Jahren, seit seinem Persienfeldzug, litt er unter heftigsten Schmerzen, die ihm kein Mensch lindern konnte. Er schickte dem Erlöser eine Bittschrift, zu ihm zu kommen, auch ihn zu heilen. Sein Brief ist ein einziges anrührendes Glaubensbekenntnis. Geschichte und Legende scheinen mir hier aufs Schönste verwoben. Selbst Movses von Chorene hält es für geraten, seine Glaubwürdigkeit zu beteuern: **Niemand soll hieran zweifeln; denn ich habe mit eigenen Augen jenes Archiv gesehen. Jener [ein gewisser Klosterbruder Mar Abas Katina] excerpirte Alles, was in den Papieren des Archivs von Edessa, das heisst Urfa, über unsere Könige erzählt wurde ...**

Briefwechsel mit dem Heiland

Brief Abgars an den Erlöser Jesus Christus:
Von Abgar, dem Sohne Arschams, dem Fürsten des Landes, an den Erlöser und Wohlthäter Jesus, der im Lande der Juden erschienen ist, Gruss.
Ich habe von dir und den Heilungen gehört, welche durch dich ohne Medicamente und Wurzeln geschehen; denn wie man sagt gibst du den Blinden das Sehen, den Lahmen das Gehen, den Aussätzigen die Gesundheit, vertreibst die bösen Geister, heilst Alle, welche von irgend welchen langwierigen Krankheiten geplagt sind, und erweckst sogar Todte. Da ich nun alles dieses über dich gehört habe, habe ich mir einen dieser beide Schlüsse in den Kopf gesetzt, dass du entweder Gott bist und vom Himmel herabgestiegen dies thust, oder dass du der Sohn Gottes bist und dies thust. Desshalb habe ich an dich geschrieben, dich zu bitten, dass du dich zu mir bemühest und die Krankheit heilest, welche ich zu ertragen habe. Das habe ich auch gehört, dass die Juden gegen dich murren und dir Böses zufügen wollen. Aber ich habe eine Stadt, zwar klein, aber schön und gross genug für uns beide.
Als Boten den Brief überbrachten, begegneten sie Jesus in Jerusalem. Stolz bezieht Movses die Bibelstelle, dass sogar Heiden zu ihm kommen, auf die armenische Delegation. Weil sie nicht jüdischen Glaubens waren, wagten sie nicht, sich ihm direkt zu nähern, sondern übergaben den Brief den Jüngern Philippus und Andreas. Diese luden die Armenier ein, doch Jesus weilte nicht in seiner Herberge. Aber er ehrte Abgar mit einer Erwiderung.
Antwort auf den Brief Abgars, welche der Apostel Thomas auf Befehl des Erlösers geschrieben hat:
Glückselig ist der, welcher an mich glaubt, ohne mich gesehen zu haben; denn es ist über mich also geschrieben: »Die, welche mich sehen, werden nicht glauben, und die, welche mich nicht sehen, werden glauben und leben.« Was jedoch das angeht, dass du mir geschrieben hast, zu dir zu kommen, so muss ich hier Alles vollbringen,

wesshalb ich gesandt worden bin. Wenn ich das vollbracht haben werde, dann werde ich erhöht werden zu dem, der mich gesandt hat, und wenn ich erhöht sein werde, werde ich einen meiner Schüler von hier schicken, damit er deine Schmerzen heile und dir und allen den deinigen das Leben gebe. Diesen Brief überbrachte Anan, der Bote Abgars, und damit auch das Porträt des Erlösers, welches sich noch bis auf diese Zeit in der Stadt Edessa befindet,** versichert Movses im 5. Jahrhundert. Man fertigte Abschriften dieses Jesusbriefes und trug sie als Amulette, die auch in der westlichen Christenheit weit verbreitet waren. Mit dem Christusporträt hatte es eine besondere Bewandtnis, nicht nur die, dass König Abgar bei seinem Anblick geheilt war. Doch das ist später ein ganzes Kapitel für sich (s. S. 180). König Abgar zählt zu den armenischen Heiligen, derer in der Abendmahlsliturgie gedacht wird. Sein spezieller Gedenktag ist der 4. Dezember.

Die Jünger hielten Wort: **Nach der Himmelfahrt unseres Erlösers sandte der Apostel Thomas, einer von den Zwölfen, den Thaddäus, einen von den Siebenzigen, nach Edessa, den Abgar zu heilen und das Evangelium nach dem Worte des Herrn zu verkündigen.** Diese Zahlen sind nicht wörtlich zu verstehen, sie bergen Symbolik, an die wir in den Kirchen erinnert werden. Auch wenn wir von jedem Abendmahlsbild Jesus mit seinen zwölf Jüngern kennen und sie bis auf Judas, den Verräter, in der Apostelgeschichte 1,13 namentlich aufgezählt werden, dürfte die Zahl kaum historisch sein. Die Zahl Zwölf steht vielmehr für die zwölf Stämme der Israeliten und deutet hin auf den Anspruch, das wahre, auserwählte Volk Gottes zu sein. Die Zahl 70 oder 72 aus der Mosesüberlieferung (1. Mose 10), der ›Völkertafel‹, versinnbildlicht die Anzahl aller Völker der Erde. Hinter ihr steht der Anspruch auf Weltmission, von Jesus selbst gegeben: »Darum gehet hin und lehret alle Völker und taufet sie im Namen des Vaters, des Sohnes und des Heiligen Geistes, und lehret sie halten alles, was ich euch befohlen habe ...

Um die später folgende Symbolik des christlich geprägten Armeniens zu verstehen, nun ein Blick zurück zu den Wurzeln des christlichen Glaubens in der jüdischen Tradition.

Exkurs: Die Erzväter der Bibel

Tief ist der Brunnen der Vergangenheit, sind nicht nur die ersten Worte in Thomas Manns wundervollem Roman »Joseph und seine Brüder«, dieser Brunnen existiert tatsächlich noch. Er steht vor Harran, nach der derzeitigen Grenzziehung in der Südosttürkei, und gibt bis heute das beste Wasser weit und breit. Terach, ein Nachfahre von Noahs erstem Sohn Sem, war mit den Seinen, ihrem Besitz und ihren Herden aus Ur in Chaldäa, vom unteren Euphrat heraufgezogen. Das biblische Haran war eine Station für längere Zeit, denn der Patriarch starb hier. Sein ältester Sohn Abraham übernahm die Führung. Ihm verhieß Gott ein eigenes Land und, was ihm völlig absurd erschien, Stammvater eines großen Volkes zu werden, denn in den Jahrzehnten seiner Ehe hatte ihm seine Frau Sara nicht ein einziges Kind geschenkt.

Nach muslimischem Glauben war Abraham erst in Haran geboren worden. Die Höhle seiner Geburt im nahen Şanlıurfa, dem alten Edessa, ist ein

Abrahams Geburtshöhle

Ein mit seiner Herde ziehender Hirte, wie einst Abraham

Wallfahrtsort für Frauen, die nicht Mütter werden können. Als ich sie dort inbrünstig flehend auf den Knien liegen sah, erschütterte mich ihr Elend. Kinderlose Frauen leiden im Geheimen. Doch welche leiden mehr? Die in unserer westlichen Gesellschaft, die sie sich für ein Kind entscheiden, wenn sich ihr unerfüllter Kinderwunsch bis zur Obsession steigert? Oder die Frauen des Orients? Denn für sie bedeutet Kinderreichtum Kindersegen, Altersversorgung und mehr oder weniger Daseinsberechtigung. Nicht ›gesegneten Leibes‹ zu werden, bedeutete Schande. Dass sich der Mann eine Nebenfrau nahm, war noch das geringste Übel; die unfruchtbare Frau konnte verstoßen werden. Im 17./18. Jahrhundert vor Christus gab es den besonderen Brauch einer Art ›Leihmutterschaft‹, der nach der biblischen Überlieferung allein in Abrahams Familie mehrfach half, als Stamm zu überleben. Nicht zuletzt dadurch ist die Wanderung der Semiten zeitlich ziemlich präzise einzuordnen. Wie hatte der Herr zu Abraham gesprochen:

*... Geh aus deinem Vaterland und von deiner Verwandtschaft und aus deines Vaters Hause in ein Land, das ich dir zeigen will. Und ich will dich zu einem großen Volk machen und will dich segnen und dir einen großen Namen machen, und du sollst ein Segen sein. Ich will segnen, die dich segnen, und verfluchen, die dich verfluchen; und in dir sollen gesegnet werden alle Geschlechter auf Erden.

Das ist Gottvertrauen: aller Vernunft zum Trotz, als Heimat- und Schutzloser machte er sich auf den unbekannten Weg, tagtäglich neu auf Gottes Weisung gestellt. Mit seinen Ziegen-, Schaf-, und Kamelherden, seinen Leuten, die er in Haran erworben hatte, seinem Neffen Lot und seiner Frau Sara wurde Abraham zum Sinnbild des wandernden, suchenden Menschen überhaupt. Er fehlte, er versagte auf seinem Weg, er, der Erwählte war nur ein Mensch mit all seinen Schwächen. Trotzdem wiederholte Gott mehrmals seine Verheißung. Mehr als 1000 Kilometer zogen sie gen Süden nach Kanaan. Folgen wir weiter mit Jörg Zink: **In der Mitte des Landes**

Kanaan geschieht das, was das Ziel und der Sinn aller bisherigen Wege war: nämlich die Übereignung dieses Landes an den Stammvater Israels. Sichem liegt heute in rein arabisch besiedeltem Gebiet westlich des Jordan, und es wird dort zwischen Israel und seinen Nachbarn kein Friede entstehen, solange der heutige Staat Israel sich auf die Verheißung Gottes an Abraham vor 3500 Jahren beruft. Hier beginnt die Geschichte eines Streits, der sich über Jahrtausende hinzieht. Denn immer wohnten Menschen in diesem Land, und nie wird dieses Land einem Volk allein gehören können. Kanaan, Palästina, Israel – immer wieder strömten andere Völker ein, und immer war gefordert, daß alte und neue Bewohner einander respektierten. **Die Verheißung erging an einen Schafhirten, der nicht als Eroberer kam, sondern dem das Land offenstand, weil er bereit war, mit den Bewohnern in vertraglich geregeltem Einvernehmen zusammenzuleben.** Es wurde eine Art Lehensvertrag zwischen Melchisedek von Salem, dem späteren Jerusalem, und Abraham geschlossen, ein Zehntel seines Besitzes an Pacht zu bezahlen. Der Schutz des Priesterkönigs wurde durch Mahl und Eid besiegelt.

Aber die Nachkommenschaft, ›zahlreich wie die Sterne am Himmel‹, die Gott versprochen hatte, hatte sich auch nach zehn Jahren in Kanaan nicht eingestellt. Da besann man sich auf das letzte Mittel, diese altjüdische Variante zum heute so aktuellen Thema ›Leihmutterschaft‹. Sara stellte Abraham Hagar, ihre persönliche Sklavin, auch ›Leibmagd‹ genannt, zur Verfügung. Auf dem Schoß der Herrin musste geboren werden, dann galt es als Kind der rechtmäßigen Ehefrau. Als wäre diese psychische Belastung noch nicht genug, gibt es auch die Überlieferung, dass der Erbe auf dem Schoß der Unfruchtbaren gezeugt werden musste. Im Altertum nahmen das die Frauen alles auf sich – ein Weiterleben gab es nur in den Nachkommen.

Doch Sara und Hagar bewältigten diesen Konflikt nicht. Als sich die Magd schwanger fühlte, strafte sie die Herrin mit Überheblichkeit und Verachtung. Als Sara die Sklavin dafür züchtigen wollte, floh diese in die Wüste. Der Engel des Herrn fand sie an einer Wasserstelle, befahl ihr, sich zu demütigen und zurückzukehren. Aber er verhieß ihr auch in ihrem Sohn Ismael den Begründer eines wilden Wüstenvolks, ihrem unbeugsamen Charakter entsprechend. Ismael ist der Stammvater der Araber nach dem Koran.

Noch einmal gingen dreizehn Jahre ins Land. Da erschien Gott wieder und forderte von Abraham ein blutiges Zeugnis des Gehorsams als Gegenleistung für seinen Bund mit ihm: die Beschneidung der Vorhaut bei allen männlichen Mitgliedern seines Hauses. Das sollte das Bundeszeichen und Unterscheidungsmerkmal sein für ihn und das versprochene große Volk, das Gottesvolk. Gleichzeitig kündigte er ihm einen Sohn an, von seiner eigenen Frau geboren. ***Vnd sie waren beide Abraham vnd Sara alt / vnd wol betaget / also das es Sara nicht mehr gieng / nach der weiber weise/ darumb lachet sie bey sich selbs / und sprach / Nu ich alt bin / sol ich noch mit wollust vmbgehen / vnd mein herr auch alt ist.**

Isaak wurde geboren. Wieder meldete sich Gott, diesmal stellte er Abrahams Gehorsam auf eine noch härtere Probe: ***... Nimm Isaak, deinen einzigen Sohn, den du lieb hast, geh nach Morija und opfere ihn dort zum Brandopfer auf einem Berge, den ich dir nennen werde.** Morija ist der alte Name des Opferfelsens, heute das Zentrum des Felsendoms in Jerusalem. Abrahams Vertrauen, dass sein Gott alles zum Besten wenden würde, wurde nicht enttäuscht. Buchstäblich im letzten Moment gebot die Stimme eines Engels, das Kind zu verschonen. So steht der Name Abraham ebenso für grenzenloses Gottvertrauen. Und diese Geschichte macht ein für alle Male deutlich, dass der Gott, dem Abraham dient, überhaupt keine Menschenopfer will. Von diesem Zeitpunkt an wird dieses grausame Ritual durch das Blut von Opfertieren abgelöst. Die Geschichte endet mit der Wiederholung der Verheißung ***will ich dein Ge-**

schlecht segnen und mehren ... wie den Sand am Ufer des Meeres, und deine Nachkommen sollen die Tore ihrer Feinde besitzen; und durch dein Geschlecht sollen alle Völker auf Erden gesegnet werden, weil du meiner Stimme gehorcht hast. Wieder darf es als ein Zeichen seiner festen Bindung an den einzigen, unsichtbaren Gott gesehen werden, dass Abraham vermied, dass Isaak, der den Segen weitertragen sollte, sich mit den Kanaanitern und ihrer Vielgötterei verband. Der Segen, der auf Abraham ruhte, hatte sich in seinem Stamm in Form von Sicherheit und Wohlstand eingestellt, sodass er *... alt und lebenssatt ... sterben durfte und, nach Hebron gebracht, bei seiner Sara beigesetzt wurde.

Auch hatte Abraham seinen treuen Knecht Eliezer zurück in die alte Heimat gesandt, um aus der eigenen Verwandtschaft eine Frau für Isaak zu wählen und heimzuführen. Vor den Toren Harans beim ›tiefen Brunnen der Vergangenheit‹ war das erste Menschenkind, auf das er traf, Rebekka – die Richtige *...und sie trug einen Krug auf ihrer Schulter. Und das Mädchen war sehr schön von Angesicht, eine Jungfrau, die noch von keinem Manne wusste ...

Doch der Kindersegen bei Isaak und Rebekka ließ wieder zwanzig Jahre auf sich warten. Erst dann wurden ihnen Zwillinge geschenkt. Unterschiedlicher hätten Brüder nicht ausfallen können: Esau, der Erstgeborene, dem jüngeren körperlich überlegen, Jakob dafür mit besseren geistigen Gaben ausgestattet. Schon bei der Geburt hatte er den Bruder an der Ferse festgehalten, als wolle er dessen Vortritt verhindern. Erwachsen, gebrauchte er eine List, um sich das Vorrecht der Erstgeburt anzueignen. Esau stimmte zu, denn hielt es nur für einen Scherz, als er von der Jagd heimkehrte und heißhungrig auf das von Jakob frisch zubereitete, köstlich duftende Linsengericht schielte. Rebekka mischte noch tüchtig mit, damit ihr Liebling Jakob den rituellen Stammessegen erhielt. Sie belegte ihm Hals und Hände mit dem Fell eines Ziegenböckchens, damit er sich ebenso behaart anfühlte wie Esau. Isaak, schon erblindet auf seinem Sterbebett, segnete den Falschen. Als der Schwindel aufflog, war nichts rückgängig zu machen: der Segen zählte.

Jakob rettete nur die Flucht. Wohin? Zurück nach Haran. Wieder kam es am Brunnen vor der Stadt zu einer schicksalhaften Begegnung, diesmal mit Rachel, der Lieblichen, der jüngeren Tochter Labans, seines Onkels. Ihr Anblick traf ihn wie ein Blitz. Für sie war er zu jedem Opfer bereit.

Laban nahm den Betrüger und Flüchtling auf. An Gerissenheit war er ihm absolut gewachsen. Gottes Segen, von Abraham auf den jungen Mann übertragen, war eine Realität, mit der er rechnete, und an dem er seinen Anteil haben wollte. Sieben lange, sehnsuchtsvolle Jahre ließ er Jakob um seine Rachel dienen; das war der Brautpreis für den Mittellosen. Labans Rechnung ging auf: Was Jakob anpackte, geriet; alles strotzte nur so vor Fruchtbarkeit, das Vieh wie die Felder. Doch statt ihm zu danken, betrog er den Neffen, als dieser mahnte, *Gib mir nu mein weib / denn die zeit ist hie / das ich bey liege.

Der Rausch der ersten Nacht wich blankem Entsetzen am Morgen: Es war Lea, die hässliche, ältere Schwester, die man ihm verschleiert zugeführt hatte. Doch sie hatte Ruben, den ersten Sohn empfangen. Heuchlerisch berief sich Laban auf den Brauch, nach dem die Töchter dem Alter nach verheiratet werden. Nach dem Ende der Brautwoche wurde er zwar mit der Geliebten verbunden, aber er musste dem Schwiegervater weitere sieben Jahre dienen. Lea hatte Jahr für Jahr einen Sohn. Wenn eine Pause eintrat, besorgte das die Leibmagd. Dennoch galt Jakobs ganze Liebe Rachel, auch wenn sich kein gemeinsames Kind einstellen wollte. Schließlich einigte man sich auch bei ihr auf die Leihmutterlösung durch ihre Sklavin Bilka. Und *Gott gedachte aber an Rahel und erhörte sie und machte sie fruchtbar. Da ward sie schwanger und gebar einen Sohn und sprach: Gott hat meine Schmach von mir genommen; und sie nannte ihn Josef und sprach: Der Herr wolle mir noch einen Sohn dazugeben!

In der zweiten Hälfte seines Frondienstes hatte sich Jakob mit einiger Schläue eine eigene Herde geschaffen. Mit ihr, seinen beiden Frauen und inzwischen elf Söhnen und den Leibeigenen zog er schließlich weiter, im festen Glauben an das versprochene eigene Land. Es kam zu einem nächtlichen Kampf am Flusse Jabbok mit einem unbekannten Wesen – Mensch, Ungeheuer, Engel oder Gott selbst? Sie rangen um ihr Leben. Jakob schien der Stärkere: Er wollte den Gegner nur loslassen, wenn er ihn nicht mehr schlüge, sondern segnete, wer immer er auch sei: *... Ich lasse dich nicht, du segnest mich denn! Jakob verließ den Kampfplatz als Gesegneter und mit einem neuen Namen: ›Israel‹. Aber er war für sein Leben gezeichnet. Am Hüftgelenk verletzt, hinkte er fortan, damit er nicht überheblich würde. Sterbend schenkte ihm Rachel noch Benjamin, den letzten seiner Söhne.

Jakobs einziger Trost war Joseph, Erstgeborener und Ebenbild der Liebsten. Er wuchs zu einer klugen, anmutigen und liebenswerten kleinen Persönlichkeit heran. Wegen seiner Sonderstellung hassten ihn die Brüder schließlich so sehr, dass sie ihn draußen bei den Herden in einen leeren Brunnen warfen, um ihn zu töten. Als vorbeiziehende Händler ihn retteten, verkauften ihn die Brüder, als sei er ein zu bestrafender Sklave. Dem Vater brach das Herz, als die elf vor ihn traten mit Josephs von Tierblut durchtränkten Kleidern. Nie hätten sich die Brüder träumen lassen, ihren Joseph wiederzutreffen, dazu in einer Machtposition, in unmittelbarer Nähe des ägyptischen Pharaos. Er gewährte ihnen Getreide und Unterschlupf während einer mehrere Jahre andauernden Hungerkatastrophe. Als sich Joseph ihnen zu erkennen gegeben hatte und der greise Vater Jakob und Benjamin, sein leiblicher Bruder, nachgeholt worden waren, gab er ihnen mit ihren großen Familien und all ihren Tieren Lebensraum auf den fettesten Weiden. Er konnte ihnen verzeihen, denn *Ihr gedachtet es böse mit mir zu machen, aber Gott gedachte es gut zu machen ...*

Sie wuchsen zum stattlichen Volk Israel heran – aus den zwölf Söhnen Jakobs wurden die zwölf Stämme Israels, Gottes auserwähltes Volk. Der eine Teil der Verheißung war erfüllt. Die Familiengeschichte der Erzväter mündet in die Volksgeschichte Israels. Die in allen Farben schillernden Vätergeschichten, der Blick in den ›tiefen Brunnen der Vergangenheit‹, in Abgründe, hat Künstler aller Epochen zu Meisterwerken inspiriert. Thomas Mann sann volle achtzehn Jahre über Josephs Geschick – es entstand Weltliteratur.

Harran heute

Exkurs: Mose und die Gesetzestafeln

Mose aus dem Stamme Levi, der Namenspatron des Movses von Chorene, war ausersehen, die Verheißung zu vollenden. Später, als die Erinnerungen an die Verdienste Josephs um das Reich am Nil vergessen waren, folgte für die Kinder Israels eine Zeit bitterer Sklaverei. Pharao Ramses II. (1303–1213 v. Chr.) hatte das Gebot erlassen, alle neugeborenen jüdischen Knaben zu töten. Seine Tochter selbst entdeckte das ausgesetzte Kind in einem Papyruskörbchen im Nil treibend, nannte es ›Mose‹ – ›Sohn‹ und ließ es am Hofe erziehen. Als Erwachsener kehrte er zurück zu den Seinen. Es empörte ihn, wie sie zur Fronarbeit an den Pyramiden gezwungen wurden. Und als er beobachtete, wie ein Hebräer von einem Ägypter misshandelt wurde, erschlug er den und verscharrte ihn im Sand. Aber er war beobachtet worden. Als Flüchtling kam er bei den Midianitern unter, bei abrahamitischen Glaubensbrüdern. Auch er traf seine spätere Frau beim Wasserschöpfen am Brunnen und lebte als Schafhirte seines Schwiegervaters.

Mit seinen durch Einsamkeit und Verantwortung geschärften Sinnen entdeckte er in der Ferne am Fuße des Berges Horeb einen Dornbusch, aus dem die Flammen schlugen, der aber nicht verbrannte. *Gott sprach: Tritt nicht herzu, zieh deine Schuhe von deinen Füßen, denn der Ort, darauf du stehst, ist heiliges Land!* Dieses Wort achten die armenischen Priester, die niemals den Altarraum mit Straßenschuhen betreten würden, bis heute. *Und er sprach weiter: Ich bin der Gott Abrahams, der Gott Isaaks und der Gott Jakobs. Und Mose verhüllte sein Angesicht; denn er fürchtete sich, Gott anzuschauen.*

Er gab sich als der ›Gott der Väter‹ zu erkennen, bestimmte ihn, sein Volk aus der Knechtschaft Ägyptens zu führen. Moses schrak zurück, war sich seiner Unzulänglichkeit bewusst. *Aber Gott hat den einzelnen Menschen mit seinen Fähigkeiten und Behinderungen erschaffen, und er weiß ihn so zu gebrauchen, wie er ihn erschaffen hat.*

Er stellte Mose, dem wenig Wortgewandten, vielleicht sogar Sprachbehinderten, seinen ›Bruder‹ Aaron als Sprecher zur Seite. Dazu stattete er ihn mit verschiedenen Zeichen seiner Auserwähltheit aus: *Der HERR sprach zu ihm: Was hast du da in deiner Hand? Er sprach: Einen Stab. Der HERR sprach: Wirf ihn auf die Erde. Und er warf ihn auf die Erde; da ward er zur Schlange, und Mose floh vor ihr. Aber der HERR sprach zu ihm: Strecke deine Hand aus und erhasche sie beim Schwanz. Da streckte er seine Hand aus und ergriff sie, und sie ward zum Stab in seiner Hand. Und der HERR sprach: Darum werden sie glauben, dass dir erschienen ist der HERR, der Gott ihrer Väter …*

Solche Kunststücke beherrschten die Zauberer und Weisen des Pharaos auch, und so blieb Moses' Herz verstockt. Aber – die Schlangensymbolik bei den Hirtenstäben der Katholikoi und auf manchen Grabmälern hoher armenischer Geistlicher rührt daher.

Moses schier übermenschliche Aufgabe war es, sein eigenes Volk nach mehr als hundertjähriger Gewöhnung zum Aufbruch ins Ungewisse zu bewegen, viele Male immer wieder neu aufzubrechen, vierzig Jahre lang durch die Wüste. Neun Mal hatte Gott ›Plagen‹ wie Ungeziefer, Krankheiten und Unwetter über die Ägypter geschickt, aber verschonte sein Volk. Die zehnte Plage traf ins Mark: Der Todesengel ging um und schlug jedes Erstgeborene vom Vieh bis in die Familien, den ältesten Sohn des Pharao nicht ausgenommen. Dann war die ›Ausreiseerlaubnis‹ der Kinder Israels erwirkt, und noch in den Wirren dieser Nacht der zehnten Plage begann der Auszug aus Ägypten. Ein beliebtes Motiv bei Meistern aller Zeiten war der Zug der Israeliten durchs Rote Meer, eigentlich das Schilfmeer, wie das Wasser vor ihnen zurückwich und auf Moses Handzeichen die Fluten über den mit Ross und Wagen hinterher jagenden Ägyptern wieder zusammenschlugen und sie ersäuften (s. Abb. S. 37).

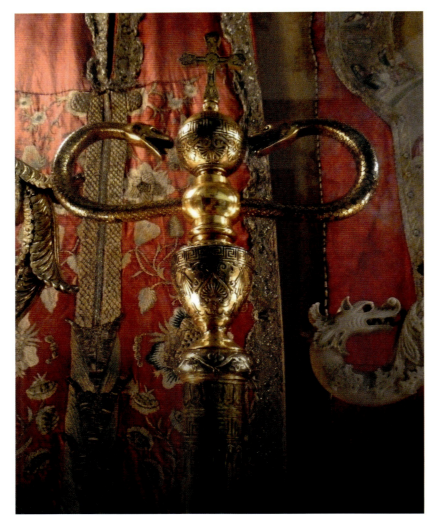

Hirtenstab des Katholikos

Zum Gedächtnis daran werden zwei der Anweisungen Gottes in der jüdischen Tradition bis heute bewahrt: Die erste ist das Passah-Fest der süßen Brote. Der überstürzt wirkende Aufbruch war vorbereitet. Man hatte einen Vorrat an Brotteig hergestellt, der aber nicht mit Sauerteig versetzt werden sollte. In Erinnerung daran wurde und wird nach Erreichen des Gelobten Landes, des wenig besiedelten Kanaan, das Passah-Fest in Jerusalem mit ungesäuertem Brot gefeiert, dem Brot, das Jesus bei seinem letzten Abendmahl mit seinen Jüngern teilte. Davon leiten sich die Oblaten als Abendmahlsbrot ab.

Gott wies den Weg als eine Feuersäule bei Nacht und als Wolkensäule am Tage, den ganzen, weiten Weg durch die Wüste. Aber die Israeliten murrten und murrten, sie klagten über Hunger und Durst. Es fiel ihnen des Nachts ein Tau vom Himmel, eine Speise, die sie ›Manna‹ nannten, etwa wie weißer Koriandersamen, der nach honigbestrichenen Semmeln schmeckte. Das Wunder der Speisung währte sechs Tage, der letzte Vorrat wurde für den siebten mit eingesammelt. Damit wurde die Sabbat-Ruhe, die zweite Anweisung, eingeführt, die gläubige Juden strikt einhalten. Quellen taten sich auf, wenn Mose mit seinem Stab gegen einen Felsen stieß, oder ein Wasserloch wurde genießbar, wenn er ein bestimmtes Holz eintauchte. Er hatte Kriege zu bestehen und über Streit zu richten. Sein Schwiegervater gab ihm den Rat, Helfer für die Rechtspflege einzusetzen: *Du machst dich zu müde, dazu auch das Volk, das mit dir ist ... Vertritt du das

Volk vor Gott und bringe ihre Anliegen vor Gott und tu ihnen die Satzungen und Weisungen kund, dass du sie lehrest den Weg, auf dem sie wandeln, und die Werke, die sie sollen. Und er setzte ›Oberste‹ ein, dass sie die kleineren Delikte selbst richteten und ihm nur die schweren ließen. So waren sie bis an den Fuß des Berges Sinai herangezogen. *Als nun der dritte Tag kam und es Morgen ward, da erhob sich ein Donnern und Blitzen und eine dichte Wolke auf dem Berge und der Ton einer sehr starken Posaune. Das ganze Volk aber, das im Lager war, erschrak. Und Mose führte das Volk aus dem Lager Gott entgegen, und es trat unten an den Berg. Der ganze Berg Sinai aber rauchte, weil der HERR auf den Berg herabfuhr im Feuer: und der Rauch stieg auf wie der Rauch von einem Schmelzofen, und der ganze Berg bebte sehr. Und der Posaune Ton ward immer stärker… Und Mose redete, und Gott antwortete ihm laut. Er stellte seine Forderungen und gab Anweisungen. Mose erhielt sie auf dem Gipfel des Berges, auf zwei steinerne Tafeln zusammengefasst.

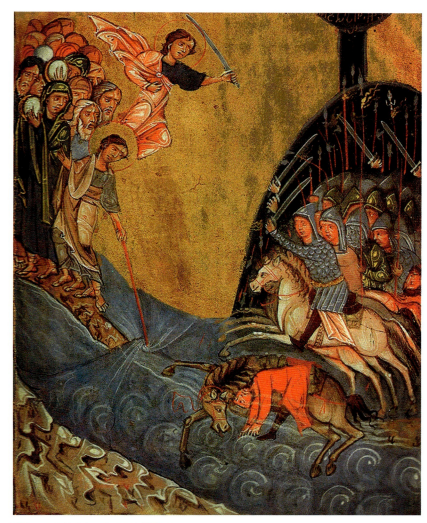

Toros von Roslin: Zug durchs Rote Meer

Das Volk Israel, des Wartens leid, hatte sich inzwischen eine neue Kultfigur geschaffen, das ›Goldene Kalb‹, um das es tanzte und feierte. Sie hatten sich vom unsichtbaren Gott abgewendet, wieder einen Götzenkult angenommen, wie er ihnen von den Ägyptern vertraut war. Als Mose das bei seiner Rückkehr sah, zerschlug er die Gesetzestafeln. Es folgten Strafgericht, Buße, Gottes Gnade und neue Gesetzestafeln. Als er zum zweiten Mal vom Berge Sinai herabstieg, trug sein Antlitz noch den Abglanz Gottes, was mitunter wie Hörner dargestellt wird. Er erläuterte die Gebote Gottes, und sie wurden in einer eigens dafür errichteten, transportablen ›Stiftshütte‹ als der Wohnung des Herrn untergebracht, als Vorläufer des Tempels in Jerusalem. Und weiter ging der Zug durch die Wüste bis ins ›Gelobte Land‹, nicht aber für Mose.

Als ich auf einer Jordanienreise vom Gipfel des Berges Nebo in diese weite Ebene blickte, las ich diese Bibelstelle: *Und der Herr sprach zu ihm: Dies ist das Land, von dem ich Abraham, Isaak und Jakob geschworen habe: Ich will es deinen Nachkommen geben. – Du hast es mit deinen Augen gesehen, aber du sollst nicht hinüber gehen.* [Wegen des Mordes, den er begangen hatte?] So starb Mose, der Knecht des Herrn, daselbst im Lande Moab nach dem Wort des Herrn. Und er begrub ihn im Tal ... Und niemand hat sein Grab erfahren bis auf den heutigen Tag.

Und so charakterisiert Jörg Zink Mose: Es ist die große, geschichtsmächtige Gestalt des Mose, auf die hier alles ankommt, seine ägyptische Erziehung, seine Vertrautheit mit der Bildungsschicht und der Welt des Hofs, auch seine Vertrautheit mit den religiösen Traditionen Ägyptens – und zugleich sein Wille zur Freiheit und zur religiösen Eindeutigkeit, die nicht nur für die vierzig Jahre nach dem Auszug, sondern auch für das Denken seines Volks in Jahrtausenden wirksam geworden sind ... Mose ist nach Abraham die Urfigur der Bibel bis hin zu Jesus Christus.

Exkurs: Die Zehn Gebote

Die Gesetzestafeln vom Berg Sinai sind als die biblischen Zehn Gebote auf uns gekommen. Sie geben Anweisung für das Verhalten Gott gegenüber, sichern und schützen das menschliche Leben und Zusammenleben. So habe ich meine Zehn Gebote als Kind auswendig gelernt, zusammen mit der Luther'schen Auslegung:

DAS ERSTE GEBOT
Ich bin der Herr, dein Gott. Du sollst nicht andere Götter haben neben mir.
 Was ist das?
Wir sollen Gott über alle Dinge fürchten, lieben und vertrauen.

DAS ZWEITE GEBOT
Du sollst den Namen des Herrn, deines Gottes, nicht unnützlich führen; denn der Herr wird den nicht ungestraft lassen, der seinen Namen mißbraucht.
 Was ist das?
Wir sollen Gott fürchten und lieben,
daß wir bei seinem Namen nicht fluchen, schwören, zaubern, lügen oder trügen, sondern denselben in allen Nöten anrufen, beten, loben und danken.

DAS DRITTE GEBOT
Du sollst den Feiertag heiligen.
 Was ist das?
Wir sollen Gott fürchten und lieben,
daß wir die Predigt und sein Wort nicht verachten, sondern dasselbe heilig halten, gerne hören und lernen.

DAS VIERTE GEBOT
Du sollst deinen Vater und deine Mutter ehren, auf daß dir's wohl ergehe und du lange lebest auf Erden.
 Was ist das?
Wir sollen Gott fürchten und lieben,
daß wir unsere Eltern und Herren nicht verachten noch erzürnen, sondern sie in Ehren halten, ihnen dienen, gehorchen, sie lieb und wert haben.

DAS FÜNFTE GEBOT
Du sollst nicht töten.
 Was ist das?
Wir sollen Gott fürchten und lieben,
daß wir unserm Nächsten an seinem Leibe keinen Schaden noch Leid tun, sondern ihm helfen und fördern in allen Leibesnöten.

DAS SECHSTE GEBOT
Du sollst nicht ehebrechen.
 Was ist das?
Wir sollen Gott fürchten und lieben,
daß wir keusch und züchtig leben in Worten und Werken und ein jeglicher sein Gemahl lieben und ehren.

DAS SIEBENTE GEBOT
Du sollst nicht stehlen
　Was ist das?
Wir sollen Gott fürchten und lieben,
daß wir unsers Nächsten Geld oder Gut nicht nehmen, noch mit falscher Ware oder Handel an uns bringen, sondern ihm sein Gut und Nahrung helfen bessern und behüten.

DAS ACHTE GEBOT
Du sollst nicht falsch Zeugnis reden wider deinen Nächsten.
　Was ist das?
Wir sollen Gott fürchten und lieben,
daß wir unsern Nächsten nicht fälschlich belügen, verraten, afterreden oder bösen Leumund machen, sondern sollen ihn entschuldigen, Gutes von ihm reden und alles zum besten kehren.

DAS NEUNTE GEBOT
Du sollst nicht begehren deines Nächsten Haus.
　Was ist das?
Wir sollen Gott fürchten und lieben,
daß wir unserm Nächsten nicht mit List nach seinem Erbe oder Hause stehen noch mit einem Schein des Rechts an uns bringen, sondern ihm, dasselbe zu behalten, förderlich und dienstlich sein.

DAS ZEHNTE GEBOT
Du sollst nicht begehren deines Nächsten Weib, Knecht, Magd, Vieh oder alles, was sein ist.
　Was ist das?
Wir sollen Gott fürchten und lieben,
daß wir unserm Nächsten nicht sein Weib, Gesinde oder Vieh abspannen, abdringen oder abwendig machen, sondern dieselben anhalten, daß sie bleiben und tun, was sie schuldig sind.

Warum sind die Gebote und Verbote nicht anders eingeteilt, in sechs oder elf oder fünfzehn? Dass es genau zehn sind, ist wohl als Hilfe zum Lernen und Aufsagen gedacht: Wenn man dazu die zehn Finger zur Hilfe nimmt, kann man sicher sein, dass man keines vergisst.

Und wie ist die Formel ›fürchten und lieben‹ aufzufassen? Ich denke, wie eine zwischenmenschliche Beziehung nur auf gegenseitiger Achtung basieren kann, so würde ich sie erklären als entsprechende Steigerung im Verhältnis zu Gott, als Ehrfurcht, aber gewiss nicht als die heidnische Furcht, die ›Heidenangst‹. Doch es gibt weitere Unterschiede zu bedenken, die knechtische oder die kindliche Furcht und Liebe: Der Knecht fürchtet bei einer Übertretung seinen Herrn wegen der zu erwartenden Strafe, der Sohn fürchtet, seinen Vater zu enttäuschen. Der Knecht pariert, weil er den Lohn nicht riskieren will, der Sohn, die Kinder Gottes, gehorchen aus Liebe.

Auslegungen, Deutungen, Erklärungen dazu gibt es viele, zeitgemäßere, ganze Vortrags- und Predigtreihen. Eine besonders anschauliche, moderne Art der Erläuterung habe ich gefunden in der im Lutherhaus in Wittenberg gezeigten Zehn-Gebote-Tafel von Lucas Cranach von 1516. Die Darstellungen zu den einzelnen Geboten sind auf Computer übertragen, und mit links kann man sie vom Hundertsten zum Tausendsten hinterfragen. Das Bild zeigt in den Darstellungen zu den einzelnen Geboten eine Fülle von Details aus dem Alltagsleben am Beginn des 16. Jahrhunderts. Der sich über das Bild ziehende Halbkreis verweist auf den Regenbogen als Symbol des ersten Bundes Gottes mit den Menschen. Erstmalig wurden hier die Zehn Gebote in einem Gemälde dargestellt, und nicht nur deshalb gilt die Zehn-Gebote-Tafel als einzigartig. In den einzelnen Bildern werden dem Betrachter die Verstöße gegen die Gebote plastisch vor Augen geführt.

Die Lehre und der Lehrer

Dass sich bis zu Christi Zeiten zu Moses' Dekalog aus den mündlich überlieferten genauen und strengen Anwendungsregeln der Ältesten 365 Gebote und 248 Verbote entwickelt hatten, war nicht gottgegeben. Eine derart zwanghafte Gesetzlichkeit führte zu Überheblichkeit denen gegenüber, die sich nicht daran halten konnten oder wollten. Günther Bornkamm fand in seinem Buch »Jesus von Nazareth« ein großartiges Bild für diese Haarspaltereien, ›die Kasuistik der jüdischen Gesetzlichkeit‹: **Diese hat ihr Kennzeichen darin, dass sie immer engere Maschen eines Netzes knüpft in dem Bestreben, das ganze Leben des Menschen einzufangen. Aber sie lässt mit jeder neuen Masche ein neues Loch und spart mit ihrem Eifer, konkret zu werden, doch in Wahrheit das Herz des Menschen aus. Diese ›Herzlosigkeit‹ gehört zum Wesen aller Kasuistik. Die konkreten Weisungen Jesu dagegen greifen durch die Lücken und Löcher nach dem Herzen des Menschen und treffen dorthin, wo sein Dasein gegenüber dem andern und gegenüber Gott wirklich auf dem Spiel steht.**

Jesus Christus setzte das Liebesgebot dagegen, gleich an die erste Stelle, zusammen mit dem der Gottesliebe: **... so werden Gottesliebe und Nächstenliebe eins. Hingabe an Gott heißt nun nicht mehr Rückzug der Seele in den Paradiesgarten der Innerlichkeit und Auslöschen des Ich in andächtiger Versenkung, sondern das Wachsein und Bereitsein für Gott, der im andern mich anruft. »Liebe deinen Nächsten wie dich selbst.«** Es gilt, nicht seine Fehler anzuprangern, sondern ihm ein Stück weiterzuhelfen. **Dieses Doppelgebot der Liebe ist Erfüllung und Inbegriff des ganzen Gesetzes: alle andern Gebote sind in diesem einen und ersten beschlossen.**

Gott offenbarte sich Moses nur im Feuer, in Jesus Christus erschien er leibhaftig in Fleisch und Blut als Gottes Weisheit auf Erden, als Mensch geboren von der Jungfrau Maria. Eine Jungfrauengeburt ließ in der Welt der Antike, aus der er stammte, eine besondere, herausragende Persönlichkeit erwarten. Die evangelischen Christen deuten sie anders: Sollte es Gott, der die ganze Welt geschaffen hat, nicht möglich sein, ein Kind entstehen zu lassen, ob er sich nun Josephs bediente oder nicht? Die Lutherischen betrachten ›jungfräulich‹ nicht als Dogma, sondern als Chiffre für Gottes Neuanfang, eine Erneuerung der Welt, die in Jesus ihren Anfang genommen hat. In der armenischen Kirche wird Maria als Gottesgebärerin und Gottesmutter hoch verehrt, viele Kirchen sind nach ihr benannt. In der katholischen Kirche wurde sie im Lauf der Jahrhunderte zur Himmelskönigin. – Wie Luther dazu steht? **Die unnützen Schwätzer höret sie ungern, die viel predigen und schreiben von ihrem Verdienst ... und sehen nicht, wie sie das Magnificat dämpfen, die Mutter Gottes Lügen strafen und die Gnade Gottes verkleinern. Denn so viel würdiges Verdienst man ihr zulegt, so viel bricht man der göttlichen Gnade ab. Und mindert des Magnificats Wahrheit.**

Das Magnificat ist der Lobgesang Marias: **Meine Seele erhebet den Herrn und mein Geist freuet sich Gottes, meines Heilandes; denn er hat die Niedrigkeit seiner Magd angesehen ... Darum alle die, so viel Lob und Ehre auf sie treiben ... sind nicht weit davon, dass sie einen Abgott aus ihr machen. ... Darum wer sie recht ehren will, muß ... ihre Nichtigkeit [wie sie sagt] ansehen; danach sich wundern der überschwänglichen Gnade Gottes, der ein solch geringes, nichtiges Menschenkind so reichlich, gnädiglich ansiehet, umfängt und benedeiet.**

Hören wir, wie es von Grigor von Tatev im 14. Jahrhundert auf armenischer Seite im Glaubensbekenntnis festgeschrieben wurde, wie es an allen großen Festtagen laut gesprochen wird:

> ... Wir glauben daß eine der drei Personen,
> Gott, das Wort aus dem Vater
> vor aller Ewigkeit geboren ist;
> in die Zeit herabgestiegen ist er in der Jungfrau Maria,
> er hat ihr Blut angenommen und es mit seiner Gottheit vereint.

> Neun Monate ist er geduldig im Schoß
> der unbefleckten Jungfrau geblieben,
> der vollkommene Gott ist vollkommener Mensch geworden,
> mit Seele, Geist und Leib,
> eine Person, ein Prosopon [Gesicht] und eine vereinigte Natur.
> **Gott wurde Mensch, ohne Änderung oder Umwandlung;**
> er wurde empfangen ohne Samen und in unverweslicher Geburt.
> Wie seine Gottheit keinen Anfang hat,
> so gibt es auch kein Ende für seine Menschheit,
> denn, wie Christus gestern war und heute ist,
> so wird er immer der selbe sein …

Aufsehen erregt hat Jesus durch seine Wunder, doch es gab zu allen Zeiten echte, begnadete Heiler ebenso wie Zauberer und Scharlatane. Bedeutender ist, was diese große, charismatische Persönlichkeit Jesus Christus gepredigt, vorgelebt und bewirkt hat. Seine Lehre glich einer sozialen Revolution: Gott war nicht nur sein Vater, sondern der Vater aller, die an ihn glauben, ob sie stolz und glücklich oder eingeschränkt, krank, behindert oder vom Alter geplagt lebten. Er beschreibt ihn, das zukünftige Leben bei ihm im Paradies und seine eigene Mittlerrolle in Bildern und Gleichnissen, von den Arbeitern im Weinberg, vom guten Hirten, vom verlorenen Sohn und in vielen mehr.

Als Kind Gottes war nun jeder ein göttliches Ebenbild, in seiner Würde unantastbar, unabhängig von Aussehen, Herkunft, Tätigkeit oder Bildungsgrad, von ihm gekannt und geliebt, einmalig. Die Standesunterschiede waren aufgehoben. Durch die Begegnung mit Jesus war er allen der liebende Vater, das Gegenteil einer heidnischen Gottheit in Drohgebärde.

Jesus Christus tastete nicht die Herrschaft des Kaisers an, nur war dessen Verehrung als Gott, als die kultische Klammer im weiten Römischen Weltreich, nicht mehr möglich. Das betraf das erste der zehn Gebote Moses: **Ich bin der Herr, dein Gott. Du sollst keine anderen Götter haben neben mir.**

Das war Zündstoff und forderte Märtyrer. Jesus Christus wandte sich besonders an die, die ihn nötig hatten: *Kommet her zu mir alle, die ihr mühselig und beladen seid, ich will euch erquicken.*

In der Zeit seines Wirkens als wandernder Rabbi scheute er keinen Kontakt nach oben und nach unten. Er verkehrte mit Zöllnern, die mit schmutzigem Geld Schuld anhäuften, den verhassten, korrupten römischen Steuereinnehmern und anderen, wenig angesehenen Subjekten, tröstete wenig geachtete Frauen, hörte einer Ehebrecherin zu und verhinderte, dass sie gesteinigt wurde. Er unterschied zwischen der Sünde und dem Sünder, dem er vergab und Kraft gab zum Neuanfang. Er heilte am geheiligten Sabbat, denn die Gebote sind für den Menschen da, nicht der Mensch für die Gebote. In seiner Bergpredigt forderte er als sein Vermächtnis, nach seinen eigenen Regeln zu leben. Mit dem Gebot **Du sollst nicht töten** bin ich nie in Konflikt gekommen, aber mit seinem Anspruch *Liebet eure Feinde* aus der Bergpredigt. Ist das überhaupt zu schaffen? Es bleibt nur, um Gnade zu bitten beim letzten Gericht, wenn er als Weltenrichter alles Unrecht dieser Welt wieder zurechtrückt.

Mit seinem konsequenten Handeln, völlig konträr zu den gängigen Regeln, schuf er sich viele Anhänger und eine starke Front von Feinden. Er scheute keine Diskussion mit ihnen, den Pharisäern, den Schriftgelehrten des Tempels, den strenggläubigsten aber auch selbstgerechtesten der Frommen, den schlimmsten Eiferern. Ihr ganzes Leben war darauf gerichtet, sich einen Platz im zukünftigen Reich Gottes zu sichern. Mit dem ›Messias‹, dem erwarteten, idealen Herrscher, verknüpften sie die Hoffnung auf Wiederherstellung nicht nur ihres Reiches in der einstigen Größe, sondern auf die Weltherrschaft, und sei es durch einen neuen Schöpfungsvorgang. Aber: *Er kam in sein Eigentum; und die Seinen nahmen ihn nicht auf.* Dennoch endete es nicht mit dem ungerechten Prozess, Kreuzigung und Tod.

Josephus Flavius (37–100 n. Chr.), nicht immer ein Freund der Christen, berichtet in seinem Werk »Jüdische Altertümer« von den Schwierigkeiten, die das Protektorat des Pilatus gekennzeichnet haben: **Um diese Zeit lebte Jesus, ein weiser Mensch, wenn man ihn überhaupt einen Menschen nennen darf. Er war nämlich der Vollbringer ganz unglaublicher Thaten und der Lehrer aller Menschen, die mit Freuden die Wahrheit aufnahmen. So zog er viele Juden und auch viele Heiden [Griechen] an sich. Er war der Christus [der Gesalbte, der Messias]. Und obgleich ihn Pilatus auf Betreiben der Vornehmsten unseres Volkes zum Kreuzestod verurteilte, wurden doch seine früheren Anhänger ihm nicht untreu. Denn er erschien ihnen am dritten Tage wieder lebend, wie gottgesandte Propheten dies und tausend andere wunderbare Dinge von ihm vorher verkündigt hatten. Und noch bis auf den heutigen Tag besteht das Volk der Christen, die sich nach ihm nennen, fort.**

Als vom Tode Auferstandener erschien Christus den Seinen mehrmals, ehe er vor aller Augen gen Himmel gehoben wurde. Aus dem Heiler wurde der Heiland, der Retter der Welt.

An Pfingsten, fünfzig Tage nach Ostern, dem alljährlich in Jerusalem wiederholten Passah-Fest zur Erinnerung an den Auszug aus Ägypten, sandte Gott seinen Heiligen Geist zu seinen Jüngern. Das wird dargestellt als ein Brausen in der Luft und Flammen über ihren Häuptern. Es verlieh ihnen Fähigkeiten, die sie vorher nicht besaßen: sie konnten frei von dem reden, was ihnen Jesus Christus aufgetragen hatte, sogar in fremden Sprachen, und sie mussten sich nicht länger verstecken als die Gefährten eines in der grausamsten, entehrendsten Weise Hingerichteten. Das Christentum begann seinen weltweiten Siegeszug – in A r m e n i e n !

Der Apostel Paulus, den Christus in einer bestürzenden Erscheinung vor Damaskus bekehrt hatte, war es, der zu den Heiden ging, als er bei den Juden auf Ablehnung stieß. Er erklärt die neue Situation und wer nun der Erbe des Segens der Glaubensväter wird. Er schreibt der Gemeinde in Galatien (Jörg Zink): *****Ihr seid alle Söhne Gottes dadurch, dass ihr mit Christus im Glauben und Vertrauen verbunden seid. Ihr alle, die ihr auf Christus getauft seid [auf seinen Tod und auf seine Auferstehung], habt nun seine lebendige Kraft um euch wie ein Gewand. Da ist dann kein Unterschied mehr zwischen Juden und Griechen, zwischen Knechten und freien Herren, zwischen Mann und Frau. Ihr seid alle dasselbe: nämlich Gottes freie Menschen, so gewiss ihr Christus zugehört. Wenn ihr aber Christus zugehört, seid ihr Nachfahren Abrahams, und die Zusage, dass ihr Gottes Kinder seid, gilt euch allen. Das über ihm Gesprochene: *Ich will dich segnen … und du sollst ein Segen sein** gilt nun für alle Christen.

Lehrender Christus im Ketschkaris-Kloster in Tsaghkadzor

Beginn der Christianisierung Armeniens

Wir dürfen mit Sicherheit annehmen, dass der Jünger Thaddäus offenen Ohren predigte. Wie ein Lauffeuer breitete sich seine Botschaft aus. Als sie den Hof erreicht hatte, ließ König Abgar alsbald den Fremden rufen. Schon bei seinem Anblick wusste er, dass er der war, den Jesus ihm senden wollte. Wollen wir nicht wieder Movses berichten lassen … Es geschah beim Eintritte des Thaddäus, dass eine großartige Erscheinung auf dessen Angesichte dem Abgar sich zeigte; dieser sprang auf von seinem Throne, stürzte sich auf sein Angesicht und betete ihn an. Es wunderten sich alle Fürsten, welche ringsherum waren; denn sie wussten Nichts von der Erscheinung. Abgar sagt zu ihm: »Bist du der Schüler des gepriesenen Jesus, den er zu mir zu senden versprochen hat, und kannst du meine Schmerzen heilen?« Thaddäus antwortet: »Wenn du an Christus Jesus, den Sohn Gottes glaubst, so werden die Wünsche deines Herzens erfüllt.« Es sagt ihm Abgar: »Ich habe an ihn und seinen Vater geglaubt, deshalb wollte ich Truppen nehmen und hingehen um die Juden zu vernichten, welche ihn gekreuzigt haben, wenn ich nicht durch die Herrschaft der Römer daran gehindert worden wäre.«

Thaddäus legte ihm die Hände auf und heilte ihn und noch viele Kranke und Leidende in der ganzen Stadt, nachdem er ihnen die frohe Botschaft Jesu Christi verkündet hatte. Es wurde Abgar und die ganze Stadt getauft; man schloss die Thüren der Götzentempel und verbarg und umhüllte die Bilder auf den Altären und Säulen mit Rosengesträuch. Er [Thaddäus] zwang Niemanden zum Glauben, aber Tag um Tag verging in Vermehrung der Gläubigen.

Nachdem der Apostel Thaddäus einen Nachfolger ausgebildet hatte, ordiniert er ihn für Edessa, ließ ihn beim König zurück und missionierte weiter im Lande.

Christus am römischen Götterhimmel?

Einen Historiker wie Movses von Chorene, den ›Vater der Gelehrten‹, finde ich so schnell nicht wieder! Es geht unter die Haut, das Passionsgeschehen in einem Schriftwechsel bezeugt zu finden, so neu und aktuell, als sei es gerade passiert. Zunächst überliefert er in den folgenden Briefen das freundschaftlich entspannte Verhältnis des Königs zu seinem römischen Landesherren: Abgar wendet sich an Kaiser Tiberius, der von 14 bis 37 regierte, um Jesus zu rechtfertigen.

Kaiser Tiberius

Von Abgar, dem Könige Armeniens, an seinen Herrn den römischen Kaiser Tiberius, Gruss.

Obgleich ich weiss, dass Nichts vor deiner Majestät verborgen ist, so will ich doch als dein Freund dich noch mehr durch diesen Brief wissen lassen. Die Juden, welche in der Provinz Palästina wohnen, haben sich zusammengerottet und Christum, ohne dass er irgend welches Vergehen begangen hatte, gekreuzigt, trotz der sehr grossen Wohlthaten, die er ihnen erwiesen hat, trotz der Zeichen und Wunder bis sogar zur Auferweckung der Todten. Du weißt, dass diese Macht nicht die eines einfachen Menschen, sondern die Gottes ist; denn in derselben Zeit, in welcher sie ihn kreuzigten, verfinsterte sich die Sonne und bewegte die Erde sich zitternd; er selbst stand nach drei Tagen von den Todten auf und erschien Vielen. Jetzt wirkt sein Name an allen Orten durch seine Schüler die größten Wunder, auch an mir selbst that er das auf offene Weise. Jetzt weiss deine Hoheit das, was betreffs des jüdischen Volkes, welches dieses gethan hat, befohlen werden, und, dass in alle Welt geschrieben werden muss, dass man Christum als wahrhaftigen Gott anbete. Lebe wohl!

Darauf antwortete Tiberius:

Von Tiberius, dem römischen Kaiser, an Abgar, den König von Armenien, Gruss.

Deinen freundlichen Brief hat man mir vorgelesen, wofür dir Dank von meiner Seite komme. Obgleich ich von Vielen dieses früher gehört habe, hat mir auch Pilatus genau über die Zeichen Christi berichtet, auch darüber, dass nach seiner Auferstehung von den Todten Viele die Ueberzeugung haben, dass er Gott ist; desshalb wollte ich auch das thun, was du ersonnen hast. Weil es aber Sitte der Römer ist, keinen Gott auf Befehl des Königs allein einzuführen, bevor er nicht vom Senate geprüft und gebilligt ist, habe ich diese Sache dem Senate vorgelegt; aber der Senat hat ihn verworfen, weil er nicht von ihm geprüft war. Aber ich habe Befehl gegeben, dass Alle, denen Christus passend erscheine, ihn unter die Götter aufnehmen, und den Tod Allen angedroht, welche Böses von den Christen reden. Bezüglich des Volkes der Juden, welches gewagt hat den zu kreuzigen, welcher, wie ich höre, nicht des Kreuzes und des Todes, sondern der Ehre und Anbetung würdig war, werde ich, wenn ich Ruhe haben werde von dem Kriege gegen die von mir abgefallenen Spanier, die Sache untersuchen und ihnen das Verdiente zu Theil werden lassen.

Wie wird man göttlich?

Wie ist das möglich, einen Menschen als Gott zu verehren, für ihn Altäre und Tempel mit seinem Standbild zu errichten und einen Kult mit Priestern und Opferfesten? Soweit es die Herrscher nicht selbst inszenierten, entstanden Kulte in der römischen Kultur aus einer spontanen, überbordenden Dankbarkeit für Erlösung oder Errettung aus einer schier hoffnungslosen Situation. Nachdem von den Bildnissen der Himmlischen nichts zu erwarten war, hatte sich ein Herrscher mit seinem segensreichen Eingreifen als neuer ›großer Gott‹ erwiesen. Kaiser Augustus (63 v. Chr.–14 n. Chr.) wurde für die ›pax augustana‹, seine 45-jährige Regierungszeit, die seinem Weltreich Sicherheit, Wohlstand und Frieden beschert hatte, im Nachhinein vergöttlicht. Eine Legende wurde in Umlauf gesetzt, wonach seine Mutter bei einer Feier Apollos in seinem Tempel in tiefen Schlaf gefallen und von einer Schlange geschwängert worden sei, ein damals geläufiges Motiv. Das Kind, das sie neun Monate später zur Welt brachte, galt als Sohn Apolls. Nach seinem Tode, bei der Verbrennung des kaiserlichen Leichnams, entfloh ein Adler den Flammen. Das galt als der vom Senat verlangte Beweis, dass die Seele des Verstorbenen auf Adlerschwingen zu den Göttern aufgefahren sei. So geschah es in der Zeit von Augustus bis Konstantin, dass für 36 von 60 Kaisern und für 27 Mitglieder ihrer Familien Kulte eingerichtet wurden.

Kaiser Augustus

Anders sind die griechischen Mythen zu deuten, wenn die Götter des Olymp ihr Spiel mit auserwählten Irdischen trieben und Kinder zeugten. Man suchte mit der göttlichen Abstammung eine Erklärung für die übermenschliche Kraft und Klugheit von Helden wie Herakles oder Theseus. Oft wurden Städtegründer zu Söhnen Zeus' oder Poseidons erhoben und damit die Stadt der entsprechenden Vatergottheit unterstellt. Das herausragende Beispiel liefert Alexander der Große.

Wieder lassen früheste Legenden Außergewöhnliches erwarten: In der Nacht seiner Geburt brannte der Artemistempel von Ephesos nieder. Die Göttin hatte ihren Platz verlassen, um seiner Mutter Olympia, der Gattin König Philipps von Makedonien, beizustehen. Eine riesige Fackel loderte über dem Kontinent, dessen Befreier vom persischen Joch Alexander werden sollte. Für seine Lebensleistung, das größte aller Weltreiche zu erobern und zu befrieden, dafür schien ihm göttliche Verehrung angemessen. Götter in Menschengestalt waren ihm aus den orientalischen Religionen vertraut. Er suchte

Zoroastrischer Feueraltar in Etschmiadsin

das Orakel in der Ammons-Oase in Ägypten auf und erhielt die Bestätigung, ein Gottessohn zu sein: Zeus hatte bei seiner Zeugung die Gestalt seines vermeintlichen Vaters angenommen.

Man erkannte mehr und mehr den Unwert der von Händen geschaffenen Götzen. Die herrschenden Götter der Antike konnten nicht die Angst vor Unheil nehmen, sie waren entweder wirkungslos oder gefürchtet als bedrohliche Mächte. Es war notwendig, möglichst viele Götter zu verehren und zu beschwichtigen, damit nicht ein möglicher Unheilbringer vergessen wurde. In Athen errichtete man deshalb einen Altar für den ›unbekannten Gott‹.

Zoroastrische Kulte, wie der Sonnen- und der Feuerkult, Ehen unter Blutsverwandten, die Jagd auf ›Tiere der Finsternis‹ wie Schlangen, Ameisen und Frösche und viele andere sonderbare rituelle Vorschriften gewannen an Einfluss, als die Römer im ersten Jahrhundert nach Christus von den Parthern gezwungen wurden, mit den Arsakiden ein neues Königshaus zu ernennen, das aus Persien stammte. Folglich ist die heute bekannte Götterwelt des alten Armenien der des benachbarten Persien recht ähnlich.

Hauptgott ist Vahagn, der später der ›Schlangenbesieger‹ genannt wurde, der Töter des großen Drachens Vishap, der das Wasser gefangenhielt, das die Menschen benötigten, ein Drachentöter, ein

Alexander der Große

Gott des Krieges und Sieges. Seine überlegene Kraft hatte er von seinen Erzeugern, den Urelementen Wasser und Feuer. Ein altes Lied, das noch lange nach der Christianisierung gesungen wurde, ist durch den ›Meister der Geschichte‹, Movses von Chorene, überliefert. Der Götterknabe entspross der Vermählung von Himmel und Erde, entstammt einem purpurfarbenen Meer. Geboren wurde er aus dem zarten Schaft eines aus dem Wasser herausragenden Rohres, dem stärksten Kontrast zur Unendlichkeit des Ozeans und zum glühenden Horizont.

Die Geburt des Vahagn

Die Himmel lagen in Wehen
Und die Muskeln der Erde,
Und die roten, trächtigen Seen lagen in Wehen.
Und in Wehen lagen auch die Schilfrohre des Ufers.
Und aus einem kleinen roten Rohr stieg Rauch auf.
Und aus dem Rauch Flammen.
Und aus den gelben Flammen des Rohrs
Lief ein blonder Knabe
Mit flammend feurigem Haar
Und einem Bart von lebendigem Feuer.
Und seine Augen waren zwei Sonnen.

Vahagn verkörpert damit die Sehnsucht des Armeniers nach Licht, Raum, Freiheit und auch die Schmerzen, die diese Sehnsucht mit sich bringt.

Aramasd, nach dem persischen Ahura Mazda stand als Schöpfer, Gott des Lichts und des Guten über allen göttlichen Wesen, aber auch als Richter. Ihm zu Ehren feierte man glanzvolle Feste, wie das Neujahrsfest Nawasard (s. Abb. S. 25), das ebenfalls noch lange in die christliche Zeit hinein bestand.

Donner- oder Lichtgott war Mihr, wie im persischen Mithras-Kult auch Gott der Wahrheit und der Gerechtigkeit. Der Natur- und Schutzgott Wanatur wurde vor allem in Bagavan durch eine Art Faschingsfest am Frühlingsanfang verehrt.

Anahit war, wie die persische Anahita, für Schutz von Mensch und Tier, das lebendige Wasser und die Heilung zuständig, vor allem aber für Fruchtbarkeit. Ihre Verehrung, wie die aller Mutteridole, stammt aus einer Zeit, als die Menschen noch nichts vom Zusammenhang zwischen dem Zeugungs- und dem Geburtsvorgang ahnten. Man hielt das Wunder eines neuen Menschen für das alleinige Werk der Frau. Sie, die Tochter des Schöpfers, wurde innig geliebt und angebetet, als Spenderin ihrer Lebenskraft und ›Mutter allen Seins‹. Viele der ihr geweihten Inschriften wurden später im christlichen Sprachgebrauch für die Marienverehrung übernommen. Die Volksfeste zu ihren Ehren werden, wie viele andere, beibehalten und mit christlicher Symbolik ausgestaltet. Die bis heute erhaltene Tradition, der Heiligen Jungfrau die ersten Weintrauben mit dem feierlichen, liturgischen Segen am Tag Mariä Himmelfahrt darzubringen, geht auf anahitische Riten zurück, die im August gefeiert wurden. Viele Armenier halten noch heute ›Weintrauben-Abstinenz‹ ein, bis die Trauben an diesem Tag geweiht werden.

links Ahura Mazda
rechts Anahit

Doch galt sie auch als Mutter der Weisheit und des Scharfsinns, die sie miteinander versöhnt. Man verehrte die oberste Lebensspenderin in der Form eines Fruchtbarkeitsgefäßes. Wenn man sich umsieht, erfreut sich Anahit bis heute großer Beliebtheit. Als Keramik wird sie in allen Größen angeboten, in Souvenirläden und auf dem großen Wochenendmarkt der Hauptstadt, der ›Vernissage‹. Der Kopf ist unwichtig, klein oder gar nur angedeutet, starr blicken die Augen. Aber umso größer und unförmiger ist ihr Leib. Weit, weit ist er geöffnet. Unersättlich, unermüdlich, ewig wird sie empfangen und gebären. Diese Figürchen sind derart schön scheußlich, dass auch ich nicht widerstehen konnte. Etwas verwundert mustern zu Hause meine Gäste Anahit als Salzgefäß bei Tisch.

Basaltsäulen bei Garni

Der Tempel von Garni

Trdat aus dem Stamm der Arsakiden wurde der neue König. Sein Name deutet auf seine persische Herkunft: Tir = Tischtryra, der Sirius oder Goldstern des Zarathustra. Als Tiridates I. wurde er im Jahr 66 in Rom von Nero zum König Armeniens gekrönt. De facto war er nur Oberhaupt eines römischen Vasallenstaates, doch war er der Erste einer Dynastie, die die Geschicke des Landes für fünf Jahrhunderte lenkte. Reich beschenkt mit 150 Millionen Dinaren zum Wiederaufbau seiner Hauptstadt Artaschat kehrte er mit einem Tross von 300 Mann nach der anstrengenden, neunmonatigen Reise aus Rom zurück. Als diplomatische Geste ist der im griechisch-römischen Stil errichtete Mithras- oder Sonnentempel zu sehen. Als Gott des Lichts im Kampf gegen das Böse war dieser persische Mysterienkult beliebt bei römischen Legionären und weit im Reich verbreitet. Sogar im mittelfränkischen Gunzenhausen fand ich das Sonnensymbol zusammen mit einem Kreuz, von römischen Soldaten eingeritzt in einen Stein ihres Kastells, der beim Bau der Stadtkirche weiterverwendet wurde.

Wieder ist es ein Platz in unwirklich schöner Landschaft, nicht weit östlich von Jerewan, dort, wo der Asat-Fluss tief unten in seiner Schlucht eine Schleife bildet und sich der Vulkanismus in einer neuen Spielart präsentiert: frei hängende, kantige Basaltsäulen als riesenhohe Vorhänge. Es ist Liebe auf den ersten Blick – zu diesem Ort und dem Tempelchen. Nebelschleier wabern, blutrot glüht der Mohn. In dieser rauen Gegend steht also ein absolut vollkommener, hell schimmernder, kleiner Tempel. Wie man sich dem einzigen späten, erhalten gebliebenen Tempel

Armeniens zu nähern hat, ist vorgegeben: Nicht aufrecht, denn die neun Stufen sind absichtlich ungewohnt hoch: leicht gebeugt, geneigten Hauptes, ehrfürchtig.

Auf einem Podium hoch über der Schlucht thront er auf seinem Podest, von 24 ionischen Säulen umgeben, Fries und Giebel üppig mit Akanthus-Motiven verziert, im Inneren die Nische für das Kultbild. Warum aber wurde dieses Heiligtum als einziger Zeuge aus heidnischer Zeit nach der Christianisierung nicht auch bis auf die Grundmauern geschleift und aus seinem Material ein neuer Kirchenbau darübergesetzt?

König Trdat III., der Enkel Trdat I., hatte römische Kultur beinahe schon mit der Milch seiner Amme aufgenommen. Sein Vater, König Chosrow, war von Anak, einem parthischen Fürsten, hinterrücks bei der Jagd ermordet worden. Im Sterben hatte er befohlen, dessen ganze Familie auszurotten. Nur ein neugeborenes Kind entging seiner Rache. Seine Amme brachte es nach Caesarea in Kappadokien, wo es auf den Namen Grigor getauft und im christlichen Glauben erzogen wurde. Der gleichaltrige Königssohn wurde aus Sicherheitsgründen nach Rom gebracht, ehe das persische Militär Armenien besetzte. Getrennt wuchsen die beiden zu jungen Männern heran. Trdat zeichnete sich als Soldat aus, Grigor, vom christlichen Geist erfüllt, wollte seinen Glauben in die Tat umsetzen und das Verbrechen seines Vaters Anak sühnen. Er ging nach Rom, Trdat zu dienen, verheimlichte ihm aber Motiv und Herkunft. Sie kehrten miteinander nach Armenien zurück, als der Fürst Odenath von Palmyra, der Gemahl der berühmten Zenobia, im Jahre 265 nach Christus die Perser besiegt hatte. Mit Hilfe Roms gelang es dem Kronprinzen, den Thron zurückzugewinnen. Kaiser Diokletian krönte Trdat III. zum König Armeniens – ausgerechnet der größte Christenverfolger den König, der später seinem Volk die neue Religion verordnen sollte.

Vertraut mit den Annehmlichkeiten des Lebens der spätantiken Oberschicht, ließ sich der neue Herrscher auf diesem schön gelegenen Plateau in Garni eine elegante Sommerresidenz nach römischem Vorbild errichten. Wie ihm das gelungen ist, erzählen allein die Thermen. Die Fußbodenheizung: heißer Dampf wurde aus einem separaten Heizraum in irdenen Röhren unter den Bodenplatten herangeführt und damit drei Räume mit unterschiedlichen Temperaturen erwärmt. Dazu gab es einen Ankleideraum und ein Vestibül. Die Reste der vielfarbigen Mosaiken sind zu deuten als das Ehepaar Okeanos und Tethys im Bade, umgeben von Meeresgöttern und Fabelwesen, Delfinen und Fischen. Für die Spätantike ist die Ausführung etwas ungelenk geraten; hier waren Provinzkünstler am Werk. Der alte Tempel bekam eine neue Bestimmung, er diente Trdat III. als Empfangshalle. Nur deshalb wurde er nicht zerstört. Er blieb unbeschädigt bis zum großen Erdbeben von 1679. Im 20. Jahrhundert wurde er wiederentdeckt und rekonstruiert.

links Mosaik des Badehauses   rechts Tempel von Garni

3 Das christliche Armenien

Chor Virap,
dem Ararat am nächsten

Der Ararat, der heilige Berg, entschwindet immer mehr, je näher man ihm kommt. Man glaubt sich schon beinahe an seinem Fuße, denn es sind nicht mehr als zwanzig Kilometer bis dahin, aber die sind unüberwindlich. Es trennt ein garstiger, hoher Stacheldrahtzaun. Das ist die absolut undurchlässige Grenze zur Türkei mit dem umgepflügten Streifen Niemandsland und den Wachttürmen. Davor erhebt sich das uralte Kloster Chor Virap, was übersetzt ›tiefe Grube‹ bedeutet. Grigor der Erleuchter lag in einer Erdhöhle dreizehn Jahre gefangen und wurde dennoch nicht zum Märtyrer. Chor Virap war eine wichtige Station für die Ausbreitung des Christentums.

Die Schritte klappern die 27 Stufen der steilen, eisernen Leiter hinunter. Ein winziger Raum ist es, stickig und heiß, nicht mehr das sumpfige Loch mit Schlangen und Kröten. Ein kleiner Altartisch steht erhöht in einer der Ecken. Im flackernden Licht des über und über gefüllten Kerzenständers zuckt nur der eigene Schatten über die Wände.

Um den hochverehrten Wallfahrtsort wuchs ein Kloster, mit einer Kapelle in der Mitte des Hofes. Beim Eintritt durch die schmale Pforte wird gleich der erste Blick emporgezogen auf das Relief der Grigor-Legende. Ein Geviert von Mönchszellen verstärkt die sichere Abgrenzung nach draußen. Im Westen, dem Ararat gegenüber, wurden einige abgetragen, es entstand ein Aussichtspodest, eine Loge wie ein Ehrenplatz. Chor Virap mit dem Ararat ist wohl das am meisten fotografierte Motiv Armeniens überhaupt (s. S. 93).

Dass Noahs Arche genau auf dem Ararat angelandet ist, ist eine Annahme. Sie geht darauf zurück, dass das hebräische Ararat, das sich auf das Land Urartu bezog, später nur den Berg bezeichnete. Doch ist der Ararat den Armeniern ein ebenso heiliger Berg wie den Juden der Berg Zion, der Burgberg von Jerusalem, auf dem Salomon den Tempel errichtete.

Kloster Chor Virap

Blick von Chor Virap auf den Großen und den Kleinen Ararat und die türkische Grenze mit Todesstreifen

Naira, eine kundige Armenierin, formuliert es aus ihrer Perspektive: »Der Ararat ist eine Stele in der sakralen Bedeutung, ein Identifizierungszeichen für die Armenier. Er war aus ihrer Sicht immer mitten im Geschehen. Das historische Armenien ist kein rein geografischer Raum, sondern ein Kulturraum.«

Der Mythos Ararat und seine Weiterdichtung

Für Nicht-Armenier ist der Berg eine Sinfonie aus faszinierendem Anblick und mythischem Hintergrund, die ihm diese Ausnahmestellung gibt. So hat ihn Alexander Puschkin während seines Russland-Feldzuges 1829 als schreibender Begleiter des Heeres empfunden. Nach einem überaus anstrengenden Ritt in schwerem Regen und einer kurzen Nacht in einfachster Unterkunft berichtet er: Um die Morgenröte weckten mich die Kosaken auf. Ich trat aus dem Zelt in die frische Morgenluft hinaus. Die Sonne ging gerade auf. Am klaren Himmel schimmerte ein zwiegehäupteter Schneeberg. »Was ist das für ein Berg?« fragte ich, mich streckend. Ich vernahm zur Antwort: »Der Ararat.« Wie stark ist doch die Wirkung von Lauten! Geradezu gierig blickte ich den biblischen Berg an und glaubte die Arche zu sehen, die an seinem Gipfel in der Hoffnung der Erneuerung des Lebens gelandet war, und den Raben und die Taube, die aus ihr ausgeflogen waren, Symbole der Strafe und Versöhnung.

Aber der Ararat selbst sträubt sich, erforscht zu werden. Expeditionen auf der Suche nach Spuren der Arche kamen stets mit leeren Händen zurück. Erst zu der Zeit, als Alexander von Humboldt (1769–1859) Asien bis zum Altai und Kaspischen Meer bereiste, machte sich der deutsche Arzt und Universalgelehrte Friedrich Parrot (1792–1841) auf, die Kaukasusregion mit dem Ararat zu erforschen. Die Erstbesteigung, die er in seinem Buch »Reise zum Ararat« beschreibt, gelang ihm erst beim dritten Versuch am 9. Oktober 1829. – Es sei eine relativ einfache, wenn auch zeitaufwändige Besteigung des Berges, der mit seinen 5156 Metern die Hochebene um 4000 Meter überragt: zwei bis drei Tage für den Aufstieg, anderthalb Tage für den Abstieg, was von der westlichen Seite aus zu organisieren wäre, schreibt der Bamberger Theologieprofessor Volker Eid 160 Jahre später.

Die Ostanatolier spielen hier nicht gern Bergführer, weil ihnen bewusst ist, dass es ein christlicher Berg ist. Die Armenier würden es nicht tun aus einer ehrfürchtigen Scheu heraus, die in früher Zeit gründet, in der sprichwörtlichen ›Heidenangst‹ vor der ersten Sünde, dem Tabubruch. In ihrem Glauben schaudern sie vor dem Tabu des unberührbaren Berges, in ihrem Aberglauben vor Göttern vielleicht nicht mehr so sehr wie vor Koboldwesen …

Hinter Chor Virap lohnt es sich, ein Stück hügelan zu wandern, um sich so dem Ararat noch näher zu fühlen. Auf dem Berg ist man dem Göttlichen näher, auch in sich, und die Felssitze laden ein zur Besinnung. Ein Lehrer im armenischen Viertel in Jerusalem gibt diesen Gefühlen eine christlich verbrämte Deutung mit einer Legende von der Quelle des Heiligen Jakob: **Für die Armenier ist der Berg Ararat ein übernatürliches Wesen. Er ist der Herr der Welt, das Universum endet auf seiner Rückseite, und jenseits beginnt die unvorstellbare Endlosigkeit. Ich weiß, dass auf dem Gipfel des Ararat die Arche Noachs gelandet ist und dass seine Spitze unzugänglich ist. Kein Sterblicher wird je den heiligen Gipfel des Berges betreten. Ein Beispiel dafür ist der heilige Jakob.**

Er war als frommer Einsiedler der kurdischen Berge im Jahre 309 zum Bischof von Nisibis gewählt worden. Der alte Patriarch wollte gegen Ende seines Lebens unbedingt noch mit eigenen Augen die Arche Noahs sehen. Er wusste genau, dass es den Sterblichen durch Gottes Spruch verboten war, den Gipfel des heiligen Berges zu besteigen. Durch seine Sonderstellung, seine Auserwähltheit und durch seinen frommen Lebenswandel glaubte er fest daran, dass ihm diese Gnade zuteil würde. Diese Wundergeschichte zur Ehre des Höchsten verbreiten zu können, erhoffte er sich als Krönung und Abschluss seines Lebens.

So nahm der heilige Mann seinen Stab und machte sich auf, der Wiege der Menschheit entgegen. Psalmen singend, beflügelt von der Vision, die Arche sehen und küssen zu dürfen, vergaß er Hunger und Müdigkeit, wanderte auf endlosen, staubigen, steinigen und dornigen Steigen. Als es immer schwieriger wurde, kam der Alte ins Schwitzen und fiel öfter nieder. Er betete und schleppte sich, gestärkt durch seinen festen Glauben, weiter auf seinem mühsamen Pfad durch die Felsen. Beim Anblick des Heiligen flohen die Drachen, die Schlangen starrten ihn an und verschwanden unter den Steinen, die Dämonen – erstaunt über den Mut dieses ungewöhnlichen Sterblichen – versperrten ihm zuerst den Weg, dann aber zogen sie sich in ihre Höhlen zurück.

Und Gottes Diener stieg weiter und weiter. Der Schnee war schwer, der Tag neigte sich seinem Ende zu, die letzten Sonnenstrahlen ruhten auf dem Berg. Als die Dunkelheit hereinbrach, hatte er den letzten Hang erreicht. Überglücklich setzte er sich unter einen Felsen und fiel sogleich in tiefen Schlaf.

links
Auf der Anhöhe hinter Chor Virap, dem Ararat gegenüber

rechts
Reliquie der Arche Noah in Etschmiadsin

In der Morgendämmerung, als er erwachte, schaute er sich um, und – er traute seinen Augen nicht – sah mit Erstaunen und Schmerz, dass er sich am selben Platz befand, von dem aus er am vorherigen Tag seinen Aufstieg begonnen hatte. Unbekannte und geheimnisvolle Arme hatten ihn wieder hinunter an den Fuß des Berges gebracht. – Sein Herz war überwältigt von Gram.

Doch seine Gebete wurden nur umso inbrünstiger, seine Anstrengungen schier übermenschlich, denn er stieg siebenmal auf, und siebenmal wurde er wieder hinuntergebracht. Dann erst begriff er, dass das nicht das Werk des Teufels war, sondern göttliches Eingreifen. Während der Heilige weinte und zu Gott betete, er möge ihn doch zum Gipfel gelangen lassen, stand plötzlich ein leuchtendes Bild vor ihm, mit einem Schwert in der Hand. Das war Gabriel, der Erzengel. Zutiefst erschüttert fiel der heilige Jakob auf sein Angesicht. »Versuche nicht, du Sterblicher, gegen das göttliche Eingreifen anzugehen«, sagte der Bote. »Es steht einem Sohn Adams nicht zu, den Gipfel des Ararat zu betreten, kein menschliches Auge kann die Arche Noahs sehen. Aber wegen deines Glaubens und deiner Frömmigkeit hat Gott Erbarmen mit dir und schickt dir diese Reliquie von der Arche. Sei jetzt zufrieden und geh zurück.«

Dieses Stück Archenholz wird bis heute hinter Glas in einem Reliquiar, einem kleinen, mit Gold und Edelstein verzierten Kästchen, in der Schatzkammer von Etschmiadsin aufbewahrt und gezeigt.

Noch ein Wunder hatte sich ereignet: Gespeist von seinen heißen Tränen hatte sich ein Brunnen aufgetan. Die Quelle des Heiligen Jakob liegt auf dem Sattel zwischen dem Großen und dem Kleinen Ararat. Sie ist historische Wahrheit. Die Legende, vom siebenmaligen Anlauf, um etwas Unerreichbares zu bewältigen, und vom Ursprung des Wassers aus seinen Tränen ist die innere Wahrheit, die in uns ist, wie von dem die Exkursion leitenden Hamburger Theologieprofessor Axel Denecke gedeutet wurde:

> »Leben im Glauben macht Arbeit, fällt uns nicht in den Schoß. Mysterien sind zu umkreisen, aber nicht zu lüften und zu lösen.
>
> Weise sind, die sich auf den Weg machen, aber wissen, wo ihr Weg zu Ende ist.
>
> Es gibt etwas in unserem Leben, das wir nicht erreichen können; wir gingen dabei zugrunde.
>
> Es gibt auch heute noch eine Grenze, die nicht überschritten werden darf, wo heilige Erde nicht mehr betreten werden darf, wie das Mose geboten wurde, als Gott ihm im brennenden Dornbusch erschien.
>
> Menschen, die Gott nicht mehr als Schöpfer wahrnehmen, nehmen sich auch nicht mehr als Geschöpfe Gottes wahr.«

In dieses märchenhafte Gewand gekleidet, waren das überraschend tiefe Gedanken für den Abstieg, für die Reise, eigentlich für den ganzen weiteren Weg.

Die Anfänge des Christentums

Man verehrte noch den weiten persischen Götterhimmel, als die Apostel Thaddäus und Bartholomäus im ersten Jahrhundert ihre Missionstätigkeit begannen. Es regierte die armenisch-parthische Dynastie der Arsakiden, die im Westen vom Römischen Weltreich und im Osten von den Parthern und Persern bedrängt wurde. Grigor entstammte einer dieser parthischen Adelsfamilien, aber er war ja als Waise in Cäsarea aufgewachsen und mit dem Christentum vertraut geworden. Seine Herkunft wie seinen Glauben musste er vor dem König Trdat III. verborgen halten, der noch ganz diesen heidnischen Göttern zugewandt war. Bei einem Gelage wollte der König ihn zwingen, der Göttin Anahit zu opfern, was Grigor standhaft verweigerte und sich als Christ zu erkennen gab. Mit allen Mitteln, auch mit Folter, versuchte nun der König, ihn zur Abkehr vom neuen Glauben zu zwingen, doch er widerstand. Jetzt erst erfuhr der König, dass er der Sohn des Todfeindes war. Voller Hass und Wut rächte er sich an ihm mit dem langen Martyrium im Kerker.

Schlimme Gräueltaten beging Trdat III. in dieser Zeit, weiß die Legende weiter zu berichten: 37 Nonnen waren vor den Häschern des römischen Kaisers Diokletian aus Kappadokien nach Ostarmenien geflohen. Die Kunde von den Jungfrauen wurde Trdat zugetragen, die engelsgleiche Schönheit der einen namens Hripsime gepriesen. Gleich auf den ersten Blick verliebte sich der Herrscher unsterblich in die junge Braut Christi. Doch sie widersetzte sich ihm treu ihrem Gelübde; sie verweigerte sich ihm. Seine Enttäuschung und sein Zorn müssen grenzenlos gewesen sein. Er ließ die schöne Hripsime zusammen mit ihrer geistigen Mutter, der Äbtissin Gayane und den anderen 35 Schwestern hinrichten. Die vielen Frevel, Bosheiten und Untaten gegen die Christen, die der König auf sein Haupt geladen hatte, begannen ihn zu zeichnen. Eine seltsame,

König Trdat III., durch eine Krankheit entstellt

äußerst schmerzhafte Krankheit entstellte ihn derart, dass er schließlich einen Kopf wie den eines Wildschweins auf seinen Schultern trug. – Ob sich da sein Gewissen regte? Kein Heilkundiger des Landes, niemand wusste mehr zu helfen. Als letzte Möglichkeit, den sündigen Bruder zu retten, wagte es seine Schwester, Grigor zu nennen.

Der fromme Mann entstieg dem Verlies der damaligen Hauptstadt Artaschat in erstaunlich guter Verfassung, hatte ihn doch eben diese Frau all die Jahre mit Speise und frischem Wasser versorgt. Grigor gelang es mit Gottes Hilfe, den König von allem, was ihn krank machte, zu befreien. Er unterwies ihn 66 Tage in der christlichen Lehre und bekehrte ihn zum rechten Glauben. Wegen seiner Gaben des Heiligen Geistes, die sich in seinem segensreichen Wirken äußerten, wurde Grigor zum ›Erleuchter‹ – ›Lusaworitsch‹. Trdat, seine Gemahlin, seine Schwester und nahezu der ganze Hof wollten von ihm die Taufe im Fluss empfangen. Eine große Menge Volks und das Heer schlossen sich an. So kam es, dass Trdat III. im Jahre 301 die christliche Religion für Volk und Reich ausrief.

Armenien wurde der erste christliche Staat der Welt, zwölf Jahre, bevor Kaiser Konstantin im Oströmischen Reich das Toleranzedikt zugunsten der christlichen Religion erließ, gefolgt von Äthiopien, das unter der Regierung des Negus Negesti Ezana

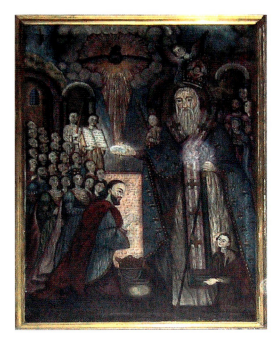

Grigor der Erleuchter tauft König Trdat III. mit seinem ganzen Hof

(325–350) christianisiert wurde. Das Jubiläum 1 700 Jahre Armenische Apostolische Kirche wurde 2001 festlich begangen.

Die armenische Schrift

Was die Armenier in aller Welt mit denen im noch knapp 30 000 Quadratkilometer großen Mutterland vereint, sind neben dem Schmerz um den Verlust ihrer Lieben und der Heimat samt dem heiligen Berg die gemeinsamen Wurzeln in der Kultur, ihr Glaube. Dass sich aus einem wahren babylonischen Sprachgewirr das allgemeingültige Armenisch entwickelte, ist mit der Verbreitung des Christentums im armenischen Hochland verbunden.

Etwa hundert Jahre nach der Christianisierung wurde dem Volk in dem Mönch Mesrop Maschtoz (geboren 360) ein zweiter ›Erleuchter‹ geschenkt. Er wird als Nationalheiliger verehrt. Alles und jedes ist nach ihm benannt, sodass mir sein Name bereits am dritten Tage flüssig über die Lippen ging. Er wurde vom Oberhaupt der Kirche, Katholikos Sahak I. der Parther (387–439) beauftragt, eine eigene Schrift zu schaffen. Das war eine kluge Reaktion, mit friedlichen, kulturellen Mitteln der aus dem Osten (Persien) wie aus dem Westen (Byzanz) drohenden Gefahr des Identitätsverlusts entgegenzuwirken. Da Mesrop die syrischen, griechischen und persischen Schriftsysteme beherrschte, konnte er deren Vorzüge zu einem eigenen, neuen verschmelzen: Im Jahr 406 entstand eine phonetische Schrift, bei der jeder der 36 Buchstaben einem Laut entspricht.

Mesrop Maschtoz' Alphabet wird, ebenso wie er selbst, als heilig betrachtet, weil es ihm eingegeben wurde. Nach der Überlieferung wurden ihm in einer Vision die neuen und wunderbaren Schriftzeichen der armenischen Sprache von der heiligen Hand Gottes auf einem Felsen vorgezeichnet. Der erste Buchstabe ist das Zeichen für Gott, der letzte das für Christus. **Beginnend mit A/Ayb, der wie ein Betender seine Arme gen Himmel ausgebreitet, den Himmel über dem Haupt eines Armeniers durch die Jahrhunderte fest hält, bis zum introvertierten F/Fe, dem letzten Buchstaben des Alphabets, der um die Hülle der Hoffnung verschlungen, mit offenem Herzen gegen die Morgenröte der Zukunft schreitet. Alle diese Buchstaben, sage ich, führten unsere Existenz, unsere armenische Identität wie Karawanenzüge bis zur Schwelle dieses Jahrhunderts. So schrieb der junge Dichter Daniel Varuzhan, als er kommen sah, dass man wieder danach trachtete, armenische Identität auszulöschen, ehe er mit Hunderten von Intellektuellen in Konstantinopel in der Nacht des 24. April 1915 ermordet wurde. Wer wird in der Lage sein, die Geschichte dieser Schriftzeichen zu schreiben? – Sie haben die Existenz unseres**

Volkes mit feurigen Nägeln auf das ewige Firmament der Pergamentblätter befestigt.

Es sind vier Reihen großer Lettern zu je neun Buchstaben. Sie können ebenso als Zahlen verwendet werden; die ersten neun Buchstaben gelten für die Ziffern eins bis neun. Erst im 10. Jahrhundert kamen drei weitere dazu. Mit Hilfe des armenischen Alphabets wurde es möglich, die christliche Botschaft durch das ganze Land zu verbreiten. Nicht selten wird bei Darstellungen des armenischen Alphabets, dem Vehikel des Gotteswortes, die Taube, als das Symbol des Heiligen Geistes, über die armenischen Lettern gesetzt.

Mesrops Schüler und Hagiograph Koriun überliefert, wie diese Leistung zustande kam, und wie sie gewürdigt wurde: dass Mesrop sich verwaltungstechnische und militärische Kenntnisse erwarb in Diensten der königlichen Kanzlei als Beamter der königlichen Regierung. Durch intensives Studium der Heiligen Schrift gewann er ›Erleuchtung‹, und riss sich los aus der Dienstbarkeit seines Fürsten. Er trat in den Orden der Einsiedler ein, wo er als junger Mönch bald durch seinen besonderen Ernst und die Härte gegen sich selbst auffiel. Den Auftrag seines Katholikos, eine Schrift, passend für die armenische Sprache zu finden, nahm er gern entgegen. Er hatte erkannt, dass mit der vorhandenen Schrift die Laute der armenischen Sprache nicht wiederzugeben waren. Er sammelte junge Männer um sich, die zum Teil wie er eine gute Ausbildung in den damaligen Bildungszentren in Athen, Caesarea, Edessa, Konstantinopel und Alexandria genossen hatten, und zog mit ihnen durchs Land, sich in die unterschiedlichsten Dialekte hineinzuhören, führte ein asketisches Leben **mit Kummer und Sorge um die Welt, wobei er der Worte des Propheten bedachte:** »Wenn du stöhnen wirst, dann wirst du leben.« Und so hielt er geduldig die vielen Mühen aus, um ein wenig Gunst [und] Huld für sein Volk zu gewinnen. In der Tat wurde ihm [dann] vom allgütigen Gott [dieses] Glück zuteil. Denn mit seiner heiligen Rechten wurden neue und wunderbare Sprößlinge des väterlichen Mannesalters hervorgebracht: die Schriftzeichen der armenischen Sprache ... Koriun nennt es ein Wunder, dass diese Schrift fähig ist, die Stimme einzufangen und für immer festzuhalten. Zu Beginn des 5. Jahrhunderts gehörte das klassische Armenisch oder ›Grabar‹ zu den großen Sprachen des Nahen Ostens.

In der Wahl der Schreibrichtung und Buchstabenreihenfolge richtete sich Mesrop nach dem damals modernsten phonetischen Schriftsystem, dem griechischen Alphabet. Die Kalligrafie schuf er in Zusammenarbeit mit einem griechischen Kalligrafen, Hropanos. Die Folge der großen Buchstaben Mesrops, mit ihrem vollendeten Gleichgewicht zwischen gefülltem und leerem Raum, erzeugt den Eindruck einer geometrischen Aufteilung nach einem festen und regelmäßigen Grundriss, der an die harmonische Strenge von guter Architektur erinnert.

Sofort nachdem er das Alphabet geschaffen hatte, machte er sich mit seinen Studenten an die Übersetzung der Bibel. Er begann mit den Sprüchen Salomons, der Überlieferung seiner Weisheit und seines Rates. *Dass man Weisheit und Zucht kennen lerne, die Worte der Einsicht verstehe ...*

Mesrop kehrte bereits mit den ersten Teilstücken aus dem Alten Testament zurück nach Etschmiadsin, dem geistlichen Zentrum der Armenier, wo der König, der Katholikos und das ganze Volk jubelnd seine Ankunft begrüßten. Mesrop trug die heiligen Schriftzeichen, die wunderbaren Lettern des eigenständigen Alphabets. Sie waren mit dem Hauch des Heiligen Geistes geweiht. ›Hauch Gottes‹ – ›Astvacasunc‹, heißt die Heilige Schrift im Armenischen. Koriun vergleicht seinen Einzug vom Berg Ararat herab dem des Moses vom Berg Sinai: **Nachdem nun [gänzlich] unerwartet [in armenischer Schrift] der Lehrer des Gesetzes, Moses, mit einer Reihe von Propheten und der fortschrittliche Paulus mit der gesamten Schar der Apostel, zusammen mit dem die Welt belebenden**

Armenisches Alphabet in Gold und Brillanten in Etschmiadsin

Evangelium Christi, gleichzeitig in ihm [Armenien] eintraf [und] durch die Beiden [Sahak und Maschtoz] vermittelt wurden, stellte man fest, daß [nun die Bücher des Alten und Neuen Testaments] Armenisch klangen und Armenisch sprachen, Daraufhin war da herzinnigliche Freude, und [es war] eine Augenweide, die Szene zu sehen. Denn unser Land, dem einstmals der Ruhm jener Gegenden, wo all die von Gott gewirkten Wundertaten vollbracht worden waren, fremd gewesen ist, wußte nun auf einmal über die Dinge, die [einst] geschehen waren, gründlich Bescheid [und zwar] nicht nur über die [Dinge, die] sich einst ereignet hatten, sondern auch über [die] der vorangehenden Ewigkeit und die danach geschehenen [Dinge], des Anfangs und des Endes, und über alle von Gott gegebenen Überlieferungen.

In Oshakan, dem Ort, an dem Mesrop Maschtoz starb und beigesetzt wurde, steht nun sein Denkmal mit den Schriftzeichen-Tafeln, das auch ich auf den ersten Blick und in Unkenntnis der Geschichte für eines von Mose gehalten hatte. In Bergkarabach, in der Klosterschule Amaras, einer der ersten die Mesrop gründete, traf sich im Juni 2005 die armenische Welt zur Erinnerung an die 1 600. Wiederkehr der Findung des Alphabets zu einem internationalen Kongress und zu einem riesigen Volksfest.

Christ zu sein, bedeutete den Armeniern, frei zu werden von Götterfurcht und Götzenängsten. Die christliche Religion trat ihren Siegeszug an, brachte Identität, wurde zu einer einigenden Klammer für das weit verstreut lebende Volk, sie ist es bis heute für die Armenier, die immer wieder aus der Heimat fliehen mussten, die jetzt in über hundert Ländern in der Diaspora leben.

Bis heute sind die gemeinsame Sprache und die Feier des armenischen Gottesdienstes ein wesentliches Element der Zusammengehörigkeit aller Armenier in der Diaspora. Diejenigen, die ihre angestammte Kultur, auch die religiöse, nicht mehr pflegen, gehen erfahrungsgemäß rasch in der Bevölkerung der Gastgeberländer auf, schreibt Lore Bartholomäus. Wie fühle ich mich, wenn ich an unsere vor Anglizismen überbordende deutsche Sprache denke, und lese, was Silva Kaputikian, die bedeutende armenische Dichterin (1919–2006) ihrem Sohn in Stammbuch geschrieben hat, als er zu sprechen begann:

> … Höre, mein Kind, dies ist eine Botschaft aus der Seele deiner Mutter, wo sie am tiefsten ist:
> Von heute an übergebe ich in deine Hände die armenische Sprache und ihre Schätze.
> Sie hat den besternten Himmel der Zeit überquert, sie ist mit dem Pfeil der armenischen Soldaten geflogen, und durch den Genius Mesrop wurde sie in Buchstaben und Pergament verwandelt.
> Sie wurde Hoffnung und Flagge und hat uns auf unserem Weg bewahrt.
> Halte sie hoch und rein, wie den Schnee vom Ararat.
> Birg sie an deiner Brust wie die Reliquien deiner Vorfahren.
> Verteidige sie mit deinem Leben vor dem Schlag des Feindes,
> als ob du deine Mutter verteidigen würdest …
> und, mein Sohn, wo immer du bist,
> und wie lange auch immer du noch unter diesem Mond wanderst,
> selbst wenn du deine Mutter vergessen würdest – vergiß nicht deine Muttersprache.

Ein Armenier ist ein Christ, oder er ist kein Armenier. Das erklärt die hohe Verehrung für die Schrift und das Heilige Buch. Weil ihm das Evangelium, die frohe Botschaft in ihrer Muttersprache verkündet wurde, wurden Andacht und das Bewahren der Religion rasch ein Anliegen des ganzen Volkes, nicht allein des Klerus' und der herrschenden Schicht. Daneben entstand ein wahrer Bücherkult. Jedes Buch wurde wie eine Bibel verehrt. Den Büchern, den heiligen Schriftzeichen, wurden heilende Kräfte zugeschrieben.

Bibelübersetzungen

Über tausend Jahre Vorsprung hatten die Armenier vor uns Deutschen! Mesrop Maschtoz, gleich der Erste, hat die richtigen Worte gefunden, wie bei uns erst Dr. Martin Luther. Ist das zu fassen: achtzehn deutschsprachige Bibelübersetzungen hatte es vor ihm gegeben, aber sie waren nicht zu verstehen. Sie hielten sich zu eng an die schwerfällige, lateinische Satzstruktur, waren verwirrend und sinnentstellend und so für Nicht-Lateiner nicht zu entschlüsseln. Das war im Sinne der Kirche, denn sie hatte bisher und noch für lange Zeit den Anspruch erhoben, allein die Heilige Schrift auszulegen. Hier sei Günther Zainer aus Reutlingen angeführt, der sein 1475, also sechzig Jahre zuvor in Augsburg erschienenes Werk mit einer stolzen Schlussbemerkung rühmt: **Dieses durchleuchtigste Werk der ganzen heiligen Schrift, genannt die Bibel, vor allen anderen vorher gedruckten Bibeln lauterer, klarer und wahrer, nach rechtem allgemeinem Deutsch dann gedruckt, hat hier ein Ende.**

Und hier ein Beispiel, seine Übersetzung des 23. Psalms: **Der herr der richt mich und mir gebarst nit: und an der stat der weyde do satzt er mich. Er fürtte mich ob dem Wasser der wiederbringung: er bekert mein sel.**

Luthers Übersetzung des 23. Psalms Davids dagegen klingt ebenso verständlich wie poetisch:

> *Der Herr ist mein Hirte; mir wird nichts mangeln.
> Er weidet mich auf einer grünen Aue und führt mich zum frischen Wasser.
> Er erquicket meine Seele; er führt mich auf rechter Straße um seines Namens willen.
> Und ob ich schon wanderte im finstern Tal, fürchte ich kein Unglück; denn du bist bei mir, dein Stecken und Stab trösten mich.
> Du bereitest vor mir einen Tisch im Angesicht meiner Feinde. Du salbest mein Haupt mit Öl und schenkest mir voll ein.
> Gutes und Barmherzigkeit werden mir folgen mein Leben lang, und ich werde bleiben im Hause des Herrn immerdar.

Der hochbegabte Augustinermönch Luther verfolgte zwei Grundideen bei seiner erneuten Übertragung: Verständlichkeit des Textes für jedermann, sei er gebildet oder nicht. Deshalb ging er von den Urtexten aus dem Griechischen bzw. Hebräischen aus. **Denn man mus nicht die buchstaben inn der lateinischen sprachen fragen / wie man sol Deutsch reden / wie diese esel thun / sondern / man mus die mutter im hause / die kinder auff der gassen / den gemeinen man auff dem marckt drumb fragen / und den selbigen auff das maul sehen / wie sie reden / und darnach dolmetzschen / so verstehen sie es denn / und mercken / das man Deutsch mit innen redet.**

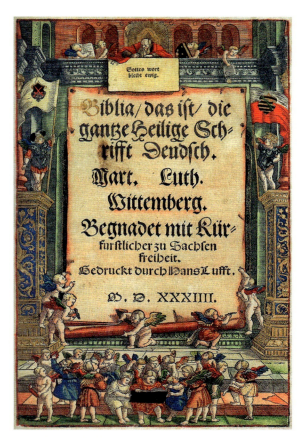

Lutherbibel von 1534

Und er setzte auf die Mündigkeit der Laien, die selbst die Bibel lesen und zwischen geoffenbarter Wahrheit und verfälschter Praxis der ›alten Kirche‹ entscheiden sollten. Wortschöpferisch ist er dem Urtext begegnet, Klang und Rhythmus mussten stimmen, damit sich der Text einpräge. Leicht hat er sich's nicht gemacht, man hört ihn förmlich seufzen bei den Worten: **Und ist uns wol offt begegnet / dass wir 14 Tage / drey / vier Wochen / haben ein einziges Wort gesucht und gefragt / habens dennoch zu weilen nicht funden.**

Da der Reformator eine überregionale, nicht dialektgefärbte Sprache gebrauchte, trug er wesentlich zum Sprachausgleich innerhalb des Deutschen Reichs und der Entwicklung einer allgemeingültigen Hochsprache bei. Seine Bibel wurde das Lehrbuch der Nation, mit dem man Lesen und Schreiben lernte, häufig das einzige Buch im Haus. So veraltet sein Deutsch inzwischen sein mag, durch ihre Poesie und sprachliche Schönheit gehen manche Verse so zu Herzen, dass man sie nie mehr vergisst, sie für immer ›by heart‹ trägt. Häufig klingt mir dazu noch die Vertonung Johann Sebastian Bachs im Ohr.

Im ›Goldenen Zeitalter‹ der armenischen Literatur betrat eine ›heilige Übersetzergeneration‹ die Bühne. Der Text der Bibel wurde dabei aus dem Assyrischen übertragen, erst im 8. Jahrhundert durch die Septuaginta revidiert, die Liturgie und die frühen Kirchenväter Grigor von Nazianz, Basilius von Caesarea, Grigor von Nissa, Johannes Chrystostomos, Ephraim der Syrer wurden zugänglich gemacht. Die Bibelübersetzung gab den Anstoß zur Entfaltung einer außerordentlichen kulturellen Neugier. Wie einst Mesrop zogen nun seine Anhänger in die Städte der gebildeten Welt, nach Damaskus und Konstantinopel und begannen mit großangelegten Übersetzungsarbeiten. Auf diese Weise wurde die armenische Kirche in weniger als einem halben Jahrhundert mit dem Schatz griechischer, auch syrischer theologischer Literatur vertraut. Die wichtigsten Werke der Kirchenväter fanden Eingang in Liturgie und Predigten und flossen in theologische Streitgespräche ein. Die Übersetzer galten als so bedeutend, dass sie seit jeher als Heilige verehrt werden. Ihr Gedenktag im Heiligenkalender ist der zweite Sonntag im Oktober, zusammen mit der Schöpfer der armenischen Schrift. Nur deshalb wurde er auch während der russischen Besatzungszeit akzeptiert.

Es sind einige wenige Hymnen aus dem 5. Jahrhundert erhalten, die dem Heiligen Mesrop zugeschrieben werden. Hören wir ihn beten oder stimmen wir ein – seine Anliegen sind noch immer auch die unseren:

**Den Morgen des Friedens lass aufgehen über uns,
  Menschenliebender,
und mach uns lebendig.**

**Mit dem geistigen Lichte Dein, Retter,
  erleuchte unseren Geist
und mach uns lebendig.**

**Und vor alljeglicher Gefahr mach sicher uns
unter dem Schatten der heiligen Rechten Dein
und mach uns lebendig.**

Die mittelalterliche armenische Kultur kann insgesamt als eine christliche bezeichnet werden. Aber der Drang nach Wissen und der Wunsch, die Notwendigkeit der Emanzipation forderte, auch die nicht-christliche Bildung zu ›vereinnahmen‹. Die Quellen des antiken und frühchristlichen Erbes wurden erschlossen, es entstanden umfangreiche philosophische Büchersammlungen. Die wichtigsten Werke der griechischen Denker des 7. Jahrhunderts wie Aristoteles, Plato, Proklos, Iamblichus, Philon der Hebräer, Dionysos, Aerophagia samt ihren einheimischen Auslegungen wurden von Generationen von Schreibern in den zahlreichen Kloster-Skriptorien kopiert. Viele im Original verlorene Werke der griechischen Autoren sind lediglich in den frühen, altarmenischen Übersetzungen auf uns gekommen. Der Vielfalt der griechischen Texte ist

Matenadaran, Zentralarchiv für alte armenische Handschriften

es zuzuschreiben, dass sich Provinzialismus in der armenischen Kultur gar nicht erst einstellte.
Die Wissenschaften wurden in Klosterakademien gepflegt. Überall im Land, weitab vom Getriebe der Welt, an den unzugänglichsten Stellen wurden Klöster gegründet, als geistliche und geistige Zentren. Dorthin strömten die Gläubigen zu Andachten, Feiern und um sich unterweisen zu lassen, denn eine Kirche im Dorf gab es zumeist nicht. Bis ins hohe Alter verrichteten die Klosterbrüder treu ihr frommes Werk, kopierten Buch um Buch in ihren Zellen oder im besten Fall in Skriptorien, wie ich sie in den finsteren, zugigen Gewölben der Klöster von Sanahin und Haghpat kennengelernt habe, oder in düsteren Bibliotheken.

Bücher, ein hoher Wert

›Matenadaran‹ heißt das Zauberwort, hinter dem sich ungeahnte bibliophile Schätze verbergen. Es ist das altarmenische Wort für ›Bibliothek‹ – in Jerewan versteht man darunter einen beeindruckenden Repräsentativbau des Architekten Mark Grigorjan, im sowjetischen Stil, der, durch Treppenanlagen erhöht, am Ende des Mesrop-Maschtoz-Boulevards über der Stadt thront: ein Tempel, ein Heiligtum. Nach dem Zweiten Weltkrieg, in den Jahren 1945–1957, wurden die heutigen Gebäude des Matenadaran erbaut, auch mit Hilfe deutscher Kriegsgefangener. In diesem Museum werden etwa 16 000 Handschriften verwahrt von den insgesamt etwa 50 000, die in europäischen, amerikanischen und privaten Sammlungen überdauert haben. Es ist zu bedenken, dass sich die Handschriften und Bücher bis 1920 in der Bibliothek des Katholikosats in

Etschmiadsin befanden, und dass sie nach der Sowjetisierung vom sowjetarmenischen Staat konfisziert und enteignet wurden, zusammen mit sämtlichem Hab und Gut des Obersten Patriarchen. Der Kirche gingen auf diese Weise ihre heiligen Bücher verloren, die nun als Kulturgut und Besitz des Staates gelten.

Aus der ganzen Welt kommen Armenier gepilgert, um bestimmte Manuskripte wiederzusehen. Der Matenadaran ist Aufbewahrungs- und Forschungsstätte gleichermaßen, die Restaurierungsabteilung nicht zu vergessen. Der Zahn der Zeit nagte mit Mäuse-, Wurm- oder Tintenfraß, zeigte sich in bakteriologischem Befall, in Wasser- oder Brandschäden, abgenutzten Stellen, fehlenden Seiten. Das winzige Gehalt oder die Geduld der Buchrestauratoren allein reichen für die ›Heilung‹ solcher ›Patienten‹ nicht aus; es entsteht ein ähnlich inniges Verhältnis zu den Bücherpersönlichkeiten wie bei ihrer Erschaffung. Nicht mit Staunen, mit Ehrfurcht betrachte ich die aufgeschlagenen Seiten der Folianten im großen Ausstellungssaal: Blatt für Blatt ein Kunstwerk, wie zu gestochen schöner Schrift der Inhalt illustriert wurde. So entstanden Buchmalerei, Randverzierungen, illuminierte Texte bis zu den zartesten Miniaturen mit feinstem Pinselstrich ... **Arman blätterte in den pergamentenen Folianten, und da plötzlich stand eine vergilbte, vom Staub der Jahrhunderte bedeckte Seite in Flammen! Es war ein Feuer von Farben, die armenische Miniaturmalerei,** so schreibt Sarkis Wahakn in seinem Text »Ein Gesang von Kampf und Farbe«. Obwohl die armenischen Handschriften jahrhundertelang einem bewegten Schicksal ausgeliefert waren, blieb die Intensität der Farbpigmente und des Goldes zumeist erhalten. In den Manuskripten sind Hunderte von Rezepturen von Farben pflanzlichen und mineralischen Ursprungs nachzulesen, etwa, wie Blattgold mittels Knoblauchsaft angeheftet wurde oder dass die rote Schildlaus pulverisiert die begehrte ›armenische Koschenille‹ lieferte. Auch, dass die

Das größte und das kleinste Buch des Matenadaran

Farben nach dem Auftragen poliert oder mit Bienenwachs bedeckt wurden, vermag das Geheimnis bei Weitem nicht zu lüften.

Anna, eine im Matenadaran beschäftigte Wissenschaftlerin, erläutert uns in ausgezeichnetem Deutsch ihre Schätze. Man spürt, wie sie bedauert, dass die frühesten Handschriften aus dem 5. bis 8. Jahrhundert vernichtet sind. Aber mit Stolz erklärt sie, dass bereits im Jahre 540 die ganze Bibel ins Armenische übersetzt war, wie man sie Wort für Wort bis heute gebraucht. Und sie präsentiert als ältestes Zeugnis das sogenannte Lazarian-Evangeliar aus dem Jahr 877. Eine Originalhandschrift von 998, die älteste in Europa geschriebene Papierhandschrift, trotzte zellophanumhüllt Tages- und Lampenlicht und manchem Blitzlichtgewitter. Der Themenkreis erweitert sich von Aristoteles im 6. Jahrhundert zu naturwissenschaftlichen Themen. »Trost bei Fiebern« (s. S. 174) steht aufgeschlagen in einer der Glasvitrinen, »das Werk Mechitars, des Meisterarztes aus Her« aus dem 11. Jahrhundert.

Elfenbein-Bibeleinband: Geschichten von der Geburt Jesu, in Elfenbein geschnitten

Khazen, rote Linien als alte armenische Musikzeichen

Bücherwurm müsste man sein, sich eingraben können! Beim ersten Besuch beginnt man mit den spektakulärsten Exponaten: Die armenische Notenschrift, ›Khazen‹ genannt, in den Hymnarien, sind dünn gekritzelte, sich auf und ab schwingende, mitunter verdickende rote Linien, die unter dem liturgischen Text mitlaufen. Das sind die vom 7. bis zum 19. Jahrhundert gebräuchlichen, speziellen armenischen Musikzeichen. Das größte Werk ist das Homilien-, ein Predigtbuch von 1204 aus Kalbspergament, aus den Häuten von 660 Tieren, jetzt auf 28 Kilogramm eingetrocknet, 80 mal 50 Zentimeter groß, in dreijähriger Arbeit abgeschrieben von einem Mann namens Stephanos. Der kleinste Band enthält Kirchenlieder auf Pergament, gewonnen aus den Häuten ungeborener Lämmer. Die Einbände sind wiederum jeder ein Schatz für sich: Holz, mit Leder bezogen, mit Gold, Silber oder Edelsteinen verziert, oder aus fein geschnittenem Elfenbein, wie es nur insgesamt drei auf der Welt gibt.

Ein Schreibwerkzeug ist ausgestellt, ein Vorläufer unseres Füllfederhalters. Es besteht aus einem Schilfrohr mit einem angefügten Tintengläschen. Die Flüssigkeit reichte etwa für 1 000 Buchstaben. Bei allen wissenschaftlichen Werken vermitteln uns die ›Kolophone‹ über die Jahrhunderte menschliche Nähe, eine Besonderheit der armenischen Literatur. Man versteht darunter eine persönliche Ergänzung des Schreibers, die dem kopierten Text angefügt wurde. Gelegentlich meldet er seine Kritik an oder gibt einen Kommentar. Im Aufatmen nach vollendetem Werk kommt er zu Wort, und er nutzt das ausführlich, bis zur Klage über die Zähflüssigkeit der Tinte. Er gibt die Namen der beteiligten Personen bekannt, seinen, des Schreibers, des Illustrators, des Buchbinders, des Bestellers, des Stifters und berichtet aus ihrem Leben. Das mündet häufig in die Bitte, ihrer aller im Gebet zu gedenken. **Diese Hand wird zu Staub geworden sein, das geschriebene Buch bleibt zu seiner Erinnerung.** Die Namen des Königs und des Katholikos mischen sich mit Episoden und Vorkommnissen, von der nächsten Umgebung bis zu benachbarten Staaten. Alles ist hochwillkommen für die Erforschung der Geschichte. Einer der

Sprüche lautet: **Für den Toren hat das Manuskript keinen Wert, für den Weisen ist es die Welt wert.**
Es ist erschütternd, vom Schicksal manches Schreibers zu erfahren, der sein Werk nur unter großen Opfern und in erbärmlicher Armut, geplagt von Kälte, Hunger, Nässe und körperlichen Gebrechen, in ständiger Tag- und Nachtarbeit, häufig auf der Flucht vor kriegerischen Ereignissen, zu Ende bringen konnte. Die Hände haben durch die ständige Schreibertätigkeit gelitten, die Finger seien blutig und da die Hand zittere, deshalb seien die Buchstaben zu groß ausgefallen. Das Augenlicht habe nachgelassen, die Augen hätten zu schielen angefangen. Die Stunde des Alters habe schon begonnen, und daher habe er, der Schreiber, das Fenster wegen der Helligkeit des Lichtes geschlossen.

Schreibnischen in der Bibliothek von Sanahin

Solch eine Handschrift wurde als heiliger Gegenstand betrachtet. Sie durfte nicht liegend aufbewahrt werden, um nicht mit einem Idol verwechselt zu werden. Sie galt wie eine Ikone als wundertätig, ersetzte sie. **Schon in der Liturgie nimmt das Evangeliar, als Ort des geoffenbarten göttlichen Wortes, Ausdruck des Fleisch gewordenen Wortes, eine hervorragende Stellung ein: es wird beweihräuchert, nie mit bloßen Händen angefasst, sondern in ein wertvolles besticktes Tuch gehüllt und während des Ritus den Gläubigen feierlich zur Verehrung geboten.**
Da lässt es sich verstehen, dass jedes einzelne Werk bei Gefahr mitgenommen oder aus den Händen von Ungläubigen zurückgekauft wurde. Denn auf die Fürbitte folgte die Verfluchung jener, die die Handschrift eventuell

Silbergetriebener Bibeleinband mit kostbarem Seidentuch

rauben, verkaufen, verpfänden oder überhaupt unrechtmäßig an einen anderen Bestimmungsort bringen würden. Dem Himmelslohn für die Errettung werden drastische Höllenqualen gegenübergestellt, wie sie sich zur Zeit der Mongoleneinfälle ihr Anführer Timur Lenk (1336–1405) redlich verdient hat. **Ich habe dieses Buch geschrieben … zur Zeit des Timur, was bedeutet ›er ist Nebel‹, denn wo er hinkommt, macht er alles dunkel und nebelig, weil er raubt, foltert, tötet, den Vater vom Sohn und den Sohn vom Vater trennt. Und die Überlebenden, auch wenn sie sich in Grotten und Höhlen zurückziehen, konnten sich nicht retten, denn einige starben an Hunger, andere an Hitze, andere an Durst und die Hälfte stürzte sich vor Angst und Furcht von den Felsen …**

In einer Überlieferung aus dem 14. Jahrhundert wird berichtet, dass Timur in Goschavank von den Bewohnern verlangte, ihr Gold abzugeben. Doch die wollten lieber sterben als sich dem Willen des Eroberers zu unterwerfen. Timur war sehr erbost und befragte die Weisen, wie man den Armeniern wohl beikommen könne. Diese meinten, dass dem armenischen Volk Bücher mehr bedeuteten als alles andere, auch als das eigene Leben. Daher versuchte Timur Lenk, die Bewohner mit Hilfe einer List gefügig zu machen. Der Tyrann befahl, alle Bücher des Klosters zu verbrennen. Als die Flammen sich langsam den Handschriften näherten und die ersten Schriften von ihnen ergriffen wurden, legten die Bewohner alle ihre Schätze dem Feind zu Füßen und retteten so die bibliophilen Kostbarkeiten vor dem Untergang.

Auch wenn dieses Nationalmuseum eingerichtet wurde um die vielen tausend armenischen und fremden Handschriften vor dem Zerfall oder dem Verschachern auf der Straße zu bewahren, kam der Sachverständige natürlich in die Dörfer und fahndete nach dort gerettetem Schriftgut. In einem Fall wusste er genau, dass es hier ein von ihm gesuchtes bestimmtes Buch gab, aber er konnte trotz größter Hartnäckigkeit nichts ausrichten, man gab es nicht zu. Er hoffte schon auf ein Bröckeln der Front, als man ihn fragte: »Glaubst du an Gott?« Als er bejahte, ließ man ihn zum Beweis lange armenische Gebete auswendig aufsagen. Erst als einigermaßen sicher war, dass er kein Kommunist war, ließ man ihn unter strenger Bewachung einen Blick in das gesuchte Buch werfen. Mitnehmen konnte er es nicht; es ist immer noch dort. Die Dörfler sagen: »Dieses Buch ist unser Patron schon seit dem zehnten Jahrhundert. Wir sind eher bereit zu sterben, als es herzugeben. Zwanzig Männer aus unserem Dorf stehen mit ihrem Leben dafür ein, es zu bewahren und bei uns zu behalten. Für uns ist es wie eine Reliquie, wie ein Segen für das Dorf, den man uns nicht wegnehmen darf.«

Im Gebrauch offenbaren die heiligen Bücher ihren Inhalt. Viele Armenier glauben an die ›Seele eines Buches‹. Ob sie in den Museumssälen und -archiven noch lebendig weiteratmen kann? Ob diese Seele nicht Heimweh hat nach ihrer Gemeinde, nach der Feier der Liturgie, nach dem Murmeln der Gebete, dem Vorlesen der Lektoren, dem Gesang des Chores, nach Weihrauch und Kerzenlicht, nach Ergriffenwerden und Teilhaben am Leben?

Also: ***Im Anfang war das Wort …** Aber mir helfen weder Schrift noch Sprache – weil ich sie nicht beherrsche. Wenn ich mehr über die Armenisch-Apostolische Kirche erfahren möchte, muss ich mich in den Gotteshäusern umsehen. Der Weg dorthin führt wieder zu Steinen, die ihre geheimen Botschaften nur lüften, wenn man sich bemüht.

Kreuzsteine – Chatschkare

Armenien im Zeichen des Kreuzes. Es ist ein ganz typisches Kulturgut; nirgendwo auf der Welt habe ich es so häufig gesehen. Ehe es das Symbol der Christenheit überhaupt wurde, existierte es in den nicht-christlichen, hier heimischen Kulturen. Die vier Arme standen für die vier Himmelsrichtungen, für die Ordnung des Kosmos. In der urartäischen Kunst fanden sich kreuzförmige Lichtsymbole, in der Religion des Zarathustra gilt das Kreuz als Lebensbaum. Dem entspricht die griechische Urfassung des Neuen Testaments, in dem für die Begriffe ›Kreuz‹ und ›Baum des Lebens‹ die gleiche Bezeichnung verwendet worden ist. Doch wurde der Zugang zum Baum des Lebens im Paradies durch Adams Sündenfall verschlossen. Gemeint ist damit die Unsterblichkeit durch die Auferstehung. Im ersten Buch Moses wird die Geschichte erzählt: ***Und Gott pflanzte einen Garten in Eden gegen Osten hin und setzte den Menschen hinein, den er gemacht hatte. Und Gott der Herr ließ aufwachsen aus der Erde allerlei Bäume, verlockend anzusehen und gut zu essen, und den Baum des Lebens mitten im Garten und den Baum der Erkenntnis des Guten und Bösen.**

Gott hatte den Menschen in den Garten Eden gesetzt, damit er ihn bebaute und bewahrte.***Und Gott der Herr gebot dem Menschen und sprach: Du darfst essen von allen Bäumen im Garten, aber von dem Baum der Erkenntnis des Guten und Bösen sollst du nicht essen, denn an dem Tage, da du von ihm issest, musst du des Todes sterben.** Mit der Erkenntnis des Guten und Bösen ist nicht das sittlich Gute bzw. Verwerfliche gemeint, sondern die Teilhabe an der göttlichen Allwissenheit. Wie die Verführung durch Eva oder die Schlange zu verstehen ist, davon später.

Adam aß von dem Apfel, der verbotenen Frucht, um Gott gleich zu sein, um unabhängig von ihm sein Leben in eigener Regie zu führen, die stetige Verbindung mit dem Schöpfer abzuschütteln, frei die Schritte zu lenken, die gesetzten Grenzen und Verbote zu überschreiten. Der Mensch stört, verstört, zerstört sich und seine Umwelt, und er versucht sich von der Genetik über die Reproduktionsmedizin bis zum Klonen selbst als Schöpfer zu betätigen. Und immer schlägt die Natur zurück. ***… Nun aber, daß er nur nicht ausstrecke seine Hand und breche auch von dem Baum des Lebens und esse und lebe ewiglich! Da wies ihn Gott der Herr aus dem Garten Eden, daß er die Erde bebaute, von der er genommen war. Und er trieb den Menschen hinaus und ließ lagern vor dem Garten Eden die Cherubim mit dem flammenden, blitzenden Schwert, zu bewachen den Weg zu dem Baum des Lebens.** Der Mensch, den es nach Gottgleichheit verlangte, wird in seine Grenzen gewiesen.

Bei allen Annehmlichkeiten, die wir uns in unserem Erdendasein schaffen, ein paradiesisches Leben führen wir nicht. Dornen und Disteln, wo immer wir

Chatschkar mit Christus' Haupt über dem Adams, Howanawank

etwas zu bestellen haben (bis zum Umgang mit dem PC). Erst durch Christus, der dem Willen Gottes gehorchte, durch sein Sterben am Kreuz und seine Auferstehung ist denen, die ihm nachfolgen, am Ende der Zeiten ewiges Leben in der Nähe Gottes bereitet, wie das Paradies christlich definiert wird. In der künftigen Welt steht der Weg zum Paradies wieder offen, weil Christus als der zweite Adam den ursprünglichen Zustand der Unschuld wiederhergestellt hat. Das wird in einem Weihnachtslied aus dem 16. Jahrhundert ebenso schön wie schlicht besungen:

Lobt Gott, ihr Christen alle gleich,
in seinem höchsten Thron,
der heut schleußt auf sein Himmmelreich
und schenkt uns seinen Sohn
und schenkt uns seinen Sohn.

Kloster Tatev – eingravierte Kreuze

Es endet:

Heut schleußt er wieder auf die Tür
zum schönen Paradeis;
der Cherub steht nicht mehr dafür.
Gott sei Lob, Ehr und Preis,
Gott sei Lob, Ehr und Preis!

In den armenischen Adamsschriften gibt es eine Geschichte dazu: Adam, aus dem Paradies vertrieben, lebte 830 Jahre in Trauer auf der Erde. Als nach seinem und Evas Tod 3 000 Jahre und 12 Tage vergangen waren, kam die Sintflut, und Noah nahm die beiden Körper mit auf die Arche. Nach dem Ende der Sintflut vertraute er die beiden Leichname seinem Sohn Sem an, dem Stammvater der Semiten. Dieser begrub Eva in einer Grotte zu Bethlehem, in der später Christus von der Jungfrau Maria geboren werden sollte. Und Adam legte er nieder auf Golgatha, wo Christus von den Juden gekreuzigt wurde über dem Haupte des Adam. Und er machte die Versöhnung auf dem Nabel der Erde.

Golgatha wird als Mittelpunkt, als der Nabel der Welt beschrieben, der den Leichnam Adams und das Kreuz Christi trägt. Wenn der erste Tropfen des Blutes Christi auf den Ur-Menschen fällt, ist er damit von seiner Sünde erlöst. Sein Weg ins Paradies ist wieder frei.

Grigor der Erleuchter selbst richtete hölzerne Kreuze auf, dort wo Hripsime und die anderen Jungfrauen hingerichtet worden waren und wo einmal Gotteshäuser erstehen sollten. Das Kreuzeszeichen wurde eingeritzt in die Ostwand der Häuser, in denen sich frühchristliche Gemeinden zusammenfanden. Aus dem Osten erwartete man sich die Parusie, die Wiederkunft Christi zu Gericht und Heil. Einfache Kreuze, eingekerbt an den Außenwänden von Kirchen, Brunnen und Klostergebäuden. Das Kreuz zum Schutz über Tür oder Fenster, weiterentwickelt zu Fensteröffnungen, bis zum Doppelkreuz in der Apsis der Erleuchterkirche in der weitläufigen Klosteranlage von Tatev, hoch oben in den Bergen des Südens. Das Kreuz, ein Siegessymbol, die früheren Götter abzuwehren, wenn es über einer uraltheiligen Stätte aufgerichtet wurde. Kreuze, andersgläubige Eindringlinge zu bannen, zum Segen über Haus und Hof, von Quell und Weide, zum Gedenken in Lieb und Leid, nicht zuletzt als Grabsteine. Alle sind sie mit Schicksalen verbunden. Um wie viele ranken sich noch Geschichten und Legenden. –

Es lässt sich eine Spur verfolgen über die Menhire und die Vishaps. Einige dieser früheren Steinmale dienten weiter als Sockel oder Rückseite für die ›Chatschkare‹, wie die charakteristischen, immer phantasievolleren Kreuzsteine Armeniens heißen. Diese Vielfalt in Größe, Farbe, Material und Gestaltung, vom kaum behauenen Block mit einem ungelenk eingegrabenen Kreuz bis zum Gipfel der Ornamentik als Meisterwerk seines berühmten Erschaffers, wie gestern erst vollendet oder schon im Verfall begriffen. Jeder Chatschkar in Armenien ist eine Besonderheit. In ihm lebt die Kunst toter Meister weiter, der Widerstand gegen die Fremdmächte, der starke, über alle Grenzen verbindende, christliche Glaube und die engen Bande zum heimatlichen Stein. Dennoch gelten Kreuzsteine nicht als Sehenswürdigkeiten – sie gehören zum religiösen Leben einfach dazu, sie sind Andachtssteine. Aus Stein mussten sie sein – die zweite Worthälfte ›Kar‹ bedeutet Stein – aus nicht brennbaren Material, denn sie standen und stehen stellvertretend für Kirchen und als Zeichen für Auferstehung. Sie stehen ›geostet‹, nach Osten ausgerichtet, zur künftigen Stadt Jerusalem, dem himmlischen Jerusalem der Apokalypse. Chatschkare sind heilig, ein Ort für Gebete. Wenn sie aufgesucht werden, in der Nähe der Klöster, an einem besonderen Ort, einem Scheideweg etwa, oder irgendwo einsam in der Natur, werden sie ehrfürchtig berührt, geküsst und mit Blumen geschmückt. Niemand bekümmert es, wenn sie vom gelben Wachs der Kerzen betropft oder vom Ruß geschwärzt werden.

So kam durch das Kreuz nicht der Tod in die Welt, sondern die Freude wird in Hymnen besungen. Das Kreuz wird zum Siegeszeichen des Lebens. Es ist das lebendig machende Segenszeichen, das schirmt und schützt. Adriano Alpago Novello liefert in seinen Ausführungen über »Die armenische Architektur zwischen Ost und West« einen weiteren Aspekt: **Das zähe Festhalten an der christlichen Religion, das fast zwanghafte Erstellen oder Eingravieren von Kreuzen überall und bei jeder Gelegenheit im Land, sowie der außergewöhnliche Reichtum an sakralen Gebäuden, ist nicht nur eine religiöse Entscheidung, die getroffen wurde, sondern ein charakteristisches Element der eigenen Identität, ja sogar Symbol für das physische Überleben des Volkes.** So wird das von Nicht-Christen umgebene Armenien (auch die griechisch-byzantinische Welt wird nach dem Schisma von Rom zur Welt der ›Ungläubigen‹ gezählt) zum östlichen Vorposten des Christentums.

Mit den Feiertagen für das Kreuz und das Kreuzeszeichen wurden das entsprechende Wort ›Chatsch‹ auch zum Taufnamen. Chatschik zum Beispiel heißt Kreuzchen. Auch Familiennamen entstanden. Der bei uns bekannteste ist der des Komponisten Chatschaturian, abgeleitet von dem armenischen Vornamen Chatschatur, was etwa Kreuzesgabe, Kreuzesgeschenk bedeutete, etwa vergleichbar unserem Theodor – Gottesgeschenk.

Stand in alter Zeit vor einem Vornamen der Buchstabe ›M‹, bedeutet das ›Machdesi‹, etwa ›die mit dem Kreuz Gezeichneten‹. Das durften sich Jerusalem-Pilger zulegen und ihr ganzes Leben führen, wie im Islam die ›Hadschis‹, wenn sie die ›Hadsch‹, die Reise nach Mekka, auf sich genommen hatten. Das Kreuz trugen die ›Machdesi‹ dann auch eintätowiert, auf dem Handrücken, am Handgelenk oder am Oberarm, oder ganz diskret unter dem Ehering.

Der Friedhof von Noratus

Chatschkare als Grabsteine in riesiger Anzahl auf dem Friedhof am Sewan-See, auf einer Anhöhe am Rand des Dorfes Noratus, finstere Wolkengebirge darüber aufgehäuft, dahinter die mächtige Kulisse des Kleinen Kaukasus – ein unvergesslicher Eindruck! Wie ein Heer stehen sie da, die altersdunklen, hoch aufgerichteten Monumente. Uralt, aus dem 10. bis 17. Jahrhundert, gekrümmt unter der Last ihrer Tage scheinen die im oberen Teil vornübergewölbten. Ich war von ihrer Anzahl und Vielfalt überwältigt, wusste nicht, wo ich anfangen sollte zu betrachten und zu enträtseln. Immer noch widersetzen sie sich Sonne, Wind, Regen, Eis und Schnee. Etliche sind umgefallen und bleiben liegen. Die Natur möchte sie zurückerobern mit grauen oder rostfarbenen Flechten und Moosen. Dass Gräser und die vielen bunten Blumen sie nicht ganz bedecken, dafür sorgen die Schafe, die von alten Weiblein gehütet werden.

Manche Steine stehen in Reihen nebeneinander, aber alle nach Westen gewandt. Der Tote wurde mit Blick darauf und gen Osten gebettet, denn aus dem Osten wird die Wiederkunft Christi erwartet, lautet die Verheißung. Im Evangelium des Matthäus wird sie ausgemalt: *Denn wie ein Blitz ausgeht vom Osten und leuchtet bis zum Westen, so wird auch das Kommen des Menschensohns sein. Wo das Aas ist, da sammeln sich die Geier.* [Gemeint ist, es wird unübersehbar sein.] *Sogleich aber nach der Bedrängnis jener Zeit wird die Sonne sich verfinstern und der Mond seinen Schein verlieren, und die Sterne werden vom Himmel fallen, und die Kräfte der Himmel werden ins Wanken kommen. Und dann wird erscheinen das Zeichen des Menschensohns am Himmel. Und dann werden wehklagen alle Geschlechter auf Erden und werden sehen den Menschensohn kommen auf den Wolken des Himmels mit großer Kraft und Herrlichkeit. Und er wird seine Engel senden mit hellen Posaunen, und sie werden seine Auserwählten sammeln von den vier Winden, von einem Ende des Himmels bis zum andern.*

Wie soll das denn zugehen mit der Erlösung, mit der Auferstehung der Toten, jetzt, da diese Gräber kaum mehr Sterbliches bergen? Es wird ganz sicher nicht sein, wie es die Alten gemalt haben: dass sich die Grüfte öffnen und die Gebeine sich neu mit Fleisch umhüllen und, wieder zum Leben erweckt, heraussteigen. Darüber hat Paulus den Korinthern geschrieben, diesen allertröstlichsten Text über die Verwandlung und den Sieg über den ewigen Tod, der ein Wiedersehen zwar nicht bestätigt, aber auch nicht ausschließt: *Siehe, ich sage euch ein Geheimnis: Wir werden nicht alle entschlafen, wir werden aber alle verwandelt werden; und das plötzlich, in einem Augenblick, zur Zeit der letzten Posaune. Denn es wird die Posaune erschallen, und die Toten werden auferstehen unverweslich, und wir werden alle verwandelt werden. Denn dies Verwesliche muß anziehen die Unverweslichkeit, und dies Sterbliche muß anziehen die Unsterblichkeit … Dann wird erfüllt werden das Wort, das geschrieben steht: Der Tod ist verschlungen in den Sieg. Tod, wo ist dein Stachel, Hölle, wo ist dein Sieg?*

Diese Worte, vertont im »Deutschen Requiem« von Brahms, klingen, dröhnen in mir wie Fanfarenstöße. Sie sind zu singen, als würde man sie in Stein meißeln: »Hölle, wo, wo, wo ist dein Sieg?«

Novalis formuliert hierzu, dass die antike Religion eigentlich vor dem Tod kapituliert und sich darauf beschränkt, den ausgeleuchteten Teil der Welt und des Lebens zu feiern, und dass es erst das Christentum war, das auch die andere Hälfte der Welt, die nächtliche und tödliche, erobert und ihres Schreckens beraubt hat. Erst das Christentum hat jene Weltrevolution der Seele bewirkt, die es ihr

Friedhof von Noratus

erlaubt, im Bedrohlichen das Verheißungsvolle zu entdecken. Christus ist dem vom Tode geängstigten Menschengeschlecht vorangegangen, durch Tod, Nacht und Auferstehung. Seitdem könnte der Tod seinen Stachel verloren haben, vorausgesetzt, man glaubt an die Magie von Kreuz und Auferstehung. Wenn auch kein Chatschkar dem anderen gleicht, so steht in seinem Zentrum doch immer ein Kreuz. Auch da gibt es wieder Varianten, dazu unterschiedliche Aussagen in der umgebenden Symbolik. Zum Beispiel steht das Kreuz nicht in der unteren Mitte, sondern auf einer wie auch immer stilisierten Erhebung, also dem Golgatha-Hügel. Oder es beginnt wie ein Ast zwischen Akanthusblättern oder Palmwedeln, dann ist frisch grünendes, neues Leben gemeint. Bei Weinblättern und Trauben denkt man an die gleichnishafte Rede Jesu – er der Weinstock, wir die Reben. Treibt das Kreuz aus einer Wurzel, dann bezieht es sich auf die alttestamentliche Verheißung seiner Geburt, auf das Reis, auf den Spross aus der

das Triumphkreuz der vorher zitierten Stelle aus dem Korintherbrief: Der Tod ist verschlungen vom Sieg. Die Knospen an den Enden des Kreuzes versinnbildlichen das Leben. Und wenn wir auf Sarkis Wahakn und den Helden seiner Erzählung »Ein Gesang von Kampf und Farbe« schauen, gewinnt das Formenspiel noch einen neuen Aspekt: **Sie sahen blühende, singende, weinende, sprechende Steine ... Arman hielt tagelang Rat mit ihnen, beseelte sie und wurde von ihnen beseelt.**

Im 10. bis 11. Jahrhundert gab es Ansätze zu Verzierungen, die in der Ornamentik des 13. und 14. Jahrhundert ihre höchste Vollendung erreichten. Rings um das Kreuz ist die Bildfläche vollständig mit einem feinen Flechtwerk geometrischer oder floraler Formen überzogen. Das Kreuz wird zum Flechtbandmuster, es sprosst, es lebt wieder auf. Auf Grabsteinen findet sich mitunter Ornamentik um die Zahl acht, das Oktogon, als Symbol für den Neuanfang, die Neuschöpfung, die Auferstehung. Umrandet sind die Kreuze häufig mit verschiedenen, sich nicht wiederholenden quadratischen, mehreckigen oder sternförmigen Rosetten, die das Ganze erst zu einer Einheit fassen. Wenn der Blick einmal geschult genug ist, entdeckt man vorchristliche Symbolik wie das Hexagramm oder den Davidstern. Immer wieder drehen sich Sonnenrad oder die Wirbelrosette, das Segen verheißende Swastika-Symbol aus dem Altindischen, das sich bei den germanischen Völkern zu einem Hakenkreuz entwickelte, dessen Enden nach rechts oder links gerichtet, recht-, spitz-, flachwinkelig oder rundgebogen sein konnten, ohne einheitliche Bedeutung zu haben. Hier, mit christlichem Inhalt, ist es das Ewigkeitszeichen.

Die Faszination der Chatschkare liegt in der Harmonie zwischen den Motiven, ihren Aussagen und den rein dekorativen Elementen. Die Linien des filigranen Geflechts scheinen unendlich, ohne Anfang und Ende, ewig, verwandeln sich im Laufe ihrer Bewegung von einer Form zu einer anderen:

Wurzel Jesse. Klingt in den Schwüngen nicht das Weihnachtslied

> **Es ist ein Ros' entsprungen,**
> **aus einer Wurzel zart.**
> **Wie uns die Alten sungen,**
> **von Jesse kam die Art ...**

Absoluter Favorit landaus, landein ist die Darstellung des Kreuzes in Form eines Lebensbaumes, bei dem der untere Teil des Balkens überlang ist und die drei Arme in Knospen enden. Dann ist es ein Siegeskreuz,

Darstellung der Bekehrungslegende
in Etschmiadsin

Ornamente von Endlosbändern, Gottes Unendlichkeit zu symbolisieren. Ist das wirklich noch harter Stein, nicht Goldschmiedearbeit oder Klöppelspitze, so zart gearbeitet? Ein Gedanke kam mir noch: Wie lange mag es wohl gedauert haben, all die schönen Chatschkare Armeniens zu erschaffen? Ich glaube – eine Ewigkeit.

Erste Gotteshäuser

Zurück zu den Anfängen: Wenn zwei derart kraftvolle Persönlichkeiten wie Trdat III. und Grigor der Erleuchter ein gemeinsames Ziel in Angriff nehmen, dann muss es gelingen. Sie lenkten die sozial-religiösen Bewegungen, die von außen einströmten und sich im Inneren des Landes bildeten, in ihre Bahnen. So vermieden sie nicht nur die Auswüchse der Spätantike, sondern schufen eine neue armenisch-christliche Kultur. Neue Städte wurden gegründet und systematisch Kirchen gebaut.

Trdat III. ernannte Grigor zum Oberhaupt der armenischen Kirche, zu ihrem Katholikos, wie die Oberbischöfe vom 5. Jahrhundert an genannt wurden. Der Erzbischof von Caesarea, Leontius, spendete ihm die Bischofsweihe. Die Hauptstadt Vagharshapat wurde zu seinem Sitz bestimmt. Sie wurde in ›Etschmiadsin‹ umbenannt, wegen Grigors Erscheinung: ›etsch‹ – ›hinabsteigen‹, ›miadsin‹ – ›der einzig Geborene‹. Folglich bedeutet Etschmiadsin ›hinabgestiegen ist der einzig Geborene – Christus‹. Agathangelos, der Schreiber, berichtet weiter, eine geflügelte Gestalt sei vom

Himmel gekommen und habe mit einem Hammer auf den Boden geschlagen. Es seien vier Feuersäulen in Kreuzesform aufgestiegen und hätten sich zu Bögen verbunden. Darüber hätte sich ein Gebäude in der Form einer Kuppel befunden, aus Wolken gebildet, und darin der Thron Gottes, des Herrn. Die vier Feuersäulen gaben die Lage von vier zu erbauenden Kirchen an, über dem Grab der schönen Hripsime, über dem ihrer Gefährtin Gayane, über beider Wohnstatt, ihrem Kloster, eine am Ort der Erscheinung. Und unter diesem Pavillon sah er die 37 heiligen Märtyrerinnen, alle in glänzenden Gewändern von unaussprechlicher Schönheit.

Bei Ausgrabungsarbeiten im Inneren der Kathedrale kamen vergoldete Mosaikstücke ans Licht, vermutlich Teile des Mosaiks, das die Kuppel des ersten Hauses Gottes von Etschmiadsin schmückte, das man im Jahre 303 zu bauen begonnen hatte. Die auf vier Säulen ruhende Kuppel auf einem Stufenpodest ist aus der Tradition der vorchristlich-heidnischen Feueraltäre überkommen. Bei Restaurierungsarbeiten entdeckte man in der Tiefe eine alte Feuerstelle, wohl einen zoroastrischen Feueraltar (Abb. S. 45) Die Archäologen taxieren ihn in das 3. Jahrtausend zurück. Es ist ein uralt-heiliger Ort. Agathangelos nennt es die Stelle, an der Noah auf seinem Opferaltar das Feuer entzündet hatte, als er vom Ararat herabgestiegen war.

Die neue Form wurde heilige Verpflichtung für die Baumeister aller Jahrhunderte. Die Forderung, eine Kuppel über ein Quadrat zu setzen, beflügelt ihre Phantasie bis in die Gegenwart, wie die neue Kathedrale von Jerewan erkennen lässt, die 2001 geweiht wurde. Die Möglichkeiten zu variieren scheinen unerschöpflich; es gibt keine zwei Kirchen, die vollkommen identisch sind.

Agathangelos, der Sekretär Trdats, hat festgehalten, wie die ersten Kapellen als Martyrien für die Jungfrauen entstanden: ... **Als die Menge das hörte, beeilte sich ein jeder, die Materialien vorzubereiten. Und sie sammelten an den vorgeschriebenen Orten einer Felsen, einer Stein, einer Ziegel, einer Zedernholz: sie bereiteten das alles mit freudigem Eifer und großer Ehrfurcht. Er selbst, der hl. Grigor, den Maßstab in die Hand nehmend, legte die Grundmauern der Martyrienruhestätte der Seligen. Ein jeder aus der Menge half mit in schöner Anpassung an den Gründer [Grundleger] und baute bis zur Vollendung des Baues. Jeder arbeitete mit, sogar die Frauen, nach ihrer weiblichen schwachen Kraft ... Und sie erbauten drei Kapellen, eine auf der Seite der Stadt zwischen Norden und Westen, da wo Hripsime mit ihren 36 Begleitern das Martyrium erlitt, und sie bauten das andere im Süden derselben Stadt, dort, wo die Oberin Gajane das Martyrium erlitt und die dritte bei der Kelter inmitten des Weingartens, wo sie früher bestattet waren. Und er [Grigor] befahl für eine jede [der Jungfrauen] einen kistenartig gebauten aus Brettern gearbeiteten, aus Zedernholz mit Nägeln befestigten, festgenagelten, mit Eisen beschlagenen Sarg zu verfertigen.**

Der Chronist malt die Geschichte nun sehr weit aus, wie die Särge vor die Kelter getragen wurden, Grigor sich allein mit ihnen in das alte Grab zurückzog und die Leichname hineinlegte, der ganze Hof farbige Seiden-, Purpur- und Goldstoffe vor die geschlossene Tür legte, wie der König geheilt wurde und aus Reue über ihre Ermordung in den neugebauten Kapellen selbst die Erde für jeder der Särge ausschaufelte, wobei ihm die Königin und seine Schwester halfen. Wie Trdat riesige Steine vom Ararat herbeitrug und endlich die Totenschreine in den drei Kapellen im Westen, Süden und Norden der Stadt beigesetzt wurden. Überall wurde ein Kreuz aufgestellt, so auch an einem Ort in der Hauptstadt, den eine Feuersäule auf goldenem Fuß gezeigt hatte. Man umschloss ihn mit einer Mauer.

Das Heer der Heiligen

Als Spielball der Mächte Rom, das inzwischen ebenfalls christianisiert war, und Persien war das armenische Reich 387 zwischen beiden aufgeteilt worden. Doch ein weiteres, doppelt schweres Schicksalsjahr wurde 451. Zum einen kam es zur Kirchenspaltung – davon im übernächsten Kapitel – zum anderen zum ersten Glaubenskrieg. Der Herrscher der östlichen, weit größeren Hälfte, der große König Jasdegerd verlangte, nach 150 Jahren Christentum wieder zur Religion Zarathustras zurückzukehren. Es kam zum Aufstand, den Fürst Vartan Mamikonian anführte, der Enkel Sahaks des Großen.

Die Schlacht von Avarayr, die nur einen Tag dauerte, den 2. Juni 451, war eine Demonstration der hervorragend ausgerüsteten persischen Übermacht von 90 000 Kriegern, in der auch Kampfelefanten nicht fehlten, gegen die Christenschar. Die 60 000 Armenier waren nicht nur zahlenmäßig weit schwächer – die Hälfte davon waren kampfunerfahrene Jugendliche, Frauen und einfaches Fußvolk. Wild entschlossen, glichen sie das jedoch mit äußerster Tapferkeit aus. Die Schlacht blieb so lange unentschieden, wie ihr mitreißender Anführer mit ihnen kämpfte. Schließlich mussten doch Vartan und der größte Teil seiner Armee ihr Leben für ihren Glauben hingeben. Seine letzten Worte vor der Schlacht sind von Jeghische, einem Kirchenvater und Geschichtsschreiber des 5. Jahrhunderts überliefert: **Wer glaubt, das Christentum sei für uns so etwas wie eine Kleidung, wird jetzt feststellen, daß er sie uns genau so wenig vom Leib reißen kann wie die Farbe unserer Haut.**

Dennoch waren die Armenier nicht zu befrieden. Über dreißig lange Jahre leisteten sie in den Bergen Partisanenwiderstand, geführt von dem Neffen Vartans, Vahan Mamikonian, oder sie lieferten zähen, passiven Widerstand und harten Kleinkrieg, meist unter der Führung der Frauen der auf dem Schlachtfeld gefallenen oder in der Verbannung lebenden

links
Der Heilige Vartan,
Zoravor-Kirche

rechts
Jeghische, Geschichte von
Vartan und der Schlacht der
Armenier aus dem 5. Jahrhundert
in einer Abschrift aus dem
16. Jahrhundert

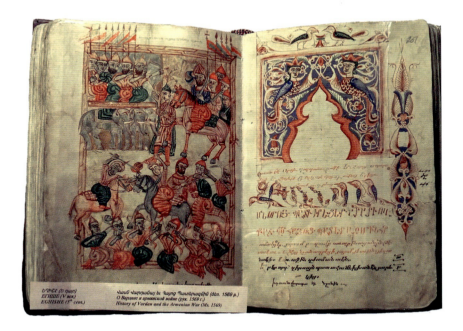

Männer. Erst im Jahr 485, als ein neuer persischer König regierte und einsah, wie vergeblich all die Grausamkeiten waren, die Armenier von ihrem christlichen Glauben abzubringen, wurde Friede im Land. Er rief die religiöse Freiheit aus. König Vagharsch reagierte weise: Er ernannte Vahan erst zu seinem militärischen Befehlshaber, dann zum Generalgouverneur über ganz Armenien. Es wurde Frieden geschlossen unter drei Bedingungen, die für die Armenier unverzichtbar sind:

1. **Niemand wird gezwungen die Religion zu wechseln.**
2. **Keiner wird aufgrund seiner sozialen Stellung beurteilt, sondern nur nach seinen Taten.**
3. **Es wird von Seiten der Obrigkeit keine Maßnahme gegen jemanden aufgrund von Gerüchten eingeleitet, sondern nur aufgrund direkter Kenntnis der Umstände.**

So wurde aus der Niederlage in der Schlacht ein Sieg der armenischen Kirche, die zum Garanten der nationalen Unabhängigkeit geworden war. Obwohl kein Religionskrieg im herkömmlichen Sinne, denn es bestand von armenischer Seite keinerlei Absicht den Gegner zu ihrem Glauben zu nötigen, wurden alle Krieger Vartans, die den Märtyrertod erlitten hatten heiliggesprochen und werden als die ›Heiligen Vartanen‹ verehrt. Ihr Gedenktag wird am 15. Februar begangen. Bis heute kann man armenische Kinder in aller Welt das alte Volkslied singen hören: »Ich bin Armenier, ich bin Armenier, ich bin ein Enkel des tapferen Vartan.«

Exkurs: Kleine Genealogie der großen Familien

Ahnenforschung ist interessant, ist wieder modern. Auch normale Sterbliche packt der Wunsch, etwas über ihr ›Woher‹ zu erfahren, meist in der zweiten Lebenshälfte, wenn das ›Wohin‹ geregelt ist. »Des Faustus von Byzanz Geschichte Armeniens«, eine Chronik des 4. Jahrhunderts, berichtet detailgetreu über die Nachkommenschaft der geistlichen und weltlichen Herrscher und ihr Geschick.

Grigor der Erleuchter war verheiratet. Man geht davon aus, dass seine Frau Mariam die Schwester Maria des Bischofs Atanagines von Sebastia war. Und er wurde Vater mindestens der beiden Söhne, deren Namen und Leben bekannt sind. Aristakes, der jüngere als Mitbischof, der ihn auf allen seinen ›Belehrungsreisen‹ begleitete, wurde sein Nachfolger im Amt des Katholikos. Er war es, der seinen Vater als Vertreter der armenischen Kirche im Jahre 325 beim denkwürdigen Ersten Konzil von Nicäa vertrat. **Im Jahre 333 n. Chr. starb er den Bekennertod und wurde als Heiliger Aristakes im Cantone der Ekeghier in der Stadt Thil im Besitzthume seines Vaters Grigor beigesetzt**, berichtet eine Übersetzung aus dem Jahre 1879. Nach König Trdat III. bestieg sein Sohn Chosrow Kotak den Thron. Oberster Priester wurde nun Grigors älterer Sohn Vartanes (333–341). **Friede und Erbauung, Kindersegen und Gesundheit, Fruchtbarkeit, Güterreichthum und Gewinn, grossartiger gottgefälliger Kirchendienst nahmen bis zur vollkommen befriedigenden Güte in ihren Tagen zu. Es leuchtete und ging voran der h. Warthanes wie sein Vater und Bruder – Recht und Gerechtigkeit blühten in jener Zeit.** Während Aristakes zölibatär gelebt hatte, war Vartan verheiratet, aber kinderlos. Er musste lange und inbrünstig um Kindersegen bitten, damit **ein Abkömmling aus seinem Samen noch zu seinen Lebzeiten im Dienste des Herrn bleibe**. Erst im Alter erhörte Gott sein Gebet, und seine Frau gebar Zwillinge. Er nannte den älteren Grigor, nach seinem Vater und den zweiten Jusik. Sie erhielten am Hofe des Königs Chosrow eine gute, wissenschaftliche Unterweisung. Besonders auf Grigor hatten sich die geistigen Gaben seines Großvaters vererbt. Bereits mit fünfzehn Jahren hatte er das bischöfliche Amt über das Land der Iberer und Aghovier, d. h. das Gebiet der Maskhitier, inne. **Sehr hart und rau waren die** unzähligen beschwerlichen Uebungen seiner abtödtenden Lebensweise, verbunden mit Fasten, Enthaltsamkeit, Wachen unter anhaltenden und heißen Gebeten.

Als er alle seine Kirchen auf den rechten Weg gebracht hatte, kam er bis zum Lager des arsakunischen Königs Sanesan der Maskhithier und stellte sich dem Fürsten eines großen hunnischen Heeres vor. Er trat zu den Truppen und begann zu predigen. Sie hörten seiner Botschaft aufmerksam zu und zeigten sich bereit, den neuen Glauben anzunehmen. Dann begannen sie die Gesetze Christi zu prüfen, und sie lernten von ihm, daß Gott verhasst ist Verheerung, Raub, Mord, Geldgier, Beraubung und Plünderung Fremder und die Verehrung anderer Götter. Aber genau das war ihr Tagewerk, ihre wirtschaftliche Basis! Die Sache wurde vor den König gebracht, der den Missionsbesuch Grigors für einen Schachzug des armenischen Königs hielt, **damit er durch solche Lehre unsere Raubanfälle von seinem Lande fern halte.** An ein wildes Pferd gebunden, erlitt auch Grigor den Märtyrertod.

Der Sohn des Königs Chosrow, Tigran selbst, erzog Jusik und vermählte ihn mit seiner Tochter. **Da dieser noch jung war, empfing seine Frau nach einer einmaligen Beiwohnung in der ersten Nacht. Sofort sah er in einem Gesichte, dass es zwei Knaben würden, und dass sie am Dienste Gottes keinen Gefallen hätten, und bereute das Heiraten.** Er weinte, flehte zu Gott und that Busse in grossen Aengsten ... und damit war seine Ehe auch schon wieder zu Ende, denn er, selbst noch ein Knabe, war vom König zur Heirat gezwungen worden. Seine Frau brachte tatsächlich Zwillinge zur Welt, die er Pap und Athanagenes nannte. Nachdem der erste Teil der schlimmen Prophezeiung eingetroffen war, zog es ihn nun umso mehr zum geistlichen Amte. In der Sorge um seine Sprösslinge tröstete ihn eines Nachts ein Engel und kündete ihm: **Gott hat dein Gebet erhört; siehe, es werden aus deiner Nachkommenschaft andere Nachkommen geboren, damit diese zur Erleuchtung der Wissenschaft und die Quelle geistiger Weisheit für das Land Armenien werden.**

Beim Scheiden des Königs Chosrow von der Erde übernahm dessen Sohn als Tigran VII. Regierung und Herrschaft über die Länder Groß-Armeniens. Geistliches Oberhaupt wurde Jusik, der jüngere Sohn Vartans. In Caesarea wurde er zum Katholikos geweiht (341–347). **Sie setzten ihn auf den Stuhl des Apostels Thaddaeus und auf den Stuhl seines Grossvaters, des grossen Grigor ... Er war an Tagen jung, durch die Jugend lebendig, hoch von Wuchs, durch Schönheit des Gesichtes bewundernswürdig und bezaubernd, so dass nirgends ein anderer ihm gleich auf Erden gefunden wurde. Von heiligem und glänzendem Geiste liess er sich durch nichts in der Welt stören ... Auf Menschen Rücksicht zu nehmen oder zu sehen verstand er gar nicht, aber das Wort des h. Geistes trug er als Schwert um sich.**

König Tigran VII. war seit dem frühen Tod seiner Tochter, der Mutter seiner Zwillingssöhne, zwar nicht mehr sein grollender Schwiegervater, aber er forderte Jusik durch seinen schändlichen Lebenswandel heraus. **Obgleich an Tagen jung, zeigte er doch die Würde des Alters bei seiner Zurechtweisung ... Von der Wissenschaft Gottes, von der Weisheit der heiligen Schriften war er voll und gebrauchte sie zum Ermahnen und Tadeln ... wegen Gottlosigkeit, Unzucht, Knabenschändung, des Blutvergiessens, Raubens, Stehlens, der Hartherzigkeit und vieler anderer Sünden ... Er erteilte dem König Hausverbot für die Kirche!** Doch an einem hohen Festtag erschien König Tigran mit seinem ganzen Hofstaat wieder. Katholikos Jusik versuchte, sie am Eintreten zu hindern. **Desshalb zerrten sie ihn dort in die Kirche, schlugen und zerfetzten ihn mit Stöcken, und halb zu Tode gequält wurde der Oberpriester Gottes, der h. selige junge Jusik, dahin geworfen ... Er entschlief nach wenigen Tagen und wurde beigesetzt neben Grigor und bei seinen Vätern.**

Dann folgte unter König Tigran eine Zeit ohne geistliche Führung in beispielloser Verderbtheit. Die leiblichen Nachkommen des Katholikos, die beiden Knaben Pap und Athanagenes, hatten sich zu liederlichen Menschen entwickelt, lebten eitel und

stolz auf ihre adlige Herkunft, ungebildet und gottlos, den alten heidnischen Ritualen verfallen. Sie hatten das wilde Soldatenleben für sich erwählt.
Das Volk hatte die Hoffnung auf Jusiks missratene Söhne noch nicht aufgegeben. Mit der Zustimmung der Bischöfe, aber wider ihren Willen, wurden Pap und Athanagenes zur Priesterwürde gezwungen. Bei der nächstbesten Gelegenheit befreiten sie sich davon. **Sie nahmen sich zu Weibern die Schwestern des Königs und schieden aus dem Erbtheil Gottes aus.** Wenn die Brüder zu ihrem Bischofssitz zurückkehrten, dann zu Gelagen: ... **tranken dort Wein mit schlechten Frauenzimmern, Sängerinnen, Musikanten und Spassmachern. Die heiligen und geweihten Orte traten sie mit Füssen. – Während sie in grosser Freude waren, in der Bischofswohnung sassen, assen und tranken, erschien plötzlich ein Engel des Herrn in Gestalt eines Blitzes, traf und tödtete beide Brüder zusammen auf ihren Sitzen. Niemand wagte, sich den Leichen der Frevler zu nahen. Erst nach vielen Monaten fand man ihre Knochen nur ausgetrocknet zu Huf geworden und warf sie hin in dem Weinberge der Kirche, welche Agarak heisst.** Es blieb ein Sohn des Athanagenes von der Bamischn, der Schwester des Königs, Namens Nerses übrig.
Auf Tigran VII. (338–350) folgte König Arsak II. (350–367) und mit ihm kehrten Rechtssicherheit, Ordnung und Ruhe zurück. Bei der Verteilung der Ämter der Verwaltung und Verteidigung wurde beraten, wer der künftige geistige Führer sein solle. Einmütig fiel die Wahl auf den einzigen rechtmäßigen Nachkommen Grigors des Erleuchters, Nerses. Der hatte allerdings die weltliche Laufbahn eingeschlagen, hatte sich in jugendlichem Alter verheiratet und war als Lieblings-Kammerherr des Königs Arsak mit allen innen- und außenpolitischen Regierungsgeschäften vertraut, ein Diplomat.
Wenn ich jetzt noch einmal die strahlende Erscheinung eines Grigor-Nachkommen zitiere, könnte ich mir vorstellen, dass mit den geistigen Gaben vielleicht auch etwas vom Aussehen des großen Ahnherrn wiedergekehrt war, denn von Grigor selbst wird nur überliefert, dass er eine charismatische Persönlichkeit war.

Er [Nerses] war ein Mann von grosser und schlanker, dabei gefälliger Gestalt und bewunderungswerther Schönheit, – man konnte auf Erden keinen ihm an Schönheit Gleichen finden, – ein Gegenstand der Zuneigung und Liebe, der Bewunderung und des Staunens für alle, die ihn sahen und betrachteten, und von beneidenswerther Manneskraft bei den Waffenübungen ... Während er noch das Aussehen eines Kriegers hatte, mit schönem Kleide und glänzendem Schmucke geschmückt war, durch Schönheit, hohe Gestalt und prächtigen Haarwuchs hervorragend im Dienste des Königs nahe dem Kopfe desselben stand und das königliche stählerne Schwert in goldener Scheide sammt dem mit Edelsteinen und Perlen gezierten Gürtel in Ausübung seines Dienstes hielt, da erhob der ganze Landtag seine Stimme und rief: »Nerses soll unser Hirt werden.« ... In der Wildheit des Herzens und in grosser Erregtheit ergriff der König Arsak selbst das königliche Schwert mit dem Gürtel, das Nerses im Dienste des Königs nach den Vorschriften für die Kammerherren trug, und riss es ihm weg. Er liess ihn festhalten, die schön frisirten, bewunderungswerthen, kronenförmig geordneten Haare – man konnte in dieser Beziehung keinen ihm Gleichen finden – ihm abschneiden und ihm zugleich den Prachtmantel abreissen. Er befahl, und man brachte geistliche Kleider und legte sie ihm an ... Als man ihm damals die Haare abschnitt, brachen viele bei der grossen Schönheit derselben in Thränen aus, welche hörten oder sahen, wie er sein Aeusseres zu minderer Schönheit veränderte. Als sie ihn aber mit christlicher Schönheit geschmückt sahen, freuten sich viele ...

Nerses war im Jahre 353 der letzte armenische Katholikos, der in Caesarea geweiht wurde, und bereits verwitwet. Bei seiner Weihe wird von einem Wunder berichtet, von einer Taube, die über seinem Kopf schwebte. Er verfügte über besondere Gaben, die sich in mancherlei Zeichen, auch Krankenheilungen und der Bekehrung von Irrenden äußerten.

Seine wesentlichen Neuerungen waren karitative Einrichtungen wie Siechen- und Krankenhäuser, Armenwohnungen, dass **kein Betteln stattfinden dürfe, sondern daß jeder den Armen verpflichtet sei ... So baute, ordnete, regelte und befestigte er.** Und ging mit gutem Beispiel voran: **Sein Palast und Tisch stand täglich den Armen, Fremden und Reisenden offen.** In der Kirche sorgte er für Glanz und Ordnung durch neue, schöne Zeremonien. Er gründete Gotteshäuser und Schulen, die Zahl der Mönche wuchs, der Klerus wurde besser ausgebildet. Es war eine gesegnete Zeit unter dem Diplomaten-Katholikos, dem Heiligen Nerses, dem Ururenkel Grigors des Erleuchters. Beim Einfall König Shapur II. von Persien im Jahre 368 wurde König Arsak hingerichtet. Katholikos Nerses fiel 373 einem Giftanschlag, zu dem Arsaks Sohn, König Pap, angestiftet hatte, zum Opfer.

Nerses Sohn Sahak studierte und heiratete in Konstantinopel. Erst nach dem Tod seiner Frau fühlte er sich zum geistlichen Amt berufen. Im Jahr 387, als das Land zwischen Persien und Rom aufgeteilt wurde, begann er sein Katholikat, das er mit festem Glauben und großem Einsatz zur Vollendung der Werke seines Vaters fünfzig Jahre lang führte. Die von den Persern zerstörten Kirchen und Klöster ließ er wieder aufbauen. Er förderte, dass die Bibel und andere byzantinische und griechische Werke in die inzwischen geschaffene armenische Schrift und damit in die Volkssprache übertragen wurden – der Heilige Sahak I. gilt als der Begründer der armenischen Literatur. Allerdings war er es auch, der den Ehestand der Bischöfe verbot und der höheren und höchsten Geistlichkeit verordnete, zölibatär zu leben. Mit seinem Tod im Jahre 439 endete die Erbfolge im Amt des Katholikos für Grigor des Erleuchters Nachkommen.

Doch es war Sahaks Enkel Vartan Mamikonian, einer der größten militärischen und spirituellen Führer des alten Armenien, der zum Anführer der ›Heiligen Vartanen‹ wurde (s. S. 74).

Wahr' Mensch und wahrer Gott – oder nicht?

Die Tradition, in Konzilien um die Einheit im Glauben zu ringen, um nicht als jüdische Sekte auseinanderzudriften, hatten bereits die Apostel begonnen. Die christlichen Kaiser des Byzantinischen Reiches hatten dies als ihre eigene Aufgabe weitergeführt. Mehrmals fanden sich Hunderte von Bischöfen zu diesen Versammlungen zusammen. Mitunter wurde recht turbulent um die Definition eines Dogmas gerungen. Beim Konzil von Nicäa 325 waren die armenischen Christen durch Aristakes vertreten, den Sohn und Nachfolger des Heiligen Grigor. Die Armenier akzeptierten auch die Beschlüsse der ökumenischen Konzile von Konstantinopel und Ephesus in den Jahren 381 bzw. 431. An dem schicksalhaften Konzil in Chalcedon von 451, das zu einer Spaltung der Christenheit führte, konnten die Armenier wegen der Auseinandersetzungen mit den Persern nicht teilnehmen. (Chalcedon ist der jetzige Stadtteil Kadıköy von Istanbul.) In Chalcedon wurde die auf den beiden Konzilien in Nicäa 325 und Konstantinopel 381 gewonnene Erkenntnis in der Lehre vom Verhältnis der zwei Naturen Jesu Christi festgeschrieben, der göttlichen, untrennbar verbunden, aber nicht vermischt mit der menschlichen Natur. Jörg Zink übersetzt das aus dem Johannes-Evangelium wie folgt: *****Und das Wort ward ein Mensch, ein Mensch dieser Erde, und wohnte unter uns, und wir sahen seine Herrlichkeit, den Lichtglanz des einzigen Sohnes Gottes, <u>der vom Vater kam</u>, voller Gnade und Wahrheit.**

Wir sprechen es bis heute an hohen Fest- und Feiertagen in unserem Nicänischen Glaubensbekenntnis:

Wir glauben an den einen Gott ...
Und an den einen Herrn Jesus Christus,
Gottes eingeborenen Sohn,
aus dem Vater geboren vor aller Zeit:
Gott von Gott, Licht vom Licht,

wahrer Gott vom wahren Gott,
gezeugt, nicht geschaffen,
eines Wesens mit dem Vater;
Durch ihn ist alles geschaffen.
Für uns Menschen
ist er vom Himmel gekommen,
hat Fleisch angenommen
durch den Heiligen Geist
von der Jungfrau Maria
und ist **Mensch geworden**.

Dieter Zeller beleuchtet dazu das antike Umfeld des Christus-Glaubens in seinem Werk »Christus unter den Göttern«: Als eine Kommunikation nur durch Boten möglich war, war deren Herkunft von großer, sogar rechtlicher Bedeutung. Sie mussten sich ausweisen, woher sie kamen und wer sie gesandt hatte. Dann erst waren sie autorisiert und legitimiert, ihre Botschaft zu vermitteln. Weil der Gott Jahwe sie gesandt hatte, konnten die Propheten des Alten Testaments in seinem Namen sprechen. Wie sie Jesu Kommen angekündigt hatten, ist er aus Gottes Ewigkeit zur Erde gekommen, und hat in seinem irdischen Wunderwirken und in seiner Auferstehung von den Toten seine Göttlichkeit gezeigt.

Ob Jesus Christus Gott ist oder Mensch war, hat die Kulturen bewegt. Die Juden dürften schon die Frage verketzert haben, denn es war ihnen gewiss, dass Jesus als Jude, d. h. als Mensch durch Geburt zur Welt kam, gekreuzigt wurde und starb. Sie warten noch heute auf den angekündigten Messias. Von getauften Griechen und Römern, denen der Status der Göttlichkeit von herausragenden Persönlichkeiten nicht unbekannt war, wurde Christus als Gott oder Gottmensch verstanden. Sie nahmen ernst, was er gepredigt hatte – nicht den ewigen Tod, sondern ewiges Leben, eine Parallele und zugleich ein grundlegender Widerspruch zu anderen Erlösungsreligionen, die Blut- und Menschenopfer forderten. Jesu Tod war zwar notwendig, um die Sünden der Menschen auf sich zu nehmen und mit seiner Auferstehung das Tor zum ewigen Leben zu öffnen. Aber er musste durch seinen Tod nicht erst Gott gnädig stimmen und versöhnen, sondern Gott hat die Welt so geliebt, dass er seinen Sohn gab und in ihm selbst die Sünden der Menschen auf sich nahm und ertrug. In Jesus Christus opfert sich Gott selbst für die Menschen.

Die Schar seiner Nachfolger verstand sein verachtetes, mühseliges Dasein von seinem Ende her. Der Kreuzestod war Dienst an den Menschen in göttlichem Auftrag, und Jesus Christus wurde deshalb durch göttliches Eingreifen unerwartet zu Ehren gebracht. Jesus Christus hat sein Ostern selbst vorausgesagt. Im Johannes-Evangelium heißt es: ***Und niemand ist gen Himmel aufgefahren außer dem, der vom Himmel herabgekommen ist, nämlich der Menschensohn.**

Die Armenier blieben bei dem Element der vorangegangenen, offiziellen Lehrmeinung, auf die sich die Bischöfe vor den genannten drei Konzilen geeinigt hatten, nämlich dass Christus Gott **wesensgleich** war, wenn auch von einem Menschenweib geboren. Man könne nicht das ›Kreuz‹ der menschlichen Natur übertragen, und den ›Sieg‹ der göttlichen. Folglich gibt es für sie nicht die zwei Naturen Christi. Jesus Christus sei als göttliches Wesen aufzufassen, **ungetrennt und ungeschieden**. Das Konzil von Chalcedon sagte jedoch auch: **unvermischt und unverwandelt**. Die Armenier sprachen dagegen nur von einer (›mono‹) Physis, einer vereinigten Natur. Das Menschliche an Jesus Christus (sozusagen der ›Jesus‹) wird vom Göttlichen (vom ›Christus‹) aufgesogen und verwandelt. Es kam zum Schisma, zur Abspaltung der Armenisch-Apostolischen Kirche als ›Monophysiten‹. Theologisch genauer wäre, sie als ›Miaphysiten‹ zu bezeichnen (›mia‹ – ›eins‹).

Bischof Jeghische, ein Schüler der beiden großen Gelehrten Mesrop Maschtoz und Sahak Partev hat das schon im 5. Jahrhundert ebenso wohlklingend wie verständlich formuliert: **Der die Welt geschaffen hat, er selbst kam und ward geboren von der heiligen Jungfrau Maria ohne Zeugung nach menschlicher Ordnung, wie die Propheten ihn vorherverkündet hatten. Wie er diese Welt mit ihrem großen Körper aus nichts gemacht hat, so hat er auch ohne einen menschlichen Mittler den Leib angenommen von der unversehrten Jungfrau in Wahrheit und nicht nur zum Schein. Er war Gott in Wahrheit und wurde Mensch in Wahrheit. In seiner Menschwerdung hat er die Gottheit nicht abgelegt, und indem er Gott blieb, hat er die Menschheit nicht aufgehoben, sondern er blieb ein und derselbe. Weil wir aber den Unsichtbaren nicht sehen und uns dem Unnahbaren nicht nahen können, so ging er in unsere Menschheit ein, damit auch wir in seine Gottheit eingehen können. Er erachtete es nicht unter seiner Würde, einen geschöpflichen Leib anzuziehen, sondern verherrlichte hiermit Gottes Schöpfung, sein eigenes Werk. Die Ehre der Unsterblichkeit gab er sich nicht erst später, wie sie den unkörperlichen Engeln zuteil wurde, sondern er zog die ganze menschliche Natur mit Leib, Seele und Geist zugleich an und vereinigte sie auf einmal mit seiner Gottheit: Einheit und nicht Zweiheit ist er.**

Das mag dem Laien wie ein Streit um die dritte Stelle hinter dem Komma erscheinen. Zu ihrer Zeit wurden diese Unterschiede durch alle Schichten ebenso hitzig diskutiert wie bei uns das Für und Wider des Irak- und des Afghanistankrieges bis heute. Die Armenier blieben bei ihrer monophysitischen Auffassung. Nicht zuletzt deswegen wurden sie von den Byzantinern bekriegt: Christen gegen Christen, während der eigentliche Feind, die Anhänger Mohammeds, bereits an den Grenzen stand. Dieser Unterschied ist bis in die Architektur der Sakralbauten zu erkennen. »Architektur ist von Menschen gebaute Welt, vom Geist zu erforschen«, kommentierte Naira. Das soll nun gezeigt werden.

Die Sprache der Architektur

In unserer westlichen Tradition herrscht das langgestreckte Kirchenschiff vor. Wir haben damit den Ursprung aus der Antike, den der griechischen Palastbasilika beibehalten. Aus dem Empfangssaal eines weltlichen Herrschers wurde bei uns der Thronsaal Gottes. Ebenso entsprechen sich die Symbolik von Kaiser und Christus: Thron und Altar, Baldachin und Kuppel, Zepter und Kreuz, Ambo, der Ort für kaiserliche Dekrete und die Kanzel, höfisches Zeremoniell und liturgische Feier: althergebrachte Äußerlichkeiten mit neuem Inhalt. Gleichzeitig ist die Kirche aber Raum der Gemeinde, die als geistiger Körper einen Teil der Gottesstadt repräsentiert. Seit frühchristlicher Zeit machen diese beiden Inhalte miteinander den Symbolgehalt eines Kirchengebäudes aus und erklären dessen grundsätzliche Zweiteilung in einen Versammlungsraum der Gemeinde und den dem Klerus vorbehaltenen Altarraum.

Es gibt bei uns aber auch den kreuzförmigen Grundriss. Kaiser Konstantin der Große hatte vor der Schlacht an der Milvinischen Brücke im Jahre 312 eine Kreuzesvision am Himmel und hörte, wie ihm eine Stimme von oben zurief: »Unter diesem Zeichen wirst du siegen!« Als er tatsächlich seinen Kontrahenten Maxentius, einen Anhänger des Mithras-Kults, überwältigt hatte, folgte er dem neuen Glauben. Als sichtbares Zeichen führte er die Kreuzesfahne mit dem Monogramm Christi ein. Somit war das Kreuz nicht mehr ein Zeichen der Erniedrigung, sondern ein Zeichen von Sieg und Triumph. Daraus formt sich der Gedanke vom Thronsaal des Christkönigs. Beide Vorstellungen treffen am Altar zusammen. Hier wird für die Gemeinde der Opfertod Christi erneuert, und das Kreuz wird zum Zeichen des Siegs über Sünde und Tod.

Seit Grigor dem Erleuchter der Archetypus der Kirche erschienen war, suchte man nach Formen, diese Inspiration in Stein umzusetzen. Die Kuppel steht für das Haupt, der quadratische Raum darunter für den Körper. Daraus entwickelte man die Kreuzform. Denn nicht den Leib sollte der Raum für die Gemeinde verkörpern, sondern die Glieder. Die Aussage ist: »Wir stehen immer im Kreuz.« Der Übergang der Decke vom Quadrat zur Rundung wird ›Vierung‹ genannt. Mit Hilfe von eingesetzten Dreiecken, den ›Trompen‹ wird das Viereck zum Kreis. Das Viereck symbolisiert die Welt, der Kreis das Unendliche, das Vollkommene, das Göttliche. So ist der Geist mit der Materie, dem Kreuz, dem Grundriss verbunden. Über einer Trommel, dem ›Tambour‹, wölbt sich dann die Kuppel, die Himmelssphäre. Weise bringt Naira dies alles noch einmal in den größeren Zusammenhang: »Armeniens Geschichte ist eine stete Folge von Tod und Auferstehung, denn das armenische Kreuz ist blühend. Es ist der Beitrag der armenischen Kirche, die Auferstehung in den Mittelpunkt zu stellen. Das bedeutet es, wenn man unmittelbar unter die Kuppel tritt.« In unseren deutschen Langkirchen sieht sie den Passionsweg mit der Betonung auf dem Kreuz, dem Leid. Aber unsere Frömmigkeit hat ihre Entwicklung über die Reformation und die Aufklärung genommen, während ich in Armenien viel Neues an Früh- und Vorchristlichem erlebt habe, das ohne Nairas Erklärung und so manches dicke Buch nicht zu verstehen gewesen wäre.

Adriano Alpago Novello gibt in »Die Armenier«, im Kapitel »Natürliche und gebaute Welt« weitere bedenkenswerte Erklärungen: **Diese Einfachheit, die keine Armut bedeutet, zeigt sich weniger in den einzelnen Teilen oder in der Verzierung, als vielmehr im Entwurf, in der Planung und in der räumlichen Anlage durch einheitliche und elementare geometrische Körper, die sich oft überlagern und zu mehreren zusammengestellt sind [Würfel, Prismen, Pyramiden, Kegel]. Das Ganze wird von mathematischer Strenge beherrscht und geregelt, wobei die einzelnen Komponenten um Symmetrieachsen herum angelegt sind; die einzelnen Elemente sind hierarchisch so angeordnet, daß sich daraus wieder eindeutige symbolische Bezüge ergeben ... Die durch den Zenit [der Kuppel] verlaufende Achse verweist auf die Spannung zwischen Himmel und Erde. In der armenischen Architektur ›kristallisiert‹ diese Raumordnung äußerlich in der Verschachtelung elementarer Körper, die von konischen oder pyramidalen Spitzen überragt sind, oder in späterer Zeit, seit dem 11. Jahrhundert, von schirmartig aufgespannten Wölbungen, die die flache Kuppel verbergen ... Alles in allem handelt es sich um eine Reihe spezifischer Eigenschaften, die in eindeutigem Kontrast zu der natürlichen Umgebung stehen; dennoch bilden sie einen sich einfügenden und komplementären Bestandteil, ein unumgängliches Element des gebauten Lebensraumes. Diese ›gebauten Kristalle‹ wirken im gleißenden Licht der Hochebene, mit ihrem scharfen Kontrast von erhellten und schattigen Flächen, wie Leuchttürme, die als Leit- und Orientierungspunkte errichtet sind ... eine deutliche symbolische Anspielung; die Architektur wird als ›Ausströmung von Licht‹ betrachtet [›Schoghakat‹ ist der Name einer der bekannten Kirchen von Etschmiadsin]. Der mathematische Gehalt und damit die absolute Rationalität, sowie die Symbolik, die Glauben und Logik in einer prägnanten Symbiose vereint, sind Zeugnisse der beiden Komponenten, der menschlichen und der göttlichen, die sich im bedeutendsten Zeichen der Menschen treffen, im sakralen Gebäude, das für Armenien Symbol Gottes ist, aber auch der Ausdruck des Willens zu Überleben und des sehnsüchtigen Wunsches nach einer bleibenden Erinnerung an das eigene Dasein. Es gilt, dass dieser eigenständige Stil der höchste Ausdruck eines zahlenmäßig kleinen Volkes ist, im Glauben seiner Väter die besten Kräfte zu vereinigen.**

Kirchenmodell mit kreuzförmigem Grundriss

Kleine Kirchen – großer Glaube

Warum sind die Kirchen eigentlich alle so klein? Abgesehen von Etschmiadsin und einigen wenigen Kathedralen ist diese Frage berechtigt. Es hängt nicht mit der niedrigeren Bevölkerungszahl früherer Jahrhunderte zusammen, sondern mit einem anderen Verständnis. Nie und nimmer könnte ein Gotteshaus eine Lehrhalle sein, wie bei uns. Die Gläubigen würden sich als unbeteiligte Zuschauer vorkommen. Die Kirche ist ein Ort, an dem das Heilige wohnt, sie ist Aufenthaltsort Gottes für kurze Zeit. Die Liturgie muss dicht bei den Menschen gefeiert werden, damit sie sich alle einbezogen fühlen. Die Kirchen sind anthropomorph, das heißt, der Gestalt des Menschen nachgebildet. Seine Proportionen sind übertragen auf den Innenraum. Das Verhältnis Kopf zu Körper beträgt 1:7, folglich verhält sich das Volumen der Kuppel zum Kirchenraum auch 1:7. Denn für einen Raum ist ja nicht nur der Grundriss, sondern auch die innere Form, der Luftraum, wichtig. Er birgt Geist und Seele einer Kirche. Mitunter ist das zu spüren. Das ist eine von mehreren möglichen theologischen Deutungen, aber eine sehr schöne. Je öfter ich in armenischen Gottesdiensten erlebte, wie intensiv manche Menschen daran Anteil haben, desto mehr wurde sie mir verständlich. Mit-

Frauenchor beim Festgottesdienst, Kloster Geghard

Altarbühne der Muttergotteskirche, Kloster Geghard

unter nehmen die Gläubigen noch die älteste Anbetungshaltung der Menschheit ein, die mit himmelwärts geöffneten Armen.

Wenn im evangelischen Gottesdienst die Predigt, das Wort Gottes und seine Auslegung im Mittelpunkt stehen, begleitet von Gebet, Orgelspiel und Gemeindegesang, ist es in der armenisch-apostolischen Messe die Liturgie. Kerzenschein, Weihrauchduft, prächtige Ornate der Priester und schier himmlische Gesänge in einem Kirchenraum helfen, vom Alltag Abstand zu gewinnen, sich dem Heiligen zuzuwenden. Priester, Diakone und Chor wechseln sich ab im Beten und Singen der altbekannten Psalmen, bis zum ›Dreimalheilig‹ des Chors. Stehend lauscht man dem Evangelium. Den Fürbittgebeten folgt das Glaubensbekenntnis. Mit gefalteten Händen, stehend gesprochen, ist es weltweit ökumenisch verbindend. Es stimmt in weiten Teilen mit unserem Nicänischen Glaubensbekenntnis überein, das bei uns meist nur bei Abendmahlsgottesdiensten oder, wie erwähnt, an hohen Feiertagen gesprochen wird, überliefert aus den Akten des Konzils von Chalcedon von 451. Die armenische Übersetzung beginnt: **Wir glauben an einen Gott, den allmächtigen Vater, Schöpfer des Himmels und der Erde, der sichtbaren und der unsichtbaren Dinge, und an den einen Herrn Jesus Christus, den Sohn Gottes, den** einziggezeugten von Gott dem Vater, der nämlich aus dem Wesen des Vaters geboren ist. Gott von Gott, Licht von Licht, wahrer Gott vom wahren Gott …

Befremdlich wirkt der Kirchenbann am Ende: Aber diejenigen, die sagen, daß es eine Zeit gab, als der Sohn nicht war, oder daß es eine Zeit gab, als der Heilige Geist nicht war, oder daß sie aus Nichts geschaffen wurden, oder sagen, daß Gottes Sohn oder der Heilige Geist unterschiedliche Wesen haben und daß sie austauschbar sind oder geändert werden können, diese belegt die allgemeine und apostolische heilige Kirche mit dem Kirchenbann.

Der Priester fährt für die Rechtgläubigen fort mit Worten des Heiligen Grigor:

Aber wir, wir werden den, der vor aller Zeit war, verherrlichen, in dem wir die heilige Dreieinigkeit und die eine Gottheit anbeten, den Vater, den Sohn und den Heiligen Geist, jetzt und immerdar von Ewigkeit zu Ewigkeit. Amen.

Das Abendmahl wird eingeleitet wie bei uns mit dem dreimaligen

Kyrie eleison, Herr erbarme dich.

Unter Lobgesängen wird der Kelch zum Altar getragen, bis der Diakon auffordert:

Grüßet einander mit dem heiligen Kuß. Diejenigen, die nicht in der Lage sind, sich an diesem göttlichen Mysterium zu beteiligen, gehet jetzt zur Tür hinaus und betet.

Der Chor bestätigt:

Christus ist unter uns erschienen, der, der Gott ist, hat sich hier auf den Thron gesetzt. Die Stimme des Friedens ist ertönt, zum Heiligen Gruß hat er uns befohlen. Die Kirche ist eins geworden und diesen Kuß hat er uns als Band der Vollendung gegeben. Die Feindschaft hat sich entfernt und Liebe hat sich über uns verbreitet …

Dann Gottes Lob mit

Sanctus, Sanctus, Sanctus

und die Einsetzungsworte des Priesters zum Abendmahl:

Nehmet und esset, dies ist mein Leib, der für euch und für viele ausgeteilt wird zur Buße und Vergebung der Sünden. – Trinket alle daraus, dies ist mein Blut des Neuen Bundes, das für euch und für viele vergossen wird zur Buße und Vergebung der Sünden.

Es folgt eine Hymne für den Gottessohn und den Heiligen Geist, die mit den Worten endet … durch das Vergießen seines Blutes flehen wir dich an, schenke den Seelen unserer Verstorbenen Ruhe.

Schließlich eine lange Aufzählung von Fürbitten in chronologischer Reihenfolge, von den Aposteln Jesu, über die Missionare Bartholomäus und Thaddäus, alle Heiligen, die heiligen Mönche, Geistlichen und Kirchenväter, die ›großen‹ und ›kleinen‹ Könige, überhaupt alle Lebenden, und insbesondere für den Katholikos, Seine Heiligkeit Karekin II., und zuletzt für die Erbauer der heiligen Kirche und für diejenigen, die unter ihrem Dache Schutz suchen. Viele Male wird um Erbarmen gebetet, dann das Vaterunser, wie das unsere, gesprochen. Die am heiligen Abendmahl teilnehmen möchten, werden nun an den Altar gerufen. Doch dann folgt erst ein langes, detailliertes Sündenbekenntnis, das der Priester nach jedem der Zehn Gebote mit den Worten »Gott möge Vergebung erteilen!« unterbricht. Während er das Mahl austeilt, wünscht der Priester jedem Gläubigen, dass es ihm zur Buße und Vergebung der Sünden werde.

Üblicherweise zieht die Gemeinde an dem am Rand der Altarbühne knienden, sakramentspendenden Geistlichen vorbei, empfängt vom Zelebranten die in Wein getauchte Hostie.

Die Armenier verwenden seit alters her bei der Messe ungesäuertes Brot: ›Nschchar‹. Goltz beschreibt anschaulich: Das Nschchar ist ein kleiner, dünner runder Brotlaib aus ungesäuertem Teig von reinem Weizen und ohne Salz. Es wird mit einem Bildstempel des Kreuzes, der Weizenähren und der Weintrauben gestempelt und nur solange gebacken, daß es nicht braun wird. Das Nschchar ist ein einziges Brot zum Zeichen der Einheit der Kirche und des Einen Herrn Jesus

Christus [1. Kor. 10,17]. Daß es ungesäuert ist, symbolisiert die Reinheit des Glaubens.

Es wird am Morgen vor Beginn der Feier in einem Ofen nahe der Kirche gebacken.

Anders habe ich es in der Ostersonntagsmesse des Katholikos Aram I. in Antelias im Libanon erlebt, als durch die Bankreihen Schalen mit halb getrockneten, sehr dünnen Fladen gereicht wurden, von denen man sich etwas abriss. Es war ebenfalls ungesäuertes Weizenbrot, das ›Mas‹. Hören wir weiter, wie Goltz dieses erklärt: **Im Unterschied zum Nschchar kann es von jedem Gemeindeglied gebacken werden. Das Mas wird am Ende der Liturgie an die Gemeinde verteilt. Es ist ein Brauch, vom Mas den Familienmitgliedern und Freunden mitzunehmen, die der Liturgie nicht beiwohnen konnten. Das Mas symbolisiert das Band der Liebe zwischen den Gliedern der Kirche.**

Dankgesänge, der Segen, und die Gemeinde ist entlassen – das ist in Stichworten der Inhalt eines mehrstündigen, schönen, erbaulichen Gottesdienstes. Von den Gläubigen versteht wohl kaum jemand Wort für Wort, und wie das Abendmahl zu deuten wäre, haben sie womöglich nie gelernt, aber es zieht sie in die Kirchen. Zumindest an den zahlreichen Feiertagen stehen sie dicht gedrängt.

Der Heidelberger Theologieprofessor Wilfried Härle ergänzt mit Luthers Gedanken in einer wunderschönen Formulierung: »Das Abendmahl ist uns gegeben zur täglichen Weide und Fütterung«. Er führt weiter aus: »›Wegzehrung‹ sagen manche auch. Im Unterschied zur strikt einmaligen Taufe, in der Gottes Ja einem Menschen unwiderruflich, leibhaft, persönlich zugesprochen wird (›Ich taufe dich …‹) ist das Abendmahl eine Speisung mit dem Lebensnotwendigen (Brot) und dem Genussvollen (Wein) für den Weg des Lebens und Glaubens. Man kann und soll es gerne oft nehmen. Dass sich in diesen unscheinbaren Elementen Jesus Christus selbst denen (spürbar, schmeckbar) gibt, die ihn annehmen, ist eine Form von symbolischer Vergewisserung, die vielen, auch mir, viel bedeutet. Dabei geht die evangelische Kirche nicht davon aus, dass Brot und Wein in Fleisch und Blut umgewandelt werden (was die Katholiken an jedem Fronleichnamsfest feiern). Das ist für Luther auch gar nicht nötig, weil der dreieinige Gott als der Schöpfer ohnehin in jedem Element dieser Welt gegenwärtig ist und gefunden werden kann. Aber Luther unterscheidet, ob wir (in schrecklichen Erlebnissen oder gnadenlosen Gesetzen) nur Gottes Außenseite als Gesetzgeber und Richter kennen lernen, oder ob er sich von uns zum Heil finden lassen will, z. B. im Abendmahl. Und da lässt sich erkennen und erleben, dass Gott ›nichts anderes ist als ein glühender Backofen voller Liebe‹, so noch einmal Luther.«

Heilige Messe in Etschmiadsin

4 Klostergründungen

Etschmiadsin,
der Sitz des Katholikos

Nach Etschmiadsin in der alten königlichen Hauptstadt Vagharshapat war der Vision des Heiligen Grigor zufolge eine strahlende Lichtgestalt herabgefahren. Wie bereits erklärt, ist in ihrem neuen Namen die Schau zusammengefasst aus den Worten ›etsch‹ – ›herabgekommen ist‹ und ›miadsin‹ – ›der Eingeborene‹. Hier, genau an dieser Stelle und in dieser Form sollte die erste Kirche erbaut werden. In der Schatzkammer des Katholikos-Palastes ist auf einem halbrunden Gemälde der Verlauf der Ereignisse dargestellt: auf der rechten Seite die gekrönten Frauen hilflos bei der Hinrichtung der Jungfrauen, die im nächsten Bild von Engeln getröstet und getragen werden, links wird in zwei Szenen der bereits gewandelte König Trdat gezeigt und darüber die Erscheinung, die Grigor widerfuhr (s. Abb. S. 72).

Dort, wo der Lichtstrahl die Erde berührte, steht mitten unter dem Scheitel der Kathedrale ein kleiner Altar, die halbrunde Kuppel von Säulen getragen, wie einst der zoroastrische Feueraltar tief darunter (s. Abb. S. 45). Jeder kniet davor nieder und berührt das kostbare, uralte, silbergetriebene Evangeliar ehrfürchtig mit den Lippen. In einer Schrift vom Anfang des 7. Jahrhunderts verteidigt Vardapet Vartanes Kherthogh die stoffliche Darstellung übersinnlicher Botschaften und versucht zu erklären: **Wenn wir uns vor dem Evangelienbuch verneigen oder es küssen, verneigen wir uns nicht vor dem Elfenbein oder vor dem Farbenschmelz, sondern vor dem Wort des Heilandes, das auf dem Pergament geschrieben ist. So ist es auch nicht der Farbe wegen, daß wir uns vor den Ikonen niederwerfen, sondern Christi wegen, in dessen Namen sie gemalt sind. Denn wir erreichen das Unsichtbare durch das, was sichtbar ist, und das Email und die Gemälde sind Erinnerungszeichen des lebendigen Gottes und seiner Diener.**

Aus dem Jahr 303 blieben nur die Grundmauern des ursprünglichen Gebäudes stehen, denn die Perser zerstörten das Gotteshaus bereits einige Jahre später. Nach jedem feindlichen Überfall wurde es umso größer und prachtvoller wieder aufgebaut. Es kamen An- und Umbauten dazu, wobei der zentrale Teil, die auf vier freistehenden Säulen ruhende zentrale Kuppel, vermutlich doch aus dem 5. Jahrhundert stammt. Der im Westen vorgebaute Glockenturm ist weitaus

Altar der Herabkunft
in Etschtmiadsin

jünger, und die farbliche Umgestaltung des gesamten Kirchenraumes erfolgte erst im 17. und 18. Jahrhundert durch die Malerfamilie Hovnatanjan. Zuletzt wurde im 19. Jahrhundert noch eine Sakristei angesetzt.

Wir betraten einen Park, und vor uns erhob sich der uralte Körper einer riesigen Kirche. Es hatte den Anschein, als wäre sie Ende des vergangenen Jahrhunderts gebaut worden und nicht vor sechzehn Jahrhunderten; vielleicht wurde dermaßen sorgfältig und lange schon auf ihren Zustand geachtet, wurde dermaßen alles erneuert und ausgetauscht, daß tatsächlich schon alles erneuert war: die Formen waren zwar noch die gleichen, doch so neu kann eine Kirche nicht sein, so neu kann nur Geschirr sein. Das stammt aus Andrej Bitows Buch »Armenische Lektionen«, das 1972 nur zensiert in der Sowjetunion veröffentlicht werden durfte. Es wurde begeistert aufgenommen, weil es gerade nicht die Völkerfreundschaft beschwor, sondern eine Vielfalt aus Reisebericht, Reportage, Essay und erzählender Prosa, quer durch alle Stile, bot. Er beschreibt seinen russischen Landsleuten das Land ihrer Sehnsucht, ihren Süden, ihr ›Italien‹.

Der erste armenische Gottesdienst

Wie erlebte Bitow den Gottesdienst in Etschmiadsin? – **Danach hatten wir uns, glaube ich, in die Kirche hineingedrängt. Die Menge aus dem Bus, doch nun in der Kirche; der Gottesdienst, der Ritus, alles wie es sich gehört, alles schön: was für Gewänder, was für Gesichter!** Kurz zuvor beschreibt er seine Mitfahrer als **eine Menge aus gebildeten Menschen ... ein nicht häufig anzutreffender Menschentyp,** und was er beobachtet als ein ziemlich erstaunliches Schauspiel. **Rechts singt, fast auf einer Art Bühne, die Sängerin, singt vortrefflich, eine himmlische Stimme, man lauscht atemlos, von der Musik ganz zu schweigen: das ist Musik.**

Mit einemmal fällt mir auf – ist ja wie auf dem Basar: an der einen Stelle Gottesdienst, an der anderen wird gesungen, an der dritten gebetet, an der vierten gegafft. Das heißt, was abläuft, ist völlig unverständlich. Wieso das? Weil keine Gläubigen da sind! Alles brechend voll, man kriegt kaum Luft, Zehen und Nacken schmerzen, aber Gläubige sind keine da. Rechts Philharmonie. Links Theater. Hinten Neugier. Und nur vorne, auf Knien, die Eitelkeit der Stammgäste. Wer sich bis vorne durchgezwängt hat, hat genug gesehen, doch es gibt kein Zurück. Und der Gottesdienst geht seinen Gang, und das Sakrale ist niemandem verständlich. Gewänder und Gesichter sind längst betrachtet, das Räucherwerk ist gerochen, aber die Gewänder sind nach zehn Minuten noch dieselben, auch die Gesichter, auch der Geruch – es entwickelt sich nichts. Und ich ... Warum sehe ich das so? Was hab ich bloß für Zeug im Kopf! Eine Schande. ... Ich würde mich vor lauter Scham wenigstens gerne bekreuzigen, kann mir aber einfach nicht merken, welche Seite zuerst dran ist und wieviele Finger man zusammenlegt. Endlich kommt Bewegung in die Menge: ›Der Katholikos! Der Katholikos!‹ Ach so, seinetwegen stehen wir so lange! Nun ging ein solches Schieben und Drücken los, um näher ranzukommen, es bildeten sich Wirbel und Trichter, mich stieß es zum Ausgang raus, ich war nur froh – Licht, Luft, der göttliche weite Raum.

Das erscheint nun doch etwas oberflächlich, aber wahrscheinlich ist dieser atheistische Sowjetrusse mit seinen Beobachtungen nicht sehr weit von der heutigen Realität entfernt. Das Land hat siebzig Jahre Sowjetbesatzung hinter sich, in der die Religionsausübung zuerst absolut, dann nicht mehr ganz so strikt verboten war, in der es keine offizielle religiöse Unterweisung gab. Während so einer langen Zeitspanne war auch die Generation der Großmütter weggestorben, die im Notfall stets den Glauben weitergetragen hatte. Die Menschen um mich herum, die zum Pfingstgottesdienst nach Etschmiadsin geströmt kamen, erspüren mehr als sie wissen. Ich versuche, mich in sie hineinzudenken, aber mein Christentum ist das nachreformatorische. Was ich mit den Sinnen wahrnehme, muss ich erst verstehen können, ehe ich vom Sehen vielleicht doch zum Schauen komme.

links
Die Kathedrale des Katholikosats von Etschmiadsin
rechts
Bischöfe und Gläubige am Thron des Katholokis

Wie war das damals bei meinem ersten kurzen Besuch einer Messe, die wahrscheinlich Stunden zuvor begonnen hatte? Es war mir bewusst, dass ich eine frühchristliche Liturgie erlebe, nach dem Ritus Grigor des Erleuchters in seiner altarmenischen Sprache. Der Klerus feiert die Messe seit jeher für sich. Den Gläubigen ist es gestattet, die Zeremonie mitzuerleben und am Gebet der Geistlichen teilzunehmen, deshalb das Kommen und Gehen. Man entzündet noch eine Kerze, um symbolisch die Anwesenheit zu verlängern.

Die Beinahe-Vergötterung der altehrwürdigen Evangeliare steht eigentlich gegen die Absicht Grigors, die Worte der Heiligen Schrift allgemein verständlich und jedermann zugänglich zu machen. In der Verehrung für ihn und das kulturelle Umfeld haben die alten Folianten gesiegt. Schon deshalb würde sie ein Geistlicher nie mit bloßen Händen berühren, stets sind sie eingeschlagen in ein kostbares Tuch. Eine moderne Übersetzung, womöglich noch in eine Fremdsprache, käme einer Reformation, beinahe einer Revolution, gleich.

Der erste Eindruck: »Ist das schön!« Der hohe Raum in seinen warmen Farben in Kerzenlicht getaucht, Wolken von Weihrauch, und tatsächlich himmlische Musik, auch für verwöhnte Ohren. Großartige Männerstimmen, ein ebenbürtiger Frauenchor, wundervoll homogener Gesang zu einem geschmeidigen Klangkörper verwoben, fremdartig schöne Melodik, orkanartig anschwellend und diminuierend zum verwehenden Pianissimo. Die Herren im schwarzen Anzug, die Damen ebenfalls festlich schwarz, das Bedecken des Haars mit einem schmalen weißen Spitzenschal oder einem zarten Schleier nur angedeutet. Außerdem ein Priesterchor in schlichten, langen, graublauen Gewändern. Der Kuppelsaal ist gut gefüllt von sonntäglich Gekleideten aus Stadt und Land. Man steht. Lediglich der Patriarch hat seinen rot-goldenen Sessel unter einem prachtvoll geschnitzten, mit Intarsien verzierten Thron. Seitlich des Altars, den Sängern gegenüber, einige Stuhlreihen für ›special guests‹; ich ziehe Bewegungsfreiheit vor. Das Eingangsportal bleibt immer offen, es herrscht stetes Kommen und Gehen. Kaum jemand nimmt am ganzen Gottesdienst teil, und so will ich es auch halten. Schon eine Stippvisite ist rätselhaft genug.

Der Altarraum ist erhöht wie eine Bühne. Es wird viel aus dem Heiligen Buch vorgelesen und durch Gesänge begleitet, ähnlich wie der Chor im altgriechischen Theater die Handlung weiterführt. Nur wird in der antiken Tragödie Unheil dargestellt, während hier das Heilsdrama verkündet wird. Statt einer Ikonostase gibt es einen schweren, roten Vorhang, der bei besonderen Stationen der heiligen Messe zugezogen wird. Überaus prächtig und kostbar der Ornat des amtierenden Priesters: Ein weißer Brokatumhang, der Kragen von tiefroter Seide, plastisch mit Goldfäden bestickt, die Priesterkrone ebenso, mit einem goldenen Kreuz an der Spitze. Seine vier Diakone tragen leuchtend rot-goldenen Brokat mit einem Überwurf aus dunklerem Samt mit goldenen Tressen. Je höher der Rang, desto prunkvoller die Gewänder. Aber: die Strenge ihrer Lebensführung wächst proportional zur Erhöhung des Ranges.

Der Theologieprofessor Hermann Goltz von der Martin-Luther-Universität Halle-Wittenberg beantwortet mir in seinem großen Bildband »Der gerettete Schatz von Kilikien« so manche Frage. Ankleidung und Reinigung stehen am Beginn der Liturgie, auch wenn sie verborgen vollzogen werden. Priester sind auch nur sündige Menschen, sind sich dessen umso mehr bewusst. **Die Pracht der Gewänder ist das stoffliche Abbild des Lichts, das sich Gott als Gewand umwirft. Die Gewänder sind Gnade. Denn das himmlische Gewand Christi dürfen sich die Unwürdigen und Sünder im irdischen Gottesdienst anlegen … Gekleidet in diese Herrlichkeit des himmlischen Hohenpriesters zieht der seiner Sünden Entkleidete ein ins Allerheiligste.**

Der Einzug mit den Liturgen hinauf zum Altar soll hinweisen auf das Gleichnis von den klugen Jungfrauen, auf die Brautjungfern, die wach und gerüstet waren für die große Feier mit dem Bräutigam im Hochzeitssaal. Es ist ein Bestandteil des Gottesdienstes, dass der Priester den ›kleinen Einzug‹ einleitet, einen Umzug durch das Kirchenvolk unterhalb des Altarraumes. So setzte sich, für mich recht überraschend, eine kleine Prozession von oben herab in Bewegung. Der Weißgekleidete begab sich über die seitlichen, schmalen Treppenstufen hinunter in den Kirchensaal, geleitet von seinen vier Diakonen, die mit ihren Schellenstäben den Weg durch die herandrängenden Gläubigen bahnten. Endlich eine Möglichkeit, sie näher zu betrachten, diese Flabellum-Stäbe, die liturgischen Fächer, etwa suppentellergroße silberne Scheiben mit kleinen Schellen am Rand. Ihr ursprünglicher Zweck war es wohl, Fliegen zu verjagen und den Altar bei Messfeiern im Freien von Ungeziefer zu schützen. Heute sind sie kostbares, liturgisches Gerät, verziert mit getriebenen, ziselierten, sechsflügeligen Seraphim, den ranghöchsten, stets körperlos dargestellten Engeln. Das Klingen der Schellen soll im richtigen Augenblick zur Aufmerksamkeit mahnen, etwa wie bei den Katholiken die Wandlungsglöckchen.

Alle drängten sich, das kleine Handkreuz zu küssen, das der Geistliche ihnen reichte. Die Prozession kam geradewegs auf mich zu, immer näher. Fürs Erste blieb ich ein Kind meiner eigenen, der evangelischen Tradition; ich dachte mehr an Herpes als an Heiliges, und mogelte mich davon, Richtung Ausgang.

Es war der richtige Zeitpunkt, denn vor dem Katholikos-Palast hatte sich ein anderer Zug formiert. Auf dem Foto zu Hause habe ich nachgezählt: Etwa hundert Seminaristen und angehende Diakone in schlichtgrauen, langen Mänteln bildeten ein Spalier vor dem Katholikos-Palast, seine Heiligkeit Karekin II. Nersisjan und die Bischöfe den etwa hundert Meter langen Weg durch den Park zur

Kathedrale zu geleiten. Gemessenen Schrittes setzten sich die jungen Männer in Bewegung. Als Letzte folgten neun hohe Würdenträger. »Die sehen ja aus wie von der Inquisition!«, schoss mir durch den Kopf. Sie waren alle gleich gewandet, ein schwarzes Habit, ein buntes Medaillon an einer langen, schweren, goldenen Kette, darüber der weite Umhang von violettem Brokat. Das Eigentümlichste waren die Kapuzen aus schwarzem Moirée bis über die Schultern. Sie waren so tief ins Gesicht gezogen, dass sie beinahe die Augen bedeckten, nur damit die versteiften Spitzen schön steil aufragten. Sie symbolisieren den heiligen Berg, den Ararat.

Welcher dieser graubärtigen Geistlichen war nun der Katholikos? Er war zu erkennen, nicht nur, weil er in der Mitte schritt. Seine Kapuze war mit einem weißen Perlenkreuz auf der Stirn gezeichnet; er trug einen hohen Stab mit einem silbernen Knauf in der Linken, während er mit der Rechten die Wartenden mit dem Kreuzeszeichen segnete. Die Segensgeste der Ostkirche ist anders als bei uns: Ringfinger und Daumen bilden einen Kreis, die Einheit von Gott und Mensch darzustellen. Die übrigen drei Finger versinnbildlichen die Dreifaltigkeit.

Einzug des Katholikos Karekin II. und der Bischöfe

Christus, lachend am Kreuz?

Licht, Luft, der göttlich weite Raum, so empfand es Andrej Bitow – ich auch. Selbst die sechsflügeligen Seraphim unter dem Gavit, dem Eingangsvorbau, konnten mich nicht zurücklocken. Draußen ein Sonntagmorgen wie im Bilderbuch: Sonnenschein, Vogelgezwitscher, gepflegte Rasenflächen, Wege mit Bänken gesäumt, gestutzte Hecken, Blumenrabatten, und der Gottesdienst, die himmlische Musik, ins Freie übertragen, in die weitläufige Anlage dieses zwergenhaften Gegenpols zum Vatikan. Steine, Kunstwerke gab es zu studieren, einen heidnischen Vishap und allerfeinste Chatschkare. In einer hinteren Ecke des Parks der Katholikosresidenz steht ein besonderer, einer der wenigen mit figürlicher Darstellung. ›Amenaprkitsch‹ – ›Allerlöserkreuzstein‹ wird er genannt; er hält den Moment der Kreuzabnahme fest.

Am Ende des 13. Jahrhunderts kam bei der immer kunstvolleren Ausgestaltung der steinernen Bildstöcke eine Neuentwicklung dazu. Nicht mehr das Kreuz mit Blütenknospen des zukünftigen Lebens zeigten sie, sondern den gekreuzigten Christus. Sie dürften aus dem Bedürfnis nach etwas Greifbarerem im schwer Begreiflichen entstanden sein.

Im Johannes-Evangelium bedeutet Jesu Tod am Kreuz einen Sieg, die Heimkehr in die Herrlichkeit des Vaters. Am Schandholz befestigt, beginnt bereits die ›Erhöhung‹ in die Machtstellung. Mit den Worten »Es ist vollbracht!« feiert Jesus noch am Kreuz seine Auferstehung. Deshalb wird der johanneische Christus als Sieger und Herrscher dargestellt, ohne Wunden und Folterspuren. Mit erhobenem Haupt breitet er, wie segnend, die Arme über sein Volk aus. So wurde er bei uns dargestellt bis ins 12. Jahrhundert.

Amenaprkitsch, Allerlöser-Kreuzstein

Hier, auf diesem Allerlöserkreuzstein, den ich dem großen Meister Momik zurechne, ist Christus bereits tot, denn Joseph von Arimathäa macht sich an dem Nagel der Füße zu schaffen. Maria und der Lieblingsjünger Johannes stehen unter dem Kreuz mit einer weiteren Figur, Nikodemus, nach dem Johannes-Evangelium. – Aber das (wenn auch schmerzvolle) Lachen in Christi seitlich himmelwärts gewendetem Antlitz? Das übersteigt unsere johanneische Siegerpose, das ist eine armenische Version des Volksglaubens, die der offiziellen armenischen Lehrmeinung vollkommen konträr gegenübersteht. Dem Künstler wie seinem Auftraggeber war der Gedanke unerträglich, dass bei der absoluten Einheit der beiden Naturen Christi beide am Kreuz starben – ein Gott gekreuzigt! Sie behalfen sich, indem sie den dargestellten Körper sein ›fleischliches Abbild‹ nannten. Der Erlöser lacht am Kreuz, weil nicht er, sondern sein ›Scheinleib‹ die Nägel und Wundmale an Händen und Füßen trägt. Seine göttliche Natur, die über der menschlichen steht, ist längst eingegangen in seines Vaters Reich. Der Begriff ›Scheinleib‹ ist nicht unbekümmerter Sprachgebrauch, sondern ein Hilfsmittel des Volksglaubens. Naira erklärt es wieder mit dem unterschwellig tradierten indoarischen Gedankengut aus dem Manichäismus und der altpersischen Religion Zarathustras: »Zurückgeblieben ist der Lächelschein des Geistes, der froh ist, vom sündigen Leib befreit zu sein.«

So sehr die Kirche gegen diesen Dualismus kämpft, das Geistige zu idealisieren und das Materielle und Körperliche in die Sphäre des Bösen, Finsteren und Unwerten zu rücken, so tief ist er im Volk verankert, nicht wegen einer Konzilsentscheidung, aber durch die geschichtlichen Wurzeln. Trotzdem könnten sie nie und nimmer ›wahr' Mensch und wahrer Gott‹ akzeptieren. Dagegen gilt für uns: Hätte Christus nicht als Mensch gelitten, wäre er auch kein Erlöser.

Hermann Goltz führt das armenische Schicksal des vergangenen Jahrhunderts als Beispiel an: **Genozid und Patarag – Völkermord und Opfer Gottes für das Volk.** Für das armenische Volk sind Unheil und Heil gleichzeitig. Deportierte Priester auf dem Weg des Todes feierten mit dem deportierten Volk die Feier der Rettung. Die Feier der Rettung im Rachen des Todes haben die Opfer nicht als teuflische Ironie erfahren. Diese Feier bedeutete ihnen Rettung durch den Tod hindurch ins Leben: **Der Weg nach Golgatha führt zur Auferstehung.**

Das Gedächtnis der schönen Hripsime

Es gab bei den von Grigor gegründeten Kirchen eine Weiterentwicklung zu einer anspruchsvolleren, differenzierteren Architektur. Der Erleuchter selbst hatte den Leichnam der schönen Hripsime zur letzten Ruhe gebettet. Später wurde eine einfache hölzerne Grabkapelle darüber gesetzt, die erst im 7. Jahrhundert unter dem Katholikos Komitas zu einer repräsentativen Gedächtnisstätte umgestaltet wurde. Er, der den heiligen Jungfrauen darüber hinaus ein poetisches Denkmal setzte:

> Euere Schönheit und euer Strahlen verwirrte den König,
> Und die Heiden wurden von Staunen ergriffen,
> Entzückt von der wunderbaren Schönheit der göttlichen Gabe,
> Feierten die Engel mit den Menschen mit großem Verlangen …

(Beginn der Hymne s. S. 189)

Das alte, überwölbte Martyrion mit den Reliquien der Heiligen liegt jetzt unter der Ostapsis. Hier, wie am Westeingang, zeigt die Jahreszahl 613 die Vollendung der jetzigen Kirche in der charakteristischen Kreuzesform an. Eigentlich ist der Grundriss ein Rechteck, aber nur von außen, denn innen sind es eckig ummantelte halbrunde Nischen, ›Konchen‹, die sich mit Pfeilern und Bogen nach der Mitte, der hohen, weiten, zwölfstrahligen Kuppel öffnen. Auch der Tambour kündet Zwölfersymbolik; durch zwölf Bogenfenster strömt das Licht herein. Zu Jesu Jüngern oder zu den Auserwählten zu gehören, wollten Baumeister und Stifter vermitteln. Die Gläubigen unter der hohen, weiten Kuppel fühlen sich erhoben, erleben himmlischen Abglanz in diesem stimmigen, erhabenen Raum, wie er strahlt und erfüllt ist von den überirdisch schönen liturgischen Gesängen des Sonntagmorgens. Das Gotteshaus der Heiligen Hripsime steht im Osten der Stadt Vagharshapat, am Ort ihrer Hinrichtung. Es ist der Ostpfeiler der Vision des Heiligen Grigor unc von einer Umfriedung mit Ecktürmen umgeben. Gepflegte Grünanlagen davor, dahinter einige wenige Grabstätten im Angesicht des Ararat, bestimmt von bedeutenden Persönlichkeiten.

Das Sanktuarium der Heiligen Gayane

Hohe Klostermauern schließen die Kirche der Heiligen Gayane von der Welt ab. Zutritt gewährt nur ein mit Zacken und Kreuzen geschmücktes, dreigeteiltes Portal. Vom Martyrion des 4. Jahrhunderts über der Hinrichtungsstätte der Äbtissin ist nichts mehr zu erkennen. Die Erweiterungen des Jahres 630 haben das Ansehen dieses heiligen Ortes nur noch erhöht; er wurde in eine dreischiffige Basilika umgestaltet. Die vier Säulen,

die die Kuppel tragen, symbolisieren die vier Evangelien, die den Blick zum Höheren oder zum Höchsten lenken. Trotz der Vorhalle aus dem 17. Jahrhundert über ihre ganze Breite ist sie die bescheidenere der beiden Märtyrerinnen-Gedenkstätten, doch ist sie die beliebte Hochzeitskirche.

Wie bestellt fuhr eine sieben Meter lange ›Stretch Limousine‹ vor; der Bentley hielt vor dem hohen Eingangstor. Im umfriedeten Bezirk stehen einige alte Bäume, Tische und Bänke für Picknicks, darunter ein ›Platz in der ersten Reihe‹ für Zaungäste. Die Braut, jung und schön, wehender Schleier, das Trägerkleid ein Organza-Traum in Weiß. Vom etwas reiferen Bräutigam geleitet, schwebte sie der Kirche zu. Die kleine Hochzeitsgesellschaft schlenderte plaudernd hinterdrein, die Herren im schwarzen Anzug, die Damen mittags bereits abendlich lang, schulterfrei oder mit großem Dekolleté. Ich

Kirche mit Krypta der Heiligen Hripsime

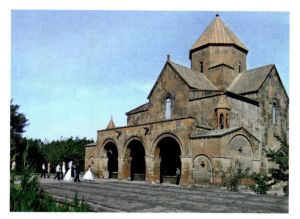

Kirche mit Krypta der Heiligen Gayane

Draußen tröstete mich ein unverhoffter Ausblick zum Ararat. Es geht mir schon wie Ossip Mandelstam es in seiner »Reise nach Armenien« beschreibt:
Ich habe in mir einen sechsten Sinn, den Ararat-Sinn, herangebildet: den Sinn für die Anziehungskraft des Berges. Wohin es mich jetzt auch verschlägt, er ist bereits auf Erkundung aus, und wird es bleiben.
Ganz versteckt, hinter dem kleinen Weingarten des eigentlichen Pfarrherren, entdeckte ich in der Mauer ein schmale, unverschlossene Pforte. Wie er da wieder mächtig und prachtvoll gegenüber thronte!

schlich hinterher. Da standen sie alle in dem Kuppelsaal versammelt, die ›High Society‹ betont westlich, keine Spur von Bedeckung. Dafür agierte der Priester, der Katholikos-Stellvertreter, umso konservativer. Das war keine fröhliche Feier, es klang mehr nach Strafpredigt. Laut und energisch, mit erhobenem Zeigefinger redete er auf die Brautleute ein. – So ein Gepolter statt lieblicher Hochzeitsmusik!?

> Über den majestätischen Gipfeln des Ararat
>   kamen Jahrhunderte und – wie Sekunden –
>   sie vergingen.
> An seiner Bergeskuppel zerschlugen ewige Blitze
>   ihr Feuerschwert und – vergingen.
> Endlose Generationen blickten, vom Tode gehetzt,
>   zu dem schneeweißen Haupt auf und – vergingen.
> Sterblicher! Dir wird eine Sekunde vergönnt.
> Blick auf zu seiner ernsten, stolzen Stirne und
>   – vergehe!
>
> **Awetik Isahakian**

Großer und kleiner Ararat mit Kloster Chor Virap

Surb Shoghakath – die Kirche des Lichtstrahls

Am Ort der vierten Feuersäule in Grigors Erscheinung steht die kleine Shoghakath – Kirche des Lichtstrahls genannt. Sie ist das Schlusslicht, abseits des Besucherstroms der berühmten drei großen Gotteshäuser. Eine Weinkelter hätte damals hier gestanden, in die sich die Jungfrauen geflüchtet hatten, Trdats Lüsternheit zu entgehen, oder es war der Platz eines frühchristlichen Martyrions, das für eine der Märtyrerinnen um die Heilige Hripsime bestimmt war, wie Thierry vermutet?

Mittlerweile restauriert, stammt der heute anzutreffende Kirchenbau erst aus dem Jahre 1694, doch entspricht er dem Typus einer Kuppelhalle des 7. Jahrhunderts, ein lang gestrecktes Kirchenschiff mit einem etwas unproportional dicken, achteckigen, hohen, spitzzylindrisch gedeckten Tambour darüber. Die Kreuzesform ist nur innen wahrzunehmen; Seitenkapellen in den Nord- und Südflügeln gleichen sie im Grundriss wieder aus. Nur durch den

oben: Kirche des Lichtstrahls
unten: Rundkirche von Svartnots mit Ararat

späteren Anbau der Vorhalle im Westen über die volle Breite der Längsseite wurde die Mittelposition der hohen Kuppel gewahrt. Diesen dreijochigen Gavit mit dem auf sechs Säulen ruhenden Glockentürmchen ziert auch der Großteil der Ornamentik. Schönes, regelmäßiges Flechtwerk umranden das überhöhte Portal und die beiden Fensternischen, ein Stalaktitenmotiv folgt dem Sims. Die übrigen Fassaden dieses Gotteshauses sind wenig dekoriert. Hochgesetzte, kleine Fenster an der Ostwand als Doppelkreuz, eingebunden in ein zartes Blütenkreuz, überraschen beinahe bei der insgesamt herben Architektur dieses Gotteshauses.

Die Rundkirche von Svartnots

Nicht Ruinen, nein – mächtiger Zirkelschlag
  abgefrevelten Waldes
Ankerstümpfe umgestürzter Eichen
  einer Tier- und Fabel-Christenheit
Rollen steinernen Tuchs auf den Kapitellen,
  wie Raubzeug aus heidnischen Läden
Traubenbeeren, groß wie ein Taubenei,
  Spiralen von Widdergehörn
Und plusterige Adler mit Eulenflügeln, noch
  unbesudelt von Byzanz.

Säulenkapitelle

So sah Ossip Mandelstam 1930 die Säulenstümpfe und die weit im Gras verstreuten, zerbrochenen Steine der Palastkirche von Svartnots. Spät, erst 1900, hatte man mit Ausgrabungsarbeiten begonnen; aber erst seit Beginn des neuen Jahrtausends geht es zügig voran mit dem Wiederaufbau. Auf einem weiten, runden Plateau, erhöht durch zwei Stufen, steht nun ein Ring von schwarzen, gedrungenen Säulen. Nur noch mikroskopisch feine Spuren verraten, dass sie farbig gefasst waren. Gekrönt von Flechtwerk und Voluten lassen sie die ungewöhnlich großen Ausmaße des Gotteshauses erkennen. Und wieder so nah und doch unerreichbar blickt der Ararat herein. Die vier Himmelsrichtungen sind markiert durch Säulen mit Akanthuslaub und einem Adler mit weit ausgebreiteten Schwingen. Das hohe handwerkliche Niveau machte mich neugierig auf weitere bearbeitete Steine im Gras. Ich fand als wohlgeordnete, nummerierte Bruchstücke wunderschöne Bogenwickel, nicht nur mit Weinlaub und Trauben, sondern auch mit figürlichen Darstellungen, den ersten überhaupt: einen Steinmetz mit Hammer und Meißel, sehr gut erhalten, und den Baumeister mit seinem Zirkel. Der ist allerdings nur mit einiger Phantasie zu erkennen.

Dass man sich dieses Bauwerk in seiner ehemaligen Schönheit vorstellen kann, verdankt man der Tatsache, dass König Gagik I. etwa 350 Jahre nach seiner Fertigstellung und 70 Jahre nach seiner Zerstörung, also im Jahr 1001, in Ani eine nahezu identische Kirche für den Heiligen Grigor errichten ließ. Die überlebensgroße Stifterfigur des Königs trug ein Modell auf den Händen. Der Aufriss Thoros Thoramanians von 1905 (s. Abb. S. 141) ist nicht unumstritten, doch daran hält man sich beim Wiederaufbau. Die Inneneinteilung bis ins letzte Detail zu rekonstruieren, ist jedoch nicht möglich. Immerhin ist sicher, dass der kreisförmige Umgang auch in den zwei darüberliegenden Etagen den eigentlichen, kreuzförmigen Grundriss umspannte, der durch Grigors Vision vorgegeben war.

Die Kathedrale von Svartnots steht am Ort des Zusammentreffens von Grigor und Trdat III. Hier sehe ich wieder das halbrunde Gemälde der

Schatzkammer des Katholikospalastes von Etschmiadsin vor mir (s. S. 72), wie es auf der linken Seite den guten Ausgang der Ereignisse in zwei Szenen zusammenfasst: Wie Grigor sein Gefängnis, die Grube verlässt, und wie ihm Trdat, auf Heilung hoffend, entgegenzieht, begleitet von zwei weiblichen Gestalten königlichen Geblüts, an ihren Kronen zu erkennen. Die erste ist seine Gemahlin, die Königin Achkhene, die andere seine Schwester Khosrowidoukht, die dem Heiligen Grigor all die Jahre treu gedient hatte. Zuletzt wird Trdats Taufe durch den Heiligen gezeigt, assistiert von den beiden Missionsaposteln Bartholomäus und Thaddäus, die das Christusporträt von Edessa mit sich führen.

Svartnots heißt wörtlich übersetzt: ›die Wachenden‹, die ›Engelsmächte‹. Gemeint sind die himmlischen Heerscharen, die Grigor erschienen sind. Man meinte, die ganze Kathedrale sei vom Himmel gefallen, so außergewöhnlich war sie. Sie wurde von Katholikos Nerses III. zusammen mit seinem Palast in seiner Regierungszeit zwischen 641 und 661 errichtet, ein angemessener Sitz des höchsten Geistlichen und zweiten großen Förderers und Trägers des Christentums in Armenien. Hier bildeten die Palastbauten einen untrennbaren Teil des frühmittelalterlichen Architektur-Ensembles, wobei der Kultbau – isoliert errichtet – die Hauptdominante des Komplexes darstellte. Die Palastanlage umgab die freistehende Kirche. Eine an der Südseite verlaufende Säulenhalle ermöglichte die Verbindung zwischen Palast und Kirche. Dazu gab es einen Empfangs- oder Säulensaal, daneben die Pfeilerhalle, als Sitzungssaal. Nerses wurde nicht ohne Grund ›der Erbauer‹ genannt. Er galt als byzanzfreundlich, hatte er doch seine Jugend dort verbracht, und zahlreiche Anregungen aus der Sergios- und Bakchos-Kirche und der Sophienkirche übernommen. Dieser dreistöckige Kirchenrundbau, genauer, ein 32-Eck, war in seiner Erhabenheit sein gelungenstes Projekt mit einer Kuppelhöhe von etwa 49 Metern. Von Säulen und Bogen umrahmt die schmalen, hohen, abgerundeten Fenster, die sich in den folgenden, sich verjüngenden beiden Geschossen zu säulengestützten Arkaden wandelten, zwei Pultdächer dazwischen, ein Kegeldach obenauf. Mehr einem Tempel als einer christlichen Kirche ähnlich, ließen die vielen wohlproportionierten Öffnungen das Gebäude leicht und luftig erscheinen.

Der Nimbus des Meisterwerks ging um die Welt. In der Sainte-Chapelle in Paris ist es seit 1248 auf der Empore der Oberkirche in einen Zyklus von Flachreliefs eingegliedert. Auf dem linken Bild wandern die Tiere über einen Steg in die schwimmende Arche. Auf dem rechten hat sie sich bereits auf den wasserumspülten Felsen des Ararat niedergelassen, und die dreigeschossige Svartnots-Kathedrale bildet den Aufbau der schweren, mondsichelförmig gebogenen Barke. Noah steht mit seinen drei Söhnen an der Reling und begrüßt mit einer großen Geste die Taube, die gerade mit einem Ölzweig im Schnabel zurückkehrt. Ein derart beispielloses Glanzstück war diese Architektur, dass es als ebenbürtig neben der Darstellung des Wunders von der Auffindung des Kreuzes Christi durch die Heilige Helena und dessen Überführung nach Rom, beziehungsweise Konstantinopel platziert wurde.

Doch im Reich des Seismos um den Ararat währte die Freude an der Kathedrale nicht lange, obwohl man eine eigene erdbebensichere Aufbautechnik entwickelt hatte, das Gussmauerwerk. Man setzte eine relativ dünne Verkleidung doppelwandig aus präzise zugeschnittenen Platten von Lava oder Tuff. Für Rundungen und Kuppeln wählte man das leichtere Material von geringerer Stärke. Das Füllmauerwerk war umso mäch-

Die Kirche von Svartnots als Arche Noah in der Sainte Chapelle in Paris

tiger dimensioniert, ein Gemisch aus Steinen, vulkanischem Schutt und reichlich Mörtel. Von ›hydraulischem Mörtel‹ spricht man, wenn noch vulkanischer Sand beigemengt wurde. Durch diese armenische Variante der Plattenbauweise war es relativ einfach, bei Erdstößen abgefallene oder zersprungene Teile der Verblendung auszutauschen. Damit das Fundament der immer größer werdenden Belastung standhalten konnte, umgab man es außen mit einem Ringanker aus drei Reihen überhöhter Stufen, beginnend auf dem Niveau des Innenbodens. Dennoch, bei dem starken Erdbeben des Jahres 930 fiel das Wunderwerk wie ein Kartenhaus in sich zusammen.

Auch hier ist der Blick dahinter reizvoll. Hermann von Skerst beschreibt und deutet in seinem Werk »Der Gralstempel im Kaukasus«: **Nach innen öffnen sich vier kleine Halbkreisbögen wie Apsiden, und nach außen öffnen sich vier große Halbkreisbögen wie den Kosmos hereinholend. Der kreisrunde Bau um das mittlere Quadrat hält die Waage zwischen innen und außen. Wir könnten auch sagen: Kreis – Himmel und Quadrat – Erde haben sich in dem Gottmenschen Jesus Christus zur vollkommenen Einheit verbunden durch die Jordantaufe … Und wie Noah mit seiner Arche die nach-atlantische Menschheit aus der Sintflut errettete, so sollte die Svarthnoz-Kirche eine neue Arche der Christenheit bilden.**

In der Mitte befand sich tatsächlich ein ovales Taufbecken in den Boden eingelassen, mit Stufen an den Schmalseiten, um hinabsteigen zu können. Das ist die absolute Ausnahme in einer armenischen Kirche, und es zeugt vom guten Kontakt zwischen Katholikos Nerses und Byzanz. Es gibt aber auch die Theorie, es sei der Aufbewahrungsort eines Reliquiars Grigor des Erleuchters.

Rundkirche von Svartnots im Wiederaufbau

Exkurs: Vom heidnischen Ritual zum christlichen Sakrament

Das Wasser galt schon immer als das Element der Zeugung und Fruchtbarkeit. Unterzutauchen befruchtete und vervielfachte die Lebenskraft. Mircea Eliade schreibt in »Ewige Bilder und Sinnbilder«: In welcher Kultur man Gewässern begegnet, haben sie stets die gleiche Funktion: **sie lösen die Formen aus ihrem Zusammenhalt, heben sie auf, waschen die Sünden hinweg, reinigen und regenerieren zugleich. Mit ihnen wird die Schöpfung eingeleitet und wieder rückgängig gemacht.** Der lebendige und lebenspendende Odem Gottes über dem Wasser erschafft die Welt als eine sinnvolle Ordnung. Als Denken und Trachten der Menschheit so böse geworden waren, diese zu zerstören, suchte Gott mit der Sintflut seine Schöpfung wieder rückgängig zu machen. Rituelle Waschungen und Reinigung mit Hilfe des Wassers sollen an die Schöpfung erinnern, sind eine symbolische Wiederholung der Geburt der Welten oder des ›neuen Menschen‹.

Doch ist das Wasser ebenso das lebensbedrohlich-feindliche Element: Der Kampf mit den Ungeheuern des Abgrundes entspricht einer Initiationsprüfung, die nur Helden und Eingeweihte bestehen. Der Sieg über das Wache haltende Ungeheuer bedeutet Unsterblichkeit, kurz: untertauchen Todesgefahr, den Tod – auftauchen Auferstehung, Leben. Das sind archetypische Bilder, die wir alle in der christlichen Taufe wiederfinden, erklären die Kirchenväter, die den Anschluss an das Neue Testament herzustellen versuchen. Sie finden auch eine Beziehung zu Noah und der Sintflut: Christus, der bei seiner Taufe im Jordan siegreich den Wassern entstiegen ist, ist auch zum Herrn eines neuen Menschengeschlechts geworden, der Christenheit.

Johannes der Täufer begann mit dem Taufen als Reinigungsritual zur Vorbereitung für das kommende Gericht Gottes. In der Eintönigkeit und Stille der Wüste ist man Abgründen ausgeliefert, in sich und in Gott. Johannes hatte den göttlichen Auftrag bekommen, zu Umkehr und Buße zu rufen: *»... **Bereitet dem Herren den Weg!** Jörg Zink übersetzt aus dem

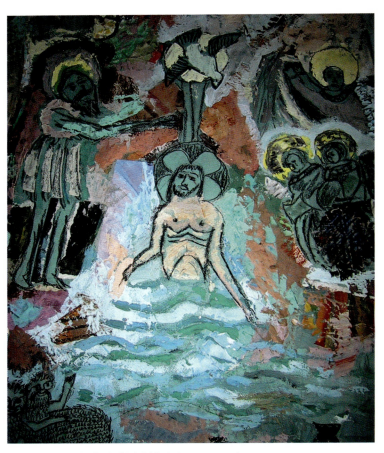

Kinderzeichnung der Taufe Christi, Kinderkunstmuseum Jerewan

dritten Kapitel des Lukas-Evangeliums: *Die Menschen, die zu ihm hinauskamen und sich [im Jordan] taufen lassen wollten, fuhr er an: Ihr Schlangenbrut, wer hat euch eingeredet, ihr würdet ausgenommen, wenn Gott sein unerbittliches Gericht hält? Gebt erst einmal handfeste Beweise, die zeigen, daß bei euerer Umkehr etwas Rechtes herauskommt! ... Die Axt liegt schon den Bäumen an der Wurzel, und kein Baum bleibt stehen, der keine lohnende Frucht bringt. Abgehauen wird er und ins Feuer geworfen.

Er mahnte jeden Einzelnen zu Recht und Ordnung in seinem Stand. Da kamen immer mehr Menschen geströmt, ihn in Augenschein zu nehmen und sie überlegten, ob diese charismatische Persönlichkeit nicht vielleicht doch schon *... der Christus, der heilige Herrscher sei, der von Gott kommen sollte. Johannes ahnte ihre Gedanken und erklärte der Menge: Ich wasche euch [euere Sünden] mit Wasser ab. Es kommt aber einer nach mir, der mächtiger ist als ich, und ich werde nicht wert sein, die Riemen an seinen Schuhen zu lösen, der wird euch mit dem heiligen Geist reinigen. Als er schließlich auch Herodes Antipas, dem Provinzfürsten und seiner Frau Herodias Vorhaltungen machte, ließ man ihn ins Gefängnis werfen. Das Ende Johannes des Täufers kennen wir bereits.

Die armenische Kirche feiert dieses Tauffest zusammen mit Weihnachten, Christi Geburt, am 6. Januar. Für die Christen ist die Taufe ein Sakrament, weil sie von dem Auferstandenen eingesetzt wurde, zwischen dem Missionsbefehl und einer tröstlichen Verheißung: *... Gehet hin in alle Welt und lehret alle Völker, und taufet sie im Namen des Vaters und des Sohnes und des Heiligen Geistes, und lehret sie halten alles, was ich euch befohlen habe. Und siehe, ich bin bei euch alle Tage bis an der Welt Ende. Durch die Taufe im Namen Jesu ist der alte, sündige Mensch untergegangen und gestorben, deshalb das Untertauchen im Becken. Die kultische Nacktheit bedeutet die Rückkehr zur ursprünglichen Unschuld Adams vor dem Sündenfall. Der Getaufte taucht auf, wie neugeboren, als ein Kind Gottes. Durch seinen Glauben, seinen Bezug auf Jesu sühnendes Sterben, wird er teilhaben an der Erlösung vom ewigen Tod, den man früher in den drastischen Farben der Höllenpein ausmalte. Die Heilskräfte, die Gott in seine Schöpfung eingebracht hat, werden dem einzelnen Menschen in der Taufe und später wieder im Abendmahl zuteil. Doch sind diese Gaben nicht als Besitz, sondern als Aufgabe zu verstehen. Der Getaufte muss sich anstrengen, sein Leben nach Christi Vorbild zu führen, Christus ähnlich werden durch die Liebe. Das geht weit darüber hinaus, die zehn mosaischen Gebote zu halten, es reicht bis zum Liebesgebot der Bergpredigt: *Liebet euere Feinde; segnet, die euch fluchen; tut wohl denen, die euch hassen; bittet für die, so euch beleidigen und verfolgen, auf daß ihr Kinder seid eures Vaters im Himmel; denn er lässt seine Sonne aufgehen über die Bösen und über die Guten und lässt regnen über Gerechte und Ungerechte.

Grigor führt den Ehrentitel ›Erleuchter‹, weil in der griechischen Tradition die Taufe als ›Erleuchtung durch Christus‹ bezeichnet wird.

Wie weihevoll und ehrwürdig die Taufe bei den frühen Christen Armeniens auszurichten war, wurde beim 5. Ökumenischen Konzil in Konstantinopel im Jahre 555 festgelegt: Niemand darf die Taufe nachlässig vollziehen, sondern mit Furcht und Vorsicht, mit Weihrauch und Kerzen und mit vorgezogenen Vorhängen, und wie es ziemt, mit Beleuchtung des heiligen Beckens und das Taufbecken soll in der Kirche oder im Hause des Dienstes stehen. Es sei aus Stein oder aus einem anderen mit Ehrfurcht zugearbeiteten Stoffe, würdig und nur genügend für die Handlung der Erleuchtung [Taufe] mit seiner Breite und Tiefe, damit das Wasser den Körper des zu taufenden Kindes genugsam bedeckt ... – Im 6. Jahrhundert war das Land so vollständig christianisiert, dass es nur noch Kinder nachzutaufen gab!

Das Höhlenkloster Geghard

Nun weiter auf den Spuren Grigors zum Höhlenkloster Geghard. Es liegt wie Garni an der Asat-Schlucht, ganz am Ende, wo es hoch hinaufgeht ins dicht bewaldete Gebirge. Die Legende weiß, dass es der Heilige selbst war, der die Spuren des heidnischen Quellenkults durch den Kirchenbau zu überdecken suchte. Der Winkel zeigte sich von seiner mystischen Seite, als wir zu ihm aufstiegen. Die Nebel zogen in dichten Schwaden, verbargen mehr, als sie ahnen ließen. Nur ein paar Türme lugten über die hohe, drei Seiten umschließende Mauer, hinter der sich die Hauptkirche und ihr vorgelagerter, sehr viel weiträumigerer Gavit ducken. Nach hinten ist dieser verbunden mit der mächtigen Felswand, die die Höhlenkirchen überdeckt. Schon beim Betreten der Klosteranlage fallen die steilen, schmalen Treppen und Steige ins Auge, die hinauf zu den Mönchszellen, besser: Wohnhöhlen führen. Überwältigend ist die Anzahl, Schönheit und Vielfalt dieser Glaubensbekenntnisse, der Chatschkare und Kreuze, die in die Mauern und Felswände eingelassen oder graviert sind, alle aus dem 13. Jahrhundert.

Eine raue Gegend, weltabgeschieden in 1 600 Metern Höhe, was aber nicht schützen konnte vor einem harten Schicksal – im 8. und 10. Jahrhundert plünderten und brandschatzten die Araber. Von dem im Hochmittelalter bezeugten ›Lanzenkloster‹ blieb nichts erhalten. Eine Chronik aus dem 12. Jahrhundert berichtet, der Apostel Thaddäus habe die Lanze, mit der Christi Seite geöffnet wurde, hierhergebracht. Heute wird die kostbare Reliquie in der Schatzkammer von Etschmiadsin gehütet. Zu Beginn des 13. Jahrhunderts ging das Kloster in den Besitz der Fürstenfamilie Zakharjan über, die nicht nur den Wiederaufbau mit der Hauptkirche, der Muttergotteskirche und dem Gavit vorantrieb, sondern auch half, das Land von den Seldschuken zu befreien. Dann wechselte die ganze Anlage in die Hände der Proschjans, einer anderen großen Familie des Landes, die hier eine Begräbnisstätte errichtete. Es wurden die ersten der beeindruckenden Kirchen in den Felsen gegraben. Das Proschjan'sche Familienwappen findet sich in der Nordwand der zweiten über den Bogendurchgängen zu einer weiteren Kirche. Es ist merkwürdig, kaum zu deuten: diese beiden überdimensionierten Löwen, durch Leinen im Maul eines Stierkopfes verbunden, darunter ein Adler mit halb geöffneten Schwingen und einem Lamm in den Fängen. Wie in Garni richtete

Höhlenkloster Geghard

Wappen der Fürstenfamilien:
<u>links</u> Proschjan, <u>rechts</u> Zakharjan

Eingang zu den Mönchszellen des Klosters Geghard

das Erdbeben von 1679 große Schäden an. Die Restaurierungsarbeiten begannen erst über 300 Jahre später, doch immer wurde dieses Kloster besucht. Die zahlreichen Schulklassen, die in der ersten Ferienwoche gemeinsam mit den Lehrern Ausflüge zu den Wurzeln ihrer Kultur und Geschichte unternahmen, waren weder zu übersehen noch zu überhören. Fröhliches Kinderlärmen, das verstummte, wenn erklärt wurde, doch nicht, als einer unserer mitreisenden Theologen vor den uralten Altar trat und sich zu einer kleinen Ansprache anschickte, von uns allen umringt. Ich zischte, die internationale Methode wohl, Ruhe herzustellen – aber die Kinder wurden immer lauter! Was für ein Missverständnis tat sich da auf: In Armenien ist es absolut undenkbar, dem Altar den Rücken zuzukehren. Sie wollten stören, um so gegen das ›ungebührliche‹ Betragen unseres Geistlichen zu protestieren! Deshalb verlässt man das Gotteshaus stets rückwärtsgehend.

Noch eine Besonderheit gab es: eine Pfütze am Boden. Bei der Aufforderung: »Hier entspringt das Wasser einer heiligen, wundertätigen Quelle. Es ist Tradition, hiervon zu nehmen«, wehrte ich ab, nicht nur, weil ich wegen der herrschenden Düsternis schon mehr als genug abbekommen hatte. – War mir doch etwas entgangen? War es das Milieu, in dem sich die Vishap-Drachenschlangen getummelt hatten, als die Grotte noch heidnische Kultstätte war? – Nein, auch dann hätte ich nicht davon getrunken.

Die nächste vom Gavit ausgehende Felsenkirche von 1283 mündet in ein ganzes Labyrinth. Es schließen sich weitere ineinander übergehende Andachtsstätten an, mit einem Vorhof im unteren Geschoss und einer Kapelle mit Krypta oben. Diesmal waren es nicht die aus dem Fels geschlagenen Säulen und Wölbungen der Decke, auch nicht die kerzenverrußten Chatschkare, die mich beeindruckten, sondern Gesang. In einer dieser Höhlen solle es eine besonders schöne Akustik geben, wurden wir ermuntert. Als sangesfreudig sind die Deutschen ja weltweit bekannt. Tatsächlich, die Stimme wurde groß und schön, ihr Klang wurde weit getragen. Der Kirchenraum hatte sich gefüllt mit jungen, angehenden Priestern und Familien, die ihre Kinder zu einer Feier brachten. Sie stellten sich im Halbrund in der Apsis auf, die Seminaristen wieder in ihren langen, grauen Mänteln, die Mädchen in weißen Kleidchen mit Rüschen und Spitzen. Dann wurde erst mal tüchtig fürs Familienalbum fotografiert, eine niedliche Vierjährige wie ein Engelchen von Raffael davor. Andacht mimend, hatte sie das Köpfchen über die gefalteten Händchen gesenkt, in ihrem Festtagskleid mit Puffärmeln und dem extra bauschigen Tüllröckchen, die langen, blonden Locken von Schleifen gehalten. Mitunter warf sie einen fragenden Blick zur Mutter und klapperte ein bisschen mit den Zähnen.

Wir befanden uns am beliebtesten Wallfahrtsort Armeniens. Vom regen Publikumsverkehr zeugten nicht zuletzt die mit vielen ›Wunschtüchern‹ behangenen Sträucher. Ganz selbstverständlich wurde hier der jahrtausendealte Baumkult vorchristlichen Ursprungs als kleiner privater Aberglaube weiter gepflegt. Ins armenische Christentum übernommen, ist der Lebensbaum Ausdruck der Unsterblichkeit. Aber es blieben weiterhin heidnische Vorstellungen erhalten. Von Movses von Chorene wissen wir, dass noch im 5. nachchristlichen Jahrhundert in der Provinz Armavir, also in allernächster Nähe von Etschmiadsin und den ersten Klöstern, von den Priestern heilige Bäume befragt und Bewegungen des Sos-Baumes (des Ahorns) im Wind als göttliche Orakel gedeutet wurden. Hie und da an besonderen Stellen findet man Bäume und Sträucher mit Stofffetzen und Bändern behängt.

Auf der hochgewölbten, alten Brücke über den Asat, die den Klostergrund mit den tiefen Wäldern verbindet, ergab sich noch einmal ein reizendes Motiv. Eine Schulklasse hatte sich zum Gruppenfoto darauf versammelt. Als sie mein Vorhaben bemerkten, winkten sie mir lachend zu. Damit es auch wirklich in allen Farben leuchte, lächelte die Sonne kurz zwischen den Wolken hervor.

Brücke über den Asat

Aschtarak:
Noah spielen an der Karmravor

Zur seinerzeit weltberühmten Svartnots-Kathedrale ist die kleine Karmravor das bescheidenste Gegenteil, aber ein besonders liebenswertes. Knapp sieben Quadratmeter groß, steht sie geschützt hinter den Mauern des Friedhofs von Aschtarak, im 7. Jahrhundert über der Gruft einer adligen Familie geschaffen. ›Die Rote‹, eigentlich ›die Karmesinrote‹ heißt sie wegen ihrer hübsch gewölbten, ziegelgedeckten, runden Haube, meinte ich. Von wohltuenden Proportionen, aber so winzig ist das Kreuzkuppelkirchlein, dass kein Gottesdienst hier gehalten werden könnte, denn dazu gehört ein Prozessionsweg. Es dient nur der Vergewisserung, dass die Toten in Gott ruhen. Deshalb ist es im Originalzu-

Die kleinste der Kirchen, die Karmravor, die Rote

stand erhalten geblieben. So klein es auch sein mag, ist es doch ernsthaft und sorgfältig ausgeführt, mit allen architektonischen Feinheiten seiner Zeit. Ossip Mandelstam hat in seiner »Reise nach Armenien« Worte des Staunens für sie, seine erste Kirche im Lande gefunden: **Der erste Aufprall der Sinne auf den Stoff der altarmenischen Kirche. Das Auge sucht eine Form, eine Idee, erwartet sie... Die Zähne des Sehvermögens zerbröckeln und brechen ab, wenn man zum ersten Mal armenische Kirchen anschaut.**
Die kleine Kirche von Aschtarak ist die allergewöhnlichste und für Armenien allersanfteste. Also: Ein Kirchlein mit sechsflächiger Scheitelkappe, einem Seilornament entlang dem Dachsims und ebensolchen strickartigen Augenbrauen über dem kargen Mund der rissigen Fenster.

Die Tür ist stiller als Wasser, niedriger als Gras. Ich stellte mich auf die Zehenspitzen und spähte hinein: aber da ist ja eine Kuppel! Eine Kuppel! Eine richtige! Wie bei Peter, unter dessen Kuppel vieltausendköpfige Menschenmengen stehen, und Palmen, und ein Meer von Kerzen und Tragbahren. Wie Muscheln singen da die vertieften Sphären der Apsiden.

Dort, an der Friedhofsmauer oben am Hang, bei den großen Grabsteinen, hatte ich meine erste Begegnung mit den Dorfkindern. Die ersten schenkten mir frisch gepflückte Wiesenblumen. Andere warteten mit lebenden Tauben. Noah spielen, Tauben fliegen lassen, eine völlig neue, nette Idee, zu etwas Geld zu kommen, denn gebettelt wird nicht. Die freigekauften Brieftauben wissen sehr genau, in welchen Schlag sie gehören und werden schnellstens wieder zurückgeholt, damit das Spiel von Neuem beginnen kann.

Der Ort Aschtarak hat bessere Zeiten gesehen, davon erzählen einige stattliche Häuser. Das Rathaus fällt auf oder das des Schriftstellers der Sowjetzeit, Pertsch Proschjan. Eine Dichterkolonie hatte sich zusammengefunden in dem malerisch gelegenen Städtchen zwischen dem höchsten Berg der Republik Armenien, dem Aragaz mit 4 095 Metern und der wilden Kasach-Schlucht.

Noah spielen, Tauben ›mieten‹ und fliegen lassen

Die Aprikosenfarbene, die Weiße und die Heilige Marine

Eine weitere Kirche steht dicht am Abgrund, die Tsiranavor, aus dem 5./6. Jahrhundert. Eines der ersten Kreuze ist über dem zugemauerten Eingangsportal erhalten. Sie wird ›die Aprikosenfarbene‹ genannt, denn um ihre Entstehung, wie auch die der beiden anderen nach Farben benannten, rankt sich eine traurige Legende: Es lebten einst drei Schwestern in Aschtarak, jung, schön und über alle Maßen verliebt, aber in ein und denselben Mann, den Prinzen Sargis. Liebe oder Tod, so stark waren ihre Gefühle für ihn, eine andere Wahl gab es nicht. Schweren Herzens entschieden die zwei älteren Schwestern auf ihr Glück zu verzichten, der jüngsten zuliebe. Sie töteten sich selbst, indem sie sich hinunterstürzten in die Schlucht. Dazu hatten sie eigens Gewänder in unterschiedlichen Farben angelegt, die eine ein rotes, die andere ein aprikosenfarbenes. Als man der jüngsten die schreckliche Kunde überbrachte, war sie davon so erschüttert, dass sie sich ebenfalls entleibte. In einem weißen Kleid stürzte sie sich zu Tode. – Doch siehe, durch ein Wunder entstanden an den Stellen, an denen sich die drei Schwestern das Leben genommen hatten, drei Kirchen, die man nach den Farben der Kleider benannte. Verständlicherweise trug die Gottesmutter auf den Marienbildern den farblich auf den Namen abgestimmten Schleier: rot, abricot und weiß.

Noch als Ruine wirkt die Tsiranavor wehrhaft, denn anfangs des 19. Jahrhunderts wurde die stattliche, dreischiffige Basilika zur Festung umgestaltet, herabgewürdigt. Hübsch ist von hier aus der Blick über die ins Grün gebetteten Häuser und die gebogene Brücke aus dem 17. Jahrhundert über die Kasach-Schlucht, die die Ortsteile verbindet, bis hinüber zur Kirche Maria Marine.

Ganz nahe, nur ein paar Mal um die Ecke, steht dann die letzte, die ›Spitakavor‹, die ›Weiße‹. Sie ist die typische Kreuzkuppelkirche, mit einer Apsis gen Osten. Neu sind hier nur die Pechnasen. Sie war eine Garnisonskirche, in der die Soldaten gesegnet wurden, ehe sie in den Krieg zogen. Auch heute ist sie wieder ein Ort, um Kraft zu schöpfen. Es gibt frische Zeugnisse von kleinen, privaten Andachten: Kerzen, Heiligenbildchen und Blumen stehen geschützt unter dem einzig erhaltenen Bogen, der Apsis.

Im Nordwesten wartet die Heilige Marine, die zentrale und größte Kirche, als übriggebliebener Teil einer Klosteranlage. Eine Tafel mit der Zahl 1281 deutet wahrscheinlich auf eine Umgestaltung hin, sie dürfte sehr viel älter sein. Bleistiftspitz grüßt der Tambour von weitem. Der kreuzförmige Grundriss, durch Ecknischen ummantelt, ist nur scheinbar ein quadratischer. Außen und innen sind die Wände mit gelbem und grauem Tuff verkleidet.

Beim Umrunden fällt mir die schlichte, schöne Außendekoration auf. Es ist, ziemlich hoch angesetzt, ein einziger schmaler Spalt als Lichtöffnung. Ein talentierter Steinmetz hat sie mit ein paar Steinwülsten zum Knospenkreuz gerahmt, hat den überlangen Stamm hinabgeleitet und in die Sockelleiste überführt, die die ganze Kirche umrundet. Ehrfurcht empfinden erst wir Heutigen wieder: genau im Knospenkreuz wurden Stromleitungen befestigt.

Als Kreuz gestaltete Fensteröffnung an der Heiligen Marine

Saghmosavank, das Psalmenkloster

Schon der Name deutet auf den Schwerpunkt der Aufgaben hin, die hier erfüllt wurden. In seiner Blütezeit wurden in diesem berühmten Skriptorium vor allem Psalterien geschrieben. Die Psalmen des Alten Testaments wurden für die Stundengebete, für das Stundenbuch der Mönche zusammengestellt und bearbeitet. Psalmen sind Lieder und Gebete des Königs wie des einfachen Mannes, die Anbetung und Verzweiflung, Loben und Seufzen, Vertrauen und Angst, Reue und wohl auch Rachegedanken vor Gott bringen – alles, was ein reiches Menschenleben ausmacht. So strömt aus den alten Mauern in ihrem schlichten Schmuck über Jahrhunderte und Generationen etwas menschlich Verbindendes, das ich als wohltuend empfunden habe. Einsam liegt das Kloster auf einem Hochplateau über der Kasach-Schlucht. Warum so nahe am Abgrund? Das mag mystische Bedeutung haben: so kommen Ober- und Unterwelt in Berührung. Der Abgrund ist noch näher herangerückt bei den Erdbeben von 1679 und 1918. Bröckelnde Urgesteinsbänder tragen bunt blühende Terrassen, frisch gefallener Schnee zeichnet die Absätze nach. Weit, weit geht's hinunter. Das Kloster wirkt als malerische, in sich geschlossene Einheit mit drei spitzen Hauben, obwohl es fünf aneinandergefügte Gebäude sind, in mehreren Etappen entstanden.

Da ist zuerst das dreifach gerahmte Portal im Westen, die typisch seldschukische, große, einladende Geste zum Empfang. Wäre nicht dieses große Kreuz darüber in die Wand eingelassen, man könnte es eher für den Eingang einer Moschee oder Karawanserei halten, nicht für das Portal des Gavits einer Armenisch-Apostolischen Kirche. Das Tympanon

Saghmosavank, das Psalmenkloster

zeigt statt des Auferstandenen ein Relief aus rot bemalten, sich überkreuzenden, fünfstrahligen Sternen. Farbig abgesetzte Steine zu verwenden oder sie gar noch mit einem Farbanstrich zu versehen, ist eine Neuerung des 13. und 14. Jahrhunderts. Teppichhaft ornamental wirkt das Rautenmotiv im mittleren Bogenfeld darüber. Und nochmals darüber schließt sich eine ganze Anzahl von kleineren Kreuzen an.

Das friedliche Nebeneinander religionsübergreifender Elemente, ebenfalls typisch für diese Zeit, setzt sich im Inneren fort in den roten und weißen Steinblöcken oder an den verspielten Bögen und Kronen der Verbindungsstücke, die die Kuppel tragen, den ›türkischen Dreiecken‹. Auch die Gestaltung des Gavit-Dachs erinnert mit seinen Stalaktiten wieder an islamische Architektur. Der Grundfläche nach ist der Vorbau mindestens ebenso groß wie alle Kirchen zusammen.

Das Kloster war berühmt für seine Bibliothek von 1255, die gleichzeitig als Skriptorium genutzt wurde. Sie liegt zwischen der Hauptkirche und der Kapelle. Die Bauinschrift lautet: »Ich, Kurd Watschutjan und meine Gemahlin Chorisha ließen eine Kapelle im Namen unserer Tochter errichten.« Das Tageslicht strömt nur durch den schmalen Schlitz eines umrahmten Kreuzes an der Westseite herein. Architektonisch ist sie der interessanteste Teil mit ihrem L-förmigem Grundriss. Im Südwesten der kleinen Ostapsis liegt eine zweigeschossige Kapelle – die der Prinzessin vielleicht?

Auch über der Apsis verbirgt sich ein weiterer Raum. Zwei Längsbogen überspannen den kleinen Saal und werden von zwei Querbogen gekreuzt. Mehrere kleine, orientalisch verbrämte Schreibnischen sind in die Wände eingelassen. Die Vertiefungen am Altar lassen vermuten, dass dort Reliquien verwahrt wurden. Sie sind von Fresken umrahmt, Seraphim und Heiligen, soweit ich sie noch erkennen kann. Ausgesprochen reizvoll sind die von islamischen Vorbildern inspirierten, aufwändig dekorierten Gewölbekonstruktionen und -dekorationen, hier wie im Gavit. Eine kleine Muttergotteskapelle von 1235 schließt sich nach Südosten an.

Das jetzige geistige Zentrum besteht aus der 1215 von Prinz Watsche Watschutjan erbauten Zionskirche, einer ummantelten Kreuzkuppelkirche mit abgetrenntem Chorteil. Sie wurde erst im Jahre 2001 wieder neu geweiht. Sitzbänke, Teppiche und ein riesiger, tiefroter Samtvorhang vor der Altarbühne weisen sie als lebendige Kirche aus. Abgetrennt vom Altar gibt es auf beiden Seiten Ecknischen. Hohe, steinerne Stufen führen ins Obergeschoss.

Blick in die Kuppel des Gavits, Saghmosavank

Dorthin zogen sich die Einsiedler, die bis zum 13. Jahrhundert in den nahen Höhlen hausten, zurück, um dem Gottesdienst ungesehen beiwohnen zu können.

Die allererste Gründung geht zwar nicht auf Grigor den Erleuchter zurück, aber die Stätte ist durch ihn geheiligt, weil er bis zum Jahre 328 in einer nahe gelegenen Einsiedelei gelebt haben soll. Das Amt des Katholikos hat er in seinen letzten Jahren nicht mehr ausgeübt. Er gab es an seinen Sohn Aristakes ab und zog sich zurück, in den Wintern in die Einsiedlerhöhlen oder in die Zellen bei der kleinen Kapelle, in den Sommern auf den Berg Aragaz.

Legenden um den Berg Aragaz

Weil der heilige Berg, der Ararat mit seinen 5165 Metern, außer Landes liegt, ist nun der 4095 Meter hohe Aragaz der höchste Berg Armeniens. ›Ara‹ ist die Abkürzung für ›araritsch‹, was in der alt- und neuarmenischen Sprache ›der Schöpfer‹ bedeutet. Die ›Arier‹ waren folglich die Adeligen des Schöpfergottes. War die Erde als Wiege der irdischen Götter gedacht, wurde der Berg Aragaz zum Thron des Schöpfers, vor aller Zeit von früheren Göttern geschaffen. Im Frühjahr und Sommer wachsen dort oben viele Blumen, die die Präsenz Gottes auf Erden symbolisieren sollen. In den Eichenwäldern trifft man immer wieder auf Bergseen. Das sind die ›Augen der Erde‹, die den Himmel anschauen.

Durch Grigor den Erleuchter ist der Aragaz noch einmal geheiligt. Die Legende erzählt, er brauchte dort kein Licht, weil Licht in ihm, dem Erleuchteten, war. In der Dunkelheit schien über seinem Haupt eine Lampe, die ohne Seil vom Himmel herabhing. Der Name der nahe gelegenen Ortschaft Aparan bedeutet ›seillos‹. Dort erinnert eine Basilika daran. Howhannes Tumanjan, 1869 als Sohn eines Dorfpriesters in dem kleinen Dorf Dsegh geboren, der Märchenerzähler des Landes, kannte dieses Phänomen aus der Volksüberlieferung natürlich: dass man zuweilen über dem Gipfel des Berges Aragaz, der sich gegenüber dem majestätischen Ararat erhebt, des Nachts ein Licht leuchten sieht. Vielleicht ist es ein sehr entfernter Stern, dessen bleichen Schein man nur bei äußerst durchsichtiger Luft wahrnehmen kann. Das Volk nennt es die ›Lampe des Erleuchters‹. Lauschen wir, wie Tumanjan sie besingt:

Klosterbibliothek von Saghmosavank

Das Licht des Herrn

Es leuchtet hell um Mitternacht
Ein Lämplein in der Finsternis,
Am Aragaz vom Herrn entfacht,
Als Trost in unsrer Finsternis.

Und heller als ein jeder Stern
Und ewig strahlt es, Jahr für Jahr;
Es brennt die Träne Gott des Herrn
In diesem Lämplein wunderbar.

Und keine Macht und Menschenhand
Kann löschen dieses heil'ge Licht,
Kein Sturm verdunkelt diesen Brand,
Der hell aus Gottes Augen bricht.

Doch nur wer fromm und herzensrein
Und voll Vertrauen unentwegt:
Daß einst auch für Armeniens Pein
Die Stunde der Erlösung schlägt,

Kann schau'n dies Lämplein wunderbar,
Das hoch am Himmel, weltentrückt,
Wie Gottes Auge, hell und klar,
herab zur dunklen Erde blickt.

Howhannes Tumanjan

Das Johanneskloster Howanawank

Nicht weit entfernt, aber eingeholt von einem Dorf und noch etwas dichter an die tiefe Schlucht des Kasach gerückt, liegt Howanawank, das Kloster Johannes des Täufers.

Auch hier ist die Anwesenheit Grigors des Erleuchters überliefert. Er habe eine Reliquie Johannes des Täufers hierher gebracht, in die Mitte des Dreiecks der Berge Ararat, Aragaz und Azdaak (3597 Meter). Die erste darüber errichtete Kapelle wird ihm zugeschrieben, auch wenn die jetzt noch erhaltene älteste, die Johanneskirche, in das 5./6. Jahrhundert zu datieren sein dürfte. Sie ist die schlichteste: klein, einschiffig, das Tonnengewölbe durch drei Gurtbögen verstärkt. Die Hauptkirche, die Kathedrale der Gottesgebärerin, wurde zwischen 1216 und 1221 erbaut, wieder im Auftrag der Fürstenfamilie Watsche und Kurd Watschutjan, als umschlossene Kreuzform mit doppelgeschossigen Kammern neben der Apsis. Von hier soll es einen Zugang zu einer unterirdischen Höhle und einen Fluchtweg geben. Im 18. Jahrhundert sollten 300 Kinder geraubt und nach Persien deportiert werden. Man bat, sie noch an einer letzten Messe teilnehmen zu lassen. Durch diesen unterirdischen Gang konnten sie gerettet werden. Die überhöhte Altarbühne verlockt zu solchen Phantasien. Ihre Vorderseite ist wieder mit großen, fünfzackigen Sternen auf rotem Grund geschmückt. Sterne trifft man häufig in dieser Kirche an, fünf-, sechs- und achtstrahlige. Diese hier, mit fünf Spitzen, dem Pentagramm, sind, mit einer Spitze nach unten, das Symbol für den Antichrist, mit einer nach oben das für Christus.

Die Gipfel des Aragaz, der höchste mit 4.095 Metern

Howanawank, dem Abgrund immer näher

Der große, weite Vorbau von 1250 ist es, der alle Aufmerksamkeit fesselt. Neben einem muschelgeschmückten Zwillingsfenster öffnet sich das Westportal, umrahmt von filigranen, achtzackigen Sternen. Es können nur achteckige Sterne sein wegen ihres Symbolgehaltes, denn, wie die Acht seit der Antike Zeichen der Vollkommenheit und der kosmischen Harmonie ist, ist sie für Christen Sinnbild des ewigen Lebens. In sieben Tagen hat Gott sein Schöpfungswerk vollendet, am achten Tag, dem ersten der neuen Woche, dem Sonntag, ist Christus von den Toten auferstanden. Taufkapellen sind nicht selten Oktogone: die Taufe der Neubeginn. Zwischen der Sternenbordüre und den beschrifteten Bögen veranschaulicht ein koloriertes Relief das Gleichnis von den fünf klugen und den fünf törichten Jungfrauen (in einer neueren Lutherübersetzung): *Dann wird das Himmelreich gleichen zehn Jungfrauen, die ihre Lampen nahmen und gingen hinaus, dem Bräutigam entgegen. Aber fünf von ihnen waren töricht, und fünf waren klug. Die törichten nahmen ihre Lampen, aber sie nahmen nicht Öl mit sich. Die klugen aber nahmen Öl in ihren Gefäßen samt ihren Lampen. Als nun der Bräutigam verzog, wurden sie alle schläfrig und schliefen ein. Um Mitternacht aber ward ein Geschrei: Siehe, der Bräutigam kommt; gehet aus, ihm entgegen! Da standen diese Jungfrauen alle auf und schmückten ihre Lampen. Die törichten aber sprachen zu den klugen: Gebt uns von euerem Öle, denn unsere Lampen verlöschen. Da antworteten die klugen und sprachen: Nicht also, auf daß nicht uns und euch gebreche; geht aber hin zu den Krämern und kauft für euch selbst. Und da sie hingingen, zu kaufen, kam der Bräutigam; und die bereit waren, gingen mit ihm hinein zur Hochzeit, und die Tür ward verschlossen. Zuletzt kamen auch die anderen Jungfrauen und sprachen: Herr, Herr, tu uns auf! Er antwortete aber und sprach: Wahrlich, ich sage euch: Ich kenne euch nicht. Darum wachet; denn ihr wisset weder Tag noch Stunde, in welcher des Menschen Sohn kommen wird.* Das ist für die armenische Kirche ein Gleichnis von besonderer Bedeutung, denn die Mönche und die von ihnen betreuten Menschen lebten und leben in steter Erwartung des wiederkehrenden Herrn mit seinem Gericht und dem dann voll verwirklichten Reich Gottes. Dafür soll man stündlich gerüstet sein. Es ist eine deutliche Ermahnung, sich in seiner Lebensweise nach der Lehre Christi aus der Bergpredigt zu richten. Nur haben wir es auf der Darstellung nicht mit Jungfrauen, sondern mit je fünf Bärtigen zu beiden Seiten von Christi Thron zu tun. Vielleicht meinte der Künstler, sie seien passender für ein Männerkloster. Verständlicher wird es, wenn man statt jungfräulicher Lebensführung den Begriff Askese gebraucht, der für beide Geschlechter gilt.

So ist es möglich, dass wir hier fünf Weise und fünf Törichte sehen. Christus segnet die zu seiner Rechten als die wachsamen Mönche.

Über dem geräumigen Gavit erhebt sich ein aus zwölf Säulen gebildeter Glockenturm auf einer oktogonalen Basis, überdeckt mit einem gefälteten, steilen Dach. Wulstig umrahmte, geschweifte oder gebogte Fensteröffnungen, jede anders, und Kreuze, wohin das Auge blickt. Als Monolith aus einer Halbsäule herausgearbeitet, gibt es einen besonderen Chatschkar. Am unteren Rand, unter den vielen feinen Linien, Knospenenden und Ranken des Kreuzesstammes entdeckt man ein ganz schlicht gearbeitetes Mondgesicht und am oberen Ende das Antlitz Jesu: den neuen Adam über dem alten (s. Abb. S. 66).

An diesem Johanneskloster ist viel restauriert worden seit den letzten Erdbeben 1679 und 1918. Ein Kran rostete jahrzehntelang vor sich hin und gehörte beinahe ebenso zur Beschreibung wie die schöne Ostfassade mit ihren von Rauten umgebenen Ziergesimsen, die sich um die Fenster und die mit Blumenreliefs geschmückten Nischen ziehen. Dass das Kloster aber trotzdem von Gläubigen besucht wird, merkt man in der seitlichen, kleineren, der ältesten Kirche, wo die Johannesreliquie aufbewahrt und verehrt wird. Da ist wieder diese hochbeinige, sandgefüllte Blechwanne mit Kerzenstümpfen und neu entzündeten Lichtern, da stehen kleine Heiligen- und Jesusbilder nach dem Volksgeschmack auf einem Holztisch. Auch an einem Zeremonialvorhang fehlt es nicht. Hier ist es ein schwarz-weiß geblümter, dünner Kleiderstoff, nur von einem roten Geschenkband zusammengehalten. Über einer rußgeschwärzten Schreibnische endlich wieder der Ararat, diesmal noch in der Wasserwüste, dazu Noah mit weit geöffneten Armen, wie er die erste Taube aussendet. Naive Kunst zum Verlieben. Das alles sind anrührende Zeichen, wie der Glaube trotz seiner Unterdrückung während der siebzig Jahre dauernden Sowjetherrschaft, der Armut und dem Priestermangel überlebt hat. Nun lassen die die geordneten Außenanlagen darauf schließen, dass eine offizielle Wiedereinweihung des ganzen Klosters und allsonntägliche Messfeiern bevorstehen.

Eine alte Überlieferung berichtet vom Überfall Timur Lenks auf ein Kloster ähnlich klingenden Namens am Sewan-See. Einer Verwechslung der beiden verdanke ich dieses anrührende Gedicht Howhannes Thumanjans von 1912:

Die fünf Klugen und die fünf Törichten in Howanawank

Das Taubenkloster

Kam der glaubenlose Tamerlan aus Ländern unbekehrt,
Lenk-Temur kam über unser Land, es kamen Feuer und Schwert.
Und er trieb zusammen die Armenier, Kind und Mann und Weib,
Und umgab die Eingeschloßnen wie ein Riesenschlangenleib.
Ach, umlagert lagen sie am Ufer des Sewan-Sees dicht,
Mit den Sinnen, mit dem Geist in Gott vertieft und in sein Licht.
Sie beschworen stumm das Ewige mit den Sinnen, mit dem Geist,
Dort, wo heute das Howanna-Kloster noch den Himmel preist.
Schutzherr war der Bau und Glanz Armeniens: Howanna-wank!
Drinnen, kniend, lag der gute Prior auf der Beterbank,
Für die eigne Seele bittend, für sich selber, den Howan,
Für Getaufte, Ungetaufte, Volk auf gut und schlechter Bahn.
Doch als er der schwarzen Untat Lenk-Temurs und dessen Schar,
Als er, aus dem Kloster blickend, schlimmster Greuel ward gewahr,
Schäumte auf sein Herz wie Laub im Herbst, und bebend
  der Asket,
Hob der Greis sich mühsam hoch und unterbrach sein Bittgebet.
Und den Wanderstab in seine Hand nimmt er, die ihn kaum hält,
Und verdrossen, unzufrieden mit der Menschheit und der Welt,
Tritt er aus dem Kloster, ob der Störung des Gebets voll Gram –
Er bestieg die Wellenhügel schön türkisnen Sees und kam
Auf dem See einhergeschritten, grübelnd, murmelnd – alle sahn:
Trocknen Fußes über den Sewan
Auf den Wellenkämmen, in den Wellentälern durch den Schaum.
Temur auch sah es vom sichren Strand und wähnte sich im Traum.
Den Tatarenfürsten schlug Entsetzen, Neugierde in Bann,
Und es rief, es flehte den Prior der Übermannte an:
»Zürne uns nicht länger! Komm zurück, Howan, an sichern Strand!«
Und Howan, er, unser Vater, seinen Stab in magrer Hand,
Lenkte seine Schritte uferwärts: der Gütge kam zurück.
Lenk-Temur lief ihm entgegen, Fürst von Henkerbeil und Strick.
»Sag, was wünschest du, gerechter Alter, Stern des Heiligtums?
Unerhörte Schätze? Macht? Ein strahlend Leben hehren Ruhms?«
»Ach, die Schätze, die du hüten magst, und Ruhm, ich brauch
  sie nicht!
Ich begehr ein einzig Geschenk! Leiste auf mein Volk Verzicht!
Es soll gehn, wohin es gehen will, wie seine Wahl auch sei.
Es mag leben unter allen Sonnen dieser Welt, ganz frei –«
Also sprach der Mönch zum Räuber (wie mans später niederschrieb).
Er erhielt die Antwort: »Gut, du willst dein Volk! Mir sei es lieb!
Geh und bete, guter Greis, für mich!«
So sprach Lenk-Temur und wandte sich zum Heere und befahl:
»Man erlaß dem Volke der Armenier Peitsche, Beil und Pfahl!
Laßt dem Heilgen folgen in sein Kloster Mann und Weib und Kind!
Alle jene, die Howanna-wank, das Kloster, aufnimmt, sind
dank des heilgen Greises Wunsch begnadigt und vom Tod
  verschont!«
(Ach, nicht jedes Wunder wird auf dieser Welt so reich belohnt –)
Den Armeniern gab er barsch die Weisung: »Wer es wünscht,
  passier!«
Seht, die Menschen strömen in das Kloster durch die Seitentür,
Einer nach dem andern gehen die Gefangenen ohne Wort
Stund um Stund ins Kloster, hunderttausend mögen es bald sein.
Dennoch ist das Kloster immer noch nicht voll und ist so klein.
Der Tatarenfürst, erstaunt, befahl voll Neugier seinem Heer:
»Laßt sie frei! Die nächsten!« Er rief streng dem Posten zu:
  »Noch mehr!«
Und in langer Reihe zogen die Gefangenen aufs neu
In das Seitenpförtchen und verschwanden. (Ich erzähls getreu.)
Mehr als tausend mal eintausend gingen durch die Tür hinein.
Trotzdem ist das Kloster immer noch nicht voll und ist so klein!
Nicht noch stockte jener Menschenstrom, der Temur endlos schien,
Und zum drittenmal rief Lenk-Temur dem Heer zu: »Laßt sie ziehn!«
Und die Gruppen der Gefangenen schoben sich zum Kloster vor,
Und dann schritten sie und schritten Grupp um Gruppe durch
  das Tor,
Und kein einzger der Gefangnen blieb, kein Rest, nur Sand
  und Stein!
Doch das Kloster, immer noch war es nicht voll und ist so klein –
Lenk-Temur starrt auf den leeren Platz und fühlt sein Herz entsetzt.
Bin ich wach? Im Traum zu guter Letzt?
Ists Magie, die hier geschah?«
Eine Schar von Spähern schickt er in das Kloster. Siehe da!
Unser Vater, er, Howan, kniet betend ganz allein und zart,
Auf zum Himmel seinen Blick gerichtet und mit nassem Bart.
Alle, die der Prior aufzunehmen, zu erfreun gewußt,
Waren durch sein starkes Beten und durch Gottes Gnadenlust,
Denkt!, verwandelt, gurrten, blaue Tauben jetzt,
Von Howan durchs offne Fenster in den Himmel ausgesetzt,
Flügelten zu ihrer Heimat alle unterm Sonnenball!
Ach, Howanna-wank, Gemäuer am Sewan, heut im Zerfall!
Leere, stimmenlose Stätte! sagen in den Dörfern sie.
Und wer betet dort, gekrümmt das Knie?

Howhannes Tumanjan

Exkurs: Vom Olivenöl zum Heiligen Myron

Ausgehend von den Öllampen im Gleichnis der klugen und törichten Jungfrauen, ist es reizvoll, dem Symbolgehalt des schlichten Nahrungsmittels oder bei höchster, kalt gepresster Virgin-Qualität, der Delikatesse Olivenöl nachzuspüren. Fünf Kilogramm Oliven ergeben einen Liter, nur die ersten Umdrehungen der Presse aber ergeben das beste Öl.

Beinahe mit Ehrfurcht steht man vor einem jahrhundertealten, ausladenden, verwachsenen, knorrigen Olivenbaum. Kein Boden ist ihm zu karg oder zu steinig, Jahr für Jahr Früchte zu tragen. Man kann seine Lebenskraft spüren, vielleicht daraus schöpfen. Es ist gut zu verstehen, dass der Ölbaum in allen Mittelmeerkulturen geschützt, wenn nicht hoch verehrt wurde. Mit seinen schon jung ergrauten Blättern galt er von alters her bei Heiden und Christen als Sinnbild des ewigen Lebens. Und er steht für Leben, Überleben und Versöhnung, wenn wir an Noahs Taube mit dem Ölzweig im Schnabel als Friedensbotin denken. Das aus den Oliven gewonnene Öl wurde zum Zeichen des göttlichen Segens in vielen Religionen zur Salbung von Priestern und Königen verwendet: Christus heißt ja ›Gesalbter‹. Wenn die Öllampe in einer Kirche brennt, verströmt sie Licht und Wärme, eine Vorahnung auf Rettung und Heil. Bis heute wird das Salböl, das ›Chrisam‹ der Kirchen, aus Olivenöl und ›Spezereien‹ hergestellt.

In Armenien heißt es ›Myron‹, und es vereint bestes Olivenöl mit Auszügen aus 45 verschiedenen Duftpflanzen, Wurzeln und Kräutern. Jede(s) einzelne umgibt eine Aura von Heil und Segen, und nicht erst, seit Hildegard von Bingens Weisheit bei uns wieder bewusster wahrgenommen wird. Chandjian und Renhart benennen sie:

Mekkabalsam Commifora opobalsamum
Balsambaum Myroxylon balsamum
Gewürznelkenbaum Syzygium aromaticum
Muskatnußbaum Myristica fragrans
Kalmuswurzel Acorus calamus
Nardenähre Nardostachys jatamansi
Kubebenpfeffer Piper cubeba
Griechischer Bockshornklee Trigonella
    foenum-graecum
Chinesischer Zimt Cinnamomum cassia
Zimtbaum Cinnamomum zeylanicum
Weihrauch Boswellia carterii
Maton-Kardamom Elettaria cardamomum
Storaxbaum Styrax officinalis
Zitronellgras Cymbopogon nardus
Weißer Santal, Sandelholzbaum Santalum album
Jasminwasser Jasminum officinale, Liquidambar
    orientalis
Safran Crocus sativus
Majoran Origanum majorana
Kirschlorbeer Laurocerau officinalis
Zitronella-Gras Cymbopogon citratus
Nußgras, Knollen-Zyperngras Cyperus rotundus
Haselwurz Asarum europaeum
Kohlrose, Zentifolie, Provencerose Rosa centifolia
Echte Kamille Matricaria recutita
März-Veilchen, Wohlriechendes Veilchen
    Viola adorata
Lotosblume Nelumbo nucifera
Pomeranzenblüte, Bittere Orange
    Citrus aurantium
Schwarzer Pfeffer Piper nigrum
Lorbeerblatt Laurus nobilis
Limettenblüte, Süße Zitrone Citrus limetta
Myrtenblatt Myrtus communis
Ringelblume Calendula officinalis
Lorbeerbaum Laurus nobilis
Lack-Zistrose Cistus ladaniferus
Ingwer Zingiber officinale
Mastixstrauch Pistacia lentiscus
Adlerholzbaum Aquilaria agallochum
Mekkabalsam Commifora opobalsamum
Hibiskus Abelmoschus moschatus
Moschus Moschus moschiferus
Galbanum-Harz, Stinkasant Ferula assa-foetida
Deutsche Lilie, Schwertlilie Iris germanica
Süßholz, Lakritze Glycyrrhiza glabra
Pomeranze Citrus aurantium
Rosenwasser, Kohlrose Rosa centifolia

Steinalter Ölbaum

Das wunderbar duftende Myron-Öl wird durch den Segen des Katholikos zu einer den Heiligen Geist vermittelnden Gabe, aber ebenso die substanzielle Verbindung zu den allerersten Gläubigen Armeniens über die 1 700 Jahre hinweg, die seither ins Land gegangen sind. Lassen wir Hermann Goltz selbst die Zusammenhänge erklären: **Wenn sich der Vorrat des vom armenischen Katholikos geweihten Myrons nach einigen Jahren dem Ende zuneigt, wird das heilige Öl mit seinen vielfältigen edlen Ingredenzien am Sitz des Katholikos in Etschmiazin für Armenien und am Sitz des Katholikos des Großen Hauses von Kilikien in Antelias im Libanon für alle von ihnen geleiteten Bistümer neu zubereitet und geweiht. Das geschieht in der Regel alle sieben Jahre.**

Der 28. September 2008 war wieder das Datum einer Myronweihe, am ›Tag des heiligen Kreuzes von Varag‹, der Auffindung der Kreuzesreliquien auf dem Berg Varag am Van-See. Eine Vorbereitungszeit von einem halben Jahr war vorangegangen, organisatorische Probleme gab es zu lösen, die Unterbringung der Massen einfacher Pilger aus den weltweit verstreuten armenischen Gemeinden, der hohen Würdenträger der Bruderkirchen und die Spenden und den Transport der Spezialbehälter der mitunter von weither angereisten köstlichen Ingredienzien zu steuern. Vierzig Tage zuvor wurde in Etschmiadsin, auf dem Gelände des Patriarchen, der Myron-Kessel in dem der Geistlichkeit vorbehaltenen Raum vor dem Altar aufgestellt, für Gebete und besondere Psalmen, die bei Abend- und Abendmahlsgottesdiensten verlesen werden. In Etschmiadsin ist es ein bauchiges, auf vier zu Rollen gearbeiteten Füßen ruhendes Weihgefäß aus Musch (aus der

Gegend des Van-Sees, jetzt in Ostanatolien), im Stil des 19. Jahrhunderts stark verziert mit einer Abbildung des Gebäudekomplexes von Etschmiadsin, Kreuzen, Ornamenten und Henkeln, die in Schwingen münden. Der Deckel ist dem sechseckigen Tambour einer Kirche nachempfunden, mit einer Taube über dem Knauf, als Symbol der Herabkunft des Heiligen Geistes bei Christi Taufe im Jordan. In Antelias steht ein prachtvolles Weihgefäß aus Konstantinopel, 1817 angefertigt aus Neusilber und Messing: vergoldet, gegossen, getrieben, ziseliert, geprägt, verschraubt, ganze 127 Zentimeter hoch bei einem Durchmesser von 53 Zentimetern, allein der Deckel ist als Kreuzkuppelkirche gestaltet.

Bis heute ist das Verbinden der pflanzlichen Substanzen eine Zeremonie der Klosterbrüder von Etschmiadsin mit vielen Gebeten und Weihrauch, wenn sie sie zerkleinern, Weißwein und Rosenwasser und andere vegetabile Essenzen dazugeben.

Myronweihe mit der Handreliquie Grigor des Erleuchters

Das Mischen dauert drei Tage, den 14., 15. und 16. September, dann wird alles drei Tage lang gekocht, am 17., 18. und 19. September. Das wird am Hauptsitz des obersten Patriarchen, dem Zentrum der Armenisch-Apostolischen Kirche zelebriert. **Bei der Myronweihe wird stets ein Rest des alten Myron in den ›Myroni katsán‹ – den Myron-Kessel zu dem neuen Myron hinzugegossen. Mit diesem Rest wird das ursprüngliche Myron von Generation zu Generation weitergegeben, zwar in immer kleinerer Dosis, aber doch materiell und nie nur als rein abstrakte, immaterielle Idee. Wenn der armenische Katholikos heute mit der Rechten des Erleuchters das Myron segnet, ist es der Erleuchter, der das Myron durch die Zeiten segnet. Wenn der Katholikos heute mit der Rechten des Erleuchters das Volk segnet, so ist es der Erleuchter, der das Volk aller Zeiten segnet.** [Die Reliquie ist unsichtbar, gefasst in einen lebensgroß nachgebildeten Arm aus purem Gold.] **Es ist ein außerordentlich wichtiger Punkt im armenischen Bewußtsein, daß sich auch in dem heute geweihten Myron-Öl Partikel des uralten heiligen Öls finden, die eine direkte physische Verbindung zu den frühen Zeiten der armenischen Kirche darstellen. Daß der Mensch als ganzheitliche Existenz in seinem Fühlen und Denken wesentlich von seinem Körper bestimmt ist, dem entspricht in orientalischer Weisheit das duftende Öl des Geistes.**

Wenn zu diesem Feiertag Diaspora-Armenier aus aller Welt zum Sitz des geistlichen Oberhaupts der Armenisch-Apostolischen Kirche zusammenströmen, um möglichst nahe zu sein, wenn Seine Heiligkeit Katholikos Karekin II. die Weihehandlung vollzieht, denkt niemand mehr an die Grundsubstanzen. An diesem Tag dominiert der über alle Grenzen vereinende Geist des Myron: Einheit der Kirche und des armenischen Volkes über Zeit und Raum. Deshalb ist die silberne Myron-Taube auch ein Erkennungszeichen der Armenischen Kirche. Es wird von dem heiligen Öl hineingefüllt, und bei Segens- und Weihehandlungen fließt Tröpfchen um Tröpfchen aus dem beweglichen Schnabel **als Gabe des**

Heiligen Geistes in das zu segnende Wasser. Besonders eindrücklich erscheint die Myron-Taube in dem Gottesdienst der Großen Wasserweihe am 6. Januar, dem Fest der Erscheinung Gottes, das bei den Armeniern sowohl der Geburt Christi wie auch der Taufe Christi im Jordan gewidmet ist. Über dem Becken, dem ›Jordan‹ mit dem zu weihenden Wasser, erhebt der Zelebrant die silberne Taube, daß sie wie die Taube des Geistes über dem Jordan schwebt, und läßt die Tropfen des Heiligen Myron aus dem Schnabel der Taube in das Becken tropfen. Das so geheiligte Wasser des Geistes wird an die Gemeinde ausgeteilt. Zum Schluß des Gotteserscheinungsfestes haben die Gläubigen teil an dem durch das Myron geheiligten Jordanwasser: Die Gemeinde tritt an das Becken heran und trinkt andächtig von dem Wasser. Viele nehmen in Flaschen und Gefäßen das heilsame Wasser mit sich nach Hause.

Ich habe seine Verwendung erlebt, lange bevor ich um den tieferen Sinn wusste, bei einem Gottesdienst zur Wiederholung der Fußwaschung Christi an einem Gründonnerstag, am Tag vor seiner Kreuzigung. Ich übernehme auszugsweise meine eigenen Notizen, die ich mir an Ort und Stelle gemacht habe: »Gründonnerstag: Jesus wäscht den Aposteln die Füße. Mitleid und Barmherzigkeit bei uns, in Armenien Achtung vor dem Niedrigen. In der Pessachwoche bei den Juden ungesäuertes Brot, dazu Lesung des Auszugs aus Ägypten. Jesu Einzug in Jerusalem auf einem weißen Esel, einem dem König würdigen Tier. Dann das Pessachmahl, aus dem bei uns das Abendmahl wird. ›Großer Donnerstag‹ – Buße – Wandlung – Speisung.«

Der Gründonnerstag wird in den christlichen Kirchen seit 1 500 Jahren gefeiert. Es finden sich mehrere Deutungsansätze, wie es zur Vorsilbe ›Grün‹ für den fünften Tag der Karwoche gekommen ist: weil durch Buße und Vergebung der Sünden dürres Holz wieder grünes, lebendiges Holz der Kirche werden kann? Mancherorts schritten die Büßer in weißen Kleidern mit einem grünen Tuch über die Schulter zum Altar. Grün schlägt sich auch in Familien, in denen sonst nicht gefastet wird, in der Farbe der Mahlzeiten nieder. Ein grässlicher Tag in meiner Kindheit, denn es gab immer Spinat. – Oder ist an diesem besonderen, ernsten Tag ›grün‹ hergeleitet von ›grienen‹ oder ›greinen‹, weinen und trauern?

»Dann am Ölberg im Garten Gethsemane – gespenstisch nachts die alten, knorrigen Bäume des Olivenhains – die elf Jünger verlassen Jesus, Judas' Kuss als Erkennungszeichen für die Knechte des Hohenpriesters. Ehe der Hahn kräht: Petrus verleugnet dreimal Jesus zu kennen. Ministranten schwenken das Weihrauchfass, einzelne dumpfe Glockenschläge, Gebet des Schwarzgekleideten mit erhobenen Händen, Sänger stimmt die Liturgie an, Priester fällt ein. Mädchenchor stellt sich auf, lange messingfarbene Gewänder, goldene Schleier über dem Haar. Sänger singt aus Hymnenbuch, Priester spricht langen Text, endet mit »Amen« und Segen. Priester und Sänger bringen Eimer mit warmem Wasser zur roten Plastik-Waschwanne auf der Altarbühne. Priester beginnt die Wanne zu füllen, zeichnet ein Kreuz mit dem Strahl seiner silbernen [Kaffee-]Kanne, füllt weiter mit Eimern, neue Lesung, neue Bibel. Ich verstehe nur »Israel«. Es geht einige Zeit mit Wechselgesängen weiter … Priester betet gegen den Altar, endet mit »Hisus Christos«,

Fußwaschung und Salbung am Gründonnerstag

zeigt den Gläubigen sein silbernes Handkreuz, sie bekreuzigen sich, machen einen tiefen Knicks. [Das Kreuzeszeichen der Gemeinde ist eine Reaktion auf das Gehörte.] Hinabgestiegen in das Reich des Todes … [wird veranschaulicht durch Niederknien und das Berühren des Bodens.] Ein Stoß Frotteetücher wird durch die Sakristeitüre nach oben gebracht. Chor und Gemeinde singen »Halleluja«. Priester segnet das Waschwasser mit dem Kreuzeszeichen, indem er ein Handkreuz eintaucht, mehrfach, zeigt es der Gemeinde. Diakon und Ministranten nehmen nacheinander auf den Stuhl vor der Wanne Platz. Der Priester wäscht und trocknet, vor ihnen kniend, jeweils den rechten Fuß, gibt einen Tupfer heiliges Öl auf den Spann, klebt kreuzförmig zwei weiße Stückchen Pflaster darüber, die ihm gereicht werden. Jeder bedankt sich mit einem Handkuss, nur der Jüngste wird vom Diakon heruntergehoben und küsst nur das Vortragekreuz.«

In Antelias im Libanon habe ich diese Zeremonie mit kleinen Buben beobachtet, die sie wohl das erste Mal erlebt haben. Die Mutter oder Großmutter stellte den Fuß des Kindes auf das Brett, das über die Wanne gelegt war. Das war kalt und nass, und es gab schon deshalb jedes Mal von neuem ein fürchterliches Gebrüll. Wieder wurde nur das rechte Füßchen vom Priester mit Wasser benetzt und abgetrocknet. Das tat er ebenfalls vor den Kindern kniend mit einer weißen, derben Gummischürze vor dem Ornat. Mit dem Segen wurde ihnen ein myrongeweihtes Wattebäuschchen aufgelegt. Die Frauen hielten schützend die Hand darüber, um es ja nicht zu verlieren, wenn sie die Kleinen zu ihren Plätzen zurücktrugen. Zu Hause klärte mich meine armenische Freundin Naira auf. Da ist wieder Volksglaube im Spiel: Der Zellstoff, der kaum ein Jota des heiligen Myronöls enthält, darf niemals weggeworfen werden! Man gibt ihn vielmehr in die Gießkanne der Zimmerpflanzen, dann gedeihen sie das ganze Jahr hindurch besonders gut.

Die armenische Taufe

Beim Besichtigen einer dieser steinalten Kirchen trafen wir im Gavit auf eine Familie mit zahlreicher Verwandtschaft. Mittelpunkt war ein freundlicher, etwa ein halbes Jahr alter Junge, in eine warme, hellblaue Decke gepackt. »Ach, eine Taufe, aber kein Taufkleid?« – wie ich es bei der Eleganz der Gesellschaft erwartet hätte. Sie standen in langen Reihen. Zuerst trug die strahlende Großmutter den Kleinen auf dem Arm, dann übernahm ihn die Mutter und hielt ihn vor sich, flankiert von ihren beiden Großen im Schulalter mit langen, brennenden Kerzen. Der junge Priester, barhäuptig, im langen, schwarzen Umhang mit dicken Goldborten, stand mit dem Rücken zu ihnen davor und las aus einem heiligen Buch.

Auf einmal, auf ein Stichwort, vollzogen alle eine halbe Drehung. Naira flüsterte: »Exorzismus, dem alten Leben abschwören.« Ich blickte sie entsetzt an, und betrachtete die Szene etwas kritischer: Nein, alles schien weiter fromm und friedlich. Was im Einzelnen geschah, habe ich viel später erfahren: Erst nach einem vorbereitenden Unterricht durfte die kirchliche Handlung überhaupt vollzogen werden. Diese war schon vor der Kirchentür mit einem

Beginn der Taufzeremonie

Psalm eröffnet worden. Dann hatten sich alle in der Vorhalle gen Westen aufgestellt, dem Sonnenuntergang, dem Dunkel zu. Was aus dem heiligen Buch vorgelesen wurde, war ein anderer Exorzismus, als ihn die katholische Kirche gelegentlich noch immer betreibt. Er soll ausdrücken, daß es verschiedene Mächte gibt, auch böse, von denen man sich abwendet, denn Christus herrscht über allen: *Ihre Frucht wirst du umbringen vom Erdboden und ihren Samen von den Menschenkindern. Es folgte die Absage an Satan, ein Gebet, die bösen Geister zu beschwören, das Glaubensbekenntnis und der Tauf- oder Missionsbefehl Jesu wie in der lutherischen Tradition. Dieses *… und siehe, ich bin bei euch alle Tage bis an der Welt Ende ging mir diesmal besonders zu Herzen, wenn ich mir dieses kleine Menschenkind am Beginn eines vermutlich steinigeren Lebensweges als bei uns vorstellte. Danach wandte sich die ganze Taufgemeinde spontan gen Osten, zur aufgehenden Sonne, zum Licht der Auferstehung, dem Eingang des eigentlichen Kirchenraums zu.

Im Vorraum der Kirche, der ja dem Vorhof des Tempels entspricht, waren Ungläubige noch zugelassen, wie hier das ungetaufte Kind. Heute fragt man nicht mehr danach, wer die Kirchen besichtigt, aber für eine Zeremonie wie die Taufe wäre es nicht denkbar, dass sie in der eigentlichen Kirche vollzogen wird. Vielerorts gibt es separate Baptisterien. Die Taufe kann erst vierzig Tage nach der Geburt stattfinden, weil die Mutter vorher im Zustand der Unreinheit die Kirche nicht betreten dürfte. Paten wählt man aus der Verwandtschaft oder dem Freundeskreis. Aber auch wenn es nur Freunde wären, geistig Verwandte, ist es nicht gestattet, innerhalb der durch Patenschaft verbundenen Familien zu heiraten.

Der eigentliche Taufakt wird mit den Worten der Taufe Jesu im Jordan eingeleitet: *Zu der Zeit kam Jesus aus Galiläa an den Jordan zu Johannes, dass er sich von ihm taufen ließe. Aber Johannes wehrte ihm und sprach: Ich bedarf dessen, dass ich von dir getauft werde, und du kommst zu mir? Jesus aber antwortete und sprach zu ihm: Laß es jetzt geschehen! Denn so gebührt es uns, alle Gerechtigkeit zu erfüllen. Da ließ er's geschehen. Und als Jesus getauft war, stieg er alsbald herauf aus dem Wasser. Und siehe, da tat sich ihm der Himmel auf, und er sah den Geist Gottes wie eine Taube herabfahren und über sich kommen. Und siehe eine Stimme vom Himmel herab sprach: »Dies ist mein lieber Sohn, an dem ich Wohlgefallen habe.«

Das splitternackte Kind wird in dem kleinen, mit angewärmtem Wasser gefüllten Taufbecken drei Mal vollkommen untergetaucht. Dann wird es unter schönen, alten Segenssprüchen neun Mal mit dem heiligen Myronöl gesalbt, ihm die Gaben des Heiligen Geistes zur Mehrung und Stärkung des geistigen Lebens mitzuteilen.

Stirn: Die liebliche Salbung im Namen Jesu Christi ist ausgegossen auf dich als Siegel der unzerstörbaren Geistesgaben.

Augen: Das Siegel im Namen Jesu Christi erleuchte deine Augen, dass du nimmer schläfst zum Tode.

Ohren: Diese heilige Salbung sei auf dir zum Hören der göttlichen Gebote.

Nasenflügel: Dieses Siegel im Namen Jesu Christi sei auf dir ein lieblicher Duft vom Leben zum Leben.

Mund: Dieses Siegel im Namen Jesu Christi sei auf dir ein Wächter für deinen Mund und ein starkes Tor für deine Lippen.

Handflächen: Dieses Siegel im Namen Jesu Christi sei auf dir eine Ursache für gute Werke und für alles tugendhafte Tun und Wandeln.

Herz: Dieses göttliche Siegel schaffe in dir ein reines Herz und erneuere in dir einen aufrechten Geist.

Rücken: Dieses Siegel im Namen Christi sei auf dir ein Schild der Stärke, um aufzufangen all die feurigen Pfeile des bösen Feindes.

Füße: Dieses Siegel leite deine Schritte zu immerwährendem Leben, dass du nicht wanken mögest.

Die Zeremonie endet mit den Worten **Friede sei mit dir, du Erlöster Gottes; Friede sei mit dir, du Gesalbter Gottes**. Dann wird der Säugling von der Patin wieder angekleidet und bekommt das weiße, reine Taufkleid. Zum Abschluss wird das Abendmahl gefeiert. Mit einer weiteren Lesung und dem Segen wird die kleine Gemeinde entlassen. Eine lange Handlung, weil sie gleichzeitig Erstkommunion bzw. Konfirmation einschließt.

Aber ich hörte auch vom Volksglauben und westarmenischen Brauchtum: Getauft wird sonntags, aber dann darf das Kind bis zum dritten Tag, dem Dienstag nicht gebadet werden. Wenn die Spuren vom kostbaren Myron abgewaschen werden, das ist dann wieder ein Fest, zu dem die Freundinnen und weiblichen Verwandten der Mutter kommen. Sie gratulieren und werfen kleine Geschenke oder Goldmünzen ins Badewännchen. Aber sie haben auch Flaschen dabei, die sie mit dem Badewasser füllen, um es mit nach Hause zu nehmen. Sollte trotzdem etwas von diesem Hauch Myron übrig bleiben, dürfe es nie und nimmer auf den Boden oder in die Kanalisation gelangen. Man gießt es über die glühenden Kohlen, damit es mit dem Rauch wieder zum Himmel aufsteigt.

Im Gavit einer anderen Kirche habe ich eine anrührende, private, kleine Zeremonie beobachtet: Eine Schwangere war gekommen, für sich und das Ungeborene einen Segen zu empfangen. Sie standen am Taufbecken beisammen, eine einfache Frau, weder jung noch schön, und der Priester in vollem Ornat, das Gesicht halb von der schwarzen Kapuze verdeckt. Lange sprach er mit ihr. Schließlich kramte er aus den Falten seines Gewandes ein goldenes Kreuz an einem Kettchen hervor und weihte es, dass es sie begleite bis in ihre schwere Stunde.

Vor- und Frühchristliches im Kloster Mughni

Auch wenn der Bau dieser Kirche nicht in die chronologische Folge passt, was ich hier miterlebt habe, zeugt von der immer noch festen Verwurzelung in früheren religiösen Riten.

Dem Kasach von Jerewan nach Norden folgend, waren in Mughni der von Weitem sichtbare gelbschwarz gebänderte, runde Kirchturm und dann ein Giebel im Schachbrettmuster nur der Anfang der Besonderheiten. Hier wurde Tuff in verschiedenen Farben verarbeitet. Der Priester empfing uns am Tor der stattlichen Mauern. In Handschriften ist das Kloster als geistiges Zentrum schon 1278 und 1280 erwähnt. Die alte Sankt-Georgs-Kirche wurde allerdings während einer Blütezeit im 17. Jahrhundert abgerissen und durch die jetzige ersetzt, als Kreuzkuppelbasilika, versteht sich. In neuerer Zeit wurde sogar das Priesterseminar wieder eröffnet. Einfachen Geistlichen ist es erlaubt zu heiraten, doch wer höhere Weihen anstrebt, muss zölibatär leben. Um das Schachbrettmuster der Fassade besser aufs Bild zu bekommen, begab ich mich auf die Außentreppe eines Nebengebäudes. Da hatte ich dann aber doch das Gefühl, mich vom christlichen Zentrum zu entfernen: Zwei Männer zerrten ein ausgewachsenes Schaf rund um die Kirche, eine alte, schon etwas gebückte Frau marschierte hinterdrein. Bei der zweiten und dritten Runde hatte das Tier halbwegs begriffen, was verlangt war, und ging williger, während ich sinnierte: »Opferlamm oder Sündenbock? – Wenn das mal nur ein gutes Ende nimmt!«

Im Kirchenschiff tragen vier mächtige Pfeiler, die für die vier Evangelisten stehen den Tambour, über

Kloster Mughni

dem sich die Kuppel erhebt, das Himmlische. Zwölf Fenster symbolisieren wieder die zwölf Apostel oder zwölf Stämme Israels. Hinter dem Altar eine Art Ikonostase, eine Trennwand zum Allerheiligsten mit drei Durchlässen, ein Marienbild im mittleren, der breite Altartisch davor. Im vorderen Bereich Reste von Fresken von Heiligen und Kirchenvätern. Nach der Überlieferung wurde die sterbliche Hülle des Heiligen Georg unter einer Grabplatte in der Kapelle rechts des Altars gefunden, wo die kostbare Reliquie auch aufbewahrt und verehrt wird. Das Kloster in Mughni wurde so zu einer beliebten Pilgerstätte.

Am Altar wurden die Kerzen entzündet. Der Priester erschien im vollen Ornat, einem kostbaren rot-golden gemusterten Brokatmantel. Ihm folgten zwei Diakone mit Fahnen und Weihrauchfässern und Ministranten in schwerer weißer, golddurchwirkter Seide, die roten Sättel golden mit Kreuzen bestickt, mit Flagellumstäben. Dazu gesellte sich ein Sänger in einer schlichten, schwarzen Kutte, auffallend nur seine langen, wallenden Haare. Es wurde eine Zeremonie mit viel Wohlgeruch, liturgischen Gesängen, Lesung und Gebeten, alles in der Kirchensprache, altarmenisch. Eine kleine Gruppe von Gläubigen trat vor und wurde gesondert gesegnet. Dann schlossen wir uns der Prozession in die

Prozession durch die Vorhalle von Kloster Mughni

119

Vorhalle an. Wolken von Weihrauch und fromme Gesänge zogen himmelwärts.

Was hatten wir da eigentlich erlebt? Es war tatsächlich ein Tieropfer, ›Matagh‹ genannt. In der armenischen Kirche wird mitunter eine Verknüpfung von frühchristlichem und überkommenem, heidnischem Brauchtum gepflegt, das von Grigor dem Erleuchter übernommen worden sein soll. Zu wichtigen christlichen Feiern, besonders an Ostern, bei Taufen oder Hochzeiten, oder wenn es Anlass gibt, für etwas Besonderes, schier Wunderähnliches zu danken, werden Schafe, aber auch Kleinvieh wie Hühner und Tauben vor der Kirche geopfert. ›Matagh‹ bedeutet eigentlich Opferlamm. Das Tier sollte zunächst dreimal um die Kirche getragen werden, dann segnet es der Priester und gibt ihm Salz ins Maul. Der Segen wird eigentlich dem Salz erteilt. Salz war vormals etwas besonders Kostbares, Wichtiges und Wertvolles zum Leben. Bei der Zeremonie, die wir in der kleinen Andacht miterlebt hatten, wurde ebenfalls Salz geweiht. Früher wurden noch etliche andere Speisen gesegnet.

Das Ohr des Lammes wird etwas geritzt, und mit dem Blut werden denen Kreuze auf die Stirn gezeichnet, die um den Segen für den besonderen Anlass bitten. Jetzt ist nur zu beachten, dass das Tier in der Nähe der Kirche rasch geschlachtet und im Kessel zubereitet wird, nur mit gesegnetem Salz (nie und nimmer auf dem Grill). Dafür sind sogenannte Opfersteine und Picknickplätze vorhanden. Eine Ehre bedeutet es, zu diesem Festmahl eingeladen zu werden, denn die Familie ist verpflichtet zu teilen. Das Fleisch darf aber auch nach Hause mitgenommen werden, um es an sozial Schwache abzugeben. Aber immer wird das meiste verschenkt, denn sonst wäre es kein Opfer.

Solchermaßen aufgeklärt ging ich prüfend der Nase nach, ob es schon irgendwo gut röche. An der Ecke der Kirche traf ich auf die ganze ländliche Verwandtschaft. Sie hatten einen Fotostopp zu einem Familienbild eingelegt: Die Urgroßmutter, die Sponsorin anscheinend, die die Kirche mit umrundet hatte, die Großmutter, jüngere Leute, ein paar Kinder und die Hauptperson, ein kleines Mädchen, noch etwas wackelig auf den Beinen, rosa herausgeputzt. Das Schaf zuvörderst, nun mit einer dicken rosa Schleife um den Hals, erfreute sich noch seines Lebens.

Weit verbreitet ist das Fasten als Ausdruck der Frömmigkeit. Im Prinzip ist jeder Mittwoch und jeder Freitag ein Fasttag, wohl mehr für die Gläubigen, die bereit sind, ihn einzuhalten. Nur pflanzliche Produkte sind erlaubt, kein Fleisch, kein Fisch, keine Eier oder Milchprodukte. Das große 42- oder 49-tägige Fasten wird vor Ostern praktiziert. An den ersten fünf Tagen jeder Fastenwoche ist dies streng vorgeschrieben, wenn es körperlich zugemutet werden kann. Solches gilt auch für das 42- bzw. 48-tägige Fasten in der Adventszeit. In den insgesamt 158 Fastentagen jährlich sind die 115 bis 117 sogenannten ›kirchlichen Fasttage‹ eingeschlossen, an denen in der Kirche Buß- oder Fastengottesdienste gefeiert werden.

Tieropfer

Exkurs: Armenisches Brauchtum

Wir sollten hier auch zu Mittag essen. Ob wir mal beim Brotbacken zuschauen möchten? In einer Hütte am hintersten Ende des Klostergrundstücks waren drei Frauen damit beschäftigt, auf und unter der Erde: Adrett sahen sie aus in ihren Sonntagskleidern, die älteste im langen, schwarz-weiß Geblümten mit der gestickten Küchenschürze, städtisch elegant die jüngeren. Aus einer Riesenschüssel wurde leicht gesalzener, hoch aufgegangener Hefeteig auf ein nur zwanzig Zentimeter hohes, rundes Tischchen geleert. Die Frauen arbeiteten in der Hocke. Die Alte schnitt einen Kranz ab und teilte ihn in Segmente. Daraus formte sie Klöße, die sie auf dem Tischchen blitzdünn oval auf eine Breite von etwa fünfzig Zentimetern und beinahe einen Meter Länge ausrollte. Dann legte sie den Teig auf ein ebenso langes, gepolstertes Bänkchen. Wie sie das machte, ohne dass er ihr zerriss! Hierzulande gibt es eine andere Art Backofen. ›Tonir‹ heißt die unterirdische, gemauerte Röhre, der über ein Rohr Frischluft in den unteren Bereich zugeführt wird, wo das Feuer brennt. Die Holzasche wird ausgeräumt, sobald die nötige Hitze erreicht ist, die dann lange vorhält. Das Holzbänkchen wurde in das Rohr eingeführt und die Teigplatte an die heiße Wand geklatscht, wo sie kleben blieb. In kürzester Zeit war wieder ein ›Lawasch‹ fertig, teils knusprig durchgebacken, teils noch etwas zäh. Eine schweißtreibende Angelegenheit war das. Aber die Frauen waren einiges an Temperaturen gewöhnt; sie holten das Brot sogar mit bloßen Händen heraus. Wie das duftete – unwiderstehlich! Zum Abkühlen lagen die Fladen auf einer sauberen Decke am Boden. Die Frauen luden uns ein, davon zu naschen, sie freuten sich, wenn sie sahen, wie uns ihr Lawasch schmeckte. Dazu gab es Buttermilch, frisch aus dem Butterfass. Dieser längliche Tonkrug mit einer Öffnung oben hing an Seilen von der Decke und

Vorbereiten des Brotteigs auf einem niederen Tischchen

Backen der Brotfladen im ›Tonir‹, der versenkten Bratröhre

wurde zur Herstellung von Butter einfach hin und her geschaukelt.

Der Tonir, der Erdofen, gewann anscheinend seine einstige Bedeutung als Anbetungsstätte für die Feuerverehrung zurück, wenn man hört, dass eine Trauung auch dort vollzogen werden konnte, wenn es an einer Kirche fehlte. Der Volksglaube bewahrt noch andere Elemente aus dem Feuerkult in der Verehrung des unverlöschlichen Herdfeuers oder aus dem des Wassers: Wer für längere Zeit sein Heim verlassen muss, zum Studium oder zum Wehrdienst in die Ferne zieht, hinter dem wird Wasser vergossen.

Schon wieder wurden wir erwartet. Eine Kinder-Gesangs- und Tanzgruppe hatte uns zu Ehren die Generalprobe für eine Aufführung am Pfingstwochenende auf heute und hierher in den Klostergarten verlegt. Nun saßen sie alle dreißig in ihren schönen, aufwändig gearbeiteten Kostümen auf einem Mäuerchen aufgereiht, wie Schwalben vor ihrem Start in den Süden. Je nach Alter waren sie unterschiedlich gekleidet – lange, türkisblaue Röcke die größeren Mädchen, die jüngeren kurze, dafür eine dunkelrote, goldbestickte Samtschürze darüber, weiße Strümpfe und Schuhe. In gleicher Farbe und Verzierung die kurzärmlige Samtjacke über der langärmligen Bluse. Die langen Haare waren zu einem Zopf geflochten oder zu einem Knoten im Nacken gesteckt, darüber ein besticktes, rundes Barett in die Stirn gerückt. Die Buben trugen blaue, bestickte

Kittel mit Schärpe über schwarzen, langen Hosen und wie die Mädchen kurze Jacken über langärmligen Hemden. Der langhaarige Sänger aus der Kirche schien auch hier den Ton anzugeben. Er führte den Zug an.

Wie das klang! So jung die Kinder waren, hatten sie schon eine Gesangsausbildung, hatten Stimmbildung genossen, waren ein hervorragend geschulter Chor. Die Harmonien und Rhythmen waren anders als bei uns, ein bisschen melancholisch, ein bisschen orientalisch, nicht einzuordnen, fremdartig schön. Ein paar Musiker mit vielerlei Flöten und großen Trommeln warteten, dass der Volkstanz begann: gut studierte Schrittfolgen. Nett und graziös bewegten sich die Mädchen, flink reagierten die Buben. Laut spielte die Musik mit Duduk und Dam, den hölzernen Blasinstrumenten mit dem schwermütig-nasalen Klang, heftig feuerten die Trommeln an. Die Mütter beobachteten voll Stolz die Szene. Es endete, wie es enden musste – die Kinder holten uns zum Mittanzen. Wir mussten nur die einfacheren Schritte lernen, schwierig genug. Limonade für die kleinen Akteure, Blumen für uns. Schulkameraden, die sich als Zaungäste eingeschlichen hatten, hatten sie organisiert, wahrscheinlich aus den Rabatten an der Vorderseite des Klosters. Dann gab es noch an einer langen Tafel im Schatten der Obstbäume richtige Hausmannskost, wie man sie im Ararat-Tal seit Urzeiten liebt, dazu das köstliche armenische Bier, das ja auch eine urartäische Erfindung sein soll. Davon schreibt schon Xenophon, ein griechischer Schriftsteller im 4. Jahrhundert vor Christus, ein Schüler des großen Sokrates.

Tanz- und Gesangsgruppe von Kloster Mughni

Die Inselklöster am Sewan-See

»Der Himmel fiel auf das Land, und es entstand der Sewan-See«, so will es die Legende. Es ist das einzige große Gewässer, das Ostarmenien geblieben ist, etwas nordöstlich von Jerewan. Auf 2000 Metern Höhe ist er einer der höchstgelegenen Seen der Welt, tief eingebettet zwischen die umgebenden Hochgebirge. Allein das Geghama-Gebirge hat zwanzig erloschene vulkanische Gipfel. Der Binnensee war einmal dreimal so groß wie unser ›Schwäbisches Meer‹, 272 Kilometer lang und 36 Kilometer breit, bei einer Tiefe von maximal 100 Metern der kleinere nördliche Teil und fünfzig Metern der große, breite im Süden. Lavamassen haben dieses Becken geschaffen. Der See wird von dreißig Flüssen gespeist, aber gebiert nur einen, den Hrasdan. Doch dieser wurde rücksichtslos zur Energiegewinnung und für Bewässerungsanlagen ausgebeutet, sodass der Wasserspiegel des Sees um neunzehn Meter gesunken ist. So sind in Ltschaschen Zeugnisse aus der Bronzezeit aus dem Uferschlamm aufgetaucht. Im Historischen Museum von Jerewan kann man zusammen mit anderen Fundstücken sogar zwei vierrädrige Wagen bestaunen.

»Fahren wir zum Meer«, heißt es in Armenien. Die Strände sind breit geworden, und an den Sommerwochenenden herrscht ein Leben wie an den Lidos Italiens. Während der Saison wird Picknick-Proviant in Massen die Straßen entlang angeboten, tot oder lebendig. Ganze Herden von Schafen verstopfen die Straßen, sodass sich der Verkehr nur noch einspurig voranbewegen kann. Ein erfrischendes Bad war vorgesehen, wir bekamen es in Form eines anständigen Graupelschauers auf den hundert Stufen hinauf zu den Inselklöstern aus dem 9. Jahrhundert, die jetzt auf Halbinseln trockenen Fußes zu erreichen sind ... wären.

In der zweiten Hälfte des 9. Jahrhunderts hatte die Prinzessin Sjunik Mariam, die Tochter von Anis erstem König Aschot dem Bagratiden und Gemahlin des Prinzen Vasak von Sjunik, für den Katholikos Maschtoz drei Kirchen auf der Insel des Sewan-Sees gestiftet. Eigentlicher Klostergründer war Grigor der Erleuchter. Nach der Überlieferung soll er selbst ein Kreuz aufgestellt haben, an dessen Stelle im 4. Jahrhundert die erste Kapelle entstand. Kreuzkuppelkirchen sind die beiden bestehenden, von der dritten, der größten, sind nur noch die Grundmauern vorhanden. Auf der höchsten Erhebung des Bergrückens stehen sie in beinahe gleichen Abständen voneinander, durch Wege verbunden. Vormals sei das Kloster sehr reich gewesen; es habe vierzig Ortschaften besessen. Trotzdem sehen sie schlicht aus, die über tausendjährigen Andachtsstätten aus roh behauenen, fast schwarzen Quadern, die bei ihrer Restaurierung während der sowjetischen Zeit unschön weiß verfugt wurden.

Streng wie das Klima hier sind die Menschen, herb in ihrer Art. Moritz Wagner, 1813 in Bayreuth geboren, ein welterfahrener Geograph, dessen Reiseberichte seinerzeit verschlungen wurden, beschreibt ebenso erschüttert wie angewidert in seinem Buch »Reise nach dem Ararat und dem Hochland Armenien« die Situation, die er bei seinem Besuch 1848 vorfand:

Acht Monate des Jahres ist die ganze Landschaft umher in Eis und Schnee begraben, frostige Winde sausen von den Alpengipfeln herab und erzeugen durch ihr Entgegentreten über dem Goktschai-Kessel [früherer Name für Sewan] eigenthümliche Sturmwirbel, welche die tiefe Fluth des Sees furchtbar aufwühlen, mit ungestümer Brandung gegen die Insel donnern und den eiskalten Schaum der Wogen bis an die Klostermauern spritzen. Die Maisonne bringt wohl Blumen und Weide, aber weder

Busch noch Baum schmückt sie mit jungem Grün. Die Goktschai=Berge sind kahl und selbst am Seestrand im allgemeinen ist keine Spur von Bäumen ... Nie wärmt die Sewan=Mönche ein lustiges Holzfeuer im langen Winter; nur die kleine und stinkende Flamme getrockneten Kuhmistes dient zum Kochmaterial. In der Zelle stopft dann jeder sein Fensterchen zu, zieht die schwarze Kutte enger zusammen und hüllt sich frierend in die zerlumpten Decken, während die kalten Weihnachtsstürme über den See hintoben ... Wie es wohl in der Blütezeit zuging, als sich hier die geistige Elite zusammengefunden hatte?

Die Apostelkirche im Nordosten ist der älteste Bau. Südöstlich davon liegt die wesentlich größere Muttergotteskirche, mit dem von Meister Trdat signierten Kreuzstein, der so rätselhaft schön ist, dass ich ihm ein eigenes Kapitel widmen möchte (s. S. 126). Die Kirchen besaßen einst geschnitzte Holztüren aus dem 12. und 15. Jahrhundert, die im Historischen Museum in Jerewan die Zeiten überdauern. Die ältere, mit Sternen und Arabesken verziert, wurde als Kopie wieder angebracht. Die andere, mit der Signatur des Bildhauers Abraham und der Jahreszahl 1486, ist wesentlich kunstvoller. Im oberen Teil thront Christus, von den Symbolen der vier Evangelisten umgeben. Darunter das Kreuz auf einem Hügel, das von Maria, dem Evangelisten Johannes auf der einen, dem Täufer und einem weiteren Heiligen auf der anderen Seite, angebetet wird. Das Pfingstwunder ist das Thema der folgenden Zone – eine herabstürzende Taube, der Heilige Geist, der sich in Strahlen auf die zwölf Apostel ergießt, nach unten aber auch auf den König mit seiner Krone. Priester, stehend und kniend, huldigen ihm – ein selbstbewusstes Glaubensbekenntnis des Auftraggebers!

Beim Heraustreten eitel Sonnenschein – der See strahlte doppelt so blau, saftig grün die Wiesen, flammend rot der Mohn. Die Chatschkare an den schwarzen Basaltmauern des Kloster-Vorhofes leuchteten frisch gewaschen, wunderschön, aufgereiht wie in einer Verkaufsausstellung ...

Die Schönheit und der Friede der Natur hatten seinerzeit sogar meinen griesgrämigen Landsmann Moritz Wagner bezaubert, der auf seiner ganzen Reise die Kirchen als leer und finster beschrieb, und die Kunst der Chatschkare mit keiner Silbe erwähnte: **Die Maisonne leuchtete prächtig und wärmte gar lieblich vom lichtblauen Alpenhorizont Armeniens auf all' die beschneiten Riesenberge und deren buntgemischte Bewohnerschaft herunter. Lustig klang der Wachtelschlag aus den bethauten Bergkräutern, der Rosenstaar hüpfte mit den anmutigsten Bewegungen über die Kryptogamendecke der Trachytfelsen, Möven, Kormorane, graue Reiher schwebten über die Goktschauufern nach Fischlein und Fröschlein spähend, und krächzten vergnügt wenn es ihnen gelang, ihre feuchte Beute aus dem See zu haschen; der Falke, der Seeadler segelten in der höhern Region mit ruhigem majestätischem Fluge kaum die Schwingen bewegend, und aus den höchsten Lüften, den weißen Gipfeln nahe, trillerten Alpenlerchen ihre Morgengrüße. Der Armenier der zu Christus und dem heiligen Grigor betet, der Tatar der sich nach Mekka wendet, der Jeside welcher den Dämon verehrt, sie schüttelten alle mit demselben Gefühl des Behagens ihre Glieder im Sonnenschein und freuten**

Sammlung von Chatschkaren an den Sewan-Klöstern

Sewan-Klöster

sich insgesamt der wohlthuenden Himmelswärme, die gewöhnlich sehr spät sich einstellt in ihrem Vaterland.
Er hätte mehr verstanden, hätte er einmal eines der Sonnengebete voller Licht über den neu anbrechenden Tag miterlebt, wie das von Nerses Schnorhali (s. S. 172 f.), der im 12. Jahrhundert eine alte Tradition wieder aufnahm. Heute noch erklingt diese Hymne zu früher Morgenstunde in armenischen Kirchen:

Licht, Schöpfer des Lichts, erstes Licht,
Der Du ein unerreichbares Licht bewohnst,
Oh himmlischer Vater, gepriesen
von den Gesängen der Wesen des Lichts,
Wenn das Licht des Morgengrauens hervorbricht,
Laß erwachen in unseren Seelen
das Licht deines Geistes.

Neres Schnorhali, 12. Jahrhundert

So singt der Mönch mit hoch zum Himmel erhobenen Armen, ruhig und feierlich, während die ersten Strahlen der Morgensonne die dicken, alten Mauern der Kirche berühren, erleuchten – und die Herzen der Menschen.
Es scheint tatsächlich eine windige Ecke zu sein. Als wir ein andermal einen Bootsausflug geplant hatten, erhob sich ein Sturm. Dafür habe ich die Fische des Sees in guter Erinnerung, frisch vom Grill des kleinen Restaurants am Strand.

Ein Juwel unter den Chatschkaren

Nicht, dass der Kreuzstein etwa beleuchtet wäre – die Augen mussten sich erst an das spärliche Licht der Apostelkirche gewöhnen, in der er an der linken Seitenwand vor dem Altar aufgestellt ist. Aber von einem der berühmten Bildhauer des 17. Jahrhunderts, Meister Trdat, stammt dieser Chatschkar. Es ist wieder einer der wenigen mit figürlichen Darstellungen; hier ist es ein ganzer Bilderzyklus. Unter einem Bogen der Mittelpunkt: ein großes, in Knospen endendes Kreuz in der ganzen Breite von Jesu Gestalt. Wieder ist er als Sieger dargestellt. Es wirkt, als stünde er vor dem Kreuz, die Hände nicht mit Nägeln angeheftet, sondern betend erhoben. In den beiden wesentlich kleineren Figuren, die rechts und links unter dem Kreuz knien und flehend die Arme nach ihm strecken, würden bei uns die Stifterpersönlichkeiten verewigt sein, hierzulande sind es lediglich Betende.

Nach den Motiven des rechten Randstreifens – Maria mit ihrem fest ins Steckkissen gebundenen Wickelkind, Ochs und Esel im Gespräch auf Stühlen sitzend unter der Krippe, und den Heiligen Drei Königen mit Kreuzen auf ihren Kronen – wuchsen die Anforderungen, das große Raten begann. Mit unseren Experten, hoher Geistlichkeit und mehr oder weniger Bibelfesten mit umso blühenderer Phantasie, gingen wir mit vereinten Kräften ans Werk, unterstützt von einer Funzel von Taschenlampe oder gelegentlich einem Blitzlicht.

Seite 126 und 127
Chatschkar der Apostelkirche am Sewan-See
mit Detailaufnahmen

Den Königen gegenüber drei menschliche Antlitze – keinerlei Symbole, die auf Propheten schließen ließen – die Hirten vielleicht? Ein Menschlein mit einem Esel an einem Wiegebalken – ist das Jüngste Gericht gemeint?

Die obere Reihe: Ein rundes Gesicht umgeben von sieben kleineren, rechte oder linke Hände, die Flöten an die Lippen führen, Engelsflügel dazwischen. Wir einigen uns auf Gottvater inmitten seines Hofstaates, der Cherubim und Seraphim und der himmlischen Musik. Im Zentrum wieder ein verschlungenes Kreuz als Mittelpunkt des Kosmos, denn es steht zwischen Sonne und Mond. Schließlich im rechten Feld der Pantokrator inmitten der vier Evangelisten – symbolisch dargestellt sind Markus durch den Löwen, Johannes durch den Adler, Lukas durch den Stier und Matthäus durch den Engel, das menschliche Antlitz. In dem Feld unter dem Kruzifixus tut sich die Unterwelt auf, schwarz verrußt. **Hinab gestiegen in das Reich des Todes** ist er, Jesus Christus, nicht nur an seiner merkwürdigen Haartracht wiederzuerkennen, an seinen auswärts schwingenden, über den Ohren gebundenen Schillerlocken und dem Spitzbart, sondern auch an dem Rebstock mit Trauben, den er sich zum Gleichnis wählte: *Ich bin der Weinstock, ihr seid die Reben ...* In seiner Linken hält er das Richtschwert mit einem kreuzförmigen Griff und knospenden Enden. **Am dritten Tage wieder auferstanden von den Toten,** erzählt das Bild weiter. Mit seiner rechten Hand hat er Adams Handgelenk gepackt, um ihn aus dem Sumpf seiner Verderbnis, aus der Pein von Schlangen und Vishaps, den Drachenungeheuern zu reißen. Adam seinerseits hat die Hand Evas ergriffen, damit auch sie gerettet werde. Dass sie es ist, wird immer und überall mit einer winzigen Geste angedeutet. Seit dem Sündenfall ist sie sich ihrer Nacktheit bewusst, deshalb bedeckt sie mit ihrer freien Hand die Scham.

Die Kathedrale von Odsun

Die Straße auf dem Hochplateau über dem Debed führt zunächst in Odsun zum Denkmal des großen Sohnes dieser Ortschaft, des Bischofs über drei Gemeinden und späteren Katholikos, Hovhannes Odsnezi. Eine der schillerndsten Persönlichkeiten der armenischen Kirche wird er genannt. Auch er war wie viele andere Katholikoi ein Multitalent, ein Begnadeter, der als Heiliger verehrt wird, mit dem 17. April als besonderem Gedenktag. Er war Liturgiewissenschaftler, und dass er Hymnen dichtete, versteht sich von selbst. Er gilt als der Kirchenreformator des 8. Jahrhunderts, ein wichtiger Kirchenrechtler, der von 720 an am ersten Kirchenrechtsbuch der Armenier arbeitete. Aber er war auch ein mächtiger Gegner der Beschlüsse des Konzils von Chalcedon, der Zweinaturenlehre Christi. Wer sich dieser anschloss, galt als Häretiker, womit der armenische Kirchenvater weniger seine tiefe Abneigung gegen theologische Unterschiede, als gegen den Herrschaftsanspruch der Byzantiner ausdrückte. Doch war ihm die Gabe der Diplomatie verliehen; er war der rechte Mann zur rechten Zeit.
Ein paar Sätze zur Vorgeschichte: Katholikos Sahak III. (reg. 677–703), als Geisel des Kalifen Abd-el-Malik (685–705) in Damaskus, hatte bei dessen Bruder Mohammed, dem Gouverneur von Armenien, die Bitte um Frieden und religiöse Freiheit vortragen können. Aber dieser Mohammed war ein gefährlicher Widersacher. Bei seinem Raubzug im Jahre 701 hatte er eigenhändig Klöster gebrandschatzt. Sahak erlebte es nicht mehr, aber vor seiner Bahre gab Mohammed das Zugeständnis, dass der jeweilige Katholikos als Oberhaupt der Armenier seitens des Kalifen offiziell anerkannt wurde, für Volk und Kirche zu handeln hatte, und als verantwortlicher Ansprechpartner des Kalifen galt. Es war ein Friede von kurzer Dauer. Denn bereits unter dem nächsten Kalifen Al-Walid (reg. 705–715) lockte Mohammed sämtliche armenische Prinzen in Kirchen, sperrte sie ein und ließ sie verbrennen. Viele der Adelsfamilien nahm er gefangen.
Mit den Waffen des Geistes gelang es Hovhannes Odsnezi, einem gebildeten Philosophen – als Katholikos Hovhannes III. regierte er von 717 bis 728 – in langen Gesprächen diesem Kalifen Al-Walid einen tiefen Eindruck vom christlichen Glauben der Armenier zu vermitteln. Die Gefangenen kamen frei, den Kirchen und Geistlichen blieben die Steuern erlassen, freie Religionsausübung wurde zugesichert.
Es mag wohl einen Vorläuferbau aus der Mitte des 6. Jahrhunderts an dieser Stelle gegeben haben, doch wird die dreischiffige Kathedrale Hovhannes Odsnezi als Stifter zugeschrieben und dem Jahr 720. Keine Klosteranlage diesmal, nur ein einziges, aber monumentales Gebäude steht umfriedet auf einem riesigen, freien Areal mit einigen verstreuten Grabstätten von Mönchen oder Einsiedlern. Ein querliegendes Satteldach verleiht in Verbindung mit dem anderen über dem Mittelschiff die klar erkennbare Kreuzesform. Mit ihren Ausmaßen von 21 Metern Breite bei 32 Metern Länge rangiert sie bei Strzygowski unter dem Begriff ›Kreuzkuppelbasilika‹. Die beiden Türmchen zum Abschluss der Ostfassade und einzelne nachträglich angebrachte Ornamente sind Bausünden des 19. Jahrhunderts.
Beim Eintreten war ich überrascht von der Höhe und der unterschiedlich hellen, natürlichen Belichtung der verschiedenen Zonen. In der Mitte des langgestreckten Gebäudes streben vier starke Pfeiler nach oben, den achteckigen Tambour und die sechzehneckige Kuppel zu tragen. Die wenigen Fenster

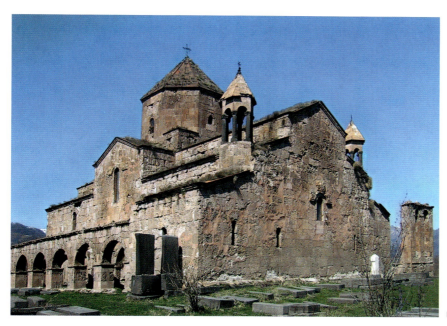

Kathedrale von Odsun

der Außenwände, der niedrigen, sehr schmalen Seitenschiffe und der Fassaden erhellen mit mildem Licht den Raum. Am schönsten, am hellsten ist es unter der Fenstertrommel der Kuppelzone, in der die Fenster axial angeordnet sind, sodass das Licht räumlich gestaltend wirkt.

Bemerkenswert ist in der Taufnische der Nordwand das Relief einer Madonna mit Kind, bei dem Maria mit ihrer Rechten auf das Jesuskind weist. Drucke nach dem Geschmack der Gläubigen geben Zeugnis, dass das Gotteshaus jetzt wieder von der Gemeinde besucht wird. Eine Besonderheit dagegen sind die beiden angesetzten Arkaden entlang der Längsschiffe, Wandelgänge – Vorläufer unseres Kreuzgangs? Dieses Motiv als Aquarell mit wunderschönem Licht- und Schattenspiel habe ich mir mitgebracht. Entdeckt habe ich es, als wir in ein Privathaus zum Mittagessen einkehrten, und der Hausherr, ein Künstler, uns danach in sein Atelier einlud.

Ein Gedenkmonument, etwas entfernt von der Nordseite der Basilika, stammt aus der Mitte des 6. Jahrhunderts. Es ist eine imposante, schlanke Dreipfeiler-Komposition auf einem siebenstufigen Podium. Unter den verbindenden Bögen geben zwei vier Meter hohe Stelen, aus einem Block feinkörnigem, grünlichem Felstuffstein herausgemeißelt, einige Rätsel auf. Erst wenn man es weiß, und sich sehr darauf konzentriert, erkennt man auf deren Vorderseiten in den figürlichen Darstellungen die wichtigsten Geschichten des Christentums (Verkündigung, Geburt, Madonna mit Kind, Taufe, usw.) und seiner Verbreitung in Armenien (Trdat III. mit Eberkopf). Die den Pfeilern zugewandten Seiten schmücken Pflanzen- und geometrische Ornamente.

5 Das Königreich Ani, heute Ostanatolien

Von der Krone zum Turban

Wie war die politische Situation, ehe es zur Gründung des Königreiches Ani kam?
Die Armenier hatten schon immer einen schweren Stand. Außenstehende wie Tacitus, der römische Historiker des 1. Jahrhunderts, beschrieb sie misstrauisch-verächtlich als ›zweideutiges Volk‹. **Dieses Volk ist seit jeher durch seine geographische Lage wie durch den Charakter der Menschen geteilt. Zwischen zwei gewaltigen Reichen gefangen, streiten sie oft unter sich, sei es aus Hass auf die Römer, sei es aus Eifersucht auf die Parther.**
Das Ziel der Großmächte war, Armenien zu unterdrücken und das Land zu teilen, um die Menschen assimilieren zu können. Der byzantinische Kaiser Maurikios schlug eine harte Gangart gegen seine armenischen Glaubensbrüder an, als er 591 mit Persien zusammen nach Argumenten suchte, sich ebenfalls armenisches Gebiet anzueignen. Sebeos, ein auch als Historiker tätiger Bischof des 7. Jahrhunderts überliefert, wie Maurikios dem Perserkönig Chosrow II. riet: **Dies ist ein Volk von Verrätern, die auf niemanden hören! Dort stehen sie zwischen uns, und sie trüben unser Wasser. Kommen wir überein: Ich versammle meine und deportiere sie alle nach Thrakien. Auch du versammle deine und lasse sie nach Osten führen. Wenn sie dort sterben, so macht das doch immer noch ebenso viele Feinde weniger; und wenn sie dort töten, so werden es doch immer nur Feinde sein, von denen sie uns befreien. So werden wir in Frieden leben. Doch wenn sie in ihrem Lande bleiben, werden wir niemals Ruhe haben.**

Es kam zu Deportationen und Flucht: Maurikios verschleppte Tausende von Armeniern auf den Balkan, die Perserkönige hatten das längst zwischen dem 3. und 5. Jahrhundert gen Osten praktiziert. Aber auch fern der Heimat assimilierten sich die Armenier nicht, im Gegenteil – durch diese Prüfungen gereift, hüteten sie umso sorgsamer ihre Identität. Sie folgten dem Beispiel der Heiligen Vartanen.
Als nach dem Tode des römischen Kaisers Heraclius 641 nach Christus von Mesopotamien aus arabische Truppen in Armenien einfielen, den Römern das Land streitig zu machen, die Hauptstadt Dwin eroberten und einen Gouverneur einsetzten, hofften viele auf Hilfe von Byzanz gegen die nicht-christliche Besatzung. Doch Byzanz machte das hartnäckig von einer Kirchenunion abhängig. Dass die armenischen Glaubensbrüder ihrem Monophysitismus abschwören würden und sich mit den Byzantinern, diesen Häretikern, auf ›wahr‹ Mensch und wahrer Gott‹ geeinigt hätten – nie und nimmer!
Aber – konnte der Siegeszug des Islam bis zum Kaukasus und der Eroberung Persiens nicht auch fürs Erste als Glücksfall gelten? Mit einem Schlag waren die Armenier von ihren beiden Peinigern befreit, den Großmächten Byzanz und Persien! Deshalb trafen um das Jahr 661 die armenischen Fürsten zu einer Nationalversammlung unter dem Vorsitz von Katholikos Nerses III. in Svartnots zusammen.
Armenien war damals ein sehr locker gefügter Feudalstaat. Das Land zerfiel in eine Anzahl größerer und kleinerer, durch Stammesverschiedenheit und Dialekte getrennte Gaue, mit alteingesessenen, durch ausgedehnte Besitzungen mächtige Stammesfürsten und Geschlechterhäuptlingen. Diese herrschten in ihren Gebieten ziemlich unabhängig, beinahe unumschränkt, das mochte dem König passen oder nicht. Aus dieser Clanverfassung erklären sich die Schwäche Armeniens nach außen und die häufigen inneren Wirren. Doch hier in Svartnots wurde gemeinsam beschlossen, sich der Herr-

schaft des Arabers Muawiya aus dem Geschlecht der Omayaden zu unterwerfen. Geschickte Verhandlungstaktik brachte größtmögliche Freiheiten, beinahe die völlige Unabhängigkeit unter dem neuen Joch: die vertraglich anerkannte arabische Herrschaft gegen religiöse Freiheit und militärischen Schutz bei verhältnismäßig geringen Tributzahlungen. Theodoros Rschtuni, der Sprecher des armenischen Adels, unterzeichnete die Übereinkunft mit den Muslimen. Das 1. Jahrhundert der Kalifenherrschaft stellte trotz der verheerenden Kriegszüge eine Periode nationalen und kulturellen Aufschwungs dar. Und wieder kam es zu einer hohen Blüte der Architektur.

Umso härter lastete unter den Abbassiden die Hand der arabischen Statthalter auf dem Lande. Um 750 hatten sich die Beziehungen derart zugespitzt, dass die herrschende Fürstenfamilie der Mamikonian nahezu ausgerottet war. Dieser Druck rief eine Gegenbewegung hervor, die einen neuerlichen staatlichen wie kulturellen Fortschritt zeitigte. Einem Angehörigen des vornehmen Geschlechtes der Bagratiden gelang es, sich im Jahre 885 zum ›Fürsten der Fürsten‹ aufzuschwingen. Interessiert daran, dass sich die Armenier nicht doch noch mit ihren Glaubensbrüdern in Byzanz vereinigten, hatte der Abbasside Khalif Al-Mutawakkil bereits im Jahre 861 Aschot Bagratuni, den Sohn des Fürsten Smbat, zum Gouverneur ernannt. Bald wurde dieser Großfürst von Armenien, Georgien und Albanien in Transkaukasien, dem christlichen Vorläuferstaat von Aserbaidshan. Ihm gelang eine gewisse Einigung der Fürstentümer mit der Konsolidierung von Wirtschaft, Verwaltung und Handel. Auf Ersuchen des armenischen Adels erhob der Kalif von Bagdad Al-Mutamid Fürst Aschot schließlich zum ›Schahanschah‹, zum ›König der Könige‹ und übersandte ihm eine Krone. Die Krönung Aschot I. erfolgte im Jahre 885 auf dem Stammsitz der Familie in Bagaran, südlich von Ani.

Kaiser Basileios I. von Byzanz

Der byzantinische Kaiser Basileios I., selbst armenischer Herkunft, beeilte sich, sein Wohlwollen auszudrücken, ebenfalls mit dem Geschenk einer kostbaren Krone. Dies war vermutlich einer der glücklichsten Momente in der leidvollen Geschichte Armeniens, als zwei Reiche miteinander wetteiferten, nicht um das Land mit Waffengewalt niederzuwerfen, sondern um sich seine Sympathien zu erhalten und seine Unabhängigkeit zu festigen. Im Historischen Museum in Jerewan ist das bedeutende Ereignis auf einem Gemälde festgehalten: Khalif Al-Mutamid und König Aschot, ebenfalls im Gewand eines Kalifen, dem übersandten Ehrenkleid, mit Turban und Diadem auf dem Haupt. Wichtig ist zu wissen, dass der Turban bei den muslimischen Völkern als Macht- und Ehrenzeichen angesehen wird. Die armenischen Bagratiden besitzen tatsächlich eine authentische königliche Krone, die sowohl gleichzeitig mit einem Turban als auch unabhängig davon getragen werden kann. Es darf als normal angesehen werden, dass die Könige von Ani, in ihrem Aussehen wie in ihrer Kleidung, zum traditionellen den orientalischen Stil als Innovation der muslimischen Zeit übernommen hatten. So schwärmt Aristakes, der Historiker des 11. Jahrhunderts, von der feierlichen Pose eines Bagratidenkönigs, mit der er sich in seiner neuen Hauptstadt Ani zeigte: **Er glänzte mit seinen wunderschönen Kleidern, durch sein mit Edelsteinen besetztes Diadem und er wurde von jedem bewundert.** Es ist überliefert, dass auch die Königin eine Krone trug.

Von Glanz und Untergang

Doch bereits unter seinem Nachfolger Smbat I. (890–914) begannen wieder Kleinkriege und es bildeten sich Teilherrschaften. Emir Yussuf, der arabische Herrscher von Albanien in Transkaukasien, schürte diese schwächenden Separierungstendenzen, indem er einen Neffen des Königshauses von Ani, Gagik Artsruni, zum armenischen König des winzigen Reiches von Vaspurakan machte, mit Van als neuer Residenzstadt. Dieser, sonst ein geschickter und rücksichtsloser Diplomat, erkannte zu spät, dass er damit ganz Armenien gefährdete. Er konnte nicht einmal verhindern, dass sein königlicher Onkel (Smbat I.) Yussuf in die Hände fiel, der ihn kreuzigen ließ.

Erst Smbats Sohn Aschot II. (914–929) gelang es, mit byzantinischer Hilfe die zentralarmenische Herrschaft wiederherzustellen. Im Jahr 914 war die absolute Tributfreiheit erreicht und damit die vollständige Unabhängigkeit Armeniens vom Kalifat. Aschot II., Bruder und Nachfolger Abas I. (929–953), stabilisierte diese Ordnung und erreichte für Armenien einen erstaunlichen Freiraum inmitten der arabisch-byzantinischen Auseinandersetzungen.

Aschot III., der Barmherzige (reg. 953–977), verließ seine Residenzstadt Kars und erhob Ani, die ›Stadt der 1 001 Kirchen‹ mit seiner Krönung im Jahre 961 zur ersten stolzen, repräsentativen Hauptstadt Gesamtarmeniens. Strategisch war sie ideal gelegen auf einem dreieckigen Felssporn, im Osten und Westen durch die tief eingegrabenen Canyons des Achurean bzw. das Blumental abgegrenzt, an der nördlichen Seidenstraße gelegen am Knotenpunkt der Handelswege nach Konstantinopel, Trabzon am Schwarzen Meer, Amid (dem heutigen Diyarbakır) und Edessa (Şanlıurfa in der Südost-Türkei), Täbris in Persien und den grusinischen Städten Tiflis und Kutaissi, dem Zentrum der Seidenraupenzucht am Südrand des Kaukasus. Von dort aus lenkten die Bagratiden Armenien für eineinhalb Jahrhunderte in die glanzvollste Epoche seiner mittelalterlichen Geschichte. Politisch zerfiel das Land zwar wieder in einzelne Fürstentümer, deren Herrscher ebenfalls den Königstitel führten, aber sie eiferten Ani als dem großen Vorbild nach. Überall im Land erwachten Baukunst, Literatur und geistiges Leben zu neuer Blüte. Es kam zu einer ›ersten Renaissance‹. Ab dem Jahre 1044 stürmten von Osten her Horden der persischen Großseldschuken ins Land. Byzanz, bei dem das Armenische Reich Unterstützung suchte, verriet es, griff seinerseits an. Die Geschichte Armeniens, von Movses von Chorene bis ins 4./5. Jahrhundert aufgezeichnet, wurde unter seinem Namen bis in diese Zeit weitergeführt. Der anonyme Historiograph dieser Jahre blieb verschont, weil er selbst zum Studium im fernen Byzanz weilte, jedoch kamen seine Eltern durch die Arabereinfälle um. Er war tief betroffen, auch von der geistigen und moralischen Verwüstung seines Volkes, auf die er in allen Kreisen stieß: **... Wie werde ich es aushalten, die Leiden zu ertragen; wie meinen Geist und meine Zunge formen, um Dankworte meinen Eltern für meine Geburt und Erziehung zu sagen! Sie haben mich ja geboren und durch ihre Belehrung genährt; dann haben sie mich zu anderen zur Ausbildung geschickt. Und während sie auf meine Rückkehr hofften und ihren Ruhm in meinem allumfassenden Wissen und meiner vollendeten Geschicklichkeit suchten, bin ich gleich eilig von Byzanz heimgekehrt und habe auf die Hochzeit gehofft, um, geübt in lebendiger Schnelligkeit, zu tanzen und die Hochzeitslieder zu singen. Doch statt der Freude seufze ich jetzt und stoße voller Unglück über dem Grabe Wehklagen aus. Es war mir nicht einmal vergönnt, ihnen die Augen zu schließen, ihr letztes Wort zu hören und ihren Segen zu empfangen ...**

Die Lehrer sind dumm und selbstgefällig, sich selbst die Ehre gebend und nicht von Gott berufen, durch Geld und nicht vom Heiligen Geist erwählt, geldgierig, eifersüchtig, ohne die Güte, in der Gott wohnt, zu Wölfen

geworden, die ihre eigenen Herden zerreißen. Die Mönche sind heuchlerisch, stolz, eitel, mehr die Ehre als Gott liebend. Die Geistlichen sind stolz, Advokaten, Schwätzer, Faulenzer, Verächter der Wissenschaft und Lehre, Liebhaber von Händeln und Vergnügungen. Die Schüler sind träge zum Lernen und schnell zum Lehren, schon Theologen, bevor sie von der Theologie Kenntnis genommen haben. Die Laien sind wild, trotzig, Prahler, Müßiggänger, Spötter, böswillig, sie fliehen die Geistlichkeit. Die Soldaten sind ungerecht, Windbeutel, Verächter der Waffen, träge, vergnügungssüchtig, unmäßig, Räuber, Genossen der Diebe. Die Fürsten sind Rebellen, Genossen der Spitzbuben, Räuber, Geizhälse, schamlos geizig, geldgierig, Plünderer, Zerstörer des Landes, Lüstlinge, Sklavenseelen. Die Richter sind unmenschlich, falsch, betrügerisch, bestechlich, rechtsunkundig, unzuverlässig, streitsüchtig. Alle insgesamt sind der Liebe und Scham bar und ledig.

Was ist nun die Strafe für all dies, wenn nicht, daß Gott uns verläßt und die Natur und die Elemente sich ändern? Der Frühling ist trocken, der Sommer regnerisch, der Herbst winterlich, der Winter gewaltig eisig, stürmisch und lang. Die Winde bringen Schneestürme oder Hitze und verursachen Krankheiten. Die Wolken sind voller Gewitter und Hagel. Der Regen ist unzeitig und unnütz. Die Lüfte sind voller Staubregen und ansteckender Gefahren. Das Anschwellen der Gewässer ist ohne Nutzen und ihr Abnehmen übermäßig. Dazu kommen Unfruchtbarkeit des Bodens und Verminderung der Tiere, aber auch Erdstöße und Erdbeben. In jeder Hinsicht ist alles in Aufruhr nach dem Worte: * Die Gottlosen finden keinen Frieden.

Die Könige sind Tyrannen und Übeltäter, erheben schwere und drückende Steuern, geben unerträgliche Befehle. Die Vorgesetzten bessern nichts und sind ohne Mitleid. Die Freunde sind Verräter und die Feinde mächtig. Der Glaube wird hingegeben für dieses nichtige Leben. Die Räuber kommen in Scharen und von überall her: Plünderung der Häuser, Raub der Güter, Ketten für die Fürsten, Gefängnis für die führenden Männer, Vertreibung und Verbannung für die Adligen und unendliches Leid für das einfache Volk; Eroberung der Städte, Zerstörung der Festungen, Vernichtung der Burgen und Verbrennung der Gebäude; endlose Hungersnot, Krankheiten und Tod in vielerlei Gestalt; der Gottesdienst wird nicht mehr gefeiert und die Hölle ist im Anzuge!

Hiervor möge Christus, unser Gott, uns und alle bewahren, die ihn in der Wahrheit anbeten. Ihm sei Ehre von allen Geschöpfen!, so überträgt es Lothar Heiser in »Das Glaubenszeugnis der armenischen Kirche.«

Zuvor war König Gagik II. nach Byzanz gelockt worden, einen Vasallenvertrag auszuarbeiten. Stattdessen wurde er gezwungen, auf sein Reich zu verzichten. Mit seinem ganzen Hof musste er in die Nähe von Kayseri ins Exil gehen, wo er und seine Söhne schließlich doch ermordet wurden. Währenddessen konnte ein Heer des byzantinischen Kaisers Konstantin IX. Monomachos Ani im Jahre 1045 einnehmen. So schwächte Byzanz den Pufferstaat gegen die östlichen Mächte, zum eigenen Schaden.

1064 belagerte der Seldschukensultan Alp Arslan die Königsstadt. Fritjof Nansen, Polarforscher wie Oberkommissar des Völkerbundes, schildert den Untergang der stolzen Stadt Ani in seinem Buch »Betrogenes Volk«: Nach 25-tägiger Belagerung drangen sie [die Seldschuken] in die prächtige ›Stadt der 1 001 Kirchen‹ ein; Mann für Mann hatte in jeder Hand ein Messer und ein drittes zwischen den Zähnen. Die Einwohner wurden wie Grashalme niedergemäht.

Ani wurde stark zerstört und fiel. Andere Fürstentümer traten ihre Herrschaft an Byzanz ab. Die Herrscher gingen ins Exil oder wurden ebenfalls ermordet. Das war das Ende eines zusammenhängenden armenischen Siedlungsgebietes. Hunderttausend Bewohner wurden getötet und unzählige gefangen genommen. Andere retteten sich durch die Flucht nach Bulgarien, Thrakien, Mazedonien, Transsylvanien, Moldawien, in die Walachei, die Ukraine, nach Polen, auf die Krim und an die Wolga. Die stärkste Emigrationswelle erreichte Kilikien, Edessa. Es war der Beginn der armenischen Diaspora, deren

Bedeutung zunahm. Das »Poem«, die Präambel, die die »Erzählung der Leiden des armenischen Volkes« des Priesters Aristakes (um 1087) eröffnet, lässt das Ausmaß des erlittenen Unheils ahnen:

> Für uns sind die Tage des Leidens gekommen,
> Und großes Unglück hat uns getroffen,
> Denn das Maß unserer Sünden war voll …
> Das Land wurde von Gottlosigkeit überzogen.
> Die Gerechtigkeit ist geschwunden, die Sittenlosigkeit gewachsen.
> Laien und Priester haben Gott getäuscht.
> Darum haben uns fremde Völker
> Aus unseren Häusern verbannt …
> Den Atem durchschnitten, siechen wir in Verzweiflung dahin.
> Der allmächtige Tod hat uns verschlungen.
> Generationen sind aufeinander gefolgt,
> Der fruchtbare Atem des Lebens ist erloschen,
> Und unser Klagen stieg zu Gott hinauf …
> Jene, die mit dem Land verwurzelt waren, die Verbannten des Himmels,
> Haben ein zweites Exil kennengelernt,
> Von aufrührerischen Fremden verschleppt,
> Von ihren Lieben, die vom Schwert verschont waren, fortgerissen,
> Wurden sie in alle Himmelsrichtungen zerstreut.
> Neue Kriege haben uns überwältigt:
> Das Schwert im Osten, der Tod im Westen,
> Flammen im Norden und Blut im Süden.
> Die Freude hat uns verlassen, die Lyren sind verstummt,
> So wie die Trommeln.
> Schluchzen hat sich erhoben.

Aristakes fährt fort mit der eigentlichen Geschichte, dem »Hischatakaran«: **Als die Katastrophen und die allumfassenden Leiden sich in der ganzen Welt verbreitet haben, hat die Flamme des Südens die hohen Festungen niedergebrannt und die uneinnehmbaren Türme wie schmelzendes Wachs vernichtet … Könige und Prinzen sind ins Nichts entschwunden, und die Hoffnung des Heils hat uns verlassen. Wir sind heimgesucht vom Fluch des Herrn; die Gebetshäuser sind zerstört worden, und die mit heiligem Öl geweihten Steine dienen den Palästen der Fremden als Fundament … Denn der Herr hat uns mit Leiden überhäufen wollen, uns zerreißen, auszehren, uns quälen, uns allen, ohne Unterschied, Qualen auferlegen wollen. Er hat uns von seinem Angesicht verwiesen, wie Sünder, die bestraft werden müssen, und nachdem er sich von uns abgewendet hat, hat er uns unter die fremden Völker zerstreut … Es ist unmöglich, all die Stürme aufzuzeichnen, die in unserer Zeit losgebrochen sind, und einzeln darzulegen, was an jedem Ort geschehen ist, in jeder Provinz und in jeder Stadt, all das, was wir von der Seite der Heiden erleiden mussten. Nicht an einem einzigen Tag, nicht ein einziges Mal haben wir Ruhe und Rast gefunden, denn die Zeit war von Wirrnis und Unglück angefüllt. Von Tag zu Tag wuchsen die Leiden und die Qualen. Sie waren uns gegenüber immer schlecht gestimmt, selbst nachdem sie lange Jahre bei uns verbracht hatten. Ihre viperngleiche Bosheit dauert fort, ihre feuergleiche Gier ist niemals gesättigt worden. Alle ihre Absichten uns gegenüber sind verräterisch, ihre Worte sind künstlich. Jeden Morgen lassen sie sich zu neuen Verbrechen hinreißen, sie sind alle von einem einzigen Gedanken besessen, uns das Ende zu bringen, nachdem sie uns zu Lumpen zerschlissen haben, um in ihnen jede Erinnerung an uns auszulöschen, um uns nicht mehr ansehen zu müssen und uns nicht mehr lebendig zu sehen. Und damit unsere Gräber unter ihren Füßen verschwinden, ohne Spuren zu hinterlassen.**

Die Bewohner Anis erlebten Gewalt als Strategie, die umso schärfer und wirkungsvoller ist, je weniger Spuren sie hinterlässt. Eine theologische Dimension gewannen die Ereignisse für sie, weil sie als ›Gottes Prüfungen zurück zum Weg der Weisheit und der Tugenden‹ gesehen wurden.

Noch vor der entscheidenden byzantinischen Niederlage im Jahr 1071, die der byzantinische Kaiser Romanos IV. Diogenes bei Manzikert durch die Seldschuken erlitt, hatten diese bereits die armenischen Kerngebiete erobert. 1072 verkaufte der Sultan Ani an die kurdischen Schaddadiden. Ab 1209 ließ die kurdische Königin Thamara die Stadt und die ganze Provinz von zweien ihrer Vasallen regieren. Noch einmal erlebte Ani im 13. Jahrhundert

Ruinenfeld von Ani

eine kleine Nachblüte, in der Paläste, Wohn- und Handelshäuser und öffentliche Bäder errichtet wurden. Die Stadt zeigte sich tolerant gegen die multinationale und multireligiöse Bevölkerung von Georgiern, Byzantinern, Juden und Muslimen; die Armenier behaupteten sich.

Als die von Dschingis Khan geeinten Mongolenhorden nach ihrer Blutspur durch Ostasien 1235/36 auch in Armenien einfielen, unterwarfen sie die Seldschuken. Da sich die Sieger nur in der Steppe wohlfühlten, hatten sie das Ziel, auch Städte oder bewässerte, fruchtbare Gegenden dahingehend ›zurückzubauen‹. Diese Mongolen verehrten die Elemente Erde, Wasser, Luft und Feuer. Die Reinhaltung des Wassers, das sie in erster Linie für ihr Vieh brauchten, und der pflegliche Umgang mit der Natur waren ihnen Kult. Zu den direkten Opfern der Horden kamen in Ani die Verelendeten und die Verhungernden. Trost fanden die Überlebenden nur in ihrem Glauben, denn bei aller Gnadenlosigkeit zeichneten sich die Mongolen durch religiöse Toleranz aus, die so weit ging, dass die neuen Herren zwar die Verfolgung Andersgläubiger durch Christen oder Muslime unterbanden, die Christen aber doch durch gewisse Privilegien bevorzugten. Nach dem verheerenden Erdbeben von 1319 war die Stadt derart entvölkert, dass ihr endgültiger Verfall nicht mehr aufzuhalten war. Spätestens zu Beginn des 15. Jahrhunderts, als auch die Handelsroute ihre Bedeutung einbüßte, hatte das alte Ani aufgehört zu existieren. Als sich im 19. Jahrhundert die europäischen Ausgräber umschauten, allen voran der Russe Nicolas Marr, fanden sie keine Menschenseele mehr.

Aber die Epoche der Unabhängigkeit prägte den Stolz und die Träume der Armenier, prägt sie bis heute. In den Elegien, die ihr in den Jahrhunderten nach dem Fall Anis von 1064 immer wieder gewidmet wurden, wurde das mythische Bild eines verlorenen Paradieses bis zur heutigen Generation weitergegeben.

Ani, eine Stadt wie aus dem Märchen

Ani, die ›Stadt der 1 001 Kirchen‹ aus dem 10. Jahrhundert – »ein Bollwerk der Christenheit«, so empfand ich die mächtigen sienabraunen Mauern mit den massigen Rundtürmen unter der Wucht dramatisch aufgebäumter dunkler Wolken im hintersten Ostanatolien.

Aschot hatte das Plateau zwischen den beiden Canyons an seiner offenen Seite durch eine Mauer abgegrenzt, aber sein Sohn Smbat II. (976–989) musste, um der überaus raschen Entwicklung der Stadt zu folgen, im Jahre 980 den Bau eben dieser neuen, bombastischen Einfriedung beginnen, die so weit nach außen verlegt wurde, dass sich die Stadtfläche verfünffachte. Er hatte die gewaltigen, doppelten Wallmauern mit zwei- und dreigeschossigen Türmen versehen, die kleine Kapellen enthielten und so die Stadt unter den Schutz Gottes gestellt. Er verstärkte die Sicherheit der Doppelmauer durch versetzte Tore. Beim Wiederaufbau im 13. Jahrhundert unter den Zakariden erhielt sie über weite Strecken eine dekorative, farbige Tuffsteinverblendung mit Schachbrett-, Kreuz- und anderen Mustern und neben dem Hauptportal einen schreitenden Löwen, wenn auch nur im Format einer besseren Hauskatze. Unter König Gagik I. (989–1020), dem Friedenskönig (dem mit dem Modell der Kathedrale in Svartnots auf Seite 95 bereits Erwähnten) wuchs Ani zu einer Großstadt von 10 000 Häusern mit 100 000 Einwohnern heran und erreichte seinen kulturellen und wirtschaftlichen Höhepunkt. Die Infrastruktur war durch den Bau einer weiteren Brücke mit einem Bogen von mehr als 30 Metern Spannweite nach dem linken Ufer des Achurean verbessert worden. Bei den Grabungen zu Beginn des letzten Jahrhunderts legte man Kirchen über Kirchen frei, neben zahllosen Palästen von Bischöfen und wohlhabenden Kaufleuten auch etliche Bäder mit Wasserleitungen aus Tonröhren, die von einem Schacht aus gewartet werden konnten. Man entdeckte Herbergen für die auf der Seidenstraße reisenden Händler und die nach Gewerken getrennten Quartiere der Handwerker. Es gab Teile einer unterirdischen, sogenannten Felsenstadt, in der sich neben weitläufigen Hallen Grabkapellen und nochmals fast dreißig Kirchen fanden, dazu 400 Wohnhäuser und Vorratsspeicher.

Die ›Schule von Ani‹ betrifft in erster Linie die neuen Maßstäbe der Architektur: große Höhe bei geringer Grundfläche. Sie besticht durch außerordentlich sorgfältige Konstruktion, deren Ästhetik sich in Räumen und Proportionen zeigt, die man durchaus noch in den Ruinen empfindet. Verziert wird nur ornamental; man macht keinerlei Konzessionen an figürliche Darstellungen. Monumentalmalerei ist verbannt. Bei Tambouren erscheinen die ersten schirmartig gefältelten Hauben. Portale bekommen oft monolithische Türstürze, deren Zahnschnitt-, Palmetten- und Akanthusfriese an hellenistische Tempel erinnern, Fenster werden gestaltet wie kleine Portale, von zierlichen Halbsäulen umrahmt. Die Kirchen behalten die Kreuzform, im Grundriss des freien Kreuzes, des Quadrat-Tetrakonchos, des Kuppelsaals oder des Tetrakonchos mit umlaufender Galerie. Sie werden insgesamt größer, wie auch die Gemeindemitglieder zahlreicher werden.

Durch das Löwentor betrat ich die Landzunge der einst prachtvollsten aller armenischen Städte, von den umgebenden Hügeln scharf abgetrennt durch die tiefen Canyons des Achurean oder Arpaçay, des Gerstenflusses, und seines Nebenflusses Aladja Çay oder Bostandere, des Blumentales, wie es die Armenier nannten. Die zerbrochene Brücke der alten Seidenstraße führt nur noch zur unpassierbaren Grenze zwischen der Türkei und dem Mutterland Armenien. Nur einen Steinwurf weiter beginnt der Todesstreifen. Die Grenzpfähle verlaufen knapp unterhalb des öden, dreieckigen Plateaus, auf dem sich nur hier und dort ein paar Ruinen-

Stadtmauer von Ani

stümpfe ducken – so mein erster Eindruck. Es ist nicht mehr das wunderbare Freilichtmuseum, von dem die Ausgräber um die vorletzte Jahrhundertwende schwärmten, es ist eine geschleifte, tote Stadt, verloren inmitten unendlicher Einsamkeit. Die tiefen Wunden, die ihr während ihrer Leidenszeit zugefügt wurden, sind nur noch schrecklicher geworden. Mein Blick musste sich erst darauf einstellen, das Wenige genauer zu betrachten, dann konnte ich Stunde um Stunde mehr Schönes und Kunstfertiges erkennen.

Wenn man der Führungslinie folgt, stößt man im nordöstlichen Bereich zunächst auf einen zweigeschossigen, kuppelüberwölbten Rundbau, die Erlöser- oder Petruskirche, von der nach dem Erdbeben von 1957 nur noch die westliche Hälfte übriggeblieben ist. Inschriften zufolge wurde sie in den dreißiger Jahren des 11. Jahrhunderts als Stiftung des Generals Abulgharib Pahlavuni geschaffen, darin eine eigens aus Konstantinopel herbeigeholte Kreuzesreliquie aufzubewahren. Als Architekt wird Trdat vermutet, dessen Name sich oben an der Südfassade findet. Die letzte Restaurierung erfolgte 1342, ebenfalls unter der Familie der Zakariden. Diese Erlöserkirche ist typisch für die ›Schule von Ani‹. Außen ein Neunzehneck, innen eine Acht-Konchen-Anlage, mit einer etwas breiteren Nische für die Apsis. Außen sitzen neunzehn Wandsäulenpaare mit Knaufkapitellen und doppelt gestaffelten Bögen an den Schnittstellen der Konchen. Höher und breiter sind nur die im Süden über dem rechteckigen Eingangsportal, das durch das üppige, antikisierende Dekor recht wuchtig wirkt. Zurückgesetzt, über einem Gesims mit Pultdach, wiederholen sich rundum grazile Säulenpaare, diesmal überwölbt von ornamentierten Bögen: das ganze Stockwerk als Tambour, der nach einem Flechtbandgürtel in die Kuppel übergeht. Was von den Fresken im Inneren erhalten geblieben ist, lässt sich nur mit viel gutem Willen und einem noch besseren Führer erschauen: neben den Evangelisten Matthäus, Markus, Lukas und Johannes auch die Abendmahlsszene, dann ›Jesu Verklärung‹. Das ist die Geschichte, wie er Petrus, Jakobus und Johannes auf einen hohen Berg führte, wie seine Kleider weiß umleuchtet wurden und aus einer Wolke eine Stimme tönte: ***Das ist mein lieber Sohn; den sollt ihr hören!** Darunter der vorösterliche Gang Jesu in den Hades, **hinabgestiegen in das Reich des Todes,** wie wir es im Glaubensbekenntnis sprechen.

Weiter östlich, hangabwärts liegt die erste der Grigorkirchen, die des Tigran Honentz. Aufschlussreich ist an den Stifterinschriften auf der Südfassade, dass sie im Auftrag dieses Kaufmanns erbaut wurde, der sich als Grundbesitzer und Händler der Zusammenarbeit armenischer Architekten, georgischer Maler und vermutlich muslimischer Bildhauer bediente: also eine Stiftung aus dem Bürgertum. Lesen wir seine Worte an die Nachwelt aus Volker Eids »Kunstreiseführer Ost-Türkei«: **Im Jahre 1215 durch die Gnade und Barmherzigkeit Gottes ... erbaute ich diese Kirche auf den Namen des hl. Grigor Lusaworitsch [des Erleuchters], und ich verschönerte sie mit vielen Ornamenten und mit Heilszeichen: mit heiligen Kreuzen in Gold und Silber, mit gold- und silberverzierten Ikonen, mit edlen Steinen und Perlen, mit Gold- und Silberleuchtern, mit Reliquien der heiligen Apostel und Märtyrer, auch mit einem Stück des Kreuzes des Herrn, das Gott getragen hat, und ich stiftete goldene und silberne Kultgeräte aller Art. Ich erbaute auch, mit vielen Ornamenten, alle Arten von Wohngebäuden für die Mönche und die Fürsten. Ich stellte Priester auf, die das Opfer des Leibes und Blutes Christi darbringen, damit man ohne Hindernis dieses Opfer darbringen könne für ein langes Leben meiner Herren, des Şahinşhah [des Königs aller Könige] und seiner Söhne, auch für die Vergebung meiner Sünden ...**

Es folgt die Aufzählung des Stiftungsvermögens, das die Einkünfte aus Dörfern, Landbesitz, Mühlen, Märkten und Gästehäusern umfasst. Doch dann folgen als Schlussbestimmungen Fluch- und Segensformeln: **Nun, wenn jemand der Großen oder Kleinen, der Meinen oder der Fremden versucht, das in dieser Inschrift Aufgezeichnete zu verhindern, oder etwas von den Gütern beseitigt, die hier zugesagt sind, oder das Andenken dieses sündigen Dieners Gottes unterdrückt, gleichgültig, aus welchen Motiven, – derjenige sei ausgeschlossen von der Herrlichkeit des Gottessohnes; er erleide [erbe] an sich selbst [die] Strafen von Kain und Judas; er sei verflucht bei den drei heiligen Konzilien, bei den neun Chören der Engel ... aber jene, die meinen Wunsch ausführen werden, auch jene, die für den Erhalt sorgen werden: sie seien von Gott gesegnet.**

In der rechteckigen Ummantelung wieder der typische Grundriss der Kreuzkuppelkirche mit abgetrenntem Chorteil. Der innen zylindrische Tambour ist außen sechsfach gebrochen. Beeindruckender als Bogen, Blendkolonnaden, Halbsäulen, real dargestellte Tiere und Fabelwesen sind innen die im Original erhaltenen Freskenzyklen. Zum Beispiel der mit sechzehn Szenen aus dem Leben Grigor des Erleuchters, wie ihn der armenische Chronist Agathangelos erzählt, seine Folter, die Verbannung in die Schlangengrube, die Enthauptung der christlichen Jungfrauen, wie Trdat, mit einem Schweinerüssel entstellt, bekehrt, geheilt und getauft wird. Und erstmals erscheint Nino. Sie war eine der mit Hripsime und Gayane aus Kappadokien geflüchteten Jungfrauen, aber es gelang ihr, dem Massaker zu entkommen und nach Georgien zu flüchten. Dort wurde sie zur Missionarin für die christliche Religion.

Während des 13. Jahrhunderts war es zu einer regelrechten Blüte der Wandmalerei gekommen, nachdem beim ersten Konzil von Sis das inoffizielle Verbot der Christus- und Heiligendarstellungen aufgehoben worden war. Nicht nur, weil wenige oder keine armenischen Kirchenmaler verfügbar waren, holte man sie aus Georgien.

Die Ruine der großen Kathedrale erhebt sich ziemlich genau im Zentrum der Stadt auf leicht erhöhtem Terrain, wieder in der neuen Form der ummantelten Kreuzkuppelkirche, die von außen wie ein Längsbau aus einem Guss erscheint: tatsächlich himmelstrebende Leichtigkeit. Um das Meisterwerk entsprechend zu würdigen, will ich Volker Eid, den Bamberger Theologieprofessor zitieren: **Der großartige Innenbau, ein Kuppelsaal mit vier freistehenden Kuppelstützen, in den basilikale Kreuzbauelemente aufgenommen sind, ist in Armenien ohne Parallele ... Die Linearität aller Bauelemente und die kristalline Klarheit der Architektur eröffnen einen monumental-ruhigen Raum. Der Vergleich mit gotischen Sakralräumen liegt nahe. Dieser Eindruck wird durch die monumentale Höhe, Weite und Tiefe der Apsis noch verstärkt, die sich über der Altartribüne erhebt. Das mit großartigem Gespür für Proportionen genau an der richtigen Stelle eingesetzte, einzige Apsisfenster verdeutlicht sowohl die Christussymbolik des Morgenlichts wie auch die Artikulation des monophysitischen armenischen Bekenntnisses.**

Ani, Kathedrale, der Gottesmutter geweiht

Der Name des Architekten, des bedeutendsten seiner Zeit, ist bekannt: Trdat. Er war an etlichen Großbauten in Ani beteiligt. Doch die Kathedrale von Ani, die größte der damaligen Welt, ist sein Meisterwerk, weil sie in der Betonung der Vertikalität bereits die Großartigkeit der Gotik ahnen lässt, wenn auch ohne deren Lastenablagerung. Leicht zugespitzte Bögen und Gewölbe, zusammen mit gebündelten Pfeilern in feinem Profil, verleihen der Höhe des Innenraums das Himmelstrebende. Die Wände und den leider eingestürzten Tambour umzogen Blendarkaden auf schlanken Säulchen.

Von dieser Großbaustelle weg war Meister Trdat nach Konstantinopel gerufen worden, als es galt, nach dem Erdbeben von 989 die Kuppel der Sophienkirche, der ›Kirche der Weisheit Gottes‹ wieder aufzubauen. Lassen wir Stephan von Tharon mit seiner »Weltgeschichte bis auf das Jahr 1004« berichten: **Und sogar in der kaiserlichen Stadt Konstantinopel selbst wurde der herrliche und glänzende Schmuck der prächtigen Säulen und Bilder und großen Kirchen zerstört und vernichtet, und selbst die Sophien[-kirche], welche die Katholikatskirche ist, zerbarst durch einen Riß von oben bis unten. Deswegen wurde viel Mühe darauf verwandt, sie durch tüchtige griechische Bauleute wieder herzustellen. Und es traf ein der armenische Architekt Trdat, der Steinhauer, der einen Plan des Gebäudes, ein Modell als Vorbereitung, das er mit weisem Verstande vorbereitet hatte, herausgab, [nach welchem] er auch zu bauen begann. Sie wurde herrlich [wieder] gebaut und prächtiger denn je zuvor.**

Zurückgekehrt nach Ani, hat er wohl seine Arbeit an der Kathedrale wieder aufgenommen, doch war in der Zwischenzeit sein Auftraggeber König Smbat verstorben, und dessen Bruder Gagik hatte den Thron bestiegen. Thomas Artsruni, der Hofchronist fährt fort: **Aber sein [Smbats] Weib, die Königin Katranide, die fromm war, die Tochter Wasaks, des Fürsten von Siunik, baute die Kirche, zu der Smbat [noch] den Grund gelegt hatte, mit einer alles überstrahlenden Pracht aus, indem sie die sehr hohen Bogen mit einer himmelgleichen Kuppel wölbte; auch stattete sie dieselbe aus mit dem purpurgeblümten Schmucke golddurchwirkter und bunter Gewebe sowie mit silbernen und goldenen Gefäßen und mit der helleuchtenden Pracht der [verschiedenen] Gefäße, durch welche die heilige Katholikatskirche der Stadt Ani gleich dem Himmelgewölbe leuchtete.**

Am hinteren Ende des zur Besichtigung freigegebenen Geländes, unmittelbar am Rande des Arpaçay-Canyons, haben türkische Soldaten in einer seldschukischen Moschee ihr Standquartier errichtet, die Grenze, die Besucher und das Fotografierverbot zu überwachen, das 2002 noch bestand. Falls die Inschrift und die Datierung stimmen, wäre die Moschee von Menuçehr, vom ersten muslimischen Stadtherren gestiftet, ins späte 11. Jahrhundert zu datieren. Damit wäre sie einer der ältesten islamischen Bauten Anatoliens, bestehend aus einem achteckigen Minarett und einer beschädigten Säulenhalle. Diese gleicht allerdings mehr einem armenischen Palastsaal. Aber insgesamt ist es das, was ich an diesem Ort am wenigsten sehen möchte.

Die Kirche der Heiligen Apostel ist in ihren Resten nur noch zu ahnen. Kreuzförmig, ummantelt war sie wohl. Inschriften besagen, dass sie im 11. Jahrhundert im Besitz der Fürstenfamilie Pahlavuni gewesen sei. Erhalten geblieben ist eine Vorhalle an der Ostseite. Sie ist auffallend reich mit Ornamenten und Flechtbändern verziert und zeugt, ebenso wie das hohe Portal, von seldschukischem Einfluss und von der ›Schule von Ani‹.

Einige wenige Ruinen oder besser Steinhaufen wären noch übrig, doch das schien das letzte zu besichtigende Objekt gewesen zu sein. – Wo bleibt denn die Grigorkirche des Königs Gagik, das Gegenstück zu Svartnots, für mich einer der wichtigsten Punkte der ganzen Ostanatolienreise? Eine weit ausholende Bewegung des Führers nach dem äußersten Nordwesten wies mir den Weg. Ich rannte davon, über Stock und Stein. Dass vor Löchern im Boden gewarnt wird, las ich erst hinterher.

Reste der Grigorkirche des Königs Gagik

Fast wäre ich an dem Trümmerfeld vorbeigehastet, wären mir nicht schadhafte Rundstufen aufgefallen. Die Säulenbasen mit kurzen Stümpfen waren der endgültige Beweis. Ich stieg hinauf, um nach Spuren der einst gepriesenen Schönheit zu suchen, doch es war unmöglich, das vor meinem inneren Auge wiedererstehen zu lassen, was man drüben in Svartnots mit Unterstützung der Diaspora-Armenier zu restaurieren begonnen hatte.

An einer Stelle ragte ein Pfeiler höher empor. In meiner Eile sah ich nur Kapitelle, die angeblich unversehrt auf der Erde liegen. Der Eindruck war einfach trostlos. Es half wenig, die hastig heimlich geknipsten Fotos zu Hause genauer zu studieren. Ich muss mich auf die Beschreibung derer stützen, die sich lange vor mir ihr Bild machen konnten.

In jener Zeit, da sich das Jahr unseres Herrn zum tausendsten Mal rundete, in der Zeit des Kaisers Basilius, hegte Gagik, König von Armenien, den frommen Wunsch, eine Kirche in der Stadt Ani errichten zu lassen, von gleicher Größe und Gestalt, wie die große, dem heiligen Grigor geweihte Kirche in Swarthnoz, die in Trümmern lag ... überliefert Stephan von Tharon, der Sänger, der Historiker der bagratidischen Könige. Gagik hatte diese Kirche zu Ehren des Heiligen Grigor gestiftet und der berühmte Baumeister Trdat hatte sie zwischen 1001 und 1005 getreu dem großen Vorbild der Palastkirche von Svartnots errichtet, denn sie sollte die zusammengestürzte ersetzen. Mit einer Kopie sollte auch deren Würde übertragen werden. Noch einmal größer als sein Meisterwerk, die Kathedrale von Ani sollte sie werden.

Nach der Auffassung des Architekturhistorikers Toros Toramanyan stellte sich der Bau in seinem Aufriss als eine hohe, dreigeschossige Rotunde dar. Dies scheint ein Fund des russischen Archäologen und Sprachforschers Nicolas Marr im Jahre 1906 zu bestätigen: eine gefasste, beinahe vollplastische Statue des Königs Gagik, bekleidet mit einem roten Kaftan und einem riesigen weißen Turban, mit dem Kirchenmodell auf seinen ausgestreckten Armen. Sie ging in den Wirren der Zeit verloren. Geblieben ist das Foto von Toramanyan, das der Nachbildung im Historischen Museum in Jerewan zugrunde liegt. Wegen der Größe der Plastik von 2,25 Metern vermutet man, dass sie für die Außenseite des zweiten Absatzes bestimmt war. Volker Eid beschreibt: **Wesentliche Unterschiede liegen in der östlich aus dem Gesamtbau heraustretenden Kapelle [in Svarthnoz ein zweiräumiges Gebäude] und in der einfacheren Ornamentik [ionische Säulenkapitelle] der Kirche des Gagik. Die einst wohl dreistöckige Vierkonchenanlage inmitten eines Rundbaus ruht auf einem mehrstufigen Sockel. Vier differenziert gestaltete Pfeileranlagen trugen das Kuppelgewölbe, zwischen ihnen öffneten sich die Konchenwände in Säulenreihen. In der Ostkonche befindet sich die Altartribüne. Blendarkaden gliedern den Außenbau, der im Süden, Westen und Norden Portale besaß.**

Auch diese Kirche leicht und luftig wie ein Tempel; die Kuppel auf Bögen ruhend, die sich auf imposante Pfeiler stützten: der Gipfel der damaligen Architektur, bestaunt wie ein vom Himmel gefallenes

links
Foto Toramanyan, 1906

rechts
Modell Rekonstruktion
Svartnots

Wunder. Zwar wurde das Bauwerk bereits 1013 abgestützt, dennoch erlag es nur wenige Jahrzehnte später seinem auch durch statische Instabilität vorbestimmten Schicksal.

Mit Hinweis auf die Nähe der Grenze war Forschern der Zugang zu Ani ebenso verwehrt wie Interessierten das Fotografieren. Die Erdbeben von 1966 und 1988 brachten verheerende Schäden. Schlimmer noch ist, daß Ani nun für die Allgemeinheit zugänglich und damit der mutwilligen Zerstörung preisgegeben ist. Es scheint, es sei das Anliegen der Türkei, die Erinnerung an die Armenier und ihre Geschichte zu eliminieren, statt dieses Andenken und Kulturerbe zu schützen und zu erhalten. Die einstige Stadt verfällt zusehends. Das hilflos aus nächster Nähe von jenseits der Grenze mit ansehen zu müssen, ist bitter für die Armenier.

Der Himmel hatte nun tiefstes Schwarz angelegt, mein Gemüt ebenfalls. Der Gang durch Ani war mir wie ein Blättern im Buch der Geschichte des armenischen Volkes. Beklemmend gewärtig wurde mir ihr beinahe grenzenloses Leid bis ins vergangene Jahrhundert. Den Glanz der blühenden Stadt und die Trauer über ihren Niedergang beschreibt eine 900 Jahre alte Trauer-Ode:

> Wo sind die Throne unserer Könige?
> Sie sind nirgends zu sehen.
> Wo sind die Legionen, die in dichter Reihe
>   wie dunkle Wolkentürme
> vor den Königen Aufstellung nahmen,
> farbenreich wie die Blumen im Frühling
> und prächtig in ihrer Kriegerrüstung?
> Sie sind nirgends zu sehen …
> Die Gebete und Gesänge der Priester sind
>   verstummt.
> Die Kerzen der prächtigen Kandelaber sind verlöscht,
>   die Dochte gestutzt, der Duft des Weihrauchs ist
>   verflogen,
>   der Altar des Herrn unter Staub und Asche
>   begraben …

Exkurs: Leben in der Lehmhüttenregion

An den Ostgrenzen der Türkei entlang waren wir in einem Komfortbus auf großartig ausgebauten Militärstraßen an manchen armseligen Ortschaften vorübergeschaukelt, aber was sich in der Region Ani bot, war der Gipfel oder der Abgrund. Ein Kurdendorf so trostlos wie das andere, ob die Gehöfte nun aus Lehm oder Feldsteinen gebaut waren. Hier, mitten im Kaukasus, in 2000 Metern Höhe, schienen sie Ende Mai nach Schneeschmelze und heftigen Regengüssen schier im Morast zu versinken. Die Enten gründelten vor der Haustüre. Undicht waren diese Flachbauten sicherlich. Auf manchen wuchs Gras, andere hatte man mit Plastikplanen abzudichten versucht. Einige hatten Ausstiegsmöglichkeiten nach oben, als Fluchtweg bei Schneeverwehungen. Als wir anhielten, den Blick zurück zu den Mauern von Ani zu fotografieren, kamen Kinder angerannt, quer durch die Pfützen, die tiefer waren als die kurzen Schäfte ihrer Gummistiefel. Hier gingen Armut und Krankheit an die Existenz. Wie niedrig mag die Lebenserwartung sein, wie hoch die Kindersterblichkeit? – Erstaunlicherweise gibt es in jeder dieser lausigen Siedlungen stets zwei stabile Ge-

bäude: Das größere, mehrstöckige und mit Blech gedeckte ist das Schulhaus, wo in Früh- und Nachmittagsschicht sämtliche Kinder unterrichtet werden. Das zweite ist die Moschee, für die kein persönliches Opfer zu groß ist.

Ein einziges Dorf war an einen Abhang gebaut und das Wasser hatte sich im Tal gesammelt. Dort machten wir Halt. Auch hier kamen Kinder und Jugendliche, wenn auch sehr viel zögernder als in der Nähe der Sehenswürdigkeit. Wir hatten sogar Spaß miteinander. Mit Gesten fragte ich, ob ich sie fotografieren dürfe. Sofort bildete sich ein Grüppchen in der obligatorisch steifen Haltung. Ich knipste, und zeigte ihnen das Bild auf dem Display der Digitalkamera. Das erlebten sie anscheinend zum ersten Mal: die Neugier siegte über die Scheu. War das ein Staunen und Kichern! Ich rettete mich, zum Abschied winkend, durch die mit niederen Lehmmäuerchen gesäumten Gassen, an denen rund geformte Kuhfladen zum Trocknen klebten.

Doch wir hielten uns an die ausgegebene Devise, bei aller Freundlichkeit die Kinder nicht mit Süßigkeiten zum Betteln zu erziehen. Andererseits war die Not, die wir hier im wahrsten Sinne des Wortes hautnah erlebten, so bedrückend, dass wir nicht ohne den bewussten Tropfen auf den heißen Stein weiterziehen wollten. Als Çetin, der kurdische Reiseleiter, für unser rasch Gesammeltes in einer Ortschaft mit einem richtig schön altmodischen Tante-Emma-Laden hundert Schulhefte (zum Preis von einem Euro das Stück!) und Bleistifte besorgt hatte, hielten wir wieder an. Lehrer oder Bürgermeister waren nicht zu erreichen, also halfen der Dorfälteste und einige alte Männer, dass das Verteilen nicht sofort im Chaos endete.

Çetins Herz schlägt für die Kurden; er selbst ist einer. Sein Vater war noch ein Hütejunge in den Bergen. Als er drei Jahre wegen der Schule weniger verfügbar war, meinte sein Großvater, es sei an der Zeit, sich wieder um die Ziegen zu kümmern. Davon ließ sich später aber keine Familie ernähren. So half nur die Landflucht nach Istanbul. Der erhoffte wirtschaftliche Aufschwung stellte sich ein, der es dem Sohn, unserem Führer, erlaubte, Schulen zu besuchen und später Religionswissenschaften und Philosophie zu studieren. Mit Erfolg, denn wir profitierten davon, aber über die Armenier verlor er keine Silbe, auch nicht, als wir Tage später am Musa Dağh vorbeifuhren und fragten, welcher der Hügel es denn nun sei. Kennt er nicht, nie gehört, nichts …

S.142/143
Impressionen von einem kurdischen Dorf an der türkischen Grenze zu Armenien

Klostergründungen nach Ani: Sanahin, das Ältere

Armenische Klostergemeinschaften weisen eine Besonderheit auf, wenn wir sie mit den westlichen vergleichen, die nach der benediktinischen Regel »Ora et labora« leben, oder nach den rein mystisch-kontemplativen Formen des östlichen Mönchtums: Sie entfalteten Macht in krisenreichen Zeiten, durchaus politische, militärische weniger, und sie verhinderten die Assimilation mit fremden Einflüssen durch ihre starke kulturelle und sozioökonomische Bedeutung.

Hoch im Norden, im Kleinen Kaukasus, dicht an der georgischen Grenze, entstanden im Schutze dichter Wälder gleich eine ganze Reihe der bedeutenden Klosterakademien Armeniens. Perlen mittelalterlicher Baukunst hatten sich im unwegsamen Gelände entlang den Flussläufen angesiedelt. Alle wurden sie entdeckt, erobert und geschändet. Dazu tobte in der Provinz Lori am 7. Dezember 1988 das große Erdbeben besonders heftig: 40 Sekunden bei einer Stärke von 6,8 auf der internationalen Richterskala kosteten 25 000 Menschen das Leben! Ganze Dörfer und Kleinstädte fielen ihm zum Opfer. Auch die Hauptstadt Wanadsor, die drittgrößte Stadt des Landes, wurde schwer beschädigt. Noch immer sind die Containersiedlungen der damaligen Soforthilfe aus Ost und West bewohnt, noch immer dient in Spitak die von den USA gestiftete Kreuzkuppel-Weißblechkirche als Gotteshaus. Doch ich traute bei meinem Besuch 2004 meinen Augen nicht: Der Schutt war noch nicht restlos beseitigt, aber schon standen wieder hohe Wohnblocks am alten Platz.

Wir hielten an bei der neunzehn Meter langen Steinbrücke über den tief eingegrabenen Debet. Ein Chatschkar erzählte, daß sie die Königin Waneni 1192 hatte errichten lassen, um die Erinnerung an ihren jung verstorbenen Gemahl König Abas wachzuhalten. Es ist ihr gelungen, denn diese buckelförmig gewölbte ›Eselsrückenbrücke‹ ist zusammen mit seiner Geschichte das viel bestaunte älteste profane Bauwerk Armeniens. Eine technische Meisterleistung und hübsch anzusehen, wie es von der tiefer gelegenen Seite in Treppen die Höhe des Bogens erreicht und ebenerdig weiterführt zum felsigen Steilufer.

Brücke der Königin Waneni, 1192

Das ärmliche Dorf hat sich bis an die Umfriedung des Klosters Sanahin herangedrängt. Nur der Dorfplatz mit fliegenden Händlern, die heimische Produkte von Honig bis zu Kräutern feilbieten, wahrt Abstand. Nicht nur wegen dieses Kontrasts ist gleich der erste Eindruck überwältigend: Südländisch leicht wirkt die geschmückte Arkadenfront eines Gavits unter den drei gleich hohen Satteldächern über der großen, dreischiffigen Halle. Diese Vorhalle von 1211 ist außergewöhnlich in ihrer Kon-

Arkadenfront des Klosters Sanahin

struktion und Wirkung. Von dort gelangt man in die zweite Vorhalle von 1189: wuchtige Wandpfeiler, originell mit Tiermäulern, Vasen und Früchten dekorierte Kapitelle und ein einziges, freistehendes Säulenpaar tragen die vier mächtigen, sich überkreuzenden Bögen. Sie untergliedern den Innenraum in neun Teile. Auf quadratischem Grundriss gedrungene Proportionen, Erdenschwere, wie sie dem Alltagsgeschäft vom Lehrbetrieb bis zur Rechtsprechung anhaftet. Es waren ja ›Mehrzweckräume‹, folglich wurden sie für die Unterweisung mitgenutzt. Den Boden decken schlichte Grabplatten herausragender Persönlichkeiten wie Katholikoi und Bischöfe, aber auch einfacher Mönche. So abgetretten manche sind, kann man noch die eingegrabenen Silhouetten von Kopf, Hals und des rechteckig angedeuteten Körpers erkennen. Das lässt erkennen, was gemeint ist: dass die Vorangegangenen weiterhin dienen wollten, den Zugang zur Kirche ebnen, im Leben wie im Tod. Wie dann beim Eintreten in den sakralen Raum, in die Muttergotteskirche, wieder der Blick vom Höheren angezogen wird, vom Licht der Kuppel – himmelwärts.

Die Muttergotteskirche ist das älteste erhaltene Gebäude aus dem 10. Jahrhundert. Königin Chosrowanusch gab dazu den Auftrag, die Gemahlin Aschots III. Bagratuni (953–977), der Ani zur Hauptstadt Gesamtarmeniens gemacht hatte. Sie wollte damit ihre Söhne Smbat, Gagik und Gurgen (Kjurike), die künftige Königen von Ani und Taschir, des himmlischen Beistands versichern. Die Skulpturen von Smbat und Gurgen sind auf einem sehr hoch angebrachten Relief an der Ostfront der Erlöserkirche verewigt, nicht die Mutter als eigentliche Stifterin, niemals Frauen, in keiner Epoche. Nicht halbplastisch, sondern abgeflacht, die Körper in langen Gewändern, sich zugewandt, die Gesichter frontal herabblickend, tragen sie das Modell der Kirche zwischen sich. Ihr

Statussymbol, die Kronen mit Gehängen, zeugen von oströmisch-byzantinischer Verbindung. Wie eine Inschrift besagt, wurde das Kloster im Jahre 979 zum Bischofssitz und blieb als Wohnstatt unter dem Schutz der Bagratiden ein kulturelles Zentrum.

Im Nordosten Armeniens waren es häufig die Frauen der Fürstenfamilien, die, von Äbten ermuntert, selbst Klöster gründeten. Durch Schenkungen zu Lebzeiten sowie testamentarisch sicherten sie deren weiteren Unterhalt. Nie wären die eigentlichen Gönnerinnen öffentlich in Erscheinung getreten. Da repräsentierten ihre Söhne für sie. Als Gegenleistung hatte die Klostergemeinschaft der Wohltäterinnen und ihrer Familien in ständiger Fürbitte und mit Gedächtnisgottesdiensten zu gedenken. Offenbar wurde diese Pflicht nicht immer sorgfältig erfüllt, denn an den Mauern der Klosterkirchen fanden sich Verfluchungen. Neben diesen sicheren Einkünften sorgten Reliquien für mehr oder minder große Pilgerströme. Ganz besonders die, die Frauen zu Fruchtbarkeit verhelfen sollten, garantierten steten Zulauf.

Im gleichen Grundriss wie die Muttergotteskirche, nur sehr viel geräumiger, entstand zwischen 966 und 972 die Erlöserkirche. Sie ist nur über die beiden Gavits zu betreten. Zwischen den beiden Gotteshäusern liegt, wie eine köstliche Perle von ihren Muschelschalen umschlossen, die ›Akademie‹ oder, zu seiner Zeit, die ›Akademie des Grigor Magistros‹, ein langer, düsterer, tonnengewölbter Gang mit Nischen: das Skriptorium für die Kopisten. Der Blick ins Freie ist mit hohen Chatschkaren verstellt. Das ist also die Situation, die uns in den Kolophonen überliefert wird, wenn die Schreiber zum Schluss gestehen, wie sie bei schlechter Beleuchtung, geplagt von Kälte, Hunger, Feuchtigkeit und der Zähflüssigkeit der Tinte, alt und müde werden über ihrem frommen Werk. An der Grablege derer von Kjurikjan vorbei führt der ›Portikus‹, ein offener Säulengang zur größeren, freistehenden quadratischen Bibliothek, die Hörsaalcharakter hat. Schatzkammer war sie auch, denn in den Nischen der Wände wurden die kostbaren Reliquien und Handschriften aufbewahrt. Schränke bargen goldene und silberne liturgische Gerätschaften und weitere wertvolle Manuskripte, denen nicht selten unheilabwehrende Kräfte beigemessen wurden. Auch hier decken schwere Steinquader den Boden, das heißt, bei meinem letzten Besuch waren die meisten gehoben, und im Erdreich steckten riesige Vorratskrüge. Ich glaube, hier brauchen die Gelehrten nicht zu streiten: Die Bibliothek war nicht zur Vorratskammer verkommen. Die Behältnisse waren vorsorglich als Verstecke für die Schriften unter dem eigentlichen Bodenbelag angelegt worden, sie beim nächsten Überfall zu schützen.

Diese Bauelemente stammen aus der intensiven Bauphase des universell gebildeten Prinzen aus dem Fürstengeschlecht der Pahlavuni, den man ›Grigor Magistros‹ nannte (990–1058). Seine Studien hatte er in Ani und Konstantinopel betrieben, wo ihm von den Byzantinern der Titel eines Magisters verliehen wurde. In Sanahin begründete er im 11. Jahrhundert seine Gelehrtenschule, aus der viele geistliche Würdenträger hervorgingen. Sie umfasste nicht nur wie bisher Philosophie und Theologie, sondern auch Naturwissenschaften mit dem Schwerpunkt Medizin, speziell Fiebererkrankungen. Aber er griff auch in die Politik ein, wobei er sich mit den damals aufkommenden Sekten ebenso anlegte, wie er gewandt zwischen seinen armenischen Glaubensbrüdern und den eindringenden muslimischen Turkstämmen vermittelte.

Doch wenn der Name Grigor Magistros fällt, denkt man zuallererst daran, was ihm die armenische Literatur verdankt: das Reimen. Wahr oder gut erfunden, wird von einem Disput mit dem arabischen Dichter Menutsche über die heiligen Bücher der beiden Religionen berichtet. Der Araber prahlte, dass der Koran mehr zu loben sei als die Bibel, schon wegen seiner

Versform, die leichter erlernt und behalten werden könne. Grigor überlegte nicht lange und schlug ihm eine Wette vor: Sollte es ihm gelingen, innerhalb von vier Tagen die Bibel in Gedichtform vorzulegen, würde der Araberfürst zum Christentum konvertieren. Gesagt, getan: Grigor Magistros, hochbegabt und geübt im Dichten von Hymnen, fasste die Bibel in tausend Zeilen Poesie. Der Muslim war vom Inhalt und der Schönheit der Verse tief berührt, stand zu seinem Wort – und wurde Christ! Die gedichtete Version der Bibel wurde im ganzen Land bekannt und geliebt. Ein anderes großes Gedicht von 1 026 Zeilen ist Grigor dem Erleuchter gewidmet, die letzten 116 allein dem Geschenk der armenischen Schrift. Grigor Magistros, der für sich den Laienstand gewählt hatte, gründete mehrere Klöster. Sein dichterisches Genie vererbte sich seinem Enkel Nerses Schnorhali, den man den ›Begnadeten‹ nannte.

Im Kloster Sanahin kann man sich gut neben der spirituellen Funktion der Kirchen wissenschaftliches Leben vorstellen, wie Mönche in schönsten Lettern die Heilige Schrift, den ›Hauch Gottes‹ kopierten, die christliche Tradition in farbenfroher Miniaturmalerei weitergaben, die Geschichte des Landes festhielten, aber ebenso die neuesten Erkenntnisse der Naturwissenschaften niederschrieben und wie sie Musik und Literatur pflegten. Die ganze Klosteranlage fasziniert, weil sie so in sich geschlossen wirkt, wie aus einem Guss. Sogar die zauberhafte, kleine, runde Grigorkapelle, nach einer Bauinschrift 1061 von Königin Hranusch von Taschir in Auftrag gegeben, ist im rechten Winkel angesetzt. Weich sind die Linien der Ornamentik, reich sind sie über Fassaden und Kreuzsteine verteilt. So einheitlich wie der kreuzförmig ummantelte Grundriss der Kirchen mit der abgerundeten Apsis, so einheitlich sind die gedrungenen, runden Kirchtürme. Darauf sitzen die Dächer wie Zipfelmützen, mit fahlen Graspelzchen in den Ritzen. – Da lässt wieder mal der Ararat grüßen.

Exkurs: Auf Entdeckungsreise in Sanahin

Unerschrockene, Schwindelfreie waren eingeladen, die Dachlandschaft von oben, vom Glockenturm aus, zu betrachten. Ich glaubte auch dazuzugehören. Dass Schlagbretter im Norden Armeniens durch Glocken ersetzt wurden, begann erst mit dem verstärkten Einfluss der Kreuzfahrer und des christlichen Westens, durch den Einfluss des oströmisch-byzantinischen Reichs und über das nördlich angrenzende Georgien. Dieser noch vor dem Mongoleneinfall entstandene Glockenturm von 1236 dürfte hier der erste seiner Art überhaupt gewesen sein. Er ist ein schmaler dreigeschossiger Anbau, auf dessen Dachfirst eine offene Rotunde mit der üblichen, ziegelgedeckten Spitze gesetzt wurde.

Dachlandschaft des Klosters Sanahin

Durch ein plastisch umrahmtes Portal links neben den Arkaden betrat ich einen kleineren, finsteren Raum mit der ersten der Leitern. Grobe, raue Holme und hohe Sprossen in mitunter überraschendem Abstand – sie forderten die ganze Aufmerksamkeit, an Mitzählen war nicht zu denken. Ich keuchte hoch und höher, volle drei Stockwerke, bis es wieder heller wurde. Dann kam der kleine und doch so große Schritt hinaus auf den fensterbankbreiten Sims in luftiger Höhe, in die Arkaden der Laterne. Ich klammerte mich an die nächstbeste Säule. Schwindelfrei bin ich, daran besteht kein Zweifel, aber der Gedanke an den turmhohen Schacht hinter mir wollte erst verdrängt sein. Das gelang nicht zuletzt durch den faszinierenden Blick nach vorn, hinab auf die Dächer und hinaus ins Weite.

Die Anstrengung hatte sich gelohnt! Was für eine Dachlandschaft und dazu, ein bisschen höher oder niedriger, die drei anderen Tamboure, alles Schirmdächer mit schönen Licht- und Schatteneffekten. Aber ich hatte keinerlei Vorstellung, wie ich mich auf einer Kirchturmbrüstung zu bewegen hätte. So verharrte ich erst einige Zeit, meine Säule mit beiden Armen eng umschlungen. Und dabei hätten sich ein paar Meter weiter doch ganz andere Perspektiven ergeben. Ein Bergerfahrener kam mir zur Hilfe: »Immer mit drei Gliedmaßen sicher stehen und jeweils nur mit einem Arm oder Bein neuen Halt suchen.« Auch das kostete eine Riesenüberwindung. Doch irgendwann turnte auch ich hoch oben ringsherum um die acht Säulen, bis ich zuletzt so viel Selbstvertrauen gewonnen hatte, dass ich – nur noch angelehnt – fotografierte.

Ein Friedhof hinter der Klosteranlage lud zum beschaulicheren Betrachten der alten und neuzeitlichen Grabstätten ein. Manche prägen sich für immer ein, wie der große schwarz polierte Stein mit den eingravierten lebensgroßen Porträts von vier Geschwistern und dem kleinen Auto am Rand, wie es in den Abgrund stürzt. Die Grüfte der einst herrschenden adligen Familien sind Ruinen oder restauriert, geschmückt oder beinahe schon von Rosensträuchern überwachsen. Etwas weiter entfernt steht die kleine Auferstehungskapelle aus dem 14. Jahrhundert mit einem mehrfach stufenförmig umrahmten Portal, wo ich eine Begegnung der besonderen Art hatte. Eigentlich war es eine Begegnung mit einer besonderen Rasse, die hier vorkommt, einer Kreuzung von Wildschweinen mit auf Weiden gehaltenen Hausschweinen. Nett sehen sie aus, hellhäutig, mit recht dichten blonden Borsten. Von weitem erkennt man sie schon an den lustigen Haarbüscheln an den Spitzen der Ohren. Auch in den Waldgebieten von Lori waren sie uns über den Weg gelaufen. Lustig, wie die kleinen Ferkel mit ihren kurzen Beinchen sausten, noch flinker die schlanken halbwüchsigen Bastarde. Mal wühlten sie einzeln in der Erde, mal erschienen sie als ganzes Rudel, und es schien sie nicht zu stören, dass die Straßen befahren waren. Vor ausgewachsenen Ebern soll man sich hüten, hatte ich noch im Kopf, als mich auf einmal ein recht stattliches Tier aus seinen blauen Äuglein anblickte. »Bist du jetzt eine Dame oder so ein ausgewachsener Herr?«, war mein nächster Gedanke. In aller Ruhe zog sich das Friedhofsschwein hinter die nächsten Grabstätten zurück, wobei es geräuschvoll weiter mit dem Rüssel das Erdreich durchforschte.

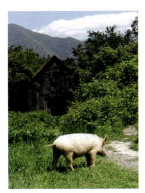

Friedhofsschwein mit Fürstengruft der Zakharjan

Haghpat:
Die Idylle an der Straße der Klöster

Um das Kloster Haghpat siedelte sich ebenfalls ein Dorf an, obwohl es auf einem Hochplateau über der Debet-Schlucht liegt, einstmals weitab jeder menschlichen Behausung. Jede der bisher besuchten Stiftungen war von einer Mauer umgeben. Die konnte im Ernstfall zwar nicht dem Angriff einer Armee widerstehen, reichte aber aus, eine Räuberbande abzuhalten oder zumindest ungebetene Gäste, damit das mönchische Leben zwischen Gebet und Arbeit ungestört dahinfließen konnte. Die Anlage von Haghpat dagegen ist mit einer starken, wehrfähigen Mauer umgeben, mit wuchtigen Wachtürmen an den Ecken, von denen aus das Land zu überblicken ist. In Gefahrenzeiten fand die ganze Bevölkerung dahinter Schutz.

Zu Sanahin bestand immer eine gewisse Rivalität, die sich sogar im Namen erhalten hätte: »Sanahin« bedeute: »das ist älter«, meint die Bevölkerung. Die Stifterpersönlichkeit der Hauptkirche des Klosters Haghpat, der ›Kirche des Heiligen Zeichens‹ oder der ›Kreuzkirche‹, ist bekannt – es war wiederum die Königin Chosrowanusch im Jahre 966; und nach der Überlieferung war der Baumeister sogar der große Trdat von Ani. Dieser älteste Bau ist das Zentrum der organisch gewachsenen, weitverzweigten Anlage. Ihr auffälligster Schmuck ist das Hochrelief zweier Söhne der Stifterin und König Aschots oben an der Ostfront, die wieder das Kirchenmodell zwischen sich tragen. Gurgen/Kjurike trägt eine helmartige Krone, Smbat zum Zeichen seiner Königswürde den vom Kalifen verliehenen mächtigen Turban.

Im Innenraum ist das Gotteshaus eine typische Kreuzkuppelkirche, wobei hier die Kuppel auf vier Wandpfeilern ruht. Zu einem rechteckigen Grundriss ergänzen vier angesetzte, zweigeschossige Eckräume. Man weiß, dass die Wände früher nahezu vollständig mit Fresken bedeckt waren. Trotz der hoch entwickelten Fähigkeiten in der Miniaturmalerei scheiterten hier die Künstler am technischen Know-how. Die tragende Kalkschicht war zu dünn gewählt worden, darunter litt die Haltbarkeit. Zudem herrschte zeitweise ein Bilderverbot. Aus vorchristlicher Zeit existierten Heiligtümer, die Statuen. Das rief bei den Christen hierzulande Abscheu und Zerstörungswut hervor, denn am Ende des Versammlungsraumes hatte der Altar zu stehen, nicht ein ›Götze‹. Auf alle Fälle galt das göttliche Gebot: »**Du sollst dir kein Bildnis noch irgendein Gleichnis machen.** (Anders verlief es in Kleinasien. Dort wurde die Antike von den Christen übernommen und weitergeführt.) Ein weiteres Argument gegen Bilder war die Besorgnis, die Gläubigen könnten sich aus Freude an den schönen Fresken von der Liturgie ablenken lassen oder würden sich der griechischen Konfession anschließen. So blühte auch hier die Wandmalerei regelrecht auf, als mit dem Konzil von Sis im 13. Jahrhundert das inoffizielle Bilderverbot aufgehoben wurde. Man ließ sich von griechischen Künstler-Gastarbeitern unterstützen, was die zweisprachigen Inschriften vermuten lassen. Leider sind die Abbildungen der Apostel und des Auferstandenen in der Apsis nur noch zu ahnen.

König Gurgen verließ seine Residenz in Sanahin zu Beginn der seldschukischen Invasion und übersiedelte ins Kloster Haghpat, dem er ebenfalls den Rang eines Bischofssitzes verlieh. Der erste der bemerkenswerten Steine erinnert daran, eine Grabplatte mit einem Bischofsstab, die erst einmal genauer betrachtet sein will: Die Kugel oben soll wohl die Faust sein, die den Bischofsstab hält, der durch zwei parallel verlaufende Linien angedeutet ist.

Dieser zeigt auf eine Schlange, die sich im Staub windet. Sie hat sich in sich selbst verbissen, als richte sie sich selbst. Hier hat die Schlange wieder eine neue Bedeutung, nämlich die, dass das Böse sich selbst richtet. Aus diesen wenigen Linien tritt mir der Bischof, der gewesene Mensch entgegen. Ich wüsste gern mehr über sein Schicksal. Was mag er wohl erlebt haben, dass dies seine Lebensweisheit war, die er weitergeben wollte?

über deren drei Grabkammern ein großer Chatschkar wacht. Dann folgt die Bibliothek, wiederum mit Schreibnischen. Ein Brunnenhaus und königliche Grabkapellen sind hügelauf, hügelab im Gelände verstreut.

Den höchsten Punkt des Geländes nimmt der Glockenturm ein, der älteste, und erste freistehende, Armeniens von 1245. Dass er so standhaft ist, verdankt er nicht zuletzt der besonderen Sorgfalt beim

Kloster Haghpat

Freistehender Glockenturm von 1245

Verbunden und ineinander verschachtelt schließen sich weitere Gebäude an. Über eine Passage mit einem neuen Vorbau betritt man in die Muttergotteskirche, während die Kapelle des Heiligen Grigor, winzig und sogar ohne Kuppel, seltsam schräg an den großen Gavit angesetzt ist. Außer seinen vielfältigen Funktionen als Vorkirche diente er noch als Mausoleum der königlichen Stifterfamilie Kjurikes,

Zusammensetzen und Ineinanderfügen seiner mit Gussmauerwerk gefüllten Tuffsteinblöcke, den Verbindungen mit einfachem und doppeltem Schwalbenschwanz und Verzahnungen. Durch eingeschnittene Ecknischen entspricht auch er dem kreuzförmigen Grundriss, der in ein Achteck übergeht. Das eigentliche, kunstvolle Glockentürmchen ist mit sieben Arkadenbögen aufgesetzt. Wichtig war, dass der Turm die Kuppelbauten weder überragt noch in ihrem Eindruck schmälert. Als weltliches Element wurde das Refektorium ans hintere Ende der Klostermauer gerückt. Es ist eine perfekte Kopie dessen von Haghartsin (s. S. 187). Überliefert ist, dass Haghpat und Sanahin zusammen 500 Mönche beherbergten.

Warum eigentlich diese Rivalität mit Sanahin? In beiden Klosterakademien lebten und wirkten große Persönlichkeiten. Haghpat hatte seine große Zeit im 13. Jahrhundert. Damals wurde das Kloster von drei aufeinanderfolgenden, hervorragenden Äbten geleitet, die die innere wie äußere Erneuerung vorantrieben. Der Einfluss der Schule von Ani brachte Klarheit in An- und Umbauten und gestrecktere Proportionen; es entstanden phantasievolle Blendbögen und Ornamente. Die Klosterbibliothek war außerordentlich reich bestückt, die Kalligraphen stellten systematisch Kopien aller wichtigen Manuskripte her, wo immer diese auch herstammen mochten. Zudem lebte in Haghpat mit Hovhannes Imastaser einer der bedeutenden Dichter-Komponisten des 12. Jahrhunderts – der klassischen Zeit geistlicher Gesänge – der Wissenschaftler, Philosoph, Dichter und Verfasser von Hymnen in einer Person war. Vor dem Glockenturm fand er seine letzte Ruhestätte. Jahrhunderte später hatte Haghpat mit Sayat Nova einen weiteren berühmten Künstler beherbergt, den beliebtesten Musiker Armeniens, den letzten der Troubadoure. Ihm und seinen Vorgängern ist ein eigenes Kapitel gewidmet (s. S. 153).

Das Rätsel um die unausgewogenen Grundflächen von Gavit und Grigorkapelle lässt sich vielleicht mit ihrer besonderen Funktion lösen. Wenn die Vorhalle der Raum zum Lehren und für Versammlungen war, dann war es die Kapelle ihrer besonderen Akustik wegen fürs Musizieren.

Auch dieses weltabgeschiedene Refugium war mehrmals fürchterlich heimgesucht und verwüstet worden und wurde erst in den siebziger Jahren des vergangenen Jahrhunderts systematisch restauriert. In die Liste des Weltkulturerbes wurde die Klosterakademie 1996 aufgenommen. Sie strahlt ländlichen Charme aus, jedes der Gebäude ist auf seine Art ansprechend. Durch das hügelige Gelände hat man immer nur Teile davon im Blick, tauchen erst nacheinander die roten Turmspitzen und Dächer auf.

Der berühmte Allerlöser-Kreuzstein Haghpats

Als eines der bedeutendsten Kunstwerke Armeniens gilt der ›Aller öserkreuzstein‹ des Meisters Vahram aus dem Jahr 1273. Erhöht steht er in einem Durchgang, gleich neben der Hauptkirche Haghpats. Es ist etwas Besonderes um diesen ›Amenaprkitsch‹. Er wird seiner Heilkräfte wegen verehrt und gleichermaßen von Kunsthistorikern gerühmt. Wie in Zeitraffermanier verkündet er die Passionsgeschichte nach Johannes, beginnend mit der Kreuzabnahme: *Darnach bat den Pilatus Josef von Arimathia, der ein Jünger Jesu war, doch heimlich aus Furcht vor den Juden, daß er möchte abnehmen den Leichnam Jesu. Und Pilatus erlaubte es. Da kam er und nahm den Leichnam Jesu herab. Es kam aber auch Nikodemus, der vormals bei der Nacht zu Jesus gekommen war, und brachte Myrrhe und Aloe untereinander, bei hundert Pfunden. Da nahmen sie den Leichnam Jesu und banden ihn in leinene Tücher mit den Spezereien, wie die Juden pflegen zu begraben.*

Also ist es Nikodemus, der zur Linken hantiert oder betet, während Joseph von Arimathäa sich rechts kniend mit einer langen Zange am Nagel in Jesu Füßen zu schaffen macht. So weit die Handlung. Unter den noch immer angehefteten Armen Christi stehen seit der Kreuzigung Johannes, der Lieblingsjünger und Maria, die Mutter. Darüber schweben die himmlischen Heerscharen, Engel und Erzengel, die

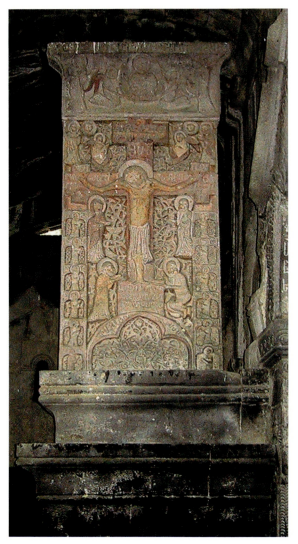

Amenaprkitsch, Allerlöserkreuzstein

wieder ein Zeitsprung, denn sie, wie alle übrigen, erscheinen als Heilige. Fließende Linien, lebhafte Bewegungen, harmonische Proportionen und beinahe jugendstilhaft verschlungenes Rankenwerk belegen die künstlerische Weiterentwicklung. Der Allerlöserkreuzstein von Haghpat zählt zum Schönsten, was armenische Steinmetze je geschaffen haben. Gott sei Dank, dass solche Werke damals entstehen konnten und bis auf uns erhalten blieben!

Es ist uns im Westen nicht bewusst, wie diese Begnadeten zu ihrem Talent und zu ihrem Werk standen. Lothar Heisers »Das Glaubenszeugnis der armenischen Kirche« veranschaulicht ihre Gedanken: **Die armenischen Väter sehen im Kunstschaffen der Menschen einen Hinweis auf den Schöpfergott und werten die Kunstfertigkeit als Ausdruck der Gottesebenbildlichkeit. Denn alle von Handwerkern und Künstlern geschaffenen Bauwerke und Gegenstände, ja selbst die durch Heilmittel wieder hergestellte Gesundheit und sogar die ordnende Kraft der Religion sind gegenüber den zur Verfügung stehenden Materialien oder der Ausgangslage etwas gänzlich Neues. Es besteht eine Analogie zwischen dem Schaffen der Menschen und dem Schaffen Gottes, da die menschlichen Kunstfertigkeiten Gaben des Gottesgeistes sind. Wer die Talente nicht pflegt, handelt leichtsinnig gegenüber seinem Schöpfer.**

den in Tücher gehüllten Leichnam seiner Auferstehung entgegentragen. Auch Mond und Sonne dürfen nicht fehlen als kosmische Zeichen, denn hier geschieht etwas Himmel und Erde Bewegendes. Die geflüchteten Apostel säumen den Rand. Das ist

Exkurs über Rose und Nachtigall

Der Mönchspoet Konstandin Jersnka (1250–1328) aus Erzincan in Ostanatolien repräsentiert eine neue Strömung der armenischen Lyrik. Noch fest verhaftet im orientalischen Vorbild, verherrlicht er Schönheit und Liebe. Im religiösen Sinne besetzt er das Motiv der Liebe mit der Nachtigall, die das werbende männliche Wesen verkörpert, zu der durch Schönheit und Frische betörenden Rose. Er skizziert Bilder, in denen er allegorisch die größten Geheimnisse des Christentums preist, wie die Menschwerdung Christi und seine Auferstehung. Sie gehören wegen ihrer Klarheit zum Schönsten, das die armenische Dichtung hervorgebracht hat. Doch sind seine Verse so sehr von dem unmittelbaren Erlebnis eines leuchtenden, frühen Tages im Frühling und dem Glanz der Blätter und Blüten erfüllt, dass die allegorische Bedeutung hinter dem Ausdruck diesseitiger Freuden und Erwartungen zurücktritt und verblasst. Sein Leben ist Leiden unter dem Zwiespalt der Gleichwertigkeit von Geist und Leib. Nur 27 seiner Lieder sind erhalten.

Lied vom hellen Frühling

Zur Rose flog die Nachtigall.
Vom Morgen bis zum Abendrauch
sang sie mit ihrem frohen Schall,
ganz trunken von der Rose Hauch.

Zur Rose sang die Nachtigall:
»Allein kann ich nicht fort von hier,
Du nahmst mir Herz und Atem all,
und Glanz und Farbe nahmst du mir.«

Dies Lied ließ sie die Rose hörn:
»Du bist das Licht, das mich besonnt,
bist Morgenstern und Abendstern,
bist meine Sonne und mein Mond.

Du funkelst rot wie ein Rubin,
Topas, Saphir sind dir verwandt.
Du bist die Stadt Tschinimantschin
und raubest vielen den Verstand.«

Anders der 130 Jahre später geborene Abt Arakel Baghischezi (1380–1454). Er deutet das aus der persischen Tradition stammende Rose-Nachtigall-Motiv im christlichen Sinne um. Die Nachtigall wird zum Verkündigungsengel Gabriel, die Rose zur Jungfrau Maria. sie führen einen Liebesdialog von 115 Versen, die mitunter mehr der irdischen Liebe zugeneigt scheinen:

Das Lied von der Rose und der Nachtigall

Die Nachtigall sprach zur Rose: »Ich kam um der Liebe willen,
dich, du Gefäß der Liebe, soll himmlische Liebe erfüllen.
Es wird die heilige Liebe sich auf dich niedersenken,
und deine Liebe wird alle Blumen auf Erden umhüllen.«

Zur Nachtigall sprach die Rose: »Vogel, sei mir gepriesen!
Wie süß deine freundlichen Worte in meine Seele fließen.
Aber du fliegst am Himmel, ich wurzele in der Erde,
wie sollen sich deine und meine Liebe zusammenschließen?«

Die Nachtigall sprach zur Rose: »Das sollst du alles wissen,
dann wird dein Herz meine ewige Liebe bestätigen müssen.
Ich bringe Tau aus der Wolke herab, um dich zu schmücken,
dann wird meine Liebe die deine besiegeln mit Küssen.«

***

Zur Nachtigall sprach die Rose: »Nenne mir dein Begehren,
denn meine Seele muß sich nach deiner Botschaft verzehren.
Verbirg nicht länger vor mir, was zu sagen dir aufgetragen,
gegen dein Liebeswerben will ich mich nicht mehr wehren.«

Die Nachtigall sprach zur Rose: »Höre, ich bin dir erschienen
mit dieser Kunde: Auch du wirst dem mächtigen König dienen.
Unaufhörlich wirst du gepriesen durch meine Stimme,
von allen Vögeln gerühmt, ja wahrhaft vergöttert von ihnen!«

> Zur Nachtigall sprach die Rose: »Es dürstet danach
> meine Seele,
> daß dieser König auch mich zu seiner Dienerin wähle.
> Doch es befällt mich ob Seiner Größe ein banges
> Zittern:
> Wer kann ohne Fehl erfüllen, was du mir nanntest?
> Erzähle!«
>
> Die Nachtigall sprach zur Rose: »So will ich es dir
> denn verkünden:
> Fürchte dich nicht, Er wünscht bei dir Labsal und Ruhe
> zu finden.
> Du aber sollst dich unaufhörlich der Liebe erfreuen,
> Er macht dich zum heiligen Tempel, um sich mit dir zu
> verbinden.«
>
> ***
>
> Die Nachtigall sprach zur Rose: »Ich will dir alles
> erzählen.
> Er wird dich, noch ehe du blühst, zu seiner Gefährtin
> erwählen.
> Er hat Seine Wohnstatt schon sorgfältig vorbereitet,
> Um sich zur rettenden Tat in Gnade mit dir zu
> vermählen.«

Das lange Gedicht endet mit zwei persönlich gehaltenen Strophen:

> Ich, Arrakhél, behaftet mit allen Sünden der Welt,
> wollte die Nachtigall und die Rose preisen und ehren,
> hab mit dem Engel Gabriel sie in Vergleich gestellt
> und mit der Jungfrau Maria. Sie wird den Christus
> gebären.
>
> Ich bitt euch, bekommt ihr diese Verse einst zu Gesicht,
> fügt eine Weise hinzu, gefällig und schlicht.
> Gedenket meiner und sagt: »Gott möge ihn segnen«,
> und ihr werdet dem Antlitz Jesu begegnen.

Wie stand man zum Nachtigallensang in europäischen Klöstern? Man erzählt eine Geschichte von Bernhard von Clairvaux, der im 12. Jahrhundert den Zisterzienserorden gründete: Als er beim Besuch des Klosters Himmerod in der Eifel die Mönchszucht in tiefem Verfall fand und zugleich den üppigen Gesang der Nachtigallen vernahm, wurde ihm klar, dass dieser verführerische und leidenschaftlich aufregende Nachtigallenschlag am weltlichen Sinn der Brüder schuld sei. Zürnend erhob er die Hand, und sein Bannspruch zwang das ganze Volk der Nachtigallen, von dort hinwegzufliehen. Sie flogen zum Frauenstift Stuben an der Mosel.

Auf die vertraute Symbolik verzichteten auch orientalische Barden, die ›Aschughen‹, nicht. Sie reisten unter einem Künstlernamen von einem Ort zum anderen und schufen eine erotisch gefärbte Volksdichtung, die den einfachen Menschen mitunter näher war als die des Klerus … Einer dieser geheimnisvollen Poeten des 16. Jahrhunderts nannte sich Nahapet Kutschak. Er schuf aus volkstümlichen Vierzeilern meisterliche, bilderreiche, stimmungsvolle ›Hairen‹. Die Natur stellt den Hintergrund dar, mit Berg und Wasser, Blumen und Bäumen.

Die Rose, aber auch der Apfel sind Zeichen der Zuneigung, der Mond wird zum Vertrauten bei nächtlichem Beisammensein und zum Gefährten der Liebenden. Nahapet Kutschak besingt schon, wie Liebesfreud Liebesleid in sich birgt, Verlassenheit und Einsamkeit:

> Mein leuchtender Mond,
> wohin flüchtest Du in dieser unendlichen Nacht?
> Du hast in vielen Fenstern manch schlafende
> Schönheit bewacht.
> Am Hemd hat meine Liebste die Knöpfe aufgemacht,
> die Sterne vergehn, wenn zum Himmel das Licht
> ihrer Brüste lacht.

Dieser östliche, orientalisch orientierte Zweig der armenischen Musik brachte im 17. Jahrhundert den eigenständigen, armenischen Minnesang hervor, dessen berühmtester Vertreter der Trobadour Sayat Nova war. Ein großer Name, denn er bedeutet ›König des Gesangs‹. Geboren wurde er 1722 in Sanahin. Im Kloster erwarb er sich seine Schulbildung. Lyrische Gedichte schrieb und sang er von Jugend an, was ihm frühen Ruhm bescherte. Seine Lieder widmete er der ungewöhnlichen weiblichen Schönheit eines unerreichbaren, geliebten Wesens und der damit einhergehenden Seelenpein des Anbetenden. Das hatte er leidvoll selbst erfahren müssen: Er hatte zunächst am Hofe des georgischen Königs Herakles II. gedient, als Sänger und Diplomat, bis er sich in die Königstochter verliebte und – weiterziehen musste. Er ragte als der große Meister unter den den Kaukasus durchwandernden ›Aschughen‹ hervor. Als der fahrende Sänger des 18. Jahrhunderts schrieb er mehrere tausend Lieder, die begeistert aufgenommen wurden, von denen man ihm heute aber lediglich 220 mit Sicherheit zuordnen kann.

Seine Lieder in armenischer, georgischer und aserbaidshanischer Sprache haben an Popularität nichts eingebüßt. Aber sie waren das Ende einer Epoche. Bei ihm finden sich die bekannten Metaphern der Nachtigall und der Rose für die Geliebte wieder, und mitunter schwingen Klänge von biblischer Dichtung mit.

Dass im Kloster Haghpat das unstete Leben Sayat Novas Ruhe fand (s. S. 151), ist die eine Version. Die andere, dass es ihm dort allzu ruhig war und dass er sich in Verkleidung nach Tiflis aufmachte, weiter in froher Runde an den ›Aschughen‹-Wettbewerben teilzunehmen. Denn als 1795 die Stadt von den Persern eingenommen war, wurde der ehrwürdige Greis in einer Kirche von den Soldaten des Aga Mohammed Khan getötet, weil er sich einem Übertritt zum Islam widersetzte. Sayat Nova, der letzte Trobadour – ein Märtyrer!

Du weinst mit der Nachtigall,
du blühst wie der Rose Pokal,
dich netzte ihr duftender Strahl,
    der Rose Strahl.

    Es gleicht dir keine,
    nicht eine, nicht ein,
    einzig bist du.

Deine Schönheit herrscht überall,
wie Silber dein Lockenfall,
deine Haut wie ein Seidenschal,
    Seidenschal.

    Es gleicht dir keine,
    nicht eine, nicht eine,
    einzig bist du.

Du bist Sonne und Mond zumal,
meine Schwüre sind ohne Zahl,
dein Gewand gürtet edles Metall,
    edles Metall.

    Es gleicht dir keine,
    nicht eine, nicht eine,
    einzig bist du.

Dein Kleid ist Rubin und Opal,
du weinst mit der Nachtigall,
dein Gesicht trägt ein Schönheitsmal,
    ein Schönheitsmal.

    Es gleicht dir keine,
    nicht eine, nicht eine,
    einzig bist Du.

Die Berge beweinen die Nacht
meines Leides. Was hast du gemacht?
Hast Sayath von Sinnen gebracht,
    von Sinnen gebracht.

    Es gleicht dir keine,
    nicht eine, nicht eine,
    einzig bist du.

6 Geschichte und Geschichten von Achtamar

Vom kleinen Königreich Vaspurakan, heute Ostanatolien

Die Erkundung beginnt mit einer vergnüglichen Bootsfahrt zur Insel Achtamar im Van-See, im heutigen Ostanatolien, mitten ins pulsierende Herz des winzigen Königreichs Vaspurakan. Es liegt zwischen Van- und Urmia-See, dem Großen Zap und dem Araxes-Fluss. Wie schon im Abriss der geschichtlichen Entwicklung von Ani erwähnt, hatte Emir Yusuf Gagik Artsruni, einen Neffen des Herrschergeschlechts von Ani, zum König eines kleinen Reiches erhoben, allein mit dem Hintergedanken, die Macht der geeinten Fürstenhäuser zu stören. In Rivalität zum bagratidischen König von Großarmenien, den Kalif wie Kaiser anerkannt hatten, gelang es Gagik, seine Stellung zu festigen, indem er Fürsprecher am Hof von Bagdad fand. Schließlich krönte ihn noch einmal Khalif Al-Muqtadir im Jahre 914 mit einer

Überfahrt auf dem Van-See nach Achtamar

goldenen, reich mit Edelsteinen und Perlen gezierten Krone zum ›König von Armenien‹, bekleidete ihn mit einem Ehrengewand von Brokat und gürtete ihn mit einem goldenen Schwert. So schildert der Hofchronist Thomas Artsruni, der selbst zur Königsfamilie gehörte, die Krönungsfeierlichkeiten.

Eine großartigere Kulisse für einen Ausflug zu Wasser konnte ich mir gar nicht denken: Der Van-See liegt in 1 719 Metern Höhe, weit wie das Meer, exakt siebenmal so groß wie der Bodensee, umrahmt von dreieinhalb- bis viereinhalbtausend Meter hohen Vulkankegeln im ewigen Schnee; Wasser und Himmel tiefblau bei strahlendem Sonnenschein. Im Beiboot Koch und Kellner, Küche und Keller. Ehe wir ablegten, war mir eingefallen, Van-Seewasser probieren zu müssen. Es war so abscheulich, dass ich mir den Spaß gönnte, auch meine Reisefreunde dazu zu animieren und ging mit einem frisch geschöpften Teegläschen reihum. Im ersten Moment schmeckte es etwas salzig wie Meerwasser, aber dann wie abgestandene Seifenbrühe, weil es eine stark sodahaltige Lauge ist.

Diesmal hörten wir nicht die Historie, sondern eine Liebesgeschichte, eine Legende ähnlich der von Hero und Leander: Auf der Insel lebte ein schönes Mädchen mit dem Namen Tamar. Ihr Geliebter, ein junger Mann aus adligem Geschlecht, fuhr in jeder Nacht zu ihr über den See, bis schließlich einmal bei Sturm und hohem Wellengang das Boot kenterte. Während der junge Mann in den Fluten versank, schrie er schmerzvoll auf: »Ach, Tamar!« Das Mädchen, das ihn mit einer Fackel erwartete, hatte seinen Tod vom Ufer aus mitansehen müssen, ohne helfen zu können und starb vor Kummer noch in derselben Nacht. Von da ab trug die Insel ihren Namen: Achtamar. Wiederentdeckt wurde sie eher zufällig im Jahre 1850 von dem bekannten Assyrologen Austen Henry Layard (1817–1894), der Ausgrabungen in Ninive, Nimrud und Babylon unternommen hatte.

In Van hatte Gagik zwar seinen Regierungssitz, aber seine große Liebe gehörte seiner Zweitresidenz, dem Ort seiner Erbauung. Als er sein kleines Königreich befriedet hatte, ließ er auf der Insel Achtamar im Van-See nach dem Vorbild der arabischen Paläste seine Königsresidenz so prachtvoll errichten, dass deren Luxus alle Fürstenhöfe Transkaukasiens überstrahlte. Auf seine Anweisung hin wurden Hügel terrassiert, eine Ringmauer entstand, befestigt durch Türme, in denen sich Loggias mit Blick über den See befanden. Ein Hafen wurde angelegt, dessen Einfahrt durch verschließbare Tore geschützt war. Im Hinterland ließ er wertvolle Haine anpflanzen, die Gärten und Parks wurden mit kostbaren Duftstoffen besprengt. Brunnen sprudelten; heute sind sie versiegt. Die Residenzen der hohen Würdenträger des Hofs säumten die langen Alleen – alles in allem ein Paradies! Es gab Vorratshäuser und ein Arsenal, an das sich schließlich eine ganze Stadt anschloss. Aber vor allem der Palast, vom König selbst entworfen, mit rechteckigem, vielfach von Nischen unterbrochenem Grundriss und mit goldgänzenden Kuppeln, beeindruckte. Lassen wir den Chronisten Thomas erzählen, wie sich's am Hofe lebte: **Die Architektur des Palastes ist höchst erstaunlich und so erhaben, dass ein gebildeter Mensch, der mehrere Stunden damit zugebracht hat, ein einziges Zimmer zu betrachten, sich beim Hinausgehen nicht Rechenschaft darüber geben kann, was er nun wirklich gesehen hat. Es gibt dort in der Tat vergoldete Throne, auf denen der König erscheint, in sanfter Majestät sitzend, umgeben von jungen Pagen mit vor Freude funkelnden Augen, Reihen von Musikantinnen, Gruppen von bewundernswürdigen jungen Mädchen. Außerdem sieht man Regimenter von Soldaten mit bloßem Schwert, zum Kampf aufgereihte Krieger, hie und da Reihen von Löwen und anderen wilden Tieren, mit verschiedenem Putz geschmückte Vogelschwärme; wollte man endlich alles aufzählen und beschreiben, so würden Erzähler und Hörer ermüden. In den über alle Maßen bewundernswürdigen Palast hat man fein und zierlich gearbeitete Türen eingelassen, die sich in zwei Flügeln öffnen und lieblichen Luftströmen Einlaß gewähren …**

Die Heiligkreuzkirche von Achtamar

Im Jahre 915 beauftragte Gagik den Baumeister Manuel mit der Errichtung seines eigenen Gotteshauses. Hier war er nicht nur Mäzen wie bei seinen Kirchenstiftungen rings um den Van-See, als Bauherr nahm er selbst Einfluss auf Entwurf und Gestaltung. Sechs Jahre später war die prächtigste aller armenischen Kirchen vollendet, beispiellos in der ganzen Christenheit des 10. Jahrhunderts: die Heiligkreuzkirche von Achtamar, mit knapp 15 Metern Länge und einer größten Breite von 11,5 Metern. Der, der auch für den Palastbau verantwortlich zählte, war ein Vardapet, ein studierter Mönch. **Ein Mann,** überlieferte Thomas Artsruni, **von Wissen und großer Geschicklichkeit, der aus der Kirche ein Meisterwerk seiner Kunst machte.** Das Werk ist mit allergrößter Sorgfalt ausgeführt. Bestes Baumaterial wurde nicht ohne Gefahr per Schiff vom anderen Ende des Sees von einer jüngst eroberten arabischen Zitadelle herbeigeführt. Man versicherte sich der Mitarbeit der besten Künstler, **die von überallher zusammenkamen.** Von der ganzen Stadt und vom Palast ist heute nichts mehr vorhanden. Dass er aber mit der Kirche über die Südkonche verbunden war, deren Obergeschoss als Königsloge und königliche Hauskapelle benutzt wurde, lässt sich erkennen, auch wenn die Balustrade im parthischen Stil mit ihren Tierköpfen längst zu Sand zerbröselt ist.

Erhöht und für sich allein steht die rostrote Kirche in der Nähe der Anlegestelle. Von weitem ist der vertraute kreuzförmige Grundriss unter dem hohen, spitzen Tambour zu erkennen. Aber – was ist das? Nicht ein Quadratmeter ist ohne Dekor, bis hinauf in die Giebel. Von dort grüßen lebensgroß die vier Evangelisten Matthäus, Markus, Lukas und Johannes mit dem Heiligen Buch in der Linken, der segnend erhobenen Rechten in die vier Weltgegenden. Was für eine Idee, was für ein Geist! Doch es ist nicht mehr ganz der ursprüngliche Eindruck – die

Südwestansicht der Heiligkreuzkirche von Achtamar

farbliche Fassung leuchtet nicht mehr. Ursprünglich waren die Mauern bunt bemalt, und die farbigen Einlagen hoben sich von einem vergoldeten Hintergrund ab. Die ganze Kirche war ein funkelndes Reliquiar für nah und fern, das im klaren Wasser des Van-Sees nur so geblinkt und geblitzt haben mag. Die Überlieferung erzählt, dass man die ganze Kirche von außen mit einer perlengestickten Decke schirmte, die eine reiche Frau gestiftet hatte, um die Farben und den Glanz vor Regen zu schützen.

Die vielen Menschen in Feiertagsstimmung von der Anlegestelle bis zur Kirche nahm ich gar nicht wahr. Ich war wie gebannt vom Anblick der hundert oder noch mehr Darstellungen, die es zu entziffern, zu entschlüsseln, zu verstehen galt. War es das Anliegen eines Gagik, mit seiner Kirche alle bisherigen Dimensionen zu sprengen? Die Erklärungen unseres vielseitig gebildeten muslimischen Reiseleiters blieben dürftig auf christlichem Terrain. Forschend blickte ich in den Kreis, mit wem ich mein bescheidenes Wissen austauschen könnte. Ein älteres Ehepaar hegte wohl ähnliche Gedanken, bat mich jedoch vorher um ein Foto mit ihrer Kamera von der recht ungewöhnlich dargestellten Opferung Isaaks. Das war nur vom Flachdach des wesentlich jüngeren Vorbaus (›erst‹ von 1763) aus zu bewältigen. Er war völlig schmucklos, hatte aber an der Südseite Fenstersimse und -umrahmungen, also ließ sich die Kletterpartie verantworten.

Es war wahrhaftig der Mühe wert, was mich da oben erwartete! Ich befand mich vor der Westseite der Kirche, eine Etage höher als das ursprüngliche Hauptportal. Da stand ich nun einer kleinen Gruppe von Figuren gegenüber, die Gagik sehr wichtig gewesen sein musste; deshalb diese exponierte Position. Vielleicht ergab sich daraus ein Hinweis zur Deutung.

Umrahmt von zwei imposanten, sechsflügligen Seraphim, getrennt durch zwei kleinere, kauernde Engel, die ein Kreuzmedaillon tragen, steht Gagik vor Jesus Christus und überreicht ihm das Modell seiner Kirche. Der Monarch steht im reichen, orientalischen Krönungsornat, man ahnt die schwere Seide, die Krone auf dem Haupt – etwa die, durch die ihn Emir Yusuf zum ›König von Armenien‹ gemacht hatte? Der Herrscher des Himmels dagegen trägt die Toga der Antike. Beide Figuren sind relativ flach gearbeitet; umso plastischer tritt das Kirchenmodell aus der Wand heraus. Dass der Stifter größer geraten ist als Gottes Sohn, hängt wohl damit zusammen, dass verschiedene Künstler am Werk waren, die die Reliefs aus Steinplatten herausarbeiteten, die später in die äußere Sandsteinschale des Gussmauerwerks eingesetzt wurden. Leere Dübellöcher verlorengegangener Elemente lassen auf diese Technik schließen. Etwas erstaunt bemerkte ich, dass beide Figuren einen Nimbus über dem Haupt tragen. Vielleicht ist der Schlüssel dazu der segnende Christus mit einer Art Buchtafel in seiner linken Hand, auf der die Worte *Ich bin das Licht der Welt geschrieben sind. Wie ein alter Bericht erwähnt, habe die Kirche durch die Reflexion der Sonnenstrahlen tatsächlich schon von weitem wie eine zweite Sonne auf dem blauen See geglänzt und gefunkelt. Ist das nicht eine Sonnensymbolik mit religiösem Hintergrund: Christus als ›Licht der Welt‹ oder die ›Sonne der Gerechtigkeit‹? Das Gotteshaus als strahlender Mittelpunkt, in dessen Glanz sich auch der Herrscher sonnt, als erster Vertreter seines winzigen Reiches? Gibt ihm das nicht die Würde, auch einen Strahlenkranz zu tragen? Der Hofhistoriker Thomas Artsruni schildert die Szene anders: **An der Vorderwand der Kirche machte er auch das Kreuz und das Bild des Erlösers als Mensch sichtbar. Ihm gegenüber sah man ein vollkommen ähnliches Bildnis des Königs Gagik mit Nimbus, der auf den Armen mit hoher Inbrunst ein Modell der Kirche trägt, als wenn es ein Goldgefäß wäre, gefüllt mit Manna, dem Düfte**

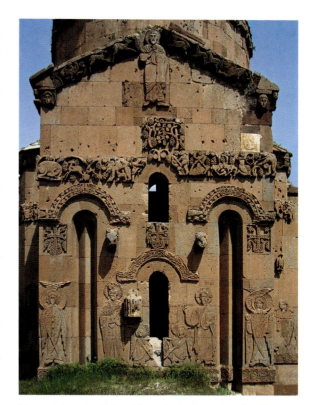

Westansicht der Heiligkreuzkirche, König Gagik überreicht Christus das Modell der Kirche

entströmen. Der Mensch erscheint in der Haltung eines Menschen, der um die Vergebung seiner Sünden bittet. Weiter beschreibt er den Schmuck der Außenfassade: **Der Mönch [Manuel] unterstützte den König mit seiner Begabung und stellte dort die vollkommen richtigen Bilder von Abraham bis David und Christus, die Reihe der Propheten und Apostel dar, jeden nach der Regel und wunderbar anzuschauen. Er schuf und gruppierte in den Teilen der Kirche Massen von wilden Tieren und Vögeln, Wildschweinen und Löwen, Stieren und Bären einander gegenüber, die Gegensätze ihrer Natur darstellend. Er zeichnete auch an den Wänden der Kirche in getrennten Feldern Weinstöcke, beladen mit Trauben, Winzer, Versammlungen von Tieren und Reptilien, nach**

Arten geordnet, deren Darstellung den Blick erfreut. An den vier Seiten der Apsis des Heiligtums stellt er die vier Evangelisten dar, Heilige, die Krone der Freuden der heiligen Kirche bildend.

König Gagik wollte mit manchen Darstellungen möglicherweise auch seine realen oder konstruierten biblischen Vorfahren ehren. Er rühmte sich, Nachfahre des Assyrerkönigs Sanherib zu sein, der zur Genealogie seines Vaters gehöre, ebenso König Davids, den seine Mutter im Stammbaum führe. Auch der beiden Artsruni-Prinzen Sahak und Hamasasp, die im Jahre 786 als Geiseln an den Hof des Kalifen gebracht wurden und für ihren christlichen Glauben starben, wird als Märtyrerheiligen gedacht. Sie stehen für die Glaubensfestigkeit des Königshauses.

Die Technik des Bauens bleibt immer gleich: wandparallele Flachreliefs, bei den biblischen Szenen, Hochreliefs bei Einzelfiguren, stets wird nur frontal abgebildet, mitunter ergeben sich Größenunterschiede bei sich gegenüber Stehenden. Türkiskugeln sollen für die Augen verwendet worden sein. Entdecken konnte ich keine mehr, obwohl nur ›beinahe alle‹ herausgerissen sein sollen. Insgesamt entbehrt der Stil jeglicher Leichtigkeit – der Ausdruck der Figuren ist bei aller Detailverliebtheit hölzern. Ihren ganz besonderen Reiz hat diese Naivität trotzdem.

Alfred Renz hat in seinem Buch »Land um den Ararat« von 1983 die Welten benannt, die sich in diesem Gesamtkunstwerk treffen: **Im skulpturalen Schmuck der Kirche von Achtamar kommt vieles zu vielem: altchristliche und frühbyzantinische, altorientalische und sassanidische Motive, unter dem Zeichen des Islam verschmolzen, in den Dienst der christlichen Religion und höfischen Repräsentation gestellt. Armenien erscheint uns wie eine Agraffe, die Köstliches aus Ost und West zusammenbindet.**

Die Bilderzyklen des Innenraumes können da nicht konkurrieren. Sie erzählen, beginnend mit der Erschaffung der Erde, von Adam und Eva und enden mit der Wiederkunft Jesu und den Heiligen. Sie sind in ihrem jetzigen Zustand für den Laien schwer zu erkennen, so wichtig sie für Kunsthistoriker als Beispiele für die christliche Malerei des 10. Jahrhunderts auch sein mögen.

Die Insel war jahrhundertelang eines der geistigen Zentren Armeniens. Von 931 bis 992 war Achtamar Sitz des Katholikos und von 1113 bis 1895 ein Nebenkatholikat. Ein literarisches Zeugnis des höchsten Würdenträgers wie Dichters Grigor von Achtamar (1480–1544) ist interessant. Er hatte über dreißig Jahre dieses Amt in Achtamar inne, in deren Heiligkreuzkirche das Bild der Jungfrau Maria verehrt wurde. Inspiriert durch arabische und persische Literatur, bediente er sich der Metaphern des »Hohelied Salomos«, um seine ›Trunkenheit‹ zu besingen:

Der Frühling ist erwacht, die Gärten schmücken sich mit Rosen;
Nachtigall und Turteltaube fliegen umher;
sie brennen vor Liebe zu der ersten Rose
die in rote und grüne Blätter gekleidet ist.
Ich bin trunken, bin trunken vor Liebe,
ich bin trunken, bin trunken, am sonnigen Tag,
ich bin trunken, bin trunken, des Nachts
  in meinen Träumen.

Zur weithin theologisch und literarisch ausstrahlenden Kirche von Achtamar gehört unbedingt die mystische Dichtung eines Mönchsgelehrten, des Heiligen Grigor von Narek (951–1003). Es ist eine leidenschaftliche und überströmende Lyrik, entstanden im Kloster seines Namens, ›Narekawank‹, in einem Tal am südöstlichen Ufer des Van-Sees. Sein »Buch der Klagelieder« war im 11. Jahrhundert das nach dem Evangelium am meisten verbreitete Werk, kopiert im gesamten armenischsprachigen Raum. Der Text hat bis heute nichts von seiner spirituellen

Wirkung eingebüßt. Er ist eine Aufeinanderfolge von inbrünstigen Gebeten und Anrufungen Gottes. Die Texte gewinnen ihre starke Kraft, weil ständig das Wort vom poetischen Bild und die Bedeutung vom Rhythmus der Sprache durchdrungen und beherrscht werden. »Narek!« ist der lauteste aller Rufe der Seele, ein Schrei und ein Echo. Der bekannte Theologe Dovo Barsotti stellt fest, **daß nur selten in der christlichen Literatur die Bedeutung der Sünde, d. h. die unendliche Entfernung zwischen Mensch und Gott und das sich aus diesem Bewußtsein ergebende Drama, in einer so deutlichen und tiefen Erfahrung offenbar wird wie im Narek.** Man könnte den Narek als eine Symphonie mit der Schwere eines Stücks von Wagner bezeichnen, die um jene einzigartige Frage kreist, die einen Franz von Assisi zu Boden wirft: Mein Gott, wer bist Du und wer bin ich? Und doch, wie ein modernes Gebet klingt Nareks Parusie-Hymnus:

Wenn die Strahlen deiner Güte und Herrlichkeit,
die keine Schatten werfen, hervorbrechen,
dann schmelzen die Sünden dahin,
werden die Dämonen verjagt.
Ausgelöscht sind unsere Verfehlungen,
zerbrochen die Fesseln, die uns banden,
aufgesprengt die Ketten.
Wiedergeboren zum Leben werden die, die tot waren.
Dann sind die Verletzungen geheilt,
vernarbt die Wunden,
zunichte gemacht, was Fäulnis war.
Es verschwinden alle Traurigkeiten.
Es hört das Stöhnen auf. Entflohen sind die Finsternisse,
zerteilt ist der Nebel, weggeblasen ist der Dunst.
Es lichtet sich das Undurchdringliche.
Die mähliche Dämmerung kommt zu ihrer Vollendung.
Das Dunkel entweicht.
Fort eilt die Nacht.
Damit ist die Angst gebannt,
sind die Übel, an denen wir leiden, überwunden,
sind die Hoffnungslosigkeiten aus dem Horizont verschwunden.
Denn erkennbar ist: Deine allmächtige Hand regiert;
du hast ja für alle gesühnt.

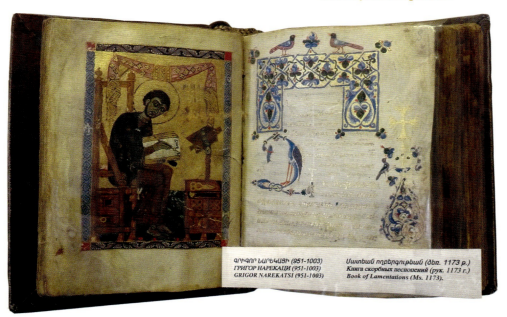

Buch der Klagelieder von Narek in einer Abschrift aus dem 12. Jahrhundert

Standen vorher biblische Gestalten und historische Ereignisse im Vordergrund, drang Narek in seinen ›Taghs‹, seiner Dichtung, nun in die Psyche der Personen vor. Seine Lieder verzaubern in ihrer Vielfalt an Farben und Bildern. Die Einheit von Mensch und Natur erscheint in einem besonderen Spannungsfeld zwischen Geist und Körper. Das 10. Jahrhundert hatte endlich eine Zeit des Friedens zwischen endlosen Kriegen beschert, in der die genialen Gesänge von Narek die Renaissance armenischer Gesangs- und Dichtkunst eröffneten. Sein Heimatkloster und seine Grabstätte in der Muttergotteskirche wurden zum Wallfahrtsort. Sie bestanden bis 1915, dann wurden sie geschändet und zerstört.

Heute ist die Insel Achtamar das Ausflugsziel für die türkische Bevölkerung von nah und fern. Da klang Musik um uns her, die melancholisch näselnde Klarinette, die zum Tanz aufspielte, Trommeln, Klatschen, Reihentänze der Männer, Frauen, die sich wiegten, Kinder auf ihrem Schulausflug rannten kreuz und quer, von überall her duftete es köstlich vom Grill, auch von unserem. So kam zum Augenschmaus ein wahrhaft königliches Picknick. Auf Gagiks Umfassungsmauer servierte mir der Kellner eine Forelle vom Rost, die auch zu den unvergesslichen Eindrücken dieser Exkursion gehört.

Van-See von Achtamar aus

Steine erzählen biblische Geschichten

Wie die Sonne wandere ich ein um das andere Mal um die Kirche und meine, allmählich die ganze Bibel entdeckt zu haben. Das war ja auch der Sinn des Kirchenschmucks – den Menschen, die nicht lesen konnten, die biblischen Geschichten vor Augen zu bringen. Dagegen bleiben mir viele Stellen absolut unzugänglich wie die Büsten der namenlosen Propheten, Heiligen oder Kirchenväter in ihren Medaillons oder die Bänder von Tierfiguren, deren Symbolik aus einer mir fremden Tradition stammt. In der östlichen Christenheit kommt den Propheten eine höhere Wertschätzung zu als bei uns. Man erkannte über die historischen Berichte hinaus die bleibende symbolhafte und pädagogische Bedeutung der Personen und Ereignisse. Am bedeutendsten war, dass sie das kommende Heil prophezeit hatten, Jesus Christus, sogar seine Abstammung und die Umstände seiner Geburt bei Ochs und Esel.

Die meiste Freude habe ich an den Szenen, die ich sofort erkenne: im Süden Maria mit dem Jesuskind, begleitet von den Erzengeln Michael und Gabriel und gegenüber der segnende Christus als Weltenherrscher oder Weltenrichter. Wieder diese alte Segensgeste, bei der Daumen und Ringfinger der erhobenen rechten Hand einen Kreis bilden, während der Zeige-, der Mittel- und der kleine Finger gestreckt nach oben gerichtet sind. Man setzte voraus, dass die Gläubigen um die zentrale Bedeutung dieser Gruppen wussten, denn sie sind in einem Rücksprung der Wand nicht besonders repräsentativ platziert. In bester Position und überproportional groß steht Moses, wie er von Gott die Gesetzestafeln empfängt. Vielleicht um auszudrücken, dass es wichtig ist, dass Gott auf dem Berg Sinai mit seinen Geboten seinem auserwählten Volk eindeutig den Weg vorgibt, den es zu gehen hat. Diese klaren Einschränkungen sind ein Segen, eine Gnade, denn sie sind gut für die Menschen, im Gegensatz zu den Regeln der benachbarten Völker und Kulturen. Daran schließt sich der soeben fotografierte Vater Abraham an, wie er im Begriff ist, seinen Sohn Isaak auf Gottes Geheiß zu opfern; nicht wie bei uns – dass das Kind wartend auf einem Opferaltar liegt. Abraham hat es beim langen Haarschopf gepackt und drückt es auf einen Steinblock, den krummen Säbel schwingend. Ganz am Rande erscheint doch noch eine Hand, die auf ein Opfertier im Gebüsch weist.

Vom Propheten Jona

Eine andere im Alten Testament berichtete Begebenheit wird gleich in mehreren Einzelbildern erzählt: die vom Propheten Jona. Sogar Mesrop Maschtoz beruft sich auf ihn in einem Hymnus:

> In meinem Elend hilf mir, Herr,
> Wie Du einst Jonas halfst;
> erbarm Dich meiner.

Die jüdischen Propheten des Alten Testaments darf man sich nicht als Hellseher vorstellen, die die Zukunft voraussagten, sie hatten vielmehr eine Sehergabe und waren beauftragt, ihrem König, ihrem Volk oder wie hier einem fremden Herrscher, den göttlichen Willen kundzutun, somit die Zukunft zu lenken. Das Buch Jona ist, im Unterschied zu denen der anderen Propheten, nicht eine Sammlung weiser Sprüche, sondern eine Geschichte, die gern und zu allen Zeiten dargestellt wurde. Jonas Auftrag lautete. *Mache dich auf und geh in die Stadt Ninive und predige wider sie; denn ihre Bosheit ist vor mich gekommen.

Ausgerechnet Ninive, dem Inbegriff der Verderbtheit, im 8. Jahrhundert die Hauptstadt des assyrischen Weltreiches, das das Gottesvolk massiv in seiner Existenz bedrohte, sollte er das Strafgericht seines Gottes ankündigen! Der Name Jona bedeutet ›Taube‹. Die Taube galt hier als einfältiger, ängstlicher Vogel, und er machte ihm alle Ehre. Er floh per Schiff in die entgegengesetzte Richtung nach Tarsis im südwestlichen Spanien, in der damaligen Vorstellung ans Ende der Welt, um dem Herrn aus den Augen zu kommen. Aber das konnte nicht gelingen, denn Gott schickte einen gewaltigen Sturm. Die Schiffsleute fürchteten sich sehr. Ein jeder schrie zu einem anderen Gott. Die Ladung wurde bereits über Bord geworfen. Nur Jonas schlief friedlich unter Deck. Da stieg der Schiffseigner zu ihm hinunter und forderte ihn auf, auch seinen Gott um Errettung anzuflehen. Die anderen wollten auslosen, wer diese Strafe des Himmels verschuldet hätte. Es traf Jona. Er wagte es nicht mehr, seinen Gott anzurufen. Mit seinem Frevel hatte er den Tod verdient. Er war bereit zu sterben, um die anderen zu retten. Sie zögerten zwar, aber warfen ihn schließlich doch in die tobende See. *... **Da wurde das Meer still und ließ ab von seinem Wüten. – *Aber der Herr ließ einen großen Fisch kommen, Jona zu verschlingen. Und Jona war im Leib des Fisches drei Tage und drei Nächte.**

Der Fisch ist als Mischwesen dargestellt, schuppig und mit einer Rückenflosse schwimmt er unter dem Kiel, ebenso lang wie das ganze Boot. Sein Kopf mit gespitzten Ohren und dem weit aufgerissenen Rachen gleicht eher dem eines Hundes. Er verkörpert das Meeresungeheuer Leviathan, den Urdrachen, der sich Gott bei seinem Schöpfungsakt zu widersetzen versucht hatte. Diesem gebietet Gott abermals, als Jona die Tiefen der Verzweiflung und Todesangst ausgekostet hat. Jona wird unverletzt an Land gespien. Wieder erhält er den Auftrag, Ninive dringend zu ermahnen. Diesmal gehorcht er und verkündet Gottes Strafgericht, das nach vierzig Tagen über die Stadt hereinbrechen soll.

Doch Ninive ist so groß, dass er allein drei Tagesreisen braucht, bis er im Zentrum ankommt. Er ist angewidert von den Zuständen in dieser Hochburg der Gottlosigkeit: Das gehört vernichtet, mit Mann und Maus! Eine Besserung hält er für ausgeschlossen. Aber das nicht zu Erwartende geschieht, sondern – ***Die Leute von Ninive glaubten an Gott, ließen ein Fasten ausrufen, zogen alle, groß und klein, den Sack zur Buße an.**

Jona-Geschichte im Südwesten der Heiligkreuzkirche, Achtamar

Der König in orientalischen Gewändern und Turban im Türkensitz weist auf sein Volk, dargestellt als vier Männerbüsten in Medaillons. Die Gesichter von dreien lassen Trauer und Bekehrung erkennen, der vierte antwortet gerade auf die Predigt des Propheten. Tatsächlich, der König verlässt seinen Thron, legt seinen Purpur ab, und setzt sich in die Asche. *Wer weiß? Vielleicht lässt Gott sich gereuen und wendet ab seinen grimmigen Zorn, dass wir nicht verderben.* Und Gott nimmt ihre Reue an! Nur Jona ärgert sich darüber. Er beschließt, den Fortgang der Dinge aus einiger Distanz zu beobachten.

Im nächsten Bild liegt er, geschützt vor der sengenden Sonne, unter einer rasch herangewachsenen, hohen Staude. Doch diese geht ebenso schnell wieder ein. Die Sonne sticht, er wird matt, richtig lebensmüde macht ihn der Verlust seiner Schattenspenderin, und er hadert mit seinem Gott. Dieser erklärt ihm sein gnädiges Handeln: Wenn ihn, Jona, der Verlust eines Eintagsgewächses schon so bekümmert, wie viel mehr hätte es ihn, Gott, gedauert, all diese Menschen eines anderen Kulturkreises, geprägt von völlig anderen sittlich-religiösen Werten, mit all ihrem Vieh und Hab und Gut vernichten zu müssen.

David und Goliath

An der Südostwand stehen sich der Riese Goliath und der Knabe David gegenüber. David ist König Gagik wichtig, deshalb hat er ihm wohl ebenso viel Raum eingeräumt wie der ganzen Jona-Erzählung an der Wand gegenüber. Aber hier sind es nur Einzelfiguren, wie Stichworte für einen so bedeutenden Abschnitt in der Geschichte Israels.

Wie war es denn weitergegangen, als Mose vor seinem Tod am Berg Nebo das verheißene Land nur von ferne sehen durfte? – Die ›Kinder Israels‹ nahmen es in Einzelaktionen in Besitz. Etwa 150 Jahre hatten die zwölf Stämme Israels nicht als Staatsgebilde zusammengelebt. Der charismatische Mann, der sie vor der Zeit der ersten Könige zusammenhielt, war Samuel, ihr Prophet, Richter und Feldherr zugleich. Hauptanliegen während seines ganzen Lebens war, dass Israel von fremden Kulturen abgesondert blieb und an der überkommenen alten Tradition und den Gesetzen der Wüstenzeit festhielt. Aber es war ihm ebenso bewusst, dass sein Volk nicht ohne eine Verfassung und die Führungspersönlichkeit eines Königs überleben konnte. Samuel war der, der bewahrte und lenkte. Der erste Gesalbte, König Saul, war eine Gestalt des Übergangs, die unterging; aber David war der Mann der Zukunft, weil er klar vorwärtsblickte und der Segen Gottes auf allem ruhte, was er begann. Er wurde zum Symbol eines immer aufs Neue jungen und zukunftsreichen Staates: König Gagiks Ideal.

König Saul, dargestellt als orientalischer Herrscher in einem aufschwingenden Königsmantel, von kleinerer Gestalt als David, gerade halb so groß wie der Riese, steht links daneben. Während Sauls Blick wie kontaktsuchend nach vorn gerichtet und der Mund wie zum Sprechen geöffnet ist, weisen seine beiden ausgestreckten Hände auf die angetretenen Kontrahenten. Aus einem Medaillon darüber begleitet der Prophet Samuel die Szene, betend oder segnend der Stellung der drei Finger seiner rechten Hand nach.

David, der jüngste Sohn seines Vaters Isai, eines Hirten, besuchte seine drei älteren Brüder, die König Saul zum Kampf gegen die Philister gefolgt waren. Auf zwei Anhöhen standen sich die feindlichen Heere gegenüber, getrennt durch das Tal. Seit vierzig Tagen, jeden Morgen und jeden Abend, wiederholte sich nun schon die gleiche Provokation *Da trat aus den Reihen der Philister ein Riese heraus mit Namen Goliath aus Gat, sechs Ellen und eine Handbreit groß. Der hatte einen ehernen Helm auf seinem Haupt und einen*

David und Goliath an der Südostfassade,
Heiligkreuzkirche, Achtamar

Schuppenpanzer an, und das Gewicht seines Panzers war fünftausend Lot Erz, und hatte eherne Schienen an seinen Beinen und einen ehernen Wurfspieß auf seiner Schulter. Und der Schaft seines Spießes war wie ein Weberbaum, und die eiserne Spitze seines Spießes wog sechshundert Lot, und sein Schildträger ging vor ihm her. Prahlend rief er zum Einzelkampf auf. Mit dem Heer Israels, das er verhöhnte, war auch der Gott Israels betroffen, und damit fühlte sich David herausgefordert. Er wurde zu König Saul gebracht. Dem erklärte der Hütejunge, da Gott ihm beim Kampf gegen einen Bären und einen Löwen beigestanden hätte, würde er das auch jetzt tun. Er sei sich bewusst, dass mit menschlichen Kräften hier nichts auszurichten wäre. *Und Saul sprach zu David: »Geh hin, der HERR sei mit dir!« Und Saul legte David seine Rüstung an und setzte ihm seinen ehernen Helm auf sein Haupt und legte ihm einen Panzer an. Und David gürtete Sauls Schwert über seine Rüstung und mühte sich vergeblich, damit zu gehen; denn er hatte es noch nie versucht. Da sprach David zu Saul: »Ich kann so nicht gehen, denn ich bin's nicht gewohnt«; und er legte es ab und nahm seinen Stab in die Hand und wählte fünf glatte Steine aus dem Bach und tat sie in die Hirtentasche, die ihm als Köcher diente, und nahm die Schleuder in die Hand und ging dem Philister entgegen. Der Philister aber kam immer näher an David heran, und sein Schildträger ging vor ihm her. Als nun der Philister aufsah und David anschaute, verachtete er ihn; denn er war bräunlich und schön. Und der Philister sprach zu David: »Bin ich denn ein Hund, daß du mit Stecken zu mir kommst?« Und der Philister fluchte dem David bei seinem Gott und sprach zu David: »Komm her zu mir, ich will dein Fleisch den Vögeln unter dem Himmel geben und den Tieren auf dem Felde.« David aber sprach zu dem Philister: »Du kommst zu mir mit Schwert, Lanze und Spieß, ich aber komme zu dir im Namen des Herrn Zebaoth, des Gottes des Heeres Israels, den du verhöhnt hast. Heute wird dich der HERR in meine Hand geben, daß ich dich erschlage und dir den Kopf abhaue und gebe deinen Leichnam und die Leichname des Heeres der Philister heute den Vögeln unter dem Himmel und dem Wild auf der Erde, damit alle Welt innewerde, daß Israel einen Gott hat.«

Noch während sie aufeinander zugingen, Goliath schwerfällig, mit leichtem Schritt David, nahm er einen Stein aus seiner Tasche, legte ihn in seine Schleuder, zielte, und traf den Riesen, *... sodaß der Stein in seine Stirn fuhr. Der fiel um wie ein Baum. Mit seinem eigenen Schwert erstach er den Philister und hieb ihm den Kopf ab. Unter wildem Kampfgeschrei eröffneten die Israeliten die Schlacht. Unzählige Philister wurden erschlagen. David aber brachte das Haupt des Feindes zu König Saul.

Eva und die vierfüßige Schlange

Wie Gott Noah und den Seinen nach der Sintflut alle Früchte und alles, was auf Erden wächst, ›kreucht und fleucht‹, übergeben hatte, so war es auch mit den ersten Menschen, mit Adam und Eva, im Paradiesgarten nach der Erschaffung der Welt geschehen. Adam der Mensch, von ›Adamah‹ – der Erde, ein Erdwesen, das mit dem Odem Gottes lebt und wieder zu Erde wird, wenn es der Odem verlässt. Eva, die hebräische Form ist ›Chawwa‹, erinnert an das Wort ›Leben‹. Sie ist die Mutter allen Seins. Denn: *... **Es ist nicht gut, daß der Mensch allein sei; ich will ihm eine Gehilfin machen, die um ihn sei.**
Gott hat Eva aus Adams Rippe geformt. Wer dächte da nicht an Haydns Schöpfung, wie der helle Jubel des gelungenen Werkes herüberklingt: **An seinen Busen schmieget sich, für ihn aus ihm geformt, die Gattin hold und anmutsvoll. In froher Unschuld lächelt sie, des Frühlings reizend Bild, ihm Liebe, Glück und Wonne zu.**
Sie leben im Paradies, in paradiesischer Unschuld. Von allen Früchten dürfen sie nehmen, nur der ›Baum der Erkenntnis‹ in der Mitte ist ihnen verwehrt.
Doch dann kommt die Schlange ins Spiel, die listiger ist als alle Tiere auf dem Felde, die Gott der Herr gemacht hat. Wie sie versucht, Eva zu verführen – genau dieses Gebot zu übertreten, ist an der Nordwand dargestellt.
Der Künstler der Bildwerke in Achtamar hat die Heilige Schrift gut gekannt, deshalb hat er die Schlange mit vier Füßen ausgestattet. Erst nachdem sie verflucht ist – *... **Auf deinem Bauche sollst du kriechen und Erde fressen dein Leben lang** – muss sie sich schlängelnd fortbewegen. Und es ist Feindschaft gesät zwischen ihr und den Menschen: *... **Der soll dir den Kopf zertreten, und du wirst ihn in die Ferse stechen.**
Genau um den verbotenen ›Baum der Erkenntnis‹ windet sie sich. In Augenhöhe aus nächster Distanz versucht sie, die vor ihr kauernde Eva zu verlocken. Eva erwidert, *aber von den Früchten ... hat Gott gesagt:

Eva mit der Schlange auf der Nordseite der Heiligkreuzkirche, Achtamar

Esset nicht davon, rühret sie auch nicht an, daß ihr nicht sterbet! Da sprach die Schlange zum Weibe: Ihr werdet keineswegs des Todes sterben, sondern Gott weiß: an dem Tage, da ihr davon esset, werden eure Augen aufgetan, und ihr werdet sein wie Gott und wissen, was gut und böse ist.
Sein wollen wie Gott – die Ursünde des Menschen, ihm in die Schöpfung zu pfuschen, das ist heute aktueller denn je! *Und das Weib sah, daß von dem Baum gut zu essen wäre und daß er eine Lust für die Augen wäre und verlockend, weil er klug macht. Und sie nahm

von der Frucht und aß und gab ihrem Mann, der bei ihr war, auch davon, und er aß. Das ist als zweite Szene dargestellt. *Da wurden ihnen die Augen aufgetan, und sie wurden gewahr, daß sie nackt waren, und flochten Feigenblätter zusammen und machten sich Schurze.

In der Kühle des Abends erging sich Gott im Garten. Aus Scham versteckten sich die beiden. Das veränderte Verhalten offenbarte ihm ihren Frevel. Adam schob die Schuld auf Eva, die wiederum auf die Schlange, die Gott zuerst verfluchte. *Und zum Weibe sprach er: Ich will dir viel Mühsal schaffen, wenn du schwanger wirst; mit Schmerzen sollst du Kinder gebären; und dein Verlangen soll nach deinem Mann sein, aber er soll dein Herr sein. Und zu Adam: ... verflucht sei der Acker um deinetwillen, mit Kummer sollst du dich darauf nähren dein Leben lang. Dornen und Disteln soll er dir tragen ... Im Schweiße deines Angesichts sollst du dein Brot essen, bis daß du wieder zu Erde werdest, davon du genommen bist. Denn du bist Erde, und sollst zu Erde werden.

Das sind nun Fluch und Gnade gleichzeitig. Gott verschaffte ihnen noch Kleidung, ehe er sie aus dem Paradies verjagte und Cherubim mit flammenden Schwertern davor setzte. Immerhin, sie mussten nicht sofort sterben, sondern hatten die Chance eines ganzen Lebens vor sich. Eva wurde in ihrem Innersten getroffen, als Mutter und Partnerin, die Gleichwertigkeit mit dem Mann war verspielt, und Adams Arbeit sollte ein Kampf ums Überleben werden.

Kirchweih

Was für ein glücklicher Zufall, welche Umwege! In der hochwissenschaftlichen, mitunter staubtrockenen Beschreibung »Die Baukunst der Armenier und Europa« von Josef Strzygowski aus dem Jahr 1918 habe ich in einer venezianischen Übersetzung von 1827 Grigor von Nareks Beschreibung des Klosters gefunden, mit dessen Gründung ihn sein Bischof beauftragt hatte. Es handelt sich um die Einweihungsfeier der Kirche von Aparank, südlich des Van-Sees, nicht weit von Achtamar, etwa um 983, im Herrschaftsgebiet der drei königlichen Brüder Aschot, Gurgen und Senekerim, die nacheinander Könige von Vaspurakan wurden: **Stephan von Mokk** hat die Kirche vom hl. Kreuz bauen und diese Schöpfung mit verschiedenem Schmuck fast wie den Himmel auf Erden aufrichten lassen. Die Vorhallen der von Cherubim bewohnten Kirche hat er wie die Vorhallen von Zion verziert. Die Wohnungen ringsum sind so schön, daß sie himmlisch genannt werden können, voll mit Waffen für die Wachen, die die Kirche beschützen. Über der Kirche baute er in Gewölben eine Kuppel, das Ganze wie eine Stadt zu Ehren der Muttergottes mit großen Toren in ausgezeichnetem Schmuck, schöner und himmlischer als die goldene Lade des Moses. Die Kirche hatte auch eine Glocke, war mit Seide und anderen Stoffen ausgestattet. Dann hat er sie mit einer großen Mauer umschlossen und den äußeren Teil der Tore [den Türstock] mit verschiedenen viereckigen Reliefsteinen in Ranken verziert, wie man die Braut mit Hochzeitskleidern anzieht, die Türflügel aber mit farbenreichen Hölzern und Elfenbein ausgelegt. In die Mitte der Vorhalle hat er ein Becken aus Glas, sehr dick und groß gestellt. Die Altarvorhänge bildete er aus einem ägyptischen Stoffe ganz aus Gold, blitzend in anmutigem Schmuck. Den Altar bedeckte er mit einem wunderschönen Tuche aus Meerpurpur von den Inseln von Elima stammend. Er malte die Kirche aus mit Bildern von jetzt unsichtbaren Heiligen zur Erinnerung ihres sichtbaren Lebens und alles Vielteilige wurde zur Einheit gebracht wie ein Bildwerk mit sieben Augen nach der Vision von Zorobabel. Um die Kirche Gärten, Waldbäume, Blumen, Obst und Wasser.

7 Neue Fürstentümer

Das Kilikische Königreich,
heute Südostanatolien

Wenn ich mir die Überfälle der Seldschuken und Byzantiner auf Ani und ihre Verwüstungen vorstelle, habe ich die Trauermotette des Kreuzkantors Mauersberger im Ohr, die er beim Anblick der zerbombten Stadt Dresden im Februar 1945 schrieb:

> Wie liegt die Stadt so wüst, die voll Volks war.
> Alle ihre Tore stehen öde.
> Wie liegen die Steine des Heiligtums
> vorn auf allen Gassen zerstreut.
> Er hat ein Feuer aus der Höhe
> in meine Gebeine gesandt und es lassen walten.
>
> Ist das die Stadt, von der man sagt,
> sie sei die allerschönste, der sich
> das ganze Land freuet ...

Ani, die allerschönste, die einzige, die man wirklich Stadt nennen durfte, lag in Schutt und Asche. Seit 1071 waren auch die Byzantiner, die das Ihre dazu beigetragen hatten, selbst auf der Flucht, nach ihrer Niederlage bei Manzikert gegen die Seldschuken. Der Exodus der Christen aus Kleinasien begann. Es entstanden wieder eine Reihe kleinerer Feudalstaaten, unter denen die Rubeniden aus dem Königshaus der Bagratiden von Ani bald ihre Führungsrolle durchsetzten. In Kilikien, im Schutz der Bergwelt des Taurus, im entvölkerten Grenzgebiet zwischen Byzantinern und Arabern, gründete deren Stammvater Fürst Ruben im Jahre 1080 seine neue Residenz. Er wählte Sis an der Seidenstraße zu seiner Hauptstadt. Es ist das heutige Misis, nördlich von Adana in der Südosttürkei gelegen, das römische Mopsuestia mit seiner Brücke aus dem 3. Jahrhundert und dem Mosaikmuseum, in dem man das Staunen lernt. Am längsten habe ich dort Noahs Geschichte betrachtet, die Arche dargestellt als Truhe und alle Tiere der Welt auf neun Quadratmetern ringsherum versammelt.

Arche Noah im Mosaikenmuseum von Misis, Südosttürkei

Der neue Staat fand sich zusammen aus den ersten Diaspora-Armeniern, die seit 1044 vor den Seldschuken aus Ani hierhergeflohen waren, und aus armenischen Fürstenfamilien und Feudalherren, denen die byzantinische Regierung hier Ländereien zugewiesen hatte, Lehen als Grenzposten gegen die islamischen Staaten, die sie ihnen vorher weggenommen hatte. Die Byzantiner hatten seit dem späten 10. Jahrhundert systematisch einen Kleinstaat nach dem anderen okkupiert.

Auf Ruben folgte 1095 sein Sohn Konstantin. Ihm wurde im durchwandernden Heer des ersten Kreuzzuges unerwartete, hochwillkommene Hilfe gegen die umwohnenden muslimischen Völker zuteil.

Den ›Franken‹ kam das von Mitchristen beherrschte Gebiet ebenso gelegen: als Zwischenstation auf ihrem Weg nach Jerusalem. Die Armenier gaben militärische und wirtschaftliche Unterstützung bei der achtmonatigen Belagerung und Rückeroberung des von den Seldschuken besetzten Antiochia.

Das 11. Jahrhundert endete mit dem für die christliche Welt erfolgreichen ersten Kreuzzug, den Gottfried von Bouillon anführte. Nicht nur, dass die heiligen Stätten Jerusalems von den Muselmanen befreit wurden, es wurden vier lateinische Staaten gegründet: das Königreich Jerusalem und die Grafschaft Tripolis, sowie die Grafschaft Edessa (heute Şanlıurfa, die heilige Stadt Urfa, die fünftheiligste des Islam) und das Fürstentum Antiochia (heute Antakya), die an Kilikien grenzten. Zu den erstaunlich gut kalkulierten militärischen Bündnissen brachten die Armenier ihre Heiratspolitik in Spiel. So hatten die ersten drei Grafen von Edessa glutäugige armenische Gemahlinnen, der vierte und letzte eine armenische Mutter. In Jerusalem waren die ersten beiden Königinnen Armenierinnen, und mehrere Rubenidenfürsten erwählten hellhäutige, blonde ›Fränkinnen‹ aus dem europäischen Hochadel. Aber wenn die Franken (oder Lateiner) Eroberungsansprüche geltend machen wollten, widersetzten sich die armenischen Landesherren.

Der Kontakt der durchziehenden Kreuzfahrerheere mit den kulturell hochentwickelten Armeniern wirkte sich auf mehreren Gebieten befruchtend aus, als Erstes auf den Ausbau der Verteidigungsanlagen, die Burgen. Denn dass das Volk der Armenier überhaupt überlebt hat, verdankt es seiner vielseitigen, auch kriegerischen Begabung. Die Armenier hatten herausgefunden, wenn sie statt der üblichen dekorativ-protzigen, runden Ecktürme nur halbrunde bauten, würde kein uneinsehbarer äußerer Winkel entstehen. Damit konnten sie auf Zwinger verzichten. Das übernahmen die Kreuzritter für den Bau ihrer syrischen Festungen – bestes Beispiel das berühmte, hervorragend restaurierte Crac des Chevaliers. Erfinderisch gelegte Eingänge machten jeden Angriff von außen zu einem hohen Risiko. Mit hochentwickelten Zisternen war die Wasserversorgung im Belagerungsfall gesichert. Und stets gab es eine Festungskirche, meist einen einschiffigen Bau mit einer Apsis.

Die sakrale Baukunst insgesamt war weniger beeindruckend als in Großarmenien, doch man blieb bei der traditionellen Bauweise, der Kreuzkuppelkirche. Typisch für den Baustil zwischen dem 9. und 14. Jahrhundert ist das Gavit, ein Vierpfeiler-Vorsaal im Westen. Seine unterschiedliche Verwendung haben wir mehrfach in den nachträglichen Anbauten Großarmeniens kennengelernt. Er soll seinen Ursprung im kilikischen Exil genommen haben, wo die Menschen in der Hoffnung auf eine baldige Rückkehr in die Heimat stets kleine Kirchen gebaut hatten, denn mitunter ist das Gavit weiträumiger als die eigentliche Hauptkirche.

Manches ins Fränkische Übertragene befruchtete den Baustil der romanischen Kirchen. Lange habe ich bei der aus Bruchsteinen gemauerten Dorfkirche St. Jakob aus der ersten Hälfte des 13. Jahrhunderts in Bronn bei Pegnitz (nahe Nürnberg) gerätselt, woher

Fränkische Dorfkirche, St. Jakob, Bronn bei Pegnitz

die Idee zu ihrem siebenfach gestuften, völlig unfränkischen Zackenportal stammen könnte. Oder für die einfacheren Zackenportale am Bamberger Kaiserdom, an der Kirche von Großbirkach im Steigerwald, an der Stiftskirche in Feuchtwangen. Oder wie kam es zu den gefältelten Kuppelturmhauben im Rheinhessischen, in Dittelsheim, Guntersblum, Alsheim und in Worms an der St.-Pauls-Kirche, aus der Zeit unmittelbar nach dem ersten Kreuzzug? Bei letzterer erinnern nur noch vier quadratisch angeordnete Giebelhäuschen über den vier- oder vieleckigen Türmen an den kreuzförmigen Grundriss. Der Volksmund nennt sie ›Heidentürme‹, und man liebt sie und ist stolz auf dieses Relikt aus der Kreuzfahrerzeit.

Die Jahre 1137 bis 1145 brachten nochmals ernste Auseinandersetzungen mit den Byzantinern, die in Kilikien einfielen und Fürst Levon I. mit Familie und Gefolge als Geiseln nach Konstantinopel entführten. Dessen Sohn Toros II. gelang es zu entfliehen. Nach schweren Schlachten gegen eine byzantinische Übermacht konnte er mit dem Wiederaufbau beginnen. Als das Bestehen des Fürstentums Kilikien gesichert war, erlebte es unter dessen Nachfolger Levon II., der seit 1187 regierte, seine höchste Blüte, das sogenannte ›Silberne Zeitalter‹. Dem Fürsten lag sehr daran, als König der Armenier in Kilikien, ›Kleinarmenien‹, anerkannt zu werden, vom Papst wie vom deutschen Kaiser. Der für damalige Verhältnisse greise Friedrich I. Barbarossa (1123–1190) hatte sich auf dem Landweg zu einem dritten Kreuzzug aufgemacht, denn Saladin hatte 1187 Jerusalem zurückerobert – eine Katastrophe für die christliche Welt!

Barbarossa befürwortete nicht nur die Krönung Levons, er wollte sie selbst vollziehen. Doch statt mit seinem gewaltigen Heer den Weg über die alte Römerbrücke bei Adana zu nehmen, durchritt er mit seinem Pferd den Fluss Calycadnus (heute Saleph) und kam zu Tode. Unter dem Patronat der Kirche von Rom und im Namen seines Sohnes und Nachfolgers, Kaiser Heinrich VI. (dem Vater Friedrichs II.), wurde Levon II. (1187–1198) schließlich von Kanzler Kardinal Konrad von Wittelsbach als dem Erzbischof von Mainz und päpstlichen Legaten Coelestins III., gekrönt zu ›Levon I., König von Gottes Gnaden und des Heiligen Römischen Reichs‹, den man überdies den ›Prächtigen‹ nannte. Das geschah am Weihnachtstag, den 6. Januar, dem höchsten kirchlichen Feiertag der Armenier, 1198 in Tarsus, der damals größten und bedeutendsten Handels- und Hafenstadt Westarmeniens. Auch der byzantinische Kaiser sandte eine Krone. Die Salbung übernahm jedoch der armenische Katholikos Apirat. An der Krönung nahmen außerdem 43 armenische

Evangelist Markus, kilikisches Evangeliar, 12. Jahrhundert

Barone teil. Wie überliefert ist, trugen etliche ›fränkische‹ Namen wie Heinrich, Gottfried, Robert oder Balduin, wohl nach ihnen bekannten Kreuzfahrern. Man kann daraus die politischen Interessen erkennen: Sowohl der römische als auch der byzantinische Kaiser versicherten sich ihres Königs. Dem Papst hatte Levon Unterwürfigkeit geheuchelt, da er ja kein Katholik war, während der Katholikos an den großarmenischen Zusammenhalt erinnerte.

Von den Klöstern finden sich Reste von Ruinen in abgelegenen Bergregionen, von anderen, berühmten, kennt man häufig nur noch den Namen, wie das ›Tote Kloster‹ bei Lambron westlich von Sis. Selbst der Standort ist nicht mehr auszumachen, so vollkommen wurden sie von den muslimischen Eindringlingen geschleift: Skewra und Grner oder Drasark bei Sis, um nur einige wenige zu nennen. Letzteres, Mausoleum der Rubeniden und anderer bedeutender Persönlichkeiten, genoss wegen seines Skriptoriums weit ausstrahlende Bedeutung. Hier wurden 1113 die ältesten erhaltenen kilikischen Miniaturen für ein Evangeliar gefertigt. Auch in der Musik ging es voran: Ganz besonders profitierte die geistliche Musik mit neuen Hymnen und Chorälen, hier, wie im benachbarten Kloster Arkakaghin, der wichtigsten Schule sakraler Musik. Die Volksmusik wurde farbiger, die Trobadourlieder bekamen durch den Einfluss der Kreuzfahrer einen provenzialischen Akzent.

Zum ersten Mal seit Tigran dem Großen hatten die Armenier wieder Zugang zum Meer, und damit standen sie mit allen Zentren der eurasischen Zivilisation in Verbindung. Levon organisierte sein Armenien nun ›lateinisch‹, westeuropäisch – feudalistisch, wenn es um die Grundbesitzverhältnisse ging. Er führte das westliche Rechtswesen ein, die Hofetikette, Ehrenämter und Titel, lud zu Turnieren, der Falkenjagd oder ins Theater und sonnte sich in feudalem Glanz. Doch er wahrte die armenische Identität, er ließ sich von Byzanz und dem Westen nur inspirieren, bereichern. In Glaubensfragen reagierte er abweisend.

Beginnend im 9. Jahrhundert, hatte im 11. Jahrhundert am kilikischen Hof ein moderneres Mittelarmenisch als Kanzlei- und Umgangssprache endgültig Mesrop Maschtoz' Altarmenisch, das ›Grabar‹, verdrängt, das damit zur Literatursprache der Eliten erhoben worden war. Es entstand die elegante ›Boloragir‹, eine Rundschrift, die ab dem 16. Jahrhundert auch als Druckschrift diente. Aber das von Mesrop um das Jahr 405 geschaffene Vollalphabet ist das älteste und phonetisch genaueste der Welt. Wer es beherrscht, kann auch ohne nähere Kenntnis Armenisch korrekt aussprechen.

In den Skriptorien der Klöster begann eine intensive geisteswissenschaftliche Tätigkeit an Übersetzungen und in der Literatur. Auch hier wurden viele Schriftstücke in ›Mittelarmenisch‹ abgefasst, das allen Bevölkerungsschichten zugänglich war. Die stärkere Öffnung zum einfachen Volk, zu seiner Sprache und zu seinen Problemen, ergab eine größere Themenvielfalt. Das begann mit Fabeln, die Mechitar Gosch als Erster notierte. Er, ein vielfach Begabter, war auch der Verfasser des ersten armenischen Gesetzbuches, zusammengesetzt aus der Bibel, christlicher und islamischer Literatur.

Die weltliche Dichtung, von der aus den vorhergegangenen Jahren nur wenig überliefert ist, wurde zum bevorzugten Träger all jener Strömungen, die einen neuen, offeneren Geist, eine neue Sichtweise der Gesellschaft auf die Welt erkennen lassen. Meister beider Stile war Nerses genannt ›Schnorhali, der Begnadete‹ (1102–1173), gesegnet mit einer Fülle natürlicher und übernatürlicher Gaben. Mit neunzehn Jahren verfasste er seine »Geschichte Armeniens« in Versform, ein ›Gewaltmarsch‹ in 1 600 Zeilen, vom Anbeginn bis zum 12. Jahrhundert. Im Jahre 1166 ernannte ihn sein Bruder, Katholikos Grigor III., zu seinem Nachfolger. Er wurde zu einer der glanzvollsten Gestalten der gesamten armenischen

Geschichte: Sein reiches literarisches Erbe von bewegender, klarer Art umfasst vor allem Gedichte, das bekannteste die Elegie auf den Fall Edessas. Sein Neffe und Nachfolger führte als Katholikos Grigor IV. diese Tradition weiter und dichtete ein ähnliches Klagelied auf die Eroberung Jerusalems durch Saladin. Schnorhalis großartigste Dichtung, die 4 000 Zeilen umfasst, beginnt mit den Worten »Jesus, der Sohn«. In drei Teilen besingt er die Heilsgeschichte des Alten und Neuen Testaments als mystisches Erleben, als ein persönliches Gebet:

> Nun laß dein »Vater in dem Himmel«,
> das du uns gabst in deiner Gnade,
> mich wahrhaft beten bis zu End',
> anflehn aus ganzem Herzen seinen Namen.
> Das Reich des Herrn,
> das komm', in mir zu herrschen,
> und mög' an mir auf Erden
> erfüllt sein Wille werden wie im Himmel.
> Das täglich Brot und das des ewig Seienden,
> des Leibes Kost wie die des Worts
> gewähre er im Überflusse den Bedürfnissen der Seele,
> das Geistige, das Leibliche.
> Vergeben mög' er die Vergehen meiner Schuld,
> so wie dem Schuldner ich vergeb'.
> Zumal dem Manne zu verzeihen, der mich bedrückte,
> mög' mir die Gnade werden, damit auch ich Verzeihung finde.
> Nicht laß er dem Versucher Raum,
> daß er den Lässigen versuchen dürfe wie den Heldenhaften,
> sondern bewahre uns vor dessen Schwert;
> ja, selber mög' gegen den Bösen er streiten.

Seine großen und kleinen Werke, im Zeitraum eines halben Jahrhunderts entstanden, sind nahezu alle erhalten geblieben. Nerses Schnorhalis musikalisches Wirken, die Vielzahl von Hymnen, prägte die gesamte christliche Musik des Ostens. Er war Theologe und der Diplomat, der sich um einen ökumenischen Dialog mit der lateinischen und besonders mit der griechischen Kirche bemühte. Hier ein Auszug eines Briefes an den byzantinischen Kaiser

Katholikos Nerses, genannt Schnorhali

Manuel I. Komnenos (1143–1180): ... Man sollte in allen Kirchen Eures Herrschaftsgebietes Anweisung geben, zu Gott zu beten, daß unsere gute Absicht nicht vom Satan, dem Widersacher Gottes, gehindert werde, sondern daß Gott sie in seinem Erbarmen zu einem guten Ende führe. Wir haben unsererseits an alle Kirchen im Osten und in Großarmenien geschrieben, daß man dort die gleichen Flehrufe an Gott richten möge. Laßt uns endlich der Krankheit, die schon so lang dauert, ein Ende machen und damit dem Kummer Gottes wegen unserer Spaltungen. Von jetzt an binde Gott die Kinder des neuen Zion durch das Band der Liebe zur Einheit zusammen. Laßt uns ihm, der die Quelle unserer Freude ist, zusammen mit den Engeln für unsere Versöhnung jubelnd danken. Ähnlich wirkte sein Großneffe, Nerses von Lampron (1153–1198), rhetorisch hochbegabt, ein Komponist und Dichter, der aus vielen Sprachen schöpfte und in Hromkla und Skewra lehrte. Nach 1175, als Bischof von Tarsus, bemühte er sich ebenfalls um eine ökumenische Annäherung an die Lateiner, die römisch-katholische Kirche. Beide waren Persönlichkeiten, die als Wegbereiter der Ökumene aus der gesamten Geschichte des Mittelalters herausragen. Sie waren Theologen nicht des Buchstabens, sondern des Geistes.

Als Vertreter der für diese Generation charakteristischen, hochgebildeten ›Enzyklopädisten‹ Kilikiens sei Mechitar Herazi genannt, Universalgelehrter,

Mechitar: ›Trost bei Fiebern‹, 12. Jahrhundert

Arzt und Übersetzer, dessen Lehrbuch »Trost bei Fiebern«, im Matenadaran zu sehen ist. Dieser frühe Heilkundige hat die Schwelle des ›rohen Empirismus von Hirten und Kräutersuchern‹ überschritten, als sich Armenien im 11. Jahrhundert nach Kilikien ausbreitete, wie sich auch der geistige Horizont über die engen Täler des Mutterlandes hinaus weitete: **Ich, Mechitar aus Her, der geringsten einer unter den Ärzten, der von Kindesbeinen an ein Liebhaber der Gelehrsamkeit war und der ärztlichen Künste, und sich vertraut machte mit dem Schrifttum der Araber, Perser und Hellenen, habe bei der Lektüre ihrer Werke ersehen, daß sie die Heilkunst den ersten Weisen gemäß reich und vollkommen besaßen, d. h. sie besaßen die Prognostik, die da ist der Kerngedanke in der Lehre und das Meisterstück in der Ausübung der ärztlichen Künste.**

Ernst Seidel, ein Forscher der mittelalterlichen armenischen Medizin, der Mechitars Gesamtwerk ins Deutsche übertragen hat, brachte 1902 eine interessante Gegenüberstellung mit der Heilkunst Hildegard von Bingens: **... so sollen wir dem letzteren für gründliche Kenntnis der Natur, sein folgerichtiges, selbständiges Denken und die völlige Freiheit von scholastischer Dienstbarkeit entschieden die Palme der Priorität verleihen.**

Es sind nicht Tipps, der heutigen Naturmedizin vergleichbar, die der Gelehrte im Zenit seines Forscherlebens im Jahre 1184 zusammenfaßte – er verknüpfte die Erkenntnisse antiker, arabisch-persischer oder früher armenischer Autoren mit dem Resümee seiner Erfahrungen bei Wanderungen in den sumpfigen Gebieten Kilikiens. Ohne bakteriologische Untersuchungen hatte seine Medizin einen hohen Standard erreicht. Allein bei den Eintagsfiebern unterschied er vierzehn Arten körperlicher oder psychischer Ursachen – wie modern! – und behandelte entsprechend unterschiedlich, z. B. Depressionen durchaus auch mit Musik und Tanz. Trotzdem trennen uns Welten. Hier ein Abschnitt aus der Übersetzung des deutschen Arztes zum Beginn des vorletzten Jahrhunderts: **Über die Behandlung und Heilung des Sinehisfiebers [andauernd hitzig], welches aus dem Blute entsteht ... Geschieht es weiterhin etwa, daß der Kranke ein übermäßiges Nasenbluten bekommt, so nimm das Wasser von unreifen Datteln, den Preßsaft von Tragopogon [Bocksbart] und ein wenig Kampfer. Alles dieses mische miteinander und tue es in die Nase. Auf den Kopf lege Chlepweidenwasser, solches von Myrten und Rebenreiserblättern und von Rosen, sowie Sandel und Kampfer. Dies alles mische untereinander und lege es auf Stirn und Scheitel; oder auch auf die Stirn gebrannten Gips und mit Wasser angerührtes Linsenmehl. Bei kühlem Wetter gewähre frühzeitig Nahrung; hüte dich dagegen, in der warmen Zeit Speise zu reichen, denn dies wäre schädlich ... Wenn er aber stark im Brennen verharrt, und du merkest, daß er sehr erhitzt ist, sich von einer Seite auf die andere wälzt, und der Leib anschwillt, so daß, wenn du darauf schlägst, er einen Trommelton gibt, dann wisse, daß der Kranke mit Bestimmtheit sterben muß, zumal wenn am Körper die schwarze Rose, so groß wie ein Sumachfruchtkern,** herausbricht und sich ganz dunkel färbt. Dann heißt es, sich flüchten und fernhalten.

Eine Kräuterteemischung nach Mechitars Rezeptur kann man heute wieder im Kiosk vor dem Matenadaran erstehen.

König Levons I. Nachfolgerin wurde 1219 seine Tochter Zabel, deren Mutter aus dem Hause der Lusignan des Königreichs Zypern stammte. Ihr erster Ehemann, der sich die Königswürde erheiratet hatte, war Philipp von Antiochia, ein Katholik. Weil er sich nicht dem armenischen Glauben annäherte, wurde er gemeuchelt, vergiftet. Eine Zwangsheirat mit einem Spross der rivalisierenden Fürstenfamilie der Hethumiden besiegelte die Versöhnung mit ihnen, bedeutete sie doch die friedliche Eroberung des armenischen Throns. König Hethum I. regierte von 1226 bis 1269. Beider Sohn Levon II. (reg. 1270–1289) setzte den politischen und künstlerischen Aufschwung fort. Die wirtschaftliche Bedeutung des Königreichs spiegelte Ayas am Golf von Issos wider, der ›Goldene Hafen Armeniens‹, der zu einem der wichtigsten Umschlagplätze zwischen Ost und West geworden war, den selbst Marco Polo 1271 in seinem Reisebericht pries. Händler Italiens, Siziliens und der Provence genossen dort Privilegien.

Am Sitz des Katholikos Konstantin I., der aus Sicherheitsgründen von Sis nach der Festung Hromkla am Euphrat übersiedelt war, hatte sich zwischen 1250 und 1270 die berühmteste der kilikischen Miniaturmalerschulen etabliert. Der wichtigste Name ist der des ›Vaters‹ Kirakos von Hromkla, der im Stil der oströmisch-byzantinischen Ikonografie und der arabischen Kalligrafie die alte Maltradition pflegte. Bei Toros von Roslin, der dem Namen nach aus dem europäischen Raum stammte, wurde die Malerei realistischer, in den Gesichtern, den Körperproportionen, der Haltung und dem Faltenwurf der Gewänder. Sein Werk gilt als der Höhepunkt der Buchmalerei Kilikiens (s. Abb. S. 37). Schon in der Generation seiner Schüler, allen voran bei Howsep von Skewra um 1273, steigert sich der Ausdruck ins Emotionale, zu beinahe barockem Pathos, bis zu innerer Erregtheit auf den Gesichtern. Für solche Meisterwerke wurden kostbarste Materialien verwendet, auch Gold und Lapislazuli. Waren die Stifter von Kirchen und Klöstern inzwischen auch wohlhabende Kaufleute, kamen hierfür die Auftraggeber aus dem Königshaus.

Aus dem Osten war Dschingis Khan (ca. 1162–1227) mit seinen Mongolen zur Eroberung der Welt aufgebrochen. Hethum I. konnte mit Unterstützung des seldschukischen Sultans von Ikonium (Konya) 1231 den ersten Ansturm abwehren. Bei späteren Überfällen eroberten die Mongolen eine Stadt oder Landschaft nach der anderen, brandschatzten und verwüsteten sie wie Ani. Der Historiker Kirakos von Gandshak, ein Augenzeuge, beschreibt den Schrecken der Bevölkerung in seiner »Kurzgefassten Geschichte des armenischen Volkes von Grigor dem Erleuchter bis zur Gegenwart«: **Ihr Aussehen war höllenähnlich, unerklärlich und grauenhaft. Die meisten hatten keinen Bart; nur sehr wenige hatten ihn am Kinn oder an den Lippen. Ihre Augen waren schmal und klein, aber scharfsichtig, ihre Stimmen war fein und scharf; sie waren von festem Körperbau und lebten lange Zeit und ohne Krankheiten.**

1241 erlitten die Seldschuken vor Ikonium ihre entscheidende Niederlage. Die Sultansfamilie begab sich unter den Schutz des armenischen Königshauses. Da vollzog Hethum I. einen wenig rühmlichen Seitenwechsel: Er lieferte Mutter, Frau und Tochter des Sultans an die Mongolen aus, um damit sein Interesse an einem Bündnis mit den ehemaligen Todfeinden gegen die Sultane von Aleppo und Ägypten zu unterstreichen. Er scheute auch nicht eine diplomatische Reise nach Karakorum in die ferne Mongolei im Jahre 1252. Damit stellte er das armenische Königreich unter den Schutz des christenfreundlichen, mongolischen Ilchanats von Persien, eines Teilstaats des mongolischen Reiches.

Erklärtes gemeinsames Ziel war es, Jerusalem den Christen zurückzugeben. Der Kanzler Levons II., Vahram Rabuni, hinterließ eine gereimte Chronik des 13. Jahrhunderts, voll des Lobes über die Mongolen, die Tartaren.

Doch das bedeutete eine grobe Brüskierung der Lateiner und deutschen Verbündeten und Verwandten. Außerdem ließ sich die Invasion der ägyptischen Mamelukken von 1266 auch gemeinsam mit den Mongolen nicht aufhalten, da deren Kampfkraft nicht mehr die alte war. Die Gefangennahme und der Tod des Thronerben Levon III. waren Signale für den beginnenden Untergang Kleinarmeniens.

Als die Mongolen im 14. Jahrhundert zum Islam konvertierten, wandte sich Armenien wieder hilfesuchend dem Westen zu. Erneut flammten religiöse Streitigkeiten mit dem nun in Avignon residierenden Papsttum auf. Die Mamelukken fielen gemeinsam mit den Seldschuken über Armenien her. Hethum II. trat zurück und, weil er dem römischen Ritus zugeneigt war, trat er 1293 als ›Bruder Johannes‹ in ein Franziskanerkloster ein.

In großer Verzweiflung kam es zu einem Bündnis mit den Verwandten auf Zypern, doch den ägyptischen Mamelukken und ihren syrischen Vasallen war nicht mehr Stand zu halten. Die Hauptstadt Sis wurde eingenommen, der Hafen Ayas erobert und gesperrt und schließlich 1375 der letzte König Levon V. Lusignan nach Kairo verschleppt. Das war das Ende des weitab vom Mutterland gelegenen Phänomens Königreich Kilikien, einem 200 Jahre währenden, glanzvollen Kapitel der Geschichte Armeniens.

Exkurs: Ein Wort zu den Kreuzzügen

Dereinst einzuziehen ins ›Himmlische Jerusalem‹, das heißt, ein Leben in Gottes Herrlichkeit zu führen, war und ist das Ziel aller Christen. Voraussetzung dafür ist, von Sünden befreit zu sein. Buße, Ablasszahlungen, Kirchen zu stiften, der Welt zu entfliehen und ins Kloster zu gehen, waren die Möglichkeiten hierfür. Eine weitere kam dazu, als Helena, die Mutter des byzantinischen Kaisers Konstantin, im Jahr 326 in einer Vision das ›wahre Kreuz Christi‹ auf Golgatha fand. Konstantin ließ die Grabeskirche errichten und markierte weitere heilige Stätten durch prächtige Gotteshäuser. Ein Pilgerstrom ins Heilige Land setzte ein, einstweilen nur ins irdische Jerusalem. Jedoch durch die Überfälle der seldschukischen Türken waren nicht nur wallfahrende Christen bedroht, die Muslime fielen ab der Mitte des 11. Jahrhunderts immer wieder ein ins Byzantinische Reich. Das war die Ausgangssituation für den Hilferuf des byzantinischen Kaisers Alexios I. Komnenos an den römischen Papst Urban II. im Jahre 1089. 1095, beim Konzil von Clermont, rief dieser zum Ersten Kreuzzug auf. Er versprach Sündenvergebung allen, die ›das Kreuz nehmen‹: das Angebot eines Mönchtums auf Zeit mit entsprechendem Heilsversprechen an den rauflustigen Kriegeradel, die nachgeborenen Söhne. Wie bei den Jerusalempilgern knüpfte sich völliger Ablass an ihre reine Gesinnung ohne jede materielle Nebenabsicht, sodass sich durch ihre innere Haltung der ›gerechte Krieg‹ in einen ›Heiligen Krieg‹ verwandelte, in dem geistlicher Lohn erworben werden konnte. So wurden aus Franken ›Ritter Christi‹, mit dem Papst als Kriegsherren, als Söldner des byzantinischen Kaisers. Sie verteidigten die Christen und die Kirche und übten ihr gewohntes Waffenhandwerk als christliches Liebeswerk aus. Mönchen und Klerikern war der Waffendienst verboten.

Schon beim ersten Kreuzzug wurde dieses Ideal getrübt, trat das Seelenheil in den Hintergrund, als in Kilikien die Spannungen zwischen dem Anführer Gottfried von Bouillon und seinem älteren Bruder Balduin von Boulogne eskalierten. Mit seinen Gefolgsleuten verließ er das Heer und kämpfte sich nach Osten gegen die Seldschuken vor. Den Kuropalates (ein byzantinischer militärischer Titel) Theodoros von Edessa brachte er dazu, ihn zu adoptieren und als Erben einzusetzen. Kurze Zeit später starb Theodoros bei einem Mordanschlag … 1098 brach Balduin seinen Lehenseid gegenüber Kaiser Alexios und rief Edessa als seine eigene Grafschaft aus, den ersten Kreuzfahrerstaat. Der Fläche nach war er wohl der größte, aber mit rund 10 000 Bewohnern auch der kleinste. Die Grafschaft bestand fast ausschließlich aus Befestigungsanlagen. Sie erstreckte sich zur Zeit ihrer größten Ausdehnung von Antiochia im Westen bis über den Euphrat hinaus und reichte im Norden bis an das Königreich Kleinarmenien.

Richard Schröder, Theologieprofessor an der Humboldt-Universität Berlin, fasst treffend zusammen: Das Besondere der Kreuzzüge im Unterschied zu den nicht zu tadelnden jahrhundertelangen Abwehrkämpfen gegen die Eroberungszüge der Araber war dies, dass der Papst diesen Krieg ausgerufen hatte, der Papst und nicht der Kaiser – ein Unterschied übrigens, den es im Islam damals nicht gab. Der Kalif war beides. Der Kreuzzug ist der Krieg des Papstes. Das hatte es zuvor nicht gegeben … Mit den Kreuzzügen entsteht das Ablasswesen, an dem sich Luthers Kritik an der Papstkirche entzünden wird. »Deus le volt – Gott will es«, ist der Schlachtruf der Kreuzfahrer … Die ersten Kreuzzüge können als Höhepunkt dieser Bestrebung angesehen werden. Im Fortgang dieser Entwicklung aber hat das Papsttum sich und die abendländische Christenheit in seine tiefste Krise hinein manövriert, auf die die Reformation und auf katholischer Seite das Konzil von Trient geantwortet haben. Das Papsttum hat nämlich die Kreuzzugsidee nach und nach sozusagen privatisiert. Die ersten Kreuzzüge galten der Befreiung des Heiligen Landes und der Rückeroberung Spaniens. Doch bald wurde der Kreuzzug ein Instrument zur Bekämpfung innerchristlicher Gegner, sprich Ketzer, wie Albingenser oder Hussiten. Schließlich rief der Papst sogar zum Kreuzzug gegen inneritalienische Gegner auf, wie die Staufer [Ghibellinen].

Für die islamische Welt übrigens waren die Kreuzzüge auch nur ein Intermezzo, das sie nie ernsthaft gefährdet hat. Territorial gesehen waren sie ein vollkommener Misserfolg, sehr im Unterschied zu dem arabischen Expansionsdrang, den später die Türken fortgesetzt haben. 1453 fiel das christliche Konstantinopel, 1529 standen die Türken vor Wien und 1683 noch einmal. Rebus sic stantibus ist es doch auffällig, dass in Europa eine massive, manchmal von Detailwissen nicht getrübte Kritik der Kreuzzüge seit Jahrhunderten selbstverständlich ist, in der islamischen Welt aber meines Wissens von einer Selbstkritik des militärischen islamischen Expansionismus nichts zu hören ist. Das liegt auch daran, dass diese beiden Arten von ›Monotheismus‹ ein fundamental anderes Verhältnis zur Gewalt charakterisiert, was mit ihren Entstehungsbedingungen zu tun hat. Mohammed war zugleich Religionsstifter, Staatsmann und Feldherr. Die Razzia, der Raubzug ins Kulturland, war den Wüstennomaden eine legitime Erwerbsquelle. Die christlichen Skrupel hinsichtlich der Legitimität des Krieges waren Mohammed fremd. Insofern setzen die postchristlichen Kritiker der Kreuzzüge die innerchristliche Selbstkritik fort.

In den Kirchen des Ostens, speziell in Armenien, wo Katholikoi in Zeiten schwacher Herrscher durchaus politisch einwirkten, kam es nie zu einer Theokratie oder etwas den Kreuzzügen Vergleichbarem. Eigentlich ist das verwunderlich, da sich Byzanz und Armenien ständig muslimischer Einfälle erwehren mussten. Byzanz wurde 1204 selbst Opfer eines Kreuzzugs. Diese Plünderung des christlichen Byzanz durch die allerchristlichsten Kreuzfahrer, veranlasst durch Venedigs Handelsinteressen, ist wohl der schlimmste Exzess dieser Militarisierung der Kirche, die die Kreuzzüge darstellen. Dass der islamische Expansionsdrang durch die Kreuzzüge eine zeitweilige Beeinträchtigung erleben musste, ist nicht der eigentliche Skandal der Kreuzzüge. Der eigentliche Skandal bestand in der Legitimation des Heiligen Krieges für innerchristliche Auseinandersetzungen.

Luther hat für die Kreuzzugsidee insgesamt nur eine vernichtende, christliche Kritik. Er unterscheidet bei der ›Obrigkeit‹ zwischen dem geistlichen und weltlichen Amt. **Darumb gleich wie des predig ampts werck und ehre ist, das es aus sundern eitel heiligen, aus todten lebendige, aus verdampten seligen, aus teuffels dienern Gotteskinder macht. Also ist des weltlichen regiments werck und ehre, dass es aus wilden thieren menschen macht und menschen erhellt, dass sie nicht wilde thiere werden. Die weltliche Herrschaft soll sich daran halten das kurtz umb nicht faust recht, sondern kopfrecht, nicht gewalt, sondern weisheit odder vernunft mus regiren, unter den bösen so wol, als unter den guten.** Er wurde damit konfrontiert, als ein päpstlicher Aufruf erging, als die Türken 1529 zum ersten Mal vor Wien standen. Einen Verteidigungskrieg zu führen, war aus Luthers Sicht notfalls möglich, aber nicht im Namen Christi und nicht gegen die Türken als ›Feinde Christi‹. Das hieße, Christi Namen zu missbrauchen. **Lass den Türken gläuben und leben wie er will.** Er wandte sich überhaupt dagegen, dass sich Papst und Bischöfe an einem Krieg beteiligen, der nicht ihr Amt ist, sondern mit Gottes Wort und Gebet wider die Türken zu streiten. Und er schrieb den Vers, die bei uns jahrzehntelang zum Schluss des Gottesdienstes gesungen wurde, lange vor den Friedensgebeten:

Verleih uns Frieden gnädiglich
Herr Gott, zu unsern Zeiten.
Es ist ja doch kein andrer nicht,
der für uns könnte streiten,
denn du, unser Gott, alleine.

Gegen die Kreuzzugsideologie des Heiligen Krieges stellt sich Luther in die Tradition der Lehre vom gerechten Krieg, die das Recht zum Kriegführen begrenzt und den Friedensschluss zum Ziel hat. Der Heilige Krieg ächtet den Feind und tendiert zum totalen Krieg, in dem jedes Mittel recht ist. –

Der Erfolg des ersten Kreuzzuges war hauptsächlich auf Streitigkeiten unter den muslimischen Herrschern zurückzuführen. Die Grafschaft Edessa bestand unter der Herrschaft fränkischer Fürsten über ein halbes Jahrhundert als Schutzwall des Königreichs Jerusalem und zur Absicherung der Pilger. Der Misserfolg des Zweiten Kreuzzugs, als Saladin Jerusalem eingenommen hatte, wurde nicht als Beleg dafür angesehen, dass der Segen Gottes nicht darüber gestanden hätte, vielmehr, dass die Mehrzahl der Kreuzfahrer nicht mit der rechten inneren Einstellung aufgebrochen waren. Saladins Kanzler Imâd Al-Dîn Al Isfahânî beschrieb die ›Al-framdj‹, die Franken, die Kreuzritter (während die Orientchristen ›nasrani‹ genannt werden, die dem Nazarener nachfolgen) … **sie waren rot, als ob das Feuer ihre harten Gesichter verbrannt hätte, ihre blauen Augen schienen vom gleichen Metall wie ihre Säbel: denn sie kämpften mit ihrem Herz und ihren Augen. Gott hatte die Empfindung aus ihren Herzen genommen und sie in ihre Schwerter gelegt, und er ließ sie all dieses tun im Angesicht der Bestrafung, die er ihnen zugedacht hatte.**

Als Joscelin II., der letzte Graf von Edessa, zu einem Feldzug abwesend war, gelang es dem Beherrscher von Mosul, Emaddin Zengi, am 24. Dezember 1144 Stadt und Burg einzunehmen. Von schrecklichen Verwüstungen und Metzeleien wird berichtet. Der zuerst gegründete Kreuzfahrerstaat war damit auch als erster wieder untergegangen.

Katholikos Nerses Schnorhali vollendete 1145 seine »Elegie«, dieses aus 1 070 doppelzeiligen, gereimten Strophen bestehende Klagelied, als Tragödie für die gesamte Christenheit. Er stützt sich auf Berichte von Teilnehmern der Kämpfe und der Belagerung, auch seines Neffen Apirat. Die verlorene Stadt, die ›Mutter vieler Kinder‹ wird zur trauernden Witwe, die damaligen Metropolen der Christenheit Jerusalem, Rom, Konstantinopel, Alexandria, Antiochia und Ani bittet, mit ihr zu trauern. Doch zum Ende seiner

Elegie weist Schnorhali auf Edessa, die Mutter, die Kirche, wie sie glücklich der Rückkehr ihrer Kinder entgegensieht:

> Sie sollen kommen von allen Orten,
> wohin sie, jetzt verfolgt, flohen
> und zerstreut wurden.
> Meine Kinder, die ihr so weit weg-
> gelaufen seid
> und von mir getrennt wurdet!
> Ihr werdet wiederkommen
> auf Reisewagen, von Pferden
> gezogen.
> Wenn ich meine Augen von hoher
> Aussicht erhebe,
> sehe ich euch alle versammelt und
> bin erfüllt von Entzücken.
> Ich schließe euch in meine Arme.
> Ich werfe die Trauerkleider fort;
> ich ziehe neue Kleider an, rot und
> grün.

s. Karte:
Kleinarmenien und die christlichen Reiche

Bei der Krönungsfeier Leos II. waren in der Anwesenheitsliste über 200 Edelleute verzeichnet, die eigene Burgen besaßen...

• Verteilung der Burgen der Armenier und Kreuzritter

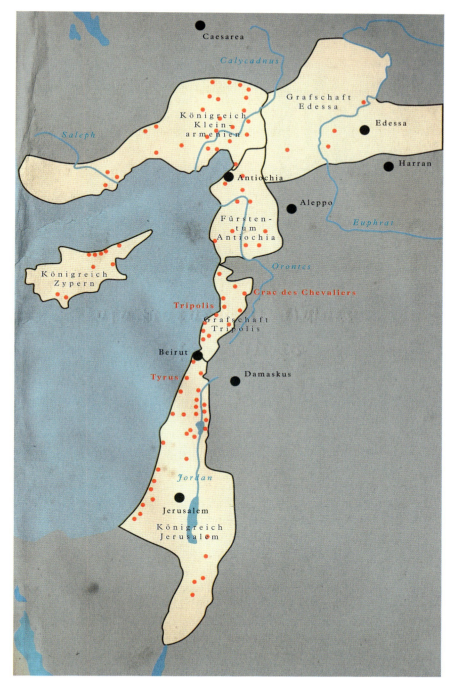

Exkurs: Das Christusporträt von Edessa

König Abgar mit dem Christusporträt

Wollen wir noch einmal weit zurückblicken zu dem Edessa zu Christi Lebzeiten. Die Überlieferung des Movses von Chorene, wie König Abgar V. von Edessa Heilung bei Jesus suchte und Boten zu ihm nach Jerusalem sandte, fand eine Fortsetzung. Die erste findet sich in der »Lehre des Addai« vom Ende des 4. Jahrhunderts: Der Schnellläufer Hannan (Ananias), der Jesus den Brief überbracht hatte, war gleichzeitig Maler und beauftragt, ein getreues Porträt des Meisters anzufertigen. Jesus war von so vielen Menschen umlagert, dass es Hannan kaum möglich war, ihn überhaupt zu sehen. Aber Jesus bemerkte den Maler und sein vergebliches Bemühen und Scheitern. Da rief er ihn zu sich, nahm ein Tuch und drückte es auf sein Antlitz. Der Abdruck vollendete sich auf wundersame Weise selbstständig zu einem Porträt. Er übergab es dem Boten, der damit nach Edessa eilte. In einem der Zeugnisse, den Thaddäus-Akten, hätte das Bild sogar noch vor der Übergabe an König Abgar seine Heilkraft gezeigt.

Nach dem Historiker Niaphoris verschwand das Tuch im Jahre 359. Es wurde behauptet, es sei in der Stadtmauer versteckt worden, um es vor Hochwasser zu schützen oder weil etwas Heiliges Unheil fernhalten sollte. Danach geriet es in Vergessenheit. Bei dem Geschichtsschreiber Euagrios Scholastikos (vor 594) erscheint das Porträt wieder als Retter in größter Not, als die Stadt im Jahre 544 durch die Perser unter Chosrow I. belagert wurde.

Noch weiter ausgeschmückt findet sich die Legende um die Wiederauffindung der kostbaren Reliquie nach dem Bilderstreit in der »Narratio de Imagine Edessena« – »Erzählung über das Bild von Edessa«, der Kaiser Konstantin VII. Porphyrogennetos (905–959) zugeschriebenen Sammlung: **Da erschien dem Bischof Eulalius des nachts eine Frau von überirdischer Eleganz und Schönheit, die ihm gebot, das nicht von Hand gemachte Bild Christi zu nehmen und mit ihm ein Gebet zu verrichten. Dann werde der Herr auf jeden Fall seine Wunder zeigen. Der Bischof sagte, er wisse gar nicht, ob sich derartiges Bild überhaupt bei den Edessenern oder an irgendeinem anderen Ort befände. Da sagte ihm die in Frauengestalt Erschienene: »Derartiges Bild ist über dem Stadttor an der folgenden Stelle in der folgenden Weise verborgen.«**

Also kam der Bischof in der Frühe, im Vertrauen auf die deutliche Vision betend zu dem Ort, durchsuchte ihn und fand dieses göttliche Bild unberührt und unzerstört zusammen mit dem Leuchter, der über so viele Jahre hinweg nicht erloschen war und auf einem Ziegel, der zum Schutz vor die Lampe gestellt war, ein weiteres Ebenbild des Ebenbildes aufgeprägt, das bis heute in Edessa aufbewahrt wird. Der Bischof nahm also das göttliche Abbild des Gottmenschen Christus in seine Hände und ging mit gestärktem Vertrauen an jenen Ort, an dem die Perser [sich unterirdisch in die Stadt hinein-]gruben ...

Wieder eine Reproduktion ohne menschliches Zutun!

In der Zeit der Ikonoklastie, des Bilderstreits im 8. und 9. Jahrhundert, gewann das Abgar-Bild größte Bedeutung. Einige byzantinische Kaiser, vor allem Leo III. der Isaurier, hatten versucht, Ikonen unter dem Vorwand der Reinigung der Kirche zu zerstören. Biblische Basis dafür war die Wiederholung und Erläuterung der Zehn Gebote ***Du sollst dir kein Bildnis machen, keinerlei Gleichnis weder des, was oben im Himmel, noch des, was unten auf Erden, noch des, was im Wasser unter der Erde ist. Du sollst sie nicht anbeten, noch ihnen dienen ...**

Das zweite Gegenargument war das sündige Wesen der Künstler, die solche Ikonen oder Bilder Christi herstellten. Die Verteidiger der Ikonen beriefen sich auf das von Christus selbst gefertigte Bildnis aus Edessa. Das entsprach der theologischen Anforderung, von der ›wunderbaren und unbegreiflichen Gestalt‹ Jesu ein Bild zu erlangen, ohne durch Künstlerhand das ›Wunderbare‹ und ›Unbegreifliche‹ zu verlieren. Das Heilige Antlitz von Edessa war ebenso ausschlaggebend beim II. Konzil von Nicäa, das die byzantinische Kaiserin Irene im Jahre 787 einberufen hatte. Im Streit um die Bilder einigte man sich auf deren Verehrung, die aber nicht als Anbetung zu verstehen war. Die armenische Kirche hält fest an der Lehre des Vardapet Varthanes Kherthogh vom Anfang des 7. Jahrhunderts: **Das Bild ist ein Erinnerungszeichen; es führt den gläubigen Beter zum sichtbaren Urbild.** Eine gnadenhafte sakramentale Vergegenwärtigung des Urbildes im Bild wird damit jedoch nicht gelehrt.

Das wundertätige Bild konnte während der Eroberungen durch muslimische Araber im christlichen Edessa verbleiben, aber im Zuge der Expansionspolitik von Byzanz musste es im Jahre 944 vom Emir von Edessa an den Kaiser Konstantin VII. Porphyrogennetos abgetreten werden. Diese Tat war so bedeutsam, dass die byzantinische Liturgie diesen Tag bis heute feiert. In Konstantinopel wurde das Christusabbild in der Pharos-Kirche des Kaiserpalastes ausgestellt. Zur Sicherheit, aber nicht sicher genug, wurde es während des Vierten Kreuzzuges in die Blachernen-Kirche verbracht, wo es bei den Plünderungen von 1204 mit verschwand. Erst 150 Jahre später tauchte es in Frankreich wieder auf.

Nach einer zweiten Version wurde das ›heilige Antlitz‹ vor den heranrückenden Türken von dem genuesischen Hauptmann und späteren Dogen Leonardo Montaldo 1362 aus Konstantinopel nach Genua verbracht. Seit 1384 ist es im Besitz der Kirche des Heiligen Bartholomäus der Armenier. Die Kopie des Abgar-Bildes – oder ist es das Original? – befindet sich als ›Mandylion von Edessa‹ in der Privatkapelle des Papstes im Vatikan.

Aber es gibt noch viel mehr Dinge zwischen Himmel und Erde … Die stigmatisierte Augustinerin Anna Katharina Emmerich (1774–1824) galt als Seherin. Clemens Brentano besuchte die Schwerkranke in ihren letzten fünf Jahren häufig, befragte sie nach ihren Visionen und verarbeitete sie literarisch. Aufgrund solcher Angaben in seinem Buch »Das Leben der heiligen Jungfrau Maria« entdeckte man das Haus, in dem Maria, die Mutter Jesu gelebt hatte, in der Nähe von Ephesus. Ebenso erstaunlich ist, dass die Emmerich die Geschichte um das Christus-Porträt von Edessa nahezu identisch erzählte. Sie endet: **Ich habe früher einmal gesehen, wie nach dem Tod des Sohnes dieses Königs bei einem bösen Nachfolger das Gesichtbild Jesu, welches öffentlich ausgestellt war, von einem frommen Bischof nebst einer brennenden Lampe durch einen davor gestellten Ziegel lange vermauert und nach langer Zeit wieder entdeckt wurde, da das Bild sich auch in den vorgestellten Stein abgebildet hatte.** – Immerhin gilt das Christus-Porträt von Edessa als die erste christliche Ikone.

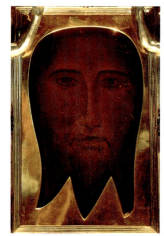

Das Christusbild von Edessa

Glück im Unglück: Klostergründungen in Serie

Auch wenn weite Teile des transkaukasischen Mutterlandes unter türkischer, turkmenischer und kurdischer Herrschaft blieben, auch wenn die einfallenden Mongolen in der Stadt Ani den endgültigen Untergang einleiteten, so befreien sie die Armenier zugleich von den Seldschuken. So rücksichtslos die Mongolen anfänglich vorgingen, bedeutete es keine wirkliche Unterbrechung in der Entwicklung, zumal sie, wie beschrieben, den Christen bis zum 14. Jahrhundert sogar Vorrechte einräumten.

Der Kampf um die Freiheit, ja, oft um das nackte Überleben, hat den Armeniern Charaktereigenschaften verliehen, die eine solche Situation erfordert: individueller und kollektiver Unternehmungsgeist, Zähigkeit, Gewandtheit und Reaktionsschnelligkeit bei strikter Kompromisslosigkeit, in Handel und Wirtschaft hochbegabt, allerdings bei geringem Geschick im politisch-diplomatischen Bereich. In einem Gebiet von endloser Weite und von den Landsleuten getrennt, die über die Berge und die Hochebene verstreut waren, ergab es sich, dass der Einzelne stets mehr oder weniger isoliert in seinem Clan, seinem Gebiet oder seiner Region lebte. So entwickelte sich eine besondere ›feudale‹ Struktur, zumal es nie eine im europäischen Sinne gefestigte und durchstrukturierte Monarchie gegeben hatte. Abgesehen von den Kleinkriegen, die sie sich zusätzlich lieferten, boten diese Miniatur-Feudalstaaten in kritischen Phasen die Chance zu überleben, weil sie nahezu unabhängig voneinander waren. Wenn einer von ihnen geschlagen wurde, konnte der andere möglicherweise sogar eine offensive Politik entfalten.

Die Kirche, der Glaube, die Klostergründungen waren Angelegenheit und Anliegen dieser Provinzfürsten, ihr Streben, einen Abglanz Anis zu schaffen. Im Gegensatz zu Palästina geschah die Ausbreitung des Glaubens nicht ›von unten‹, sondern die jeweiligen Landesherren gründeten neue Klosteruniversitäten als geistige Zentren, die sich untereinander austauschten. Bei jedem der feindlichen Einfälle der östlichen Völker drohte dem Land die völlige Vernichtung seiner bestehenden Kultur. Es waren die Klöster, die aufgrund ihrer Widerstandsfähigkeit, nicht zuletzt durch ihre weltabgeschiedene Lage, den Fortbestand der Tradition garantierten.

All diese umfangreichen Klosteranlagen zeigen nicht mehr das Gesicht ihrer Zeit, sondern wurden im Lauf der Geschichte verändert. Gebäudeteile wurden vernichtet, der künstlerische Geschmack und die technischen Möglichkeiten entwickelten sich weiter. Oft lagen diese Klöster bewusst an schwer zugänglichen Stellen und waren von hohen, turmverstärkten Mauern umgeben. Das ist ein Hinweis darauf, dass in Gefahrenzeiten die Bevölkerung ebenfalls dahinter Schutz finden konnte. Überall findet man als Zentrum eine Hauptkirche, die ›Kathogike‹, die immer von zusätzlichen Bauten umgeben war. Zudem entstanden Bibliotheken, Hörsäle, Refektorien und Brunnenhäuser, nicht zuletzt Wirtschaftsräume, die dem Klosterkomplex als freistehende Gebäude angeschlossen wurden.

Welcher Stil zu erwarten ist, charakterisiert Josef Strzygowski in seinem Werk »Die Baukunst der Armenier und Europa« am Beispiel der geographischen Lage des Landes: **Armenien nimmt an der Natur des Nordens und des Südens teil, gehört daher ganz weder dem Norden noch dem Süden an. Es ist kein Sonnenland voll des üppigsten Reichtums wie der Süden, und doch dringt dessen Natur weit in seine Täler hinein und dass diese dem Wanderer, der von der kahlen Hochfläche herabsteigt, wie ein Paradies erscheinen. Grau und unwirtlich ist die Hochebene, der tote Stein beherrscht das Bild und darüber türmen sich majestätisch die alten Vulkane. Das Grün, das im Frühlinge die Steine übersprießt und das Auge liebliche Alpenmatten ahnen lässt, ist bald verdorrt. Der Winter hält früh seinen Einzug. In einem solchen Lande dürfen wir nicht den fantastischen Über-**

schwang und den Reichtum der Formen, weder das spielerische Ausleben im Wechsel, noch die lebende Farbenfreude erwarten, wie sie den südlichen Kunstkreisen des Ostens eigen ist. Schon gegenüber dem ornamentalen Reichtum Georgiens steht das armenische Hochland zurück. Der leichteren, aufstrebenden Architektur dort mit einer viel größeren Mannigfaltigkeit an spielerischer Erfindung steht hier die einfache, geschlossene Massigkeit in ausgeprägten Gattungen gegenüber, so dass sich im Bauwerk der Geist der Landschaft mit ihren wenigen, mächtigen Vulkanen widerspiegelt.

Festung Amberd

Festung und Kirche Amberd

Wie in Ani folgte man bei der Anlage der Festung Amberd einer jahrhundertelangen, eigentlich schon seit der Bronzezeit bestehenden Tradition und legte sie auf einem von Schluchten umgebenen Bergvorsprung an. Auf Mauerwerk aus dem 7. Jahrhundert wurde diese Burg als eine von mehreren Befestigungsanlagen errichtet, die die zentralen Gebiete des Landes wie einen Ring umgaben. Damit waren die strategisch wichtigen Wege zu kontrollieren.
Amberd liegt auf 2000 Metern Höhe in völliger Einsamkeit an den südlichen Hängen des Aragaz, dort, wo sich in tiefen Schluchten die Flüsse Amberd und Archaschan vereinen. Ein imposanter Anblick ist auch heute noch die Ruine dieser dreigeschossigen Burg aus schwarzen Basaltquadern, zur Landseite in

kurzen Abständen mit drei runden Türmen befestigt, nach dem Tal als wuchtige Mauer mit dem bescheidenen Hauptportal und Fensterhöhlen hoch oben, durch die der blaue Himmel schaut. Im Erdgeschoss geht man durch einen langen Gang mit einer Flucht von fünf Räumen. Im eingestürzten Obergeschoss befanden sich wahrscheinlich die Wohnräume. Die Burg schützte den Zugang zu der auf dem Sporn gelegenen Siedlung. Man nimmt an, dass die befestigte Stadt die Hauptstadt des Geschlechts der Pahlavuni war, der Fürstenfamilie, die in Ani und weit im Lande bedeutende architektonische Spuren hinterlassen hat. Deren bereits erwähnter bekanntester Vertreter Grigor II. Mäzen mehrerer Klöster war, den wir in seinen Klosterakademien kennengelernt haben als den Gelehrten ›Grigor Magistros‹ und als ersten reimenden Poeten.

Amberd wurde von dem Feldherrn Vahram Pahlavuni zu einer Burganlage ausgebaut und fürstlich ausgestattet. Es ist weder einfach noch ungefährlich, darin herumzusteigen bis zu den beiden quadratischen, überkuppelten Baderäumen mit Hypokausten-Fußbodenheizung, einem Caldarium und einem Tepidarium, die durch verschiedene Leitungen mit heißem und kaltem Wasser gespeist wurden. Es war Luxus, beeinflusst von der islamischen Tradition, nach römischem Vorbild, wie bei der antiken Badeanlage von Garni, hätte es noch ein Frigidarium gegeben. Ein Aquädukt von vier Kilometern Länge versorgte den Ort mit frischem Wasser. Bei Ausgrabungsarbeiten entdeckte man einen in den Fels getriebenen unterirdischen Geheimgang, hinab zum Fluss Amberd und Zisternen. Die Burg, sicher auch als Sommerpalast genutzt, scheint im 13. Jahrhundert nochmals umfassend restauriert worden zu sein, sodass sich die einzelnen Bauteile nicht mehr exakt zuordnen lassen. Aber eine Inschrift auf der Innenseite des nördlichen Portalfeldes bezeugt, dass der Feldherr, Fürst Vahram Pahlavuni 1026 weit vorn auf dem Felssporn inmitten seiner Festung diese hübsche, kleine Kuppelkirche begründete. Sie wirkt quadratisch, weil die Kreuzform mit eigenständigen, zweigeschossigen Eckräumen ummantelt ist. In der Mitte trägt sie einen zylindrischen, geschlossenen Tambour von einer feinen, zwölfbogigen Blendarkade umgeben, unter einer besonders schönen, gefältelten Schirmhaube. Als einziger Schmuck der Fassade stützen gebündelte Halbsäulen mit kugeligen Kapitellen den hoch aufragenden Bogen über dem vielfach umrandeten Südportal.

Die pahlavunische Herrschaft währte nicht mehr lange. Bis die Kathogike, die Hauptkirche, durch die Restaurierungsarbeiten in den 1970ern wieder so ansehnlich wurde, setzten ihr viele Stürme zu: 1045 ergriff ein oströmisch-byzantinischer Gouverneur, Katakalon Keakaumenos, für kurze Zeit die Herrschaft Amberds. 1064 kamen die seldschukischen Eroberer, 1196 gewann Fürst Sakar die Anlage von den Seldschuken zurück. Zwar konnte die Burg 1236 dem Ansturm der Mongolen standhalten, aber 1408 wurde sie endgültig zerstört. – Was für ein trauriges Schicksal an so einem ausgesucht schönen Fleckchen Erde!

Die Wanderfreudigen hatten sich längst zu einem Ansturm auf möglichst viele der 4095 Höhenmeter des Aragaz aufgemacht. Aber wir, die Genießer, als wir uns sattgesehen hatten an allem nur irgend Entdeckbaren, eroberten nur noch die wackligen Stühle vor der winzigen Kaffeebude oberhalb der Burganlage und erfreuten uns bei kalten und heißen Getränken an dem grandiosen Blick über die blühenden Berghänge bis hinunter ins Tal des Arax.

Haghardsin in den tiefen Wäldern des Nordens

Nach dem Sewan-Pass in 2114 Metern Höhe beginnt in der Provinz Tawusch eine völlig neue Landschaft: Wälder über Wälder, überall Quellen und Flüsse, eine herrliche Luft, angenehm mildes Klima, unberührte Natur, ein riesiges Naturschutzgebiet. Hier ist alles weicher und gefälliger, vom Dialekt angefangen. Hier kann die Phantasie aufblühen.

Von der Straße führt ein Fußweg bergab zu einer Gruppe von Chatschkaren, von dem ein schmaler Pilgerpfad abzweigt, hinunter zu der Lichtung, einem uralt-heiligen Kultplatz. Eingebettet zwischen die dicht bewaldeten Pambakberge und die Flüsse Haghardsin und Mets Aghbjur, halb verborgen hinter Baumriesen die ersten steilen Dächer der Klosteranlage.

Es ist der Zufluchtsort, an dem die erste Kirche des Heiligen Grigor schon vor der Mitte des 11. Jahrhunderts errichtet worden war, doch nicht versteckt genug. Schon ein paar Jahre später wurde alles durch den Seldschuken Alp Arslan zerstört und erst Jahrzehnte später, als die Feinde vertrieben waren, von den Fürsten Zakharjan wieder aufgebaut und wesentlich erweitert. Es ist dieselbe Fürstenfamilie mit dem Wappen des Löwen, der einen Stier reißt, die auch im Kloster Geghard ihre Spuren hinterlassen hat. Unter der Leitung des Abtes Chatschatur Taronezi war dieses Refugium zu einer bedeutenden Musikakademie geworden, denn er hatte neue Notenhilfszeichen für die armenische Liturgie geschaffen.

Kloster Haghardsin

Klosteranlage Haghardsin

Die Grundüberlegung bei dieser Anlage war, den profanen vom geistlichen Teil zu trennen. Vier Kirchen befinden sich auf der östlichen Seite, alle mit kreuzförmigem Grundriss mit Kuppeln.

Die zuerst entdeckte Muttergotteskirche mit ihrem hohen, bogenverzierten Tambour ist die vergrößerte Wiederholung der alten kleinen Grigorkirche, an die sich eine winzige Kathogike anschließt. Das Gavit der Grigorkirche ist gut doppelt so groß wie beide zusammen. In den Boden sind einige Grabplatten eingelassen, auch die der bedeutenden Könige Gagik und Smbat aus dem Geschlecht der Bagratiden, die am Aufbau Anis maßgeblich beteiligt waren. Als große Förderer der Klosterakademien harren sie im östlichen Teil ihrer Auferstehung.

Etwas abseits steht die jüngste der Kirchen von 1244, nach dem Heiligen Stephanus benannt. Ihre Südseite ist mit einem Sonnenrad und einer Sonnenuhr geschmückt. Der Schatten des Zeigers wandert über die elf Segmente, in denen fein gearbeitete Schnörkel armenischer Buchstaben die Zeit anzeigen, endlich ein sichtbarer Beweis, dass man sie auch als Zahlen verwendete. Kirchen, die auch in der Landschaft die Funktion von Orientierungspunkten haben, werden durch die Sonnenuhren außerdem zu Symbolen des Lebens und der Zeit, einbezogen in das Fließen der Stunden und der Jahreszeiten.

Was für eine wechselvolle Geschichte mag das Kloster erlebt haben? Über hundert Inschriften an den Wänden erzählen davon, fünfzig allein im Gavit der Grigorkirche. Als ich mich daran machte, die kunstvolle Umrahmung der Tür genauer anzusehen, um sie zu beschreiben, kam mir ein altes Kirchenlied in den Sinn:

Portal der Muttergotteskirche des Klosters Haghardsin

*Tut mir auf die schöne Pforte,
führt in Gottes Haus mich ein,
ach, wie wird an diesem Orte
meine Seele fröhlich sein.
Hier ist Gottes Angesicht,
hier ist lauter Trost und Licht.*

Da war dieses Portal mit der hohen, dreifachen Zackenreihe gesäumt, mit schmalen Säulenpaaren als Türstock. Ein doppelt gezackter Bogen wölbt sich darüber mit einem plastisch gearbeiteten Ewigkeitssymbol unmittelbar über der Türöffnung. Das alles wirkt ebenso ruhig wie harmonisch und ansprechend.

Der Eingang ist einladend betont, soll einladen, einzutreten. Überhöhte Portale von Moscheen oder Karawansereien kenne ich in dieser Art. Bei den Seldschuken bedeutet die reiche Ornamentik nicht Prahlerei, sondern ist Zeichen des Willkommenheißens, der Gastfreundschaft. Zu allen Zeiten wurde der Gottheit vom Besten gegeben, das man hatte – also, wenn es handwerklich möglich war, warum nicht die allerschönste Pforte für Gottes Haus?

An die Seite ist ein recht kleiner Stein gerückt, mit einer Anbetungsgruppe: Maria, das Kind und zwei der Könige. Aber wie sie aussehen! Mongolische Züge, Schlitzaugen! Ist das eine Referenz an die Besatzungsmacht, die von den Seldschuken befreien half, weil sie die christliche Religion zuließ? Oder wurden hier gar ein paar Mongolen bekehrt, die ihren neuen Glauben einmeißelten? Wie ist der Chatschkar zu deuten, bei dem das Kreuz über einem Davidstern steht? Zwei Möglichkeiten gibt es: Das Christentum wurzelt auf dem Judentum, oder es steht darüber, hat es besiegt.

Auch im profanen Bereich ließe sich manches ablesen. Von den Nebenräumen ist vieles zerstört, aber das Refektorium lässt staunen. Im Grundriss ist es größer als der sämtlicher Kirchen zusammen. Es ist eines der größten historischen Bauwerke in ganz Armenien. Meister Minas hat es im Jahr 1248 erbaut und sich über dem südlichen Eingangsportal verewigt. Da müssen ja Hunderte von Brüdern miteinander gelebt haben, wenn der Speisesaal derartige Ausmaße haben musste! Eine statische Meisterleistung ist die Decke des Saales mit einer Länge von 20 Metern. Sie wird von zwei sich kreuzenden Gurtpaaren mit nur zwei freistehenden Mittelpfeilern gestützt – und steht bis heute! Die kleine Dachöffnung, durch die spärliches Licht eindringt, ist mit Muscheln verziert. Das ist zweifellos wieder ein Dekor orientalischer Herkunft. Aber hier ist die Muschel gemeint als christliches Symbol, als etwas, das die Perle hervorbringt: Christus – und die Gottesmutter Maria als das geheimnisvoll Dunkle, aus dem das Heilige entsteht. Jesus Christus selbst hat die Perle für ein Gleichnis gewählt: Ein Kaufmann opfert sein ganzes Vermögen für eine einzige, ganz besonders edle und köstliche Perle. Nur diesen einen wundervollen Schatz wollte er für sich erwerben. »Nur sind Begriffe wie ›Schatz‹ oder ›Perle‹ bei Christus Bilder. Das, was Reichtum verspricht – die innere Ruhe – kann letztlich nur der innere Reichtum der Seele schenken«, deutet es der Benediktinerpater Anselm Grün.

Muttergottes mit Jesuskind und zwei Königen in Haghardsin

Exkurs über die ›Liedermacher‹ der Alten

Mein erster Eindruck hat sich immer wieder bestätigt: Die Armenier sind hochmusikalisch. Sie waren es von jeher. Seit uralten, vorchristlichen Zeiten hat Musik sie begleitet. Erste Zeugnisse sind Felsmalereien mit Tanzszenen aus dem 5. bis 3. Jahrtausend vor Christus. Bei archäologischen Grabungen entdeckte man Schlittenglocken und Handglöckchen für die musikalische Begleitung von Zeremonien aus dem 2. und in der Sewan-Region ein Horn und Felle von Trommeln aus dem 1. Jahrtausend vor Christus. Auf Karmir Blur, bei den Urartäern, fand man bronzene Becken und in Garni und Dvin Doppelflöten, wahrscheinlich von Hirten, gefertigt aus den Knochen von Storchenbeinen: Musik für alle Schichten. Am Hofe Tigran II. des Großen und seines Sohnes Artavazd II. gab es ein königliches Orchester. Movses von Chorene selbst hatte erlebt, wie Arams Nachfahren die alten Heldensagen als Balladen zur Leier sangen und tanzten. Gleichzeitig entstanden zahlreiche Meisterwerke aus den verschiedensten Bereichen, der ländlichen und der städtischen Musik, im Stil der Troubadoure, für Männerchöre und ganz besonders geistliche Lieder.

Im späten Mittelalter, als Armenien seine Souveränität verloren hatte, aufgeteilt zwischen dem Osmanischen Reich und Persien, dominierten Gefühle von Melancholie, Sehnsucht und Trauer, verursacht durch Flucht und Heimatlosigkeit. Das ›Krunk‹ wurde geschaffen, abgeleitet von ›Krunk‹ – ›Kranich‹, ein heute noch sehr beliebtes Volkslied:

> Krunk, woher kommst du,
> ich bete deine Stimme an,
> Krunk, hast du keine
> Nachricht aus unserem Land?
> Laufe nicht, du wirst deinen
> Schwarm noch erreichen,
> Krunk, hast du keine
> Nachricht aus unserem Land?
>
> Ich hatte Besitz und Garten verlassen,
> bei jedem Luftzug der Atem mir schwand,
> Krunk, laß deine Stimme ertönen,
> hast du keine Nachricht aus unserem Land?
> Aufs schlechteste steht's hier um unsere Sache,
> vielleicht ist Gott ein Ausweg bekannt.
> Das Herz des Gharib ist gefesselt von Tränen,
> hast du keine Nachricht aus unserem Land?
> Unter den Vögeln kann keiner dir gleichen,
> nimm dieses Briefchen von meiner Hand.
> Magst wohlbehalten die Heimat erreichen,
> und mir Nachricht bringen aus unserem Land.

Doch zu etwas einmalig Schönem wurde die geistliche Musik, beginnend mit der Einführung des Christentums, erschaffen von Mönchen, Priestern und Äbten. Die ersten ›Sharakans‹, wie die geistlichen Lieder Armeniens genannt werden, entstanden bereits zusammen mit dem armenischen Alphabet. Mesrop Maschtoz, der Schöpfer des Alphabets, der erste Liedsänger!

> Meer des Lebens immer umbrandet mich.
> Mauern des Feindes immer umdrohen mich.
> Guter Steuermann, – du beschirme mich!

Zusammen mit seinem Katholikos Sahak Partev entwickelte er musikalische und ästhetische Theorien, die künftig an den Klosteruniversitäten gelehrt wurden. Es kam zur Geburt der ›Khasen‹, besonderer Zeichen, einer Art Notenschrift. Christliche Hymnen traten an die Stelle früherer Lieder, deren Melodien mitunter teilweise oder ganz übernommen wurden. Kirchengesänge behielten etwas Volksliedhaftes. Insgesamt entstand ein riesiges Repertoire trauriger und fröhlicher Melodien, nicht mehr in okzidentale oder orientalische zu trennen. Valeri Brjussow, der bekannte Übersetzer armenischer Poesie, nennt, was diese Art von Musik vermittelt: **Schmerz ohne Hoffnungslosigkeit, Leidenschaft ohne Leid und Bewunderung ohne Hingabe.**

Wie viele Generationen begnadeter Mönchsgelehrter mögen in den tausend Jahren zwischen dem

5. und dem 15. Jahrhundert immer neue ›Sharakans‹ ersonnen haben? Das Wort ›Sharakan‹ bedeutet eigentlich eine Reihe oder Kette aus Edelsteinen und das sind sie – eine archaisch reine Kunst, Ausdruck voll Schönheit und Wahrheit. Es sind Hymnen, die die einzigartige Grundlage für die Liturgien der armenischen Messe bilden, die als eine der schönsten in der gesamten geistlichen Musik gilt. Manche der Dichterkomponisten verbargen sich in der Anonymität, um das Himmlische nicht ins Irdische hinabzuziehen. Wenigstens einige der bereits bekannten und zitierten, aber auch noch nicht genannte Persönlichkeiten sollen heraufdämmern aus dem Dunkel der Vergangenheit:

Sahak Partev, 348 in Caesarea (Kayseri) geboren, 439 in Blor verstorben, Katholikos von 373–377, der Mesrop Maschtoz bei der Findung der armenischen Schrift unterstützte und das Achttonsystem einführte. Mit ihm und Movses von Chorene, dem Chronisten, repräsentiert er die Gründergeneration. Er hatte bei seinen Liedern als Themenschwerpunkt die Auferweckung des Lazarus, Palmsonntags- und Karwochen-Hymnen gewählt. In einer der bekannteren entwarf er die Schreckensvision der Verdunkelung der Sonne:

> Oh wundersame und furchterregende Vision:
> wir sahen, wie der Schöpfer gekreuzigt wurde!
> Die Sonne hat sich verfinstert, und der Vorhang
> des großen Tempels riß von oben bis unten entzwei.
> Der Herr wurde schändlich zwischen zwei
>   Übeltätern gekreuzigt,
> so dass die Schrift wahr wurde, die besagt:
> Er wurde zu den Verbrechern gezählt.

Hovhan Mandakuni (403–490), ab 478 bis zu seinem Tod Katholikos, aus der Generation der Schüler von Katholikos Sahak Partev und Mesrop Maschtoz, verfasste die ersten, heute noch gebräuchlichen Stundengebete, die Tauf- und Trauliturgie, Mönchsregeln, und war Übersetzer wichtiger Werke der Kirchenväter. Predigten sind überliefert, seine Hymnen werden heute noch gesungen.

Anania Schriakazi (605–685), der Hymnen zu Pfingsten und Christi Verklärung schrieb, war außerdem ein großer Mathematiker, speziell der Zahlensymbolik **(Ohne Zahlen ist nichts begründet)**, der Kalenderkunde, ein Astronom und Historiker, ein Kosmograf, der ebenso nach Gottesbeweisen in der Natur suchte.

Komitas Aghtsezi, Katholikos von 615 bis 628, schrieb zahlreiche wundervolle Hymnen und machte sich als Baumeister einen Namen: Auch er baute Etschmiadsin weiter aus und gab dem Hripsime-Kloster seine jetzige Form. Es ist nicht verwunderlich, wenn er in seinen Hymnen den Mut jungfräulicher Märtyrerinnen rühmt, den sie der Tyrannei des Königs Trdat entgegensetzen. Er wurde das Vorbild des großen Komitas im 20. Jahrhundert. Hier der Beginn der Hripsime-Hymne (s. S. 91):

> Seelen geweiht der Liebe Christi,
> himmlische Kämpfer und weise Jungfrauen!
> In eurem Ruhm erhöht begeht ein Fest
> die Mutter Zion mit ihren Töchtern.
>
> Himmlische Klänge haben die Erde erfüllt,
> da ihr süßen Duft ausgehaucht in Christo,
> geistige Brandopfer und Opfer der Erlösung
> und unbefleckte, Gott dargebrachte Lämmer!

Bischof Stephanos von Sjunik (660 oder 670–735) aus der verschollenen Schule von Gladsor, ein Märtyrer, der als ›Säule des Himmels und Fundament des Glaubens‹ in die Geschichte eingegangen ist, liegt in Tanahat begraben.

Sahak Dzoraporezi, als Sahak III. von 677 bis 703 Katholikos, verfasste in seinem aufregenden Leben (beschrieben im Odsun-Kapitel, S. 128) rund sechzig Hymnen auf Kirche und Kreuz, die berühmteste ist seine Etschmiadsin-Hymne:

**Herabkam der Eingeborene vom Vater
und Licht der Ehren mit ihm,
Töne erschallen ließ das Unterirdische der Abgründe.**

**Da gesehen das große Licht der Patriarch Grigor,
verkündete er es mit Jauchzen
dem gläubiggewordenen Herrscher.**

**Kommt, bauen uns laßt die heilige Hütte des Lichts,
weil in dieser aufging uns
Licht im armenischen Lande.**

Erhalten ist auch eine Palmsonntagspredigt.
Hovhannes Odsnezi, als Hovhannes III., der Philosoph, Diplomat, Katholikos von 717 bis 728, im Kapitel über das Kloster von Odsun (s. S. 128) beschrieben, hatte unter vielen anderen Gaben die des gesungenen Gebets.
Grigor von Narek (947–1003), der Mystiker unter den ›Sharakanakirs‹, der mit seinem 95 Kapitel umfassenden »Buch der Klagelieder« Menschen an Leib und Seele heilte, wenn sie damit beteten oder es unters Kopfkissen legten. Der ›Weber der Worte‹ – ›Banahüs‹ wird er genannt, der das Leben als Schauplatz einer unerbittlichen Folge von Tragödien schildert. Mit seiner Dichtung schafft er es, die Distanz zu überwinden, die die Tiefen der Herzen vom brennend Ersehnten trennen. Es ist das heilige Buch der Armenier, gleich nach den Evangelien, von einer Generation zur anderen weitergereicht. (s. auch S. 160 f.)
Grigor Pahlavuni (990–1058) wurde von Kaiser Konstantin Monomachos (1042–1054) mit dem Titel ›Magistros‹ ausgezeichnet und zum Statthalter Mesopotamiens ernannt. Die Zahl der Schriften, die Gregor Magistros hinterlassen hat, ist beträchtlich. Eine ausgedehnte Sammlung von Briefen politischen, historischen und philologischen Inhalts, eine Grammatik, verschiedene Dichtungen und außerdem noch Übersetzungen philosophischer und mathematischer Arbeiten aus dem Griechischen und Syrischen legen Zeugnis von der Vielseitigkeit seiner Bildung ab. Eine bedeutende ›dichterische Kraft‹ wird ihm abgesprochen, trotz der gereimten Heiligen Schrift in tausend Versen. Er förderte die Klosterakademie von Sanahin (s. auch S. 146). Daneben hatte er sich einen Namen als Philosoph gemacht, war Politiker und Militär. Mütterlicherseits stammte er von Grigor dem Erleuchter ab, sein Sohn wurde Katholikos Grigor II.
Sein Meisterschüler war Hovhannes Imastaser (1045–1129) der im Kloster Haghpat (s. S. 151) wirkte, dichtete und sang. ›Der die Weisheit liebt‹, ›der Philosoph‹, lautet sein Name übersetzt. Er war eine strahlende, naturverbundene Persönlichkeit. Für ihn ist die Natur unsere größte und unvergleichliche Lehrmeisterin: **Das Trällern eines Vogels, der Duft einer Blume, das Heulen des Windes, die unbändigen Wogen des Meeres, die unfertige Skulptur im nackten Gestein, Sonnenstrahlen, die die Ränder dicker Wolken leuchtend umrahmen, schwerer Regen und sternenklare Nächte – all das sollte sich in der menschlichen Stimme widerspiegeln, zur Ehre des Schöpfers. Die Natur ist vollkommen, der Mensch sündig und unvollkommen. Wir können nicht vollkommen sein wie die Natur, aber wir dürfen auch nicht aufhören, danach zu trachten …**, so drückt er es aus.
»Licht, Schöpfer des Lichts«, der berühmte Morgengesang stammt von einem der ganz Großen, vom herausragendsten Theologen und Dichter seiner Zeit, Nerses IV. Schnorhali, Katholikos des Großen Hauses von Kilikien von 1166 bis 1173, ein Enkel des Grigor Magistros. Dieser Sonnengesang (s. S. 125) und etliche seiner anderen Hymnen erklingen tagtäglich bis heute. Reime mit demselben Reimwort aneinandergefügt, sind seine Neuerung. Will er so Ruhe und Gleichmaß in die unruhigen Zeiten in Kilikien bringen? Die Würdigung seines Lebenswerks ist vorgezogen an den Ort seines Wirkens im ›Königreich Kilikien‹, dessen leuchtender Stern am kulturellen Himmel er war (s. S. 172 f.).

Exkurs über Komitas

Erst im 20. Jahrhundert gelang es, die in den vergessenen ›Neumen‹ aufgezeichneten Melodien wieder zum Klingen zu bringen: Es war der Vardapet-Komponist Komitas, bei dessen Namen die Augen jedes Armeniers zu leuchten beginnen.

Als Soghomon Soghomonjan kam er 1869 im westanatolischen Kütahya in einer musikliebenden aber verarmten Familie zur Welt. Nein, Familie oder Behütetsein im Elternhaus hat er nie erlebt. Seine Mutter starb ein halbes Jahr nach seiner Geburt, den Vater verlor er mit neuneinhalb. Dann zog ihn seine Großmutter auf, recht oder schlecht. Dennoch schreibt er in seiner Autobiographie, sie hätte wie eine zweite Mutter über seiner Zukunft gewacht, auch wenn sie ihn, weil es am Schulgeld fehlte, nach nur einem Jahr wieder zurück auf die Dorfschule schicken musste. Was für ein freudloser, schwieriger Start für ein hochsensibles, hochmusikalisches Menschenkind. Denn man war auf seine glockenhelle Stimme aufmerksam geworden. Als 1881 der Priester seines Heimatortes aufbrach, um in Etschmiadsin zum Bischof geweiht zu werden, nahm er das begabte Waisenkind mit. Dort gab es anfangs Verständigungsschwierigkeiten – armenisch zu sprechen war im Westen des Osmanischen Reiches streng verboten. Komitas erzählt eine Episode, wie er sich bei Katholikos Gevorg IV. dafür entschuldigte, indem er ihm den liturgischen Abendgesang »Freude strahlendes Licht« vorsang und ihn damit zu Tränen rührte, die ihm über seinen langen, grauen Bart in die Falten seines Mantels hinabrollten. **I was a singer and one of the distinquished sweet-voiced boys,** beschreibt er sich.

Gevorg IV. wählte ihn als einzigen von zwanzig Knaben fürs Seminar aus. 1890 wurde er als Diakon eingesegnet, 1894 zum Priester ordiniert. Nach kirchlicher Vorstellung begann er damit ein neues Leben und erhielt in einer zweiten Taufe den Namen ›Komitas‹, den des von ihm hochverehrten Katholikos, Hymnendichters und Musikers aus dem 7. Jahrhundert. Im Februar 1895 beendete er seine Studien im Seminar als ›Vardapet‹, einem hohen, geistlichen Grad, verbunden mit Lehrbefugnis. Er unterrichtete Musik in Etschmiadsin, gründete einen Chor und ein Ensemble für Volksmusikinstrumente und unternahm erste Schritte, die armenische Kirchenmusik zu erforschen.

In Katholikos Mkritch Khrimian, ›Hairik‹ – ›Väterchen‹ genannt, gewann er einen weitsichtigen Mentor, der ihn zum Studium nach Tiflis sandte. Im Mai 1896 begann Komitas mit dem Segen des Kirchenoberhauptes und der finanziellen Unterstützung des größten armenischen Erdölmagnaten, Alexander Mantaschjan, ein dreijähriges Musikstudium in Berlin am Privat-Konservatorium von Professor Richard Schmidt. Gleichzeitig studierte er bis 1899 an der Friedrich-Wilhelms-Universität, der späteren Humboldt-Universität, Musikwissenschaft, Philosophie, Theologie, Ästhetik und allgemeine Geschichte.

Die politische Situation hatte sich für die Armenier auf westtürkischem Territorium von 1894 an erheblich verschlechtert, es kam zu Vertreibungen und Massakern. Es ist anzunehmen, dass Berichte über die Grausamkeiten bis zu Komitas durchdrangen, denn als Prüfungsarbeit komponierte er ein Oratorium über den 137. Psalm als vier- bzw. achtstimmigen Chor in deutscher Sprache: »An den Wassern zu Babel saßen wir und weineten, wenn wir an Zion gedachten …« Er lebte zurückgezogen in Berlin, widmete sich intensiv seinem Studium und allem, was er an europäischer Musik kennenlernen konnte, besuchte Konzerte wie Opern. Es entstanden erste Romanzen und Chöre nach Texten deutscher Poesie. Und er dichtete selbst. Seine ersten Kompositionen waren eine Nationalhymne und die Vertonung des Gedichts »Dorfkirche« von Hovhannes Hovannessian. Erste Versuche, die armenische Liturgie zu harmonisieren und von Fremdeinflüssen zu reinigen, stammen ebenfalls aus dieser Zeit. Eingeladen von der »Internationalen Musikgesellschaft« hielt er Vorlesungen über armenische Kirchen- und zeitgenössische Musik im Vergleich mit der türkischen, arabischen und kurdischen.

Als Doktor der Philosophie kehrte Komitas im September 1899 nach Etschmiadsin zurück um seine alten Aktivitäten wieder aufzunehmen, jedoch nun mit anderen Methoden und besserem Erfolg. Für seine wissenschaftlichen Arbeiten hatte er sich die notwendige theoretische Basis erworben. Die Praxis kennenzulernen, reiste er jahrelang unermüdlich durch Dörfer und Städte der Provinzen, hörte Hirten und Bauern zu, wie sie bei der Arbeit sangen, Müttern bei ihren Kindern, lauschte Liebesliedern, Hochzeits- und Trauergesängen, Legenden, epischen Gesängen und Spottgedichten. Dabei traf er auf die letzten Nachfahren der ›Aschughen‹, der armenischen Troubadoure, und deren Tanzweisen. Was über Jahrhunderte mündlich überliefert worden war, hielt er in seinem eigenen Notationssystem präzise fest.

Seine Stellung in der armenischen Musikforschung ist der Béla Bartóks oder Zoltán Kodálys in der ungarischen vergleichbar. Von den etwa drei- oder viertausend gesammelten Volksliedern für alle Lebenslagen veröffentlichte er nur einen kleinen Teil als Kunstlied mit Klavierbegleitung, der überwiegende ist für mehrstimmigen Chorgesang bearbeitet. Er setzte den gesamten armenischen Kirchengesang für Männerstimmen. Er suchte, fand und reinigte einen riesigen Schatz an Melodien von türkischen oder persischen Einflüssen, vom schlichten Wiegenlied bis zur vielstimmigen Liturgie der armenischen Messe, der er ihren volksliedhaften Charakter zurückgab: Kirchen- und Volksmusik sind wie Schwester und Bruder. Die Lieder konnte er retten, während die, die sie gesungen hatten, kurze Zeit später schon nicht mehr waren. Da ihm die Melodien vertraut waren, lag es nahe, dass er sich an die Arbeit des Entschlüsselns der alten ›Khasen‹, der ersten Notenschrift, machte.

Doch es zog ihn immer wieder in die Freiheit der Metropolen Tiflis, Berlin, Paris und anderer bedeutender europäischer Städte. Er feierte Erfolge mit seinem eigenen, bis zu sechzigköpfigen Studentenchor oder wurde als Gastdirigent gebeten zu Konzerten mit geistlicher und weltlicher Musik. Wenn er solistisch auftrat, erregte seine Stimme Aufsehen und Bewunderung, so wohlklingend, groß und ausdrucksvoll war sie. Dank ihres gewaltigen Umfangs bewältigte er, ein Bariton, ebenso Tenorpartien. Er beherrschte meisterhaft Flöten wie das Piano. Komitas war eine Persönlichkeit mit einer Aura, die seine Zuhörer förmlich in seinen Bann zog. Die bekannten Komponisten Gabriel Fauré (1845–1924) und Camille Saint-Saëns (1835–1921) waren hellauf begeistert, als sie ihn hörten. Wie hatte schon 1906 der große französischen Komponist Claude Debussy (1862–1918) bei einem Konzert in Paris ausgerufen: »Brillant, Vater Komitas! Ich verbeuge mich vor Ihrem musikalischen Genie!«

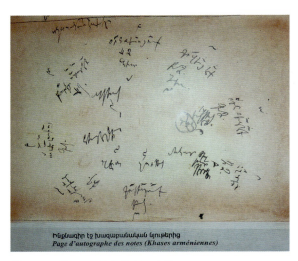

›Khasen‹, erste armenische Notenschrift

Denn auch als er sich internationalen Ansehens erfreute, blieb er der einfache, liebenswerte Armenier im Priesterrock.

Wie vorauszusehen, führten seine weltlichen Interessen und Auftritte zum Konflikt mit der Kirchenleitung, sodass er sich 1910 entschloss, die Kongregation von Etschmiadsin endgültig zu verlassen. In Konstantinopel gründete er seinen 300 Mitglieder zählenden, gemischten »Gusan-(Volkslied-und-Minnesänger-)Chor«, mit dem er berühmt wurde. Als große Ehre empfand er, als erster Nicht-Europäer in die »Internationale Musikgesellschaft« aufgenommen zu werden. Er erteilte Unterricht, hielt Vorlesungen, veröffentlichte Artikel über Wagner, den er sehr bewunderte, Liszt und Verdi und er gab vielbeachtete Konzerte in Tiflis, Paris, Genf, Bern, Venedig, Alexandria und Konstantinopel. So machte er die armenische Musik in der Welt bekannt und brachte vielen Armeniern erstmals ihre eigene Musik nahe. Heute gilt er als Retter der armenischen Musik in letzter Stunde.

Am 24. April 1915 wurde Komitas, der sein ganzes Leben der Musik geweiht hatte, in Konstantinopel zusammen mit Hunderten armenischer Intellektueller unter dem Vorwand des Hochverrats verhaftet und ins 800 Kilometer entfernte Chankiri nach Zentralanatolien verschleppt – in Bahnwaggons und auf Pferdekarren, bei Eiseskälte, hungrig und durstig. Seine einzige Sorge galt seinen zurückgelassenen Papieren und Aufzeichnungen. Er hielt das alles für einen Irrtum. Auf Intervention des damaligen US-Botschafters Henry Morgenthau sen. ordnete Innenminister Talât Paşa telegraphisch die Amnestie von Komitas und weiterer sieben Mithäftlinge an. Gebrochen an Leib und Seele kehrte er zurück und fand sein Heim verwüstet. Zu den Schrecken der Internierung kam der Verlust seiner noch nicht veröffentlichten Forschungsergebnisse und seiner kostbaren Sammlung von Liedern. Die Tragödie seines Volkes traf ihn tief, er verlor zusehends seinen Seelenfrieden. Als er 1916 am Palmsonntag, dem Jahrestag der Deportation einen Gedenkgottesdienst zelebrierte, erlitt er seinen endgültigen Zusammenbruch. Es war wohl ein posttraumatisches Belastungssyndrom, das man erst an Opfern des Holocausts wie an Soldaten nach Kriegseinsätzen, z. B. in Vietnam, zu erkennen und zu behandeln lernte. Komitas lebte noch neunzehn Jahre in immer bescheideneren psychiatrischen Kliniken. Er starb in tiefer Depression und Armut am 22. Oktober 1935 in einer Nervenheilanstalt des Pariser Vorortes Villejuif.

Sein einbalsamierter Leichnam wurde im Jahr darauf nach Jerewan überführt und mit allen Ehren im Pantheon beigesetzt. Im Herzen jedes Armeniers lebt er weiter, in der Messliturgie, in Liedern, in der ergreifend schönen Musik, die am Genozid-Denkmal tröstet. Das Konservatorium in Jerewan, das er sich immer gewünscht hat, und ein berühmtes, armenisches Streichquartett tragen seinen Namen. Parujr Sewak findet in seiner Dichtung »Der unaufhörliche Glockenturm« Worte der grenzenlosen Dankbarkeit eines ganzen Volkes:

Komitas im Priestergewand

Du, Vardapet,
du Majestät des Liedes aller Armenier,
du Mesrop des Liedes aller Armenier,
du Mesrop Maschtoz unseres Gesanges,
du das Alphabet Mesropean.
Du bist die Furche tief und das Feld
und der Samen auserlesen,
und das Versprechen der neuen Ernte –
des Gesanges der Armenier,
des Feldackers ohne Grenze …
Nun, nimm von uns auf
diese Worte des Dankes,
die Kreuzworte des Pflügens.
Nimm du auf,
du, immer klingendes Instrument
unseres Gesanges.

Nimm du auf,
Sammler unserer verstreuten Reliquien,
du das Musikbuch unserer »khasen«,
du unser geistlicher Hymnus;
du heiliges Becken,
das unsere Seelen geheilt hat;
du ein biblischer Stab,
der überall Brunnen schlug;
du unsere Sehnsucht, unser Kummer,
du unser Priester des Gesanges,
der Magier unseres Liedes,
unser immer läutender und ewig wacher,
unaufhörlicher Glockenturm!

Komitas-Denkmal vor dem Konservatorium in Jerewan, das seinen Namen trägt

Gladsor / Tanahat – das neue Athen

Im späten Mittelalter schufen drei Klosteruniversitäten in den südlichen Landesteilen Großartiges. Sie bildeten die einzige intellektuelle Elite des Landes, die entscheidend in die Kirchen- und Religionspolitik eingriff. Dabei ging es im Streit zwischen den drei Klöstern nicht um unterschiedliche kirchenpolitische Konzeptionen, sondern um die Vorrangstellung. Im Kampf gegen missionierende katholische Geistliche, die eine Unterordnung der armenischen Kirche unter den römischen Papst erzwingen wollten, waren sie sich jedoch einig.

Gladsor galt als das ›neue Athen‹. Die Ausbildung eines ›Vardapet‹ dauerte sieben bis acht Jahre. Das Studium der Grammatik, Rhetorik, Dialektik, Arithmetik, Musik, Geometrie und Astronomie galt als Vorbereitung für weitere Studien, die in der Theologie gipfelten. Das Ergebnis sind die zahlreichen Kommentare und Interpretationen, nicht nur der Bibel und der Schriften der Kirchenväter, sondern auch philosophischer und grammatikalischer Werke, die Eingang in ihr Denken fanden. Man könnte die Bezeichnung ›Vardapet‹ für einen studierten Priestermönch durchaus auch mit ›Universalgelehrter‹ übersetzen, zumal auch künstlerische und handwerkliche Fähigkeiten ausgebildet wurden. Die größte Enttäuschung ist, dass die Stätte nicht mehr zu lokalisieren ist! So eine Elite-Schmiede entstand und verschwand wieder spurlos vom Erdboden.

Gegründet hatte diese geistliche Hochschule Vardapet Nerses von Musch. Dank des Großmuts der Fürsten Proschjan wurden hier bis zu 400 Studenten gleichzeitig unterrichtet. Von den zu Vardapeten Geweihten wirkten viele später als Äbte von Klöstern weit übers Land. Der Historiker Orbeljan aus dem 13. Jahrhundert hielt Kloster Tanahat für die letzte Spur Gladsors, aber heute lässt sich kein einziger Hinweis mehr darauf finden. Immerhin wurde Tanahat mit Unterstützung der Fürstenfamilien Proschjan und Orbelian zwischen 1273 und 1279 an der Stelle einer kleinen Eremitenkapelle erbaut. Bereits im Jahre 735 wurde Tanahat als Kloster und Begräbnisstätte des Bischofs Stepanos I. von Sjunik erwähnt.

Weitab vom Getriebe der Welt taucht der hohe oktogonale Tambour mit seinem breiten Zackenband und der schirmartig gefältelten Haube hinter einem Hügel auf. Verloren wirken die beiden altersdunklen Kirchen, die größere, die Stephanskirche und der etwas jüngere Kapellenanbau, die ›Kirche des Heiligen Zeichens von Varagh‹ und ein paar Grundmauern einer weiteren, einschiffigen Kirche. Die Umrundung lohnt sich, denn jede Seite bietet neuen, überraschenden Wandschmuck, vor allem die Südseite der zum Rechteck ummantelten Kreuzkuppelkirche.

Nicht die profilierten Einfassungen von Fenstern und Portal sind es, hier gibt es Tierreliefs: ein Adler, der einen anderen Vogel angreift, Vögel zu beiden Seiten einer Vase direkt über der Sonnenuhr, ein Adler mit einem Widder in den Fängen, und die Proschjanschen Wappentiere, der Löwe, der einen Stier reißt. Am Gesims sind drei Evangelistensymbole zu entdecken: Stierkopf, Löwenhaupt und Adler.

Das Westportal der kleinen Kapelle lässt staunen, ist östlich, persisch beeinflusst: das Tympanon zeigt als Flachrelief eine fürstliche Jagd, Ross und Reiter, der mit seiner Lanze einen Löwen angreift, dieser mit der Tatze abzuwehren versucht. Das Feld wird ausgefüllt von weiteren Tiersymbolen und Pfauen.

Für die Besonderheiten in der künstlerischen Entwicklung gibt Thierry eine anschauliche Einführung: Die Kunst von Siunik ist im 13. und 14. Jahrhundert von unbestrittener Originalität, zwar nicht in der Architektur, da sie typologisch im allgemeinen Rahmen der armenischen Baukunst jener Zeit bleibt, aber in der Buchmalerei und ganz besonders in den figürlichen Reliefs an den Portalen der Kirchen und der Shamatune [Gavits] sowie bei den Chatschkaren. Das für Siunik typische Portal ragt in seiner entwickelten Form deutlich über die Türöffnung hinaus und reicht bis zu dem darüber liegenden Fenster. Die rechteckige Türöffnung ist einem mehr oder weniger tiefen Vorbau einbeschrieben, dessen Wandpfeiler einen Bogen tragen, der über dem Türsturz ein halbkreisförmiges Tympanon umschließt. An den Fenstern wiederholt sich diese Struktur in weniger aufwendiger Weise. Eine Profilleiste umzieht das Ganze. Alle Teile der Architektur sind oft reich mit ornamentalen oder figürlichen Reliefs geschmückt. Bei den ornamentalen Verzierungen, so den ›Muqarnas‹, den achteckigen Arabesken, dem Laubwerk, beweisen die Künstler mehr Virtuosität als Einfallsreichtum. Die figürlichen Gestaltungen der Tympana zeigen zumeist die Gottesmutter zwischen Erzengeln, seltener den menschgewordenen Gottessohn. Wie die Differenz der Stile zeigt, sind diese figürlichen Darstellungen das Werk verschiedener Künstler. Der berühmteste dürfte Wardaped Momik vom Kloster Gladzor gewesen sein, der zugleich Architekt, Bildhauer und Maler war. Sein Stil ist leicht an den lebhaften Personendarstellungen mit harmonischen Proportionen auf einem Laubwerkuntergrund zu erkennen. Hingegen ist die Modellierung der Körper und Gesichter nicht sehr sorgfältig ausgeführt. Die Buchmalerei wurde in den großen Klöstern der Region Siunik sehr gepflegt, vor allem in Gladsor und in Kloster

Kloster Gladsor/Tanahat

Tatev. Die von einem multikulturellen Ambiente geprägten Maler hatten eine Vorliebe für florales Dekor und für teils fantastische Symboltiere wie Sirenen, Sphingen, sich gegenüber stehende Pfauen usw., die überreich die Kanontafeln der Evangelien, die Ränder von Handschriftenseiten und deren Deckblätter schmückten. Künstler wie Matteos und Momik blieben dieser Art treu. Aber der Talentierteste unter ihnen, Toros von Taron, gibt einem ständig anwachsenden kilikischen Einfluss Raum, der dann mit dem Maler Awag allgemein Verbreitung findet. Die Malschule von Tatev trat nicht nur in Konkurrenz zu der von Gladzor, sondern wurde auch deren Nachfolgerin. Berühmt geworden ist sie insbesondere durch das Wirken des Miniaturmalers Grigor.

Kloster Tatev, ganz im Süden

Dem Himmel näher als der Erde glaubte ich mich, als sich das Fahrzeug schier stundenlang in Serpentinen auf das Hochplateau zum Kloster Tatev hinaufgeschraubt hatte, hoch über der Schlucht des Vorotan. Doch seit 2010 gibt es eine 5750 Meter lange Seilbahn.

Ehe im 9. Jahrhundert durch Abt Hovhannes III. (882–918) die Hauptkirche, Oratorien, eine Bibliothek und weitere Gebäude errichtet und von einer soliden Mauer eingefasst worden waren, gab es hier schon eine Eremitage, ursprünglich gegründet durch einen Schüler/Jünger des Apostels Thaddäus namens Stade. Durch weitere Stiftungen wurde das Kloster reich. Mit bis zu 600 Mönchen entwickelte es sich zu einer armenisch-christlichen Bildungsstätte ersten Ranges. Mit Unterbrechungen war die riesige Klosteranlage über ein Jahrtausend eine bedeutende Universität und das spirituelle und politische Zentrum der ganzen Region Sjunik, mit einer berühmten theologischen Schule, einem Skriptorium und einer Schule für geistliche Musik. Die Malschule von Tatev war durch die Künstlerpersönlichkeit des Miniaturenmalers Grigor geprägt. Es entstanden die charakteristischen Miniaturen, zu erkennen am strengen Ausdruck bei den Figuren und dem blumenverzierten Hintergrund. Im 14. und 15. Jahrhundert waren hier die landesweit bedeutendsten Philosophen und Gelehrten ihrer Zeit tätig, darunter Hovhannes Vorotnezi (1315–1386), dessen Schüler Grigor von Tatev (1346–1409) war. Sie haben ein reiches schriftliches Erbe hinterlassen. Ihre Werke sind meist Kommentare zu Werken u. a. von Aristoteles, oder Auslegungen zu verschiedenen Teilen der Bibel. Grigor von Tatevs naturwissenschaftliches Denken ging so weit, dass er einen Zusammenhang zwischen dem aufrechten Gang des Menschen und seiner Erkenntnisfähigkeit vermutete. Neben dem Versuch, sich an den wichtigen Denkströmungen der Zeit zu beteiligen, widmete man sich im Kloster ebenso der Diskussion der eigenen Traditionen und Erfahrungen.

Dank des außerordentlich unzugänglichen Standorts hatte die Klosteranlage im 12. Jahrhundert den Seldschuken einigermaßen getrotzt. Im Besitz der Fürstenfamilie Orbeljan wurde sie ein Jahrhundert später nicht nur neu gebaut, man konnte auch über 680 tributpflichtige Dörfer verfügen. In seiner Schatzkammer verwahrte das Kloster zahlreiche hochverehrte Reliquien. Zur Zeit der ›zweiten Renaissance‹ im 17. Jahrhundert beherbergten die Mauern die größte Anzahl von Menschen. Deshalb stammen viele der Wirtschaftsgebäude aus dieser jüngeren Zeit. Bei den Nebengebäuden sind auf einer uralten Holztür Figuren zu erkennen. Es sind Bauersleute in ihren traditionellen Gewändern bei der Arbeit: Das

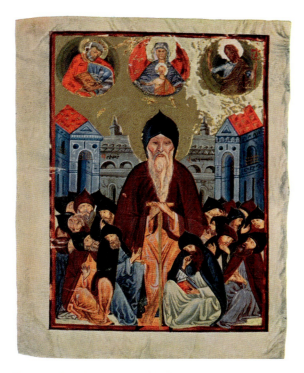

Gregor von Tatev inmitten seiner Schüler,
Sammlung seiner Schriften in einer Kopie von 1449

Butterfass wird geschwenkt, oder sie kauern auf der Erde, um Brot zu backen, so wie man es mit etwas Glück heute noch erleben kann.

Zur Begrüßung fiel mir eine riesenhafte Staude Heracleum mit ihren weißen Dolden ins Auge, ein willkommener Vordergrund fürs erste Foto der ganzen Anlage. Bei uns ist sie eine der gefürchteten Neophyten, der eingewanderten Pflanzen, die die heimische Flora verdrängen, aber hier ist der ›Kaukasische Bärenklau‹ zu Hause. Die Klostermauer mit ihren beiden wuchtigen Rundtürmen an der Eingangsfront umschließt eine weite Fläche. Kaum ein Drittel davon ist bebaut. Zwei Tamboure mit ihren plissierten Dächern spitzen herüber. Der erste gehört zur Portalkirche, der einzigen in ganz Armenien.

Die kleine Kuppelkirche der Muttergottes wurde im Jahr 1087 direkt auf das Nordtor der starken Mauer gesetzt, wohl über eine Krypta.

Der zweite Tambour gehört zur Peter-und-Pauls-Kirche, der Kathogike. Sie hat die zu einem Langhaus ummantelte Kreuzkuppelform. Einmalig in ganz Armenien sind jedoch die zwei freistehenden Stützen im Osten des Kirchenschiffs. Der Hofchronist Stephanos Orbeljan nennt sie bei ihren alttestamentarischen Namen: ›Boas‹ und ›Jachin‹, nach den beiden Kupfersäulen vor der Vorhalle des salomonischen Tempels (1 Kön 7,21). Gemeint waren aber die ›Säulen der Kirche‹, Petrus und Paulus. Im Auftrag des Bischofs und unter Mithilfe der Könige von Sjunik wurde das Gotteshaus zwischen 895 und 906 erbaut. Einige Jahre später, pünktlich zur Einweihung 930, kamen durch Bischof Hakob von Sjunik die Fresken dazu. Der Chronist berichtet weiter

… er ließ von fern her fränkische Maler kommen und beauftragte sie unter enormen Kosten, die Gewölbe des Tempels, das Haus Gottes und Herd des Lichtes, vollständig von unten bis oben auszumalen und eine Figur des Erlösers darzustellen, die schrecklich anzusehen ist.
– Damit meint er das ehrfürchtige Erschrecken vor dem Heiligen – in zwei übereinandergestellten Reihen in der Apsis Heilige und Propheten, jede Gestalt in einem eigenen Bogenfeld, dazu die Darstellung des Jüngsten Gerichts mit schlanken, zarten Figuren in farbigen Gewändern und Christi Geburt an der Nordwand. So verblichen und verwaschen die Reste der Bemalung auch sein mögen, sind sie doch von großem kunsthistorischen Interesse. Denn dass man sich so weitgereister Künstler bediente, scheint glaubwürdig, wenn man sie mit den nachkarolingischen Fresken von Rom, Fulda oder denen auf der Reichenau vergleicht. Nur hat der Glanz alter Zeit gelitten durch Erdbeben, ungeschickte Restaurierungen und die zerstörerischen Kräfte der Neuzeit.

Eine Eingangshalle hat man erst im 19. Jahrhundert davorgesetzt, ein Stalaktitengewölbe, das über die Seldschuken aus dem Arabischen übernommen wurde. Diese stilisierten Tropfsteine aus unzähligen treppenförmig übereinandergesetzten Einzelgliedern symbolisieren im Islam das Erdinnere, vielleicht die Höhle, in der der Prophet seine Erleuchtung empfing. Wenn man dieses Element für eine christliche Kirche verwendet, kommt einem unwillkürlich der Gedanke an die Geburtshöhle von Bethlehem. Orient und Okzident begegnen sich noch einmal bei der Glocke, die in der Mitte hängt. Wie erwähnt, hatten Kreuzfahrer die Glocken eingeführt. Vorher benutzte man flache Klangsteine, wie Noah, der nach der Legende auf diese Weise die Tierpaare zur Arche rief.

An die südliche Außenmauer, anschließend an eine Galerie, schmiegt sich seit 1295 nur eine kleine Kirche zu Ehren des Heiligen Grigor. Hier überraschen die beiden kleinen, kreuzförmigen Fensteröffnungen in der Apsis als einzige Lichtquelle. Geradezu winzig wirkt die Grabkapelle Grigor von Tatevs davor, des großen Sohnes dieses Klosters.

Eine mit einem schönen Kreuzstein gekrönte Säule, die sich wegen ihrer leicht gewölbten Unterseite etwas bewegen lässt, zieht die Blicke auf sich, die dann weiter wandern zu einer Ansammlung wohlgestalteter Chatschkare. Aus einem Fenster in der Fassade ein letzter Blick tief nach unten in die Landschaft – was für eine großartige Fernsicht! Aber wie oft mag man auch Ausschau gehalten haben, ob da nicht eine Staubwolke etwa heranpreschende Feinde ankündigte, Reiter mit Pfeil und Bogen …

Zweistöckige Portalkirche des Klosters Tatev

Die bewegliche Säule von Kloster Tatev

Norawank, das neue Kloster

›Am Ende der Welt‹, dieser Begriff bekommt, so klein Armenien jetzt ist, eine neue Dimension. Hier wieder ein klassisches Beispiel: das Kloster Norawank. Als im Jahre 1138 das Kloster Tatev durch ein Erdbeben schwer beschädigt wurde, schwand sein Einfluss. Das Kloster Norawank übernahm die führende Position, bis es dort wieder zu einer neuen kulturellen Blüte kam. Die Klosteranlage besticht noch heute durch ihre Schönheit. Viel Zeit nimmt die Anfahrt in Anspruch – umso mehr Muße gönne ich mir, alles zu betrachten.

Wenn Norawank endlich erscheint, ist es wie eine Sinfonie in Rot: der abgebrochene Fels, das schier Hunderte von Metern darüber aufragende, von der Sonne ausgeglühte Bergmassiv und das erste, das winzig scheinende Kirchlein auf einem nackten, vorspringenden Plateau, hoch über der Schlucht. Erst in den achtziger Jahren des vergangenen Jahrhunderts wurde die Straße gebaut. Vorher gab es nur einen Spalt in der Felswand, durch den man zum Kloster hinaufsteigen konnte, das seinerseits von einer wehrhaften Mauer umschlossen war.

Der ganze Klosterkomplex stellt sich als weiträumiges Ensemble dar. Und es ist immer wieder beeindruckend, wie geschickt die Baumeister die Gebäude in die Landschaft eingefügt haben, wie sie miteinander harmonieren. Man weiß um den ersten: Es war Momik, ein universell begabter und gebildeter Architekt, Baumeister, Steinmetz und Maler in einer Person. Aber es waren über eine lange Spanne Generationen von Baumeistern mit ähnlich hoher Begabung am Werk, die im Wandel der Zeit die unterschiedlichsten Bautypen miteinander verbanden. Ein bestehendes Kirchengebäude umzubauen oder auch nur irgendwie zu verändern, wäre undenkbar gewesen, schon aus Gründen der Achtung. Ein neues zu bauen, bringt mehr Licht in die Welt. – Einmal das alles in der Abendsonne erleben!

Über einer Johannes dem Täufer geweihten Einsiedelei aus dem 9. oder 10. Jahrhundert begründeten im 13. Jahrhundert die Orbeljans, die Prinzen von Sjunik, von Neuem Kirche und Kloster für den Täufer und verlegten den Bischofssitz von Tatev hierher. Erinnern wir uns kurz an den Zusammenhang, an die wilde Gestalt, nähern wir uns mit dem Eingangsgesang am Fest Johannes des Täufers, lauschen wir wieder Nerses Schnorhali aus dem 12. Jahrhundert:

> Der durch das Weib den Ersterschaffenen
> aus dem Garten vertrieb,
> wollte auch dich daran hindern,
> Gott, dem WORT, vorauszugehen und den Weg
>   zu bereiten;
> er entflammte Herodias in Gesetzwidrigkeit
> und ließ die Gäste des Herodes
> an Tanz und Beinen des Mädchens sich berauschen,
> damit er das Haupt dir abschlage.
> Du hast auf das Haupt aller Menschen,
> auf Christus, mit deinen Händen hingewiesen
> und bist die Stimme des Rufers in der Wüste;
> rufe zu dem, auf den du hingewiesen hast,
> uns zu schenken den Frieden
> und sein großes Erbarmen.

Das inzwischen geschulte Auge erkennt in dieser ersten, der Kirche der Gottesgebärerin, sofort ihre Entstehungszeit: nach Ani, denn sie betont die Vertikale, sie ist sogar zweigeschossig. Sie wurde im Jahre 1339 von Fürst Burtel II. Orbelian seiner Frau Wachach und seinen Söhnen Beschken und Ivane gestiftet. Sechs Stufen tiefer, in der Krypta, ruhen sie in ihrer düsteren Gruft. Ein gewaltiger Kontrast dazu ist die lichtdurchflutete Oberkirche, wohl wieder im kreuzförmigen Grundriss, aber sonst nur Himmel, der zwischen den zwölf Säulen der Rotunde

Norawank, Kirche der Gottesgebärerin

hereinflutet. Beim starken Erdbeben von 1840 wurde das Gebäude beinahe vollständig zerstört, aber bis zum Frühjahr 2002 hatte man jahrzehntelang daran gearbeitet, es wiederherzustellen. Dann wurde es wieder geweiht. Eines der Probleme war, dass die Herkunft des Steins von Norawank, dieses besonders farbenfrohen, rötlichen Sandsteins, nicht mehr bekannt war. Die Inhaberin des mit der Arbeit beauftragten kleinen Steinmetzbetriebes im Dorf Arpi erzählt, wie es ihrem Mann gelungen war, den damals verwendeten Original-Momik-Stein wiederzuentdecken, auf dem Gipfel eines Gebirgszugs in 3 000 Metern Höhe, verborgen unter einer Erdschicht. Er wurde abgebaut wie in alter Zeit, gesprengt mit Holz und Wasser, im Winter mit Eis. Dann wurden die Stücke auf ein Maß von 40 mal 40 Zentimetern zurechtgesägt. Über dieser gewaltigen Arbeit ist ihr Mann nach sechzehn Jahren gestorben. Man ist beim Wiederaufbau sorgfältig und umsichtig vorgegangen. Einige herabgestürzte Brocken der ursprünglichen Säulen mit Reliefs konnte man wieder verwenden. Sie tragen die auf einem Löwen reitende Gottesmutter mit dem Kind, Fürst Burtel mit dem Kirchenmodell und einen weiteren Fürsten, Maria mit ausgestreckten Armen anbetend.

Hinaufzukommen in die Oberkirche war wieder etwas abenteuerlich, denn die Stufen der doppelläufigen Außentreppe sind steil und schmal, ohne Geländer, versteht sich. Aufrecht meistern sie die Wenigsten. Ich kletterte auf allen Vieren hinauf und auf dem Hosenboden ging's abwärts – doch es lohnte sich! Diese Treppe ist eine weitere Umrahmung des Sjunik-typischen, weit gerahmten Portals mit dem ersten, der großartig komponierten Tympana der Grabkapelle. Umgeben von Ornamenten wie steingewordene Spitze ruht auf schlanken Doppelsäulchen ein dichter Kranz von Muqarnas den stalaktitenartigen Elementen. Darunter sitzt die Namensgeberin, die Jungfrau Maria mit dem Jesuskind auf ihrem Schoß. Zwei geflügelte Engel, die Erzengel Michael und Gabriel, stehen ihr zur Seite. Das obere Tympanon ist umgeben von drei mal acht achtzackigen, arabeskengefüllten Sternen für Christus als den Weltenherrscher zwischen den Aposteln Petrus und

Norawank, Portal der Kirche der Gottesgebärerin

Paulus. Hier ist man sich nicht sicher, ob die Reliefs ebenso wie die Gebäude aus der Hand Momiks stammen. Schließlich ist er 1333 verstorben, die Muttergotteskirche wurde aber erst 1339 vollendet. An den Außenwänden haben sich acht Darstellungen aus dem Leben Christi erhalten. Es ist vielleicht die aus Achtamar aufgenommene Idee, auch wenn mehr als ein Jahrhundert dazwischenliegt.

Als weitere Grablege für andere Mitglieder der Fürstenfamilie Orbeljan wurde die Begräbniskapelle Grigor des Erleuchters 1274 von Fürst Tarsaitsch für seinen Bruder Smbat III. begonnen. Sie ist die hintere, einschiffige, gewölbte, tatsächlich sehr kleine Kirche. Überwältigend ist allerdings die Fülle und Vielfalt der Pilger-Chatschkare an den Innen- und Außenwänden und der Grabplatten im Boden, wenn sich das Auge erst an das dämmrige Licht gewöhnt hat. Beinahe jede ist anders, sehens- und in ihrer Symbolik bedenkenswert. Eine besondere ist die des Fürsten Elikum mit dem Relief eines auf der Seite liegenden Löwen. Vom Vorplatz her leiten Decksteine über die Grabstätten den Besucher herein.

Südlich schließt sich die Stephanskirche von Fürst Liparit VI. Orbeljan an, die er zwischen 1216 und 1223 auf den Ruinen des Vorgängerbaus errichten ließ. Hier war der Vardapet Sargis, einer der Bischöfe von Norawank, der Architekt. Er wählte die umschlossene Kreuzform mit doppelgeschossigen Eckräumen. Interessanter ist der davor westlich gelagerte, vielfältig zu nutzende Gavit oder Shamatun (von ›Sham‹ – ›Stunde‹ und ›Tun‹ – ›Haus‹), als Grabstätte errichtet von Fürst Smbat III. für seinen Neffen Burtel I. aus dem Jahre 1261. Es ist ein weiträumiger, quadratischer Saal mit zwei Wandpfeilern auf jeder Seite, die das Gewölbe stützen, gekrönt von einer quadratischen, mit Muqarnas verzierten Lichtöffnung. Im Inneren findet sich das Relief eines Reiters, der mit Pfeil und Bogen einen Löwen erlegt. Der absolute Höhepunkt sind die beiden übereinanderliegenden Tympana im Norden. Die niedrige Umfassungsmauer des Klosterkomplexes bietet einen idealen Sitzplatz, sie genauer zu studieren: Im unteren findet sich wieder Maria mit dem Jesuskind, diesmal sehr viel bewegter in Haltung und Faltenwurf ihres Gewands, typisch für Momik, auf einem Teppich ruhend, floraler Hintergrund, symbolische Tiere wie die Taube für den Heiligen Geist, zur Rechten den Propheten Jesaja, zur Linken einen weiteren Propheten, wahrscheinlich Micha, die beide die Menschwerdung des Gottessohnes geweissagt hatten. Die umgebende Inschrift aus dem 8. Psalm spielt darauf an: *Herr, unser Herrscher, wie herrlich ist dein Name in allen Landen, du, den man lobet im Himmel! Die das Tympanon umgebende doppelte Zackenbordüre könnte diesmal als Gloriole gedacht sein.

Das obere Tympanon lässt sich nur erklären mit einem Hinweis auf die Vision des Propheten Daniel: *Im ersten Jahr Belsazars, des Königs zu Babel, hatte Daniel einen Traum und Gesichte in seinem Bett: und er schrieb den Traum auf ... ein Gesicht von den Weltreichen und dem kommenden Gottesreich. Es ist eine sehr seltene Darstellung von Gott-Vater, vom ›Alten der Tage‹ nach dem 7. Kapitel des Daniel-Buches im Armenischen.

*Ich sah, wie die Throne aufgestellt wurden, und einer, der uralt war, setzte sich. Sein Kleid war weiß wie Schnee, und das Haar auf seinem Haupt wie reine Wolle, Feuerflammen waren sein Thron und dessen Räder loderndes Feuer.

Tatsächlich Gottes Gestalt: das Antlitz, bärtig, mit lockigem Haar, von einem Nimbus umgeben, in seiner rechten Hand ein menschliches Haupt, das von Adam, über dem die Taube als Gottes lebensspendender Odem oder der Heilige Geist schwebt. Seine Linke ist erhoben, deutet auf die Inschrift: »Gott, der Alte der Tage, hat Adam geschaffen und Himmel und Erde erneuert, welche unablässig preisen Gott.« Rechts davon und sehr viel kleiner sieht man Christus am Kreuz als den zweiten Adam, zu seinem Vater aufblickend.

Goltz schließt aus der Kombination dieser beiden theologischen Aussagen, dass Momik, der ja ebenso theologisch gebildet war, einen bestimmten Hymnus unseres alten Freundes Movses von Chorene im Sinn gehabt haben muss, der Menschwerdung und Kreuzigung Christi gleichermaßen umfasste:

> Dir, Jungfrau und Mutter und Wohnstatt der göttlichen Menschwerdung,
> frohlocken wir und segnen dich hoch,
> die du Retterin geworden des Lebens des Menschengeschlechts,
> deswegen dich, Gottesgebärerin und Jungfrau,
> preisen wir, Mutter und Magd unseres Retters.
>
> Der Geborene aus dem Vater und Alten der Tage,
> der Zeitlose von Ewigkeiten, zeitlich im Mutterleib dein Wohnung nahm
> und vom Vater nicht geschieden ist,
> deswegen dich, Gottesgebärerin und Jungfrau,
> preisen wir, Mutter und Magd unsres Retters.
>
> Der aus dir Geborene ans Kreuz hinaufgestiegen und auf dem Stuhl der Ehren mit dem Vater ist,
> verachtet von den Menschen,
> mit Verherrlichung im väterlichen Wesen verehrt,
> deswegen dich, Gottesgebärerin und Jungfrau,
> preisen wir, Mutter und Magd unsres Retters.
>
> Dir nicht nur Menschensöhne frohlocken,
> sondern auch die oberen Heerscharen,
> Ränge der Körperlosen, der Geistigen, Feurigen,
> der Wachenden und Engel,
> und hoch segnen und ehren Dich,
> Mutter und Magd unsres Retters.

Wundervolle Chatschkare, auch vom großen Momik, begleiten den Weg von einer Kirche zur nächsten, der älteste von 1308, jedoch der kostbarste schmückt die Residenz des Katholikos in Etschmiadsin.

oben: »Der Alte der Tage«, unten: Maria mit Jesuskind, Stefanskirche von Norawank

Teppichhandel auf der Vernissage in Jerewan

Exkurs: Der armenische Teppich

Als ich in Volkmar Gantzhorns Nachschlagewerk »Orientalische Teppiche« überraschend auf Momiks Muttergottes, auf einem Teppich ruhend stieß, war mir das ein Fingerzeig, mich intensiver mit der Tradition des Knüpfens und Webens in Armenien zu beschäftigen. Hier, auf dem Tympanon des Gavits der Stefanskirche von 1261, unterstreicht die kostbare Unterlage Marias hohe Bedeutung. Auch der Teppich ist liebevoll bis ins Detail ausgearbeitet, mit Ornamenten und einer Kante aus Quasten und Fransen. Ich bekenne, ich liebe und sammle Teppiche, und ich bin kaum je ohne ein schönes altes, großes oder kleines Stück aus Anatolien zurückgekommen und bin glücklich über meine Schätze aus Jerewan. Natürlich ist die armenische Teppichherstellung in einem sehr großen geografischen Zusammenhang zu sehen. Aber man hat den wohl ältesten, datierten, armenischen Teppich aus dem 4./3. Jahrhundert vor Christi im Eis eines Skythengrabes in Sibirien gefunden. Ein Glücksfall, denn Wolle ist nur bedingt haltbar. Aber es ist überliefert, dass armenische Teppiche in den Jahren 775 bis 786 nach Christus zu den Abgaben zählten, die den Kalifen von Bagdad entrichtet werden mussten. Marco Polo berichtet über seine Beobachtungen auf seiner Reise nach Asien 1271 über Anatolien: **Turcomania hat drei Arten von Menschen. Das eine sind die Turcomanen. Sie verehren Mohammed und sind einfache Menschen ... Die anderen sind Armenier und Griechen, die in Villen und Schlössern wohnen und von Kunst und Handel leben: hier lassen sich die Herrscher Teppiche in den schönsten Farben anfertigen ...**

Bei den ältesten erhaltenen Teppichen handelt es sich um solche vom Drachen-Typus (armenisch: ›Vishapagorg‹) vom Ende des 15./16. Jahrhunderts, zu erkennen am dichten, geometrischen Rautenmuster und den stilisierten, floralen Motiven. Hier treffen wir wieder auf das tief in der Mythologie verankerte Motiv des bösen Drachens aus vorchristlicher Zeit, auf den Gott Vahagn, der später der ›Schlangenbesieger‹ genannt wurde, der den großen Drachen Vishap tötet, der das Wasser gefangenhält, das die Menschen benötigen. Aber der Drache, als Herr über das Wasser, konnte auch Positives bedeuten: Es gibt Legenden, die besagen, dass aus dem Nabel mancher Drachen heilendes Wasser entspringt. So gilt der Vishap auf Teppichen, die zur Mitgift armenischer Frauen gehörten, als Symbol für Fruchtbarkeit und Reichtum. Drachenteppiche schmückten einst die Kirchen der Distrikte Van und Sivas. Volkmar Gantzhorn ergänzt in seinem Aufsatz »Teppichkunst der Armenier«: **Es ist bekannt, daß die armenischen Familien von Van bis Sivas oder Tokat, die in weiblicher Linie erblichen Teppiche gesammelt und in jeder Generation vermehrt haben. Familiensammlungen von oft mehr als 250 Stück wurden so in mehreren Jahrhunderten zusammengetragen. Diese Teppiche, deren Besitzer ermordet oder in die Wüste geschickt wurden, gelangten vorwiegend in den 20er Jahren in den Westen und machen heute noch den größten Anteil der antiken Teppiche auf dem internationalen Markt aus.**

Ein zweiter, freierer Typ wird ›Gohar‹ genannt, nach der Teppichknüpferin, die im Jahre 1699 ein Exemplar mit ihrem Namen signiert hat. Der dritte ist der geläufigste, ein ›Kasach‹ aus dem 18. Jahrhundert, aus der Region östlich des Sewan-Sees.

Die Armenier waren nicht nur begabte Handwerker am Knüpfstuhl, sondern auch hoch anerkannt für ihre Entwürfe. Man kann dieses Kunsthandwerk durchaus im Zusammenhang mit der traditionellen Ornamentik der Chatschkare sehen. Andererseits werden tiefe, philosophisch-religiöse Verknüpfungen offenkundig, die im transkaukasischen Bereich ineinandergreifen und sich überlagern. Nicht zu vergessen ist der Einfluss Irans und der Steppenvölker. Das Kapitel sollte nicht abschließen, ohne Iten-Maritz mit seinem Standardwerk »Der Anatolische Teppich« zu zitieren: **Schon sehr früh in der Teppichgeschichte traten die Armenier hervor ... Sie sind mit den Griechen möglicherweise als die Pioniere der ersten für profane Zwecke hergestellten anatolischen Teppiche zu betrachten. Dies ist jedoch nicht erwiesen. Ihre kommerzielle Tüchtigkeit wurde bereits zur Zeit der Seldschuken sprichwörtlich, deren Herrscher den armenischen Teppichhändlern den gesamten Handel mit Rußland über das Schwarze Meer hinweg anvertrauten; ihr Schönheitssinn muß so reputiert gewesen sein, daß der letzte Achämenide, Darius III. Kodomannus, einen armenischen Teppichhändler beauftragt haben soll, die Lustknaben für seinen glanzvollen Hof in Susa auszuwählen! Das ästhetische Feingefühl wirkte sich denn auch in ihren Teppichen aus, wobei sich die Armenier speziell in Kars, Kayseri, Sivas und Zara durch schöne Knüpferzeugnisse auszeichneten. Besonders bemerkenswert sind die in feinster Manier realisierten Seiden-Teppiche aus dem stambulschen Stadtbezirk Kum-Kapi.**

Armenische Knüpferin

Mesrops Andenken in Oshakan

Folglich [ist] mir auch das Glück einer besonderen Jüngerschaft zuteil geworden – obgleich ich der Jüngste war und [der Auftrag] unser [aller] Kraft überstieg – [und] ich habe den anspruchsvollen, [mir] zuerteilten Auftrag aufgegriffen, um eilends und ohne Verzug das Vorgeschlagene niederzuschreiben. So wurde Mesrop Maschtoz' Schüler, der Vardapet Koriun, auch sein Biograph. Ich halte mich also diesmal nicht an Parallelüberlieferungen, wie die unseres Historikers Movses von Chorene, sondern an den Originaltext eines Augenzeugen, der ein begeistertes und dankbares Loblied hinterlassen hat. Koriun erklärt oder entschuldigt seine umfangreiche Niederschrift, sie diene keinesfalls zur eitlen Zurschaustellung des Lobes, sondern als Vorbild und Regel für die Kommenden, denn es war im 5. Jahrhundert nicht üblich, das Leben eines Einzelnen festzuhalten, selbst wenn er ein Heiliger war.

… daß sie der von Christus gebrachten Erlösung alle Seelen teilhaftig würden, war Mesrops Anliegen geworden, eine Erleuchtung, die ihm durch große Askese zuteil wurde. Er beriet sich sodann mit seinem Patriarchen, Katholikos Sahak, ehe sie sich gemeinsam zu ihrem König Vramschapuh (Regierungszeit 391–414) aufmachten, der sie seiner vollen Unterstützung versicherte: Die Schriftfindung für die armenische Sprache konnte beginnen, Buchstaben, die den Lauten entsprachen! Obwohl ich das bereits im Kapitel »Die armenische Schrift« (S. 55) geschildert habe, ist es reizvoll, kurz mit dem Originaltext (übersetzt und kommentiert von Gabriele Winkler) daran zu erinnern: **Und nun zeichnete er sie sogleich auf, benannte sie und ordnete sie und verband sie zu Silben und Verbindungen … passte sie zurecht, die feineren, die kurzen und die langen, die selbständigen und die Doppellaute. Und er erprobe seine Erkenntnisse und Forschungsergebnisse sogleich an seinen Schülern, mit denen er zusammen die Bibelübersetzung begann.** Seine triumphale Rückkehr wurde mit der des Mose und seinen Gesetzestafeln vom Berg Sinai verglichen.

Nun weiter bei Koriun: **Nachdem sie nun die Dauerhaftigkeit der Sache überprüft hatten, versammelten sie noch entschlossener und in größerem Umfang Schüler für die neu geschaffene Unterweisung, um [sie] zu unterrichten, zu formen und für die anstehende Missionierung der unwissenden Menschen auszubilden … Es strömten ihm auch von selbst aus allen Gebieten und Provinzen des armenischen Landes ermuntert und aufgeweckt die Leute zum offenen Quell der Wissenschaft Gottes zu.**

Das Volk wie religiöse und politische Autoritäten stellten sich in den Dienst des gemeinsamen Zieles, die biblische Botschaft in armenischer Schrift und Sprache kennenzulernen und zu verbreiten. Die einigende Kraft der Sprache gab dem Gottesdienst eine neue Dimension, er wurde verständlich. Denn bis dahin hatte man die heilige Liturgie in syrischer oder griechischer Sprache gefeiert, mit Hilfe von Dolmetschern oder unübersetzt, also für das einfache Volk nicht zu begreifen. **Vieler heiliger Erzväter wahre Weisheit wurde den Gläubigen von Mesrop und Sahak aus dem Syrischen und Griechischen vermittelt, in Predigten, im Unterricht und als Seelsorge in tägliches christliches Leben eingebracht. Viele Betrübte und Kleinmütige bestärkte er durch die trostvolle Belehrung zur erwartungsvollen Hoffnung auf die Offenbarung der Herrlichkeit des großen Gottes, unseres Erlösers Jesus Christus. Die gesamte Ordnung für den Dienst Gottes gestaltete er mit einem Male um.**

Missionsreisen führten Mesrop nach Konstantinopel, von Kaiser Theodosius II. (408–450 n. Chr.) in allen Ehren und mit Freude empfangen; und er kam in den östlichen Kaukasus und bis zum Kaspischen Meer. Den Georgiern schuf er ebenfalls eine geordnete Buchstabenschrift. Er gründete zahllose Mönchsgemeinschaften in bewohnten Gebieten oder weitab, im Flachland oder in den Bergen, in Höhlengängen oder als geschlossene Klosteranlagen. Ab und zu wies er auf sich selbst als Vorbild, indem er einige der Schüler aus ihren jeweiligen Klöstern nahm und [mit] ihnen in die Berge zog. Während sie sich [dort] in Höhlen und Schlupfwinkeln verkrochen, ersetzten sie die tägliche Nahrung mit Kräutern.

Daraufhin geschah es dann, daß der selige Sahak – hochbetagt an Jahren und geschmückt mit dem Ertrag der durch Gott hervor gebrachten Früchte … bei der Spendung des duftenden Öls mit Gott wohlgefälligen Gebeten – als Greis in Christus [seinen Geist] aufgab. Er wurde als Sterblicher geboren, aber er hinterließ uns ein unsterbliches Erbe.

Als nun der selige Ebenbürtige – ich spreche von Maschtoz – [dies] vernahm, wurde er von einer unsäglich wehmütigen Stimmung, und einem Weh mit zärtlichen Tränen, und von tiefer Trauer erfasst, die [ihn] gefangen hielt … Obwohl [seine] Niedergeschlagenheit [aufgrund] der Vereinsamung [ihn] nicht [mehr] froh werden ließ, schulterte er mit der Gnade Gottes, ohne Schwäche, dennoch den [weiteren] Verlauf und die Leitung der heiligen Kirche nach dem Evangelium. Er ermahnte noch mehr, Gutes zu tun, betete und fastete unermüdlich, erinnerte an die göttlichen Gebote, ermahnte alle Menschen zur Wachsamkeit, so sehr, daß sie seine äußerst vielfältigen, strengen Anweisungen für das Leben als zu schwer erachteten … Vor allem als er, [seinem] vorgerückten Alter entsprechend, auch noch den Tag [seines] Endes bedachte, gönnte er [seinen] Augen keinen Schlaf und kein Einschlummern [seinen] Augenlidern bis zu [seinem] Eingehen in die Ruhe des Herrn.

Im Jahre 440, nur sechs Monate später, folgte er

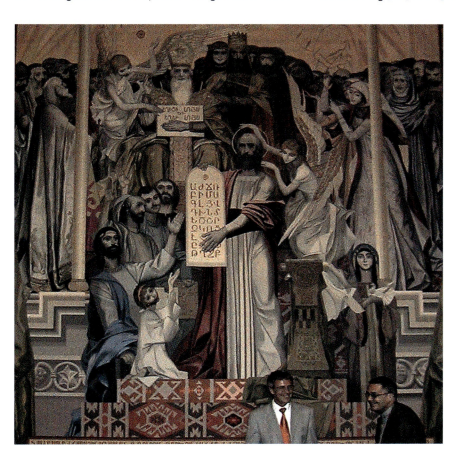

Audienzsaal Etschmiadsin, Professor Dr. Hermann Goltz (†) und Professor Dr. Axel Denecke (rechts)

nach wenigen Tagen Krankheit Sahak, seinem Wegbegleiter und Vertrauten. **Und als er aus der Mitte der [von ihm] herangezogenen Schüler herausgenommen und in die Schar Christi eingereiht werden sollte, erreichte er [sie folgendermaßen]: Nachdem er von [seinen] Schmerzen erleichtert und zu sich gekommen war, ließ er sich aufrecht inmitten der Versammlung nieder, und [seine] Hände beständig ausgestreckt zum Himmel erhebend, empfahl er die, die nun zurückzubleiben hatten, der Gnade Gottes an [und] erbat für sie [seinen] Beistand … Und während die Hände des Heiligen zum Himmel ausgestreckt waren, wurde eine wunderbare Erscheinung, eine einem Kreuz ähnliche leuchtende [und] strahlende Gestalt über dem Palast, indem der Selige verschied, sichtbar, was von allen selbst gesehen und nicht [nur] von Bekannten vernommen wurde. Und nachdem er [ihnen] die Liebe und Eintracht der Heiligen hinterlassen hatte, krönte er die Nahen wie die Fernen mit [seinem] Segen [und] verschied, nachdem [sein] wohlgefälliges Gebet bei Christus angelangt war. Dann zogen sie unter Psalmen und Oden und geistigem Jubel, mit angezündeten Lampen und lodernden Fackeln, mit wohlriechendem Räucherwerk, und mit der ganzen hellscheinenden Menschenmenge, und mit ihr das Symbol des Kreuzes mit dem lichten Kreuzzeichen der Voranziehenden, hinaus nach Oschakan.**

Mesrop Maschtoz' Krypta in Oschakan

Drei Jahre später errichtete ein Freund, Fürst Vahan Amatuni einen kostbaren Schrein mit behauenen, gemeißelten Steinen als letzte Ruhestätte für den Heiligen.

Koriuns Betrachtung aus dem 5. Jahrhundert über den Auserwählten sollte man vor Augen haben, wenn man die schlichte, graue Basilika aus dem 19. Jahrhundert besucht. Warum ist gerade sie keine Kreuzkuppelkirche, sondern ein einschiffiges Langhaus? Haushohe Bögen aus rötlichem Stein und rot umrandete Bogenfenster verschönern die Seiten. Ebenfalls in der Schmuckfarbe der zierliche Glockenturm über dem östlichen Teil des Kirchenschiffs. Seine gefältelte Haube ruht auf acht schlanken Säulen. Ein hoher Bogen unter einem kunstvollen Blütenkreuz verbindet die Öffnungen der westlichen Eingangsfront, das mit derben roten Quadern umrahmte Portal und hoch darüber das opalgläserne Bogenfenster. Es ist ein für armenische Begriffe sehr großer Kirchenraum für die vielen Wallfahrer. Über die ganze Innenseite der Eingangsfront wiederholt ein Fresko die Geschichte der neuen Schrift: Grigor der Erleuchter und Mesrop Maschtoz, weit überlebensgroß, sitzen sich gegenüber, dem Fenster zugewandt. Wesentlich kleiner sind die vielen staunenden Menschen um sie herum. Aber aller Augen und Hände sind auf die wunderbaren, in die Scheibe eingeätzten heiligen Zeichen des armenischen Alphabets gerichtet.

Mesrop Maschtoz' Krypta ist heute nur noch eine schlichte, unterirdische Kammer unter einer gewölbten Decke. Nur an der Stirnwand steht ein edler Chatschkar. Aber heute wie alle Tage liegen frische Blumen auf der schweren Steinplatte, die seine Gruft bedeckt, weiße Nelken. Weiß, die Farbe der Freude wie der Trauer.

8 Armeniens jüngere Vergangenheit

Armenier in der Diaspora

Der gemeinsame Glaube, des Heiligen Mesrops Schrift und das Bewahren der Traditionen haben das seither über die ganze Welt verstreute Volk zusammengehalten. Bereits nach der Zerstörung Anis durch die Seldschuken 1064 flohen die Überlebenden nach Bulgarien, Thrakien, Mazedonien, Transsylvanien, Moldawien, in die Walachei, die Ukraine, nach Polen, auf die Krim und an die Wolga. Lediglich der größte Strom der Emigranten nach Kilikien formte sich wieder zu einem neuen Königreich. Es endete, wie beschrieben, 1375 mit der nicht abzuwehrenden Invasion der Mamelukken. Durch den engen Kontakt mit den Kreuzrittern hatte man die westliche Lebensart kennengelernt. Freiwillig oder gezwungenermaßen emigrierten viele Armenier in die bedeutendsten europäischen Städte wie Paris, Marseille und Venedig, oder nach Afrika und Asien. Die armenischen Kolonien erlebten eine wirtschaftliche und kulturelle Blüte von Amsterdam bis Madras, von der Krim bis nach Äthiopien. Es war kein Zufall, dass das erste armenische Buch 1512 in Venedig gedruckt wurde. Gewissermaßen kehrte der Buchdruck nach Venedig zurück, denn Gutenbergs Frau hatte ihrem Mann Johannes (um 1397–1468) von dort alte chinesische Platten mit beweglichen Lettern mitgebracht. Sein Verdienst war es, statt seitengroßer, geschnitzter Tafeln einzelne Schriftzeichen in einem Setzrahmen aneinanderzureihen: der Beginn der modernen Druckkunst in Europa. Seine erste gedruckte Bibel hat Gutenberg 1455 in Mainz vollendet.

1511 gründete der Armenier Hakob Meghapart in Venedig die erste armenische Druckerei. Das erste Büchlein, mit armenischen Schriftzeichen versteht sich, war ein weltliches, eine Sammlung von Legenden und Geschichten namens »Urbatagirk«. – »Das Buch des Freitags«: Gebete und magische Formeln zur Abwehr von Unheil, denn der Freitag war bekanntlich der Unglückstag, vor allem für den Händler, der gezwungen war, auch an diesem Tage die Gefahren einer Reise auf sich zu nehmen. (›Freitagsbuch‹ auch, weil es mit dem Wort ›Freitag‹ begann.) Hakob Meghapart, der Pionier, der erste Herausgeber, nennt sich bescheiden ›der Sünder‹ wie vorher die Schreiber in ihren Kolophonen. Aus der Kunst des Schreibens entwickelte sich die Kunst des Druckens. Es entstanden noch reicher verzierte, noch prachtvollere Folianten. Es folgten: »Pataragatetr«, ein liturgisches Buch, »Aghtark«, astrologische und andere Vorhersagen sowie »Tagharan«, eine Sammlung von Liedern. Bei religiösen Werken waren die armenischen Christen des Osmanischen Reiches auf die Druckerzeugnisse Venedigs und später anderer Werkstätten im Ausland angewiesen, die durch Hausierer verbreitet wurden. Die Obrigkeit fürchtete durch die Verbreitung von Druckerzeugnissen die kulturelle und schließlich die politische Emanzipation der Christen. Ein 1587 in Konstantinopel gegründeter Zweigbetrieb musste deshalb wieder geschlossen werden.

In Venedig ließen sich auch die »Mechitaristen« nieder, die als ›Congregatio monastica Antonianorum Benedictinorum Armenorum‹ der römisch-katholischen Kirche nahestehen und nach den Regeln des Heiligen Benedikt leben. Seit 1717 wirken sie unter ihrem Gründer, Mechitar von Sebasteia, in ihrem Kloster San Lazzaro in der Lagune Venedigs. Hervorzuheben ist ihre Liebe zu Büchern. Auch sie betrieben von Anfang an eine Druckerei. Gleichzeitig verlegten sie sich auf das Sammeln wichtiger Werke. Das Kloster besitzt eine große,

200 000 Bände umfassende Bibliothek mit einer bedeutenden Sammlung von 4 000 Schriften orientalischer, insbesondere armenischer Handschriften. 1773 kam es dort zu einer katholischen Abspaltung und über einen Zwischenaufenthalt in Triest gründeten die Brüder 1810 ein neues Kloster in Wien, das ›Mechitaristenkollegium‹, eine armenische Enklave. Wieder begannen sie mit einer Druckerei (1811–1999), in der Werke in 41 verschiedenen orientalischen Sprachen gedruckt werden konnten. Eine Buchhandlung schloss sich an. Sie unterhalten Gymnasien in Konstantinopel und Beirut, mitfinanziert von der klostereigenen Destillerie. Seit 1889 wird in Wien der ›Mechitharine‹, ein Kräuterlikör, hergestellt, dessen Rezept aus dem Jahr 1680 von Mechitar selbst aus Istanbul mitgebracht worden sein soll.

Schon seit dem 17. Jahrhundert hatten sich armenische Kaufleute in der Donaumetropole angesiedelt. Als es galt, 1683 die Türken vor Wien zu vertreiben, kamen armenische Söldner des Polenkönigs Johann III. Sobieski dazu. Kaiser Leopold I. gewährte den geschäftstüchtigen Armeniern einige Privilegien, darunter das Monopol des Verkaufs von Kaffee. – Die Wiener Kaffeekultur begründet von den Armeniern! Die Kämpfe zwischen den Osmanen, die inzwischen die Ararat-Ebene und Etschmiadsin eingenommen und verwüstet hatten, und den Persern, nahmen kein Ende. Sie führten schließlich 1639 zur Aufteilung Armeniens, festgeschrieben im Vertrag von Diyarbakır. In einem seiner Feldzüge hatte Schah Abbas I. (er regierte von 1588 bis 1629, als fünfter der Safawiden-Dynastie) im Jahre 1603 Djulfa am Araxes erobert. Er veranlasste eine beispiellose Zwangsumsiedelung: Binnen dreier Tage mussten sämtliche armenischen Einwohner, mehr als 60 000 armenische Familien, etwa 300 000 Menschen, ihre Heimat in Ostarmenien verlassen, dann wurden ihre Häuser in Brand gesteckt, damit die osmanische Armee darin keine Stützpunkte fände. Erschwert durch winterliche Temperaturen, mussten sie einen Gewaltmarsch über mehrere Gebirge in den Süden des Iran auf sich nehmen. Besonders hart traf es Frauen und Kinder. Die Zahlen derer, die nicht zugrunde gingen, schwanken zwischen 30 000 und 60 000, tüchtige und gebildete Menschen, Bauern, Handwerker, Händler und Künstler.

Immerhin zeigte sich der Schah großzügig und gab ihnen königliches Land im Süden von Isfahan, zwischen dem Fluss Zayande Roud (Lebender Fluss) und dem Berg Sofi der Bakhtiyari-Berge, wo sie 1604/05 Neu-Djulfa gründeten. Die erste Kirche folgte im Jahr darauf; 1664 umgebaut, wurde sie zur heutigen Kirche Surb Hovsep (Heiliger Josef innerhalb des bischöflichen Klosterbezirks Amenaprkitsch (Allerlöserkloster, benannt nach dem heimatlichen Bischofssitz in Djulfa). Bereits 1606 hatte Schah Abbas I. den neuen Siedlern in einem Edikt dieselben Rechte wie seinen muslimischen Untertanen gewährt, dazu Steuer- und Religionsfreiheit und Selbstverwaltung. Ihren Bischöfen gab er dieselben Vorrechte wie den eigenen hohen Staatsbeamten. Die Originalurkunden sind eines der wichtigsten Schaustücke des angegliederten kleinen Museums. Abbas' Sorge, sie könnten wieder in die alte Heimat zurückwandern, war so groß, dass er ihnen Reliquien aus Etschmiadsin holen ließ. Eine weitere Deportationswelle aus anderen ländlichen Gebieten Armeniens folgte unter Schah Abbas II. (1642–1666).

Als kunstfertige Handwerker hatte Abbas . der Große die Armenier ins Land geholt, besser: gezwungen, um die am Rand des Zagrosgebirges inmitten der Salzwüste gelegene Oase nach den Paradiesvorstellungen des Islam umzugestalten zu seiner neuen, repräsentativen Palastanlage. Doppelstöckige Arkaden umrahmen einen 500 Meter langen und 150 Meter breiten Platz, an den Längsseiten und in den Ecken unterbrochen von den dazu gehörenden Diwanen und Prachtmoscheen und dem eigentlichen Palast, der Hohen Pforte. Alles

Palast von Schah Abbas I. von Persien, Isfahan

ist von wohltuend harmonischer Architektur und aufs Reichste und Schönste geschmückt, heute ein UNESCO-Weltkulturerbe. Durch den Bazar am nördlichen Ende zu schlendern – ein Traum!

Die Heimatvertriebenen suchten und fanden Nischen zur Gründung einer neuen Existenz als Pioniere in Berufen, die von Einheimischen nicht ausgeübt wurden. Sie führten auch hier den Buchdruck ein. Die erste Druckmaschine des Persischen Reiches wurde 1636 aus Europa ins Kloster Amenaprkitsch geliefert und das erste Buch Vorderasiens, eine Bibel, ließ Bischof Chatschatur Kesarezi drucken.

Als Christen war den Armeniern der Umgang mit Alkohol erlaubt und vertraut. Also übernahmen sie die Weinproduktion, wurden Winzer, die sich auf die Kultivierung der Rebstöcke wie das Keltern vorzüglicher Weine verstanden. Auch Spirituosen wurden gebrannt. Der Seidenhandel nahm einen gewaltigen Aufschwung. Die safawidischen Könige hatten in den Armeniern Händler gefunden, die mit europäischen Sprachen vertraut waren, geschäftstüchtig, vertrauenswürdig und ehrlich. Die Geschäftsverbindungen wurden auf Indien, Java, die Philippinen, Spanien, Russland, die Niederlande, England und Venedig ausgeweitet, Neu-Djulfa das Drehkreuz des Seidenhandels! Bald wurde erfahrenen armenischen Händlern vom König das Monopol des Seidenhandels mit dem gesamten Ausland übertragen und Neu-Djulfa entwickelte sich zu einem bedeutenden Kultur- und Handelszentrum, zu einer schönen, weltoffenen Stadt, einer der reichsten des Iran. Der Händler und Weltreisende Jean Chardin (1665–1677) schreibt von 3400 bis 3500 Häusern; einige seien prachtvoll wie Paläste, schwärmten auch andere europäische Reisende.

Auch als Brückenbauer haben sich die Einwanderer Denkmäler gesetzt: Die Siosepol-, die 33-Bogen-Brücke, den 33 Lebensjahren Jesu entsprechend, über den Zayande Roud, innen wie außen mit diwanartigen Nischen, ist rund 300 Meter lang und 14 Meter breit. Sie wurde von Schah Abbas I. in Auftrag gegeben und vom Armenier Alaverdi Khan fertiggestellt. Zwei weitere bemerkenswerte, ebenfalls noch funktionstüchtige Brücken zwischen

Neu-Djulfa und Isfahan tragen die Namen ihrer armenischen Erbauer Schafras und Asar.

In allen Bereichen der Wirtschaft fanden die Menschen armenischen Ursprungs ihr Auskommen: in der Industrie, im Handel, Handwerk und Ackerbau. In Isfahan waren sie gesucht in der Metallbearbeitung, später als Automechaniker, als Grob- und insbesondere als Goldschmiede. In Kunst und Kultur waren sie Wegbereiter, gründeten Theater und Orchester, machten sich als Maler, Filmschaffende und Fotografen einen Namen und zeigten sich im Sport. Sie hatten auch in der Diaspora ihre Politik der guten Ausbildung weitergeführt. Es gab alle Arten von Schulen, seit 1858 sogar eine Mädchenschule. Allein 1880 kamen drei neue dazu, in denen nach modernsten Gesichtspunkten gelehrt wurde. Sie alle waren als Unterrichtsstätten beiden Geschlechtern zugänglich. Auch die erste Klinik Isfahans, das ›Boghukhanian-Krankenhaus‹, wurde 1904 in Neu-Djulfa gegründet.

Allerdings hatten die Nachfolger Abbas des Großen hohe Steuern verhängt und damit eine repressive Politik gegen die Armenier eingeläutet. Es gab wieder Auswanderungswellen, diesmal in andere Handelsstädte wie Alexandria, Venedig und Marseille, nach Holland, Polen, Indien und Fernost, im 20. Jahrhundert an den Golf, nach Teheran und nach Sowjet-Armenien, von dessen Ursprung noch die Rede sein wird. Pfarrer Stier aus Marburg bestätigt anfangs des 20. Jahrhunderts: **In Persien gab es keine armenischen Analphabeten, trotz der verrotteten staatlichen Verhältnisse des Landes. Dort haben sich die Armenier ohne Eingriffe der staatlichen Obrigkeit ihren Neigungen und Fähigkeiten entsprechend entwickeln könne, während in der Türkei alle Bildungsarbeit der Behörde abgelistet oder abgekauft werden musste.**

Zurzeit leben noch etwa 12000 Armenier in Neu-Djulfa, und es gibt dreizehn Kirchen in überwiegend gutem Zustand, in denen sonntags reihum die Messe gelesen wird.

Jerusalem im Heiligen Land war schon vor der Christianisierung Armeniens im Jahre 301 das Ziel von Bischöfen, die Stätten des Wirkens und Sterbens von Jesus Christus aufzusuchen. Ihnen folgten Pilger, auch solche, die blieben, und die in den abgeschlossenen Bezirken der armenischen Patriarchate um die Sankt-Jakobus-Kathedrale Häuser und weitere Kirchen bauten. Schließlich hatte sich in der südwestlichen Ecke der Altstadt von Jerusalem ein armenisches Viertel gebildet, das heute ein Sechstel der Fläche innerhalb der Stadtmauern einnimmt. Patriarchalkathedrale ist die nach dem Vorbild von Haghpat gebaute kreuzförmige Jakobuskirche, die als besondere Reliquie den Schädel des Apostels Jakobus des Älteren, des Sohnes des Zebedäus und älteren Bruders von Jesu Lieblingsjünger Johannes aufbewahrt. Der Überlieferung nach steht die Kirche auf dem Berg Zion genau dort, wo Jakobus im Jahre 44 den Märtyrertod erlitt. Das Haupt wurde zu Maria gebracht, die dessen Bestattung an Ort und Stelle anordnete. So lassen sich die Bilder deuten, die die Gottesmutter mit einer Schale mit einem abgeschlagenen Kopf zeigen. Jakobus, der Jüngere, der Herrenbruder nach der evangelischen Tradition, der zum ersten Bischof von Jerusalem gewählt wurde, besaß ebenfalls auf dem Zionsberg ein Haus, das neue geistige Zentrum der jungen christlichen Kirche. Es war Schauplatz des Pfingstfestes, als die Jünger fünfzig Tage nach Jesu Tod dort zusammengekommen waren: **»Und es geschah plötzlich ein Brausen vom Himmel wie von einem gewaltigen Wind und erfüllte das ganze Haus, in dem sie saßen. Und es erschienen ihnen Zungen zerteilt, wie von Feuer, und je eine setzte sich auf einen jeden von ihnen, und sie wurden alle erfüllt von dem heiligen Geist und fingen an, zu predigen in anderen Sprachen, wie der Geist ihnen gab auszusprechen.**

Ungefähr um das Jahr 60 starb auch Jakobus der Jüngere um seines Glaubens willen. Jahrhunderte später wurden seine Gebeine ebenfalls an die heilige Stätte überführt. Berichte aus der Kreuzfahrerzeit bezeugen, dass die Jakobuskirche beiden Aposteln als Patronen geweiht ist. Außerdem haben die Armenier gemeinsam mit fünf anderen christlichen Konfessionen Anteil an der Grabeskirche, der heiligsten Stätte der Christenheit.

Zwischen dem 4. und 8. Jahrhundert wurden in der christlichen Welt zahlreiche Klöster gegründet hier, von den Bergen Kleinasiens durch das Heilige Land, die Sinai-Halbinsel und in der ägyptischen Wüste. Mit dem Hereinströmen von Tausenden Mönchen und Pilgern aus armenischen Städten erstanden weitere Klöster auf den Bergen außerhalb Jerusalems, nahe dem Toten Meer und im Süden der Sinai-Wüste. Die Geistlichen wurden zu einer einflussreichen, schöpferischen Kraft als Wegbereiter, die Bibliotheken zu einer Fundgrube unschätzbarer Werte an Manuskripten und Archiven. Sie verfolgten als gemeinsames Ziel, eine umfassende Sammlung armenischer Kirchenbücher und damit korrespondierender Literatur zusammenzutragen. Diesem Umstand ist es zu verdanken, dass das Jerusalemer Patriarchat als einzigartige Einrichtung auf der ganzen Welt Anerkennung findet.

Mit der wachsenden Bedeutung der armenischen Kirche wurde im 5. Jahrhundert der amtierende Bischof in den Rang eines Patriarchen erhoben. Mitte des 7. Jahrhunderts gewährte der Landesherr, der arabische Kalif Omar Ibn-Il-Kahattab der Damaszener Omayaden-Dynastie, die offizielle Anerkennung mit Rechtsstatus, Sicherheitsgarantie und gewisse Privilegien. Die Urkunden in beeindruckend schöner Kalligrafie sind im Museum ausgestellt. Im 15. und 16. Jahrhundert pflegte das Jerusalemer Patriarchat enge Beziehungen zum Katholikat von Kilikien und wurde erst im 19. Jahrhundert dem Katholikos von Etschmiadsin unterstellt. In früheren Jahrhunderten gab es in und um Jerusalem bis zu siebzig Einrichtungen der armenischen Kirche. Die Gemeinde in Jerusalem zählte 1967 etwa 3 000 Mitglieder, aber 2006 nur noch 1 500. Heute bilden die armenischen Christen im Heiligen Land noch vier Pfarreien: außer in Jerusalem in Bethlehem mit etwa 450, in Jaffa mit etwa 400 und Haifa mit etwa 350 Mitgliedern. Das Jerusalemer Patriarchat genießt halbdiplomatischen Status und ist zusammen mit der griechisch-orthodoxen und der römisch-katholischen Kirche ›Wächter der Heiligen Stätten im Heiligen Land‹, der Grabeskirche in der Altstadt, der Auferstehungskirche am Ölberg, dem Grab der Jungfrau Maria im Tal von Gethsemane und der Geburtskirche in Bethlehem.

Seit dem 11. Jahrhundert – die ersten waren aus Ani geflüchtet – waren Armenier auf russisches Gebiet eingewandert, wo sie ein dichtes Handelsnetz mit Europa, speziell den Genuesen, aufbauten. Die Halbinsel Krim wurde zu einem der ersten Zentren der armenischen Diaspora. Nach dem Niedergang Kilikiens und einer neuen Einwanderungswelle bildeten die Armenier dort die zweitgrößte Bevölkerungsgruppe nach den Tataren. Weil sie den Zugang zu den von den Genuesern besetzten Hafenstädten des Schwarzen Meeres nutzten, nannte man diesen Teil der Krim ›Armenia Maritima‹. Mitte des 14. Jahrhunderts war ein eigenes Bistum auf der Krim eingerichtet worden. In der Stadt Kaffa allein gab es 44 armenische Kirchen für 46 000 Gläubige. In den Klöstern, wie z. B. in Surhat, dem geistigen Zentrum, wurden wieder kostbare Handschriften angefertigt, die heute Museen in aller Welt bereichern. Diese neuerliche Blütezeit endete jäh, als die Genueser 1475 durch die Osmanen und die mit ihnen verbündeten Krimtataren vertrieben wurden. Viele Armenier emigrierten nach Konstantinopel, Bulgarien, Polen-Litauen und in die Ukraine nach Leopolis (Lemberg), das seit 1364 armenische Bischofsstadt und wichtiger Gerichtsort war. Dennoch existierten weiterhin armenische Gemeinden auf der Krim, verstärkt auch durch Neuzugewanderte im 16. Jahrhundert. 1774 eroberte

Katharina die Große (1729–1796) die Halbinsel. 1778 ließ sie den armenischen Teil der Bevölkerung in die Region von Rostow am Don ›evakuieren‹. Bereits Peter I. der Große (1689–1725) gab seinem Senat die Anweisung, die Armenier so gut und anständig wie möglich zu behandeln, um ihnen einen Anreiz für eine vermehrte Ansiedlung zu bieten.

Als Ostarmenien Mitte des 18. Jahrhunderts von den Georgiern erobert wurde, wurde auch dieses Gebiet für das sich ausweitende zaristische Russland interessant. Im Oktober 1827 nahm Russland schließlich Ostarmenien ein. Die Grenze zum Iran wurde entlang des Arax und des Ararat gezogen. Die Armenier versprachen sich nach Jahrhunderten unter dem persischen Joch Verbesserungen von ihren neuen christlichen Herrschern. Sie erlangten durch das Autonomiestatut von 1836 neue Sicherheit und die Genehmigung, sich in allen Regionen des Zarenreiches ansiedeln zu dürfen. So entstanden in St. Petersburg, Moskau, aber auch in Kiew oder Rostow am Don große armenische Gemeinden.

Nach dem elften Russisch-Türkischen Krieg 1877/78 musste das Osmanische Reich im März 1878 im Frieden von San Stefano auf weitere Teile Ostarmeniens und die Provinzen Kars, Batum und Ardahan zugunsten Russlands verzichten. Das bestätigen die sechs europäischen Großmächte auf dem Berliner Kongress im Juni/Juli 1878. Allerdings wurden die folgenden russisch-osmanischen Auseinandersetzungen wieder auf armenischem Gebiet ausgetragen.

Die Armenier im Osmanischen Reich

Raymond H. Kevorkian und Krikor Beledian beginnen ihren Aufsatz »Faszination Konstantinopel« mit einem geschichtlichen Überblick der Zuwanderungen in das Zentrum Westarmeniens: Über Jahrhunderte war Konstantinopel eines der lebendigsten Zentren der armenischen Kultur. Die Anfänge armenischer Präsenz reichen fast bis zur Zeit der Stadtgründung [330 n. Chr.] zurück. Bereits im 5. und 6. Jahrhundert hatten armenische Adlige versucht, in der Stadt ihr Glück zu machen. In der Folge stellten die Armenier viele hohe Militärs und Verwalter des oströmischen Reichs, doch erst mit der kaiserlichen Dynastie der armenischen Makedonier, die in der zweiten Hälfte des 9. Jahrhunderts von Basilius dem Großen [Basilius I., Kaiser von Byzanz 867–886] begründet worden war, kamen mehr und mehr Armenier in die Stadt. Am Vorabend des Falls von Konstantinopel im Jahr 1453 lebte die kleine armenische Gemeinde, im wesentlichen Händler von der Krim, im Umkreis der Kirche des heiligen Grigor des Erleuchters in Galata.

Nach der Eroberung durch die Osmanen war Konstantinopel nach dem Willen des Sultans [Mehmet II., der 1444 und von 1451–1481 regierte] zu einem kosmopolitischen Zentrum geworden, in dem verschiedenste Bevölkerungsgruppen des neuen Reiches vertreten waren: aus Spanien vertriebene Juden, griechische Bauern aus Thrakien, Türken aus Anatolien und eben Armenier. Demographische, politische und ökonomische Gründe hatten die osmanischen Herrscher veranlasst, auch die Armenier nach Konstantinopel zu holen, auf mehr oder weniger freiwillige Art und Weise.

Sultan Mehmet II. errichtete den Griechen 1453 ein eigenes ökumenisches Patriarchat. Als Gegengewicht dazu, und weil er seine unter osmanischer Herrschaft lebenden Armenier von denen im persischen Hoheitsgebiet unter dem Katholikos von Etschmiadsin trennen wollte, ordnete er 1461 das armenische Patriarchat mit Bischof Hovakim an der Spitze an, den er von Bursa nach Konstantinopel

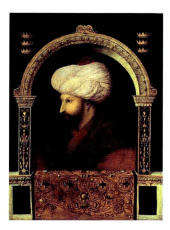

Der Osmanische Sultan Mehmet II.

berief. Somit gab es vier geistliche Zentren der Armenisch-Apostolischen Kirche: Etschmiadsin, Sis in Kilikien, später Antelias, Jerusalem und Konstantinopel. Die Patriarchen waren eine Art Botschafter, offizielle Vertreter ihrer Gemeinden, bei der ›Hohen Pforte‹, dem Hof des Sultans in Konstantinopel. Ihnen unterstand nicht bloß das Schulwesen, sondern eine Reihe von richterlichen Vorgängen, die für Muslime durch deren geistliches Recht, die Scharia, geordnet waren, wie die Übertragung von Grundstücken und notarielle Akte aller Art, aber auch das ›Millet‹. Das war innerhalb des Osmanischen Reiches eine besondere staatliche Organisation, die, entsprechend der türkischen, kirchlich fundiert war. Es regelte den Minderheitenstatus der Nichtmuslime und die Autonomie von Religionsgemeinschaften als religiös definierte (Glaubens-)Nation innerhalb des Reiches. Als im 17. Jahrhundert die armenische Bevölkerung beträchtlich zugenommen hatte und zur zweitgrößten Minderheit nach den Griechen geworden war, wurden die Machtbefugnisse des armenischen Patriarchen noch erhöht.

Die Armenier galten den Türken als zuverlässige Untertanen: Man siedelte die Griechen außerhalb der Stadtmauern an, die Armenier innerhalb. Sie genossen das Vertrauen der Osmanen und wurden ›Milleti Sadigha‹ – ›Treue Nation‹ genannt. Dank dieses Prädikats konnten sie sich in allen Berufen entfalten und im öffentlichen Dienst wie in der Diplomatie bedeutende Positionen erlangen. Von den osmanischen Armeniern sind 29 Paşas, 22 Minister, 33 Abgeordnete, sieben Botschafter, elf Generalkonsuln und Konsuln, elf Mitglieder des Lehrkörpers an Universitäten und 41 hochrangige Beamte namentlich überliefert. Unter den armenischen Ministern übten einige sehr wichtige Posten aus als Außen-, Finanz-, Handels- und Postminister.

Seit dem Byzanz der Antike hatte die Stadt mehrere Namen, mitunter gleichzeitig, so neben dem türkischen Kostantiniye als Hauptstadt des Osmanischen Reiches auch Islambul, woraus sich die Dialektform Istambol oder Istanbul – ›in die Stadt‹ entwickelte. Damit war die alte Stadt auf der Halbinsel zwischen Marmarameer, Bosporus und Goldenem Horn bis zur Landmauer gemeint. Sie wuchs sich zu einem kulturellen Zentrum der Armenier aus. Denn mit dem endgültigen Untergang des Byzantinischen Reiches erlebten die Armenier unter osmanischem Schutz eine neue Ära des Friedens, der Sicherheit, der Ruhe und des Wohlstands bis ins 19. Jahrhundert hinein. Wieder einmal waren sie von religiösem, politischem, gesellschaftlichem, wirtschaftlichem und kulturellem Druck befreit. Gegenleistung waren Steuerzahlungen, für die der Patriarch verantwortlich war, jährlich etwa zwei Tonnen Gold.

Den »Mitteilungen der Deutsch-Armenischen Gesellschaft« von 1912 entnehmen wir, welches Ansehen die Armenier genossen: **Infolgedessen finden wir die intelligenten und arbeitsamen Armenier überall unter der türkischen Beamtenschaft, in der sie die hervorragendsten Stellungen einnehmen. In Nummer 5 unserer Blätter sind eine Reihe von hohen Staatsämtern angegeben, die ständig von Armeniern besetzt wurden. Zweimal war ein Armenier in der neuen Türkei Minister der öffentlichen Arbeiten, einmal von Post und Telegraph,** einmal (Gabriel Effendi Noradunghian) Minister des Auswärtigen. In Ägypten war Boghos Nubar Pascha ein Armenier, der ungarische Ministerpräsident von Kukacs und der ehemalige Vizepräsident des österreichischen Abgeordnetenhauses Abrahamowicz sind armenischen Blutes. Von jeher haben die Armenier im Heere eine hervorragende Rolle gespielt. Im byzantinischen Reiche waren zwölf Kaiser armenischer Abkunft: die Armenier galten als die beste Söldnertruppe. Narses, der berühmte Feldherr Justinians, war Armenier. Im Balkankriege hat die türkische Heerleitung durch die Presse erklärt, daß die armenischen Soldaten im türkischen Heere »mit Löwenmut« gekämpft und sich die Dankbarkeit des Vaterlandes erworben hätten …

Lassen wir ein paar Zeitzeugen zu Wort kommen, um ein authentisches Bild zu gewinnen. Paul Rohrbach (1869–1956), der nach Studien der Geschichte, Geographie und Volkswirtschaft in Theologie promoviert wurde, verfasste als weit gereister, welterfahrener, kritischer Beobachter eine neutrale geografisch-politische Übersicht: Überblicken wir die Verteilung des armenischen Elementes im ottomanischen Reich, wie sie sich in den vier Jahrhunderten der ottomanischen Herrschaft zwischen der Zeit Selims I. [1512–1520 Sultan des Osmanischen Reiches] und dem Eintritt der Türkei in die Gegenwart entwickelt hat, so ergibt sich folgendes Bild.

Der Reisende, der mit der Orientbahn aus Mitteleuropa in die Türkei reist, begegnet Armeniern zuerst in Philippopel in Bulgarien [heute Plovdiv] und sodann in Adrianopel [Edirne] der ersten ottomanischen Stadt jenseits der Grenze. Wenn er die kleineren Städte von Thrakien besuchte [auf der östlichen Balkanhalbinsel, die heute zu den Staaten Bulgarien, Griechenland und Türkei gehört; das östliche Thrakien ist heute der europäische Teil der türkischen Republik], fand er, daß Handwerk und Handel vielfältig in armenischen Händen lag. Kommt er nach Konstantinopel, so drängt es sich ihm auf, daß die Armenier eines der wichtigsten Elemente im ottomanischen Reich sind. Er lernt sie kennen als Bankiers, Exporteure und als Organisatoren des Großhandels. Wenn er den Bosporus überschreitet und die Vorstädte auf der asiatischen Seite besucht, bekommt er den Eindruck als stände die armenische Bevölkerung nicht hinter der türkischen des Reichs zurück. Die Küste des Marmarameeres war mit blühenden armenischen Dörfern besetzt: in Armasch bei Ismid war ein großes theologisches Seminar der Grigorianischen Kirche. Bedeutende schweizer und amerikanische Institute waren in Bardzag [türkisch: Baghtschetschik] und Adabasar. In Adabasar allein betrug die armenische Bevölkerung 25 000.

Hinter Adabasar nahm die armenische Bevölkerung ab. Wer dann der anatolischen Bahn durch Kleinasien bis zu ihrem Endpunkt in den nördlichen Ausläufern des Taurus folgte, bekam den Eindruck, durch ein ganz türkisches Land zu reisen. Es gab Kolonien armenischer Handwerker, Kaufleute und Ladenbesitzer in wichtigen Plätzen an der Linie, wie Afiun, Kara-Hissar oder Konia, aber man fand dort auch eine gleiche Zahl von Griechen, und in Stadt und Land übertraf sie das türkische Element. Aber sobald man den Taurus überschritt, traten die Armenier wieder in den Vordergrund. In der cilicischen Ebene und an der Küste waren sie ebenso zu Haus wie am Marmarameer und am Bosporus. Adana, Tarsus und Mersina mit ihren armenischen Kirchen und Schulen hatten ebenso wie Adabasar oder Ismid das Aussehen armenischer Städte: und wenn der Reisende die gewöhnliche Straße verließ und die nordöstliche Richtung in das cilicische Hochland einschlug, würde er sich für die erste Zeit in einem fast ausschließlich armenischen Lande befunden und bemerkt haben, daß die armenische Bevölkerung hier einen höheren Prozentsatz als in irgendeinem anderen Gebiet der Türkei, bis nach Wan, ausmachte. Aber dieser Gürtel armenischer Dörfer, so dicht er besetzt war, wird bald überschritten; wenn man an seine Ostseite und an den Rand der mesopotamischen Ebene gelangt, hat man eine der Grenzen des armenischen Ausbreitungsgebietes erreicht. Es gab armenische Vorposten an den Rändern von Mesopotamien: Marasch, Aintab, Urfa, Aleppo, – aber sobald man in die mesopotamische

Verteilung der armenischen Bevölkerung

Steppe oder die syrische Wüste kam, befand man sich in der arabischen Welt und ließ Armenien hinter sich. Immerhin gab es auch im Irak armenische Ansiedelungen, insbesondere in Bagdad.

Der Reisende würde mehr von den Armeniern gesehen haben, wenn er von Eskischeher an der anatolischen Bahn wenige Stunden südlich von Adabasar die östliche Linie nach Angora [Ankara] gewählt hätte. In Angora waren die Armenier ein beträchtliches Element, und je weiter man von Angora nach Osten vordrang, umso mehr wuchs auch die Zahl der sozialen Bedeutung nach die armenische Bevölkerung. Hinter dem Kisil-Irmak [Halys] im Sandschak Kaisarijeh und im Wilajet Siwas bildeten sie die große Mehrheit im städtischen Mittelstande. Die stärksten Zentren armenischen Nationallebens in der Türkei waren die Städte Marsowan, Amasia, Zile, Tokat,

Schabin, Kara-Hissar und die Stadt Siwas selbst, sodann auch kleine Plätze wie Talas und Ewerek in der Nachbarschaft von Kaisarijeh. In diesem ganzen Gebiet waren Türken und Armenier gleich stark vertreten, die Türken auf dem Land, die Armenier in der Stadt, im gleichen numerischen Verhältnis.

Längs der Küste des Schwarzen Meeres gab es starke armenische Elemente in Samsun, Kerasund und Trapezunt, wenn auch hier andere Volkselemente, wie Lasen, Griechen und vorgeschobene Posten von Kurden, mit ihnen vermischt waren.

In Bitlis, einer kleineren, einst von Armeniern gegründeten und bewohnten Stadt im Südosten Ostanatoliens/Westarmeniens hatte ich mich einmal gründlich verlaufen. Da lernte ich erkennen, was gute armenische Architektur war: solide, geschmackvoll gebaute Häuser, meist aus behauenem Naturstein, und was seit der Vertreibung an türkischem Einfluss dazugekommen war.

Ein Auszug aus Graf Eberhard von Westarps »Unter Halbmond und Sonne« von 1913 mag vermitteln, wie man die Armenier (ein-)schätzte: **Doch nun einige allgemeine Worte über die Armenier selbst. Sie sind ein außergewöhnlich begabtes Volk, das eigentliche kulturtragende Element jener Gegenden, und von allen Völkern, unter denen sie in Asien wohnen wohl das intelligenteste, an Energie und Willenskraft sind sie ihnen jedenfalls bei weitem überlegen. Ihr Geschäftssinn hat ihnen schnell in der Handelswelt die erste Stelle verschafft, allerdings haben sie dies mit ihrem guten Ruf einkaufen müssen. Überdies ist dieser Geschäftssinn entschieden ererbt, denn schon Herodot und Xenophon berichten über die armenischen Handelsbeziehungen in Tyros und Babylon …**

Wie ich früher schon erwähnte, bestehen bei uns über die Armenier meist ganz falsche Ansichten. Was ist eigentlich der Grund des allgemeinen Hasses gegen sie, eines Hasses, der sich nicht nur in den Metzeleien und anderen Misshandlungen im fernen Asien Luft macht, sondern auch bei uns Abendländern das allgemeine harte und absprechende Urteil hervorgerufen hat? Sagt man doch nicht nur in den großen Handelsstädten des Ostens, daß ein Jude drei Christen, ein Grieche drei Juden, ein Armenier aber drei Griechen betrügt?

Ehrgeiz, Zielstrebigkeit und Erfolg lassen sich zurückführen auf gute Schulbildung, auf ein breites Netz von Volksschulen und eine Anzahl höherer Schulen. Im Ländervergleich hatte damals kein Volk der Welt prozentual gesehen so viele Akademiker, die Japaner ausgenommen. Einer Statistik des armenischen Patriarchats von 1901/02 ist zu entnehmen, dass es in den sechs ostanatolischen Vilajets 438 Schulen mit 29 054 Schülern, 7 785 Schülerinnen und 897 Lehrern gab, aber nur 150 türkische Regierungsschulen für etwa 17 000 Schüler.

Wie sang man armenischen Kindern schon in die Wiege?

Schlaf, mein Kind, ich singe
Wiegend dich in Ruh.
Werd ein Mann, vollbringe
Taten, große Dinge, –
Wo kein Herrscher ist, dort herrsche du!
Streck dich aus und werde
Werd ein großer Baum!
Grab dich in die Erde,
In die Heimaterde,
Daß du Schatten wirfst weit im Weltenraum.

Wie man sich und Unterricht auf dem Lande anfangs des 19. Jahrhundert vorzustellen hatte, fünfzig Jahre vor dem Aufschwung des armenischen Schulwesens, schildert Raffi (eigentlich Hakob Melik-Hakobjan, 1835–1888), der bekannteste Romanschriftsteller Armeniens, in seinem Roman »Kaidser«: Meine Mutter war sehr bedacht darauf, daß ich noch beizeiten Lesen und Schreiben lernen und ein tüchtiger Mensch werden möchte. Als ich zehn Jahre alt war, brachte sie mich zu dem Priester unserer Gemeinde. Es war gerade Pfingsten. »Das ist heute ein guter Tag für deinen Schulanfang«, sagte meine Mutter, »wer zu Pfingsten in die Schule kommt, wird viel lernen, weil der Heilige Geist an diesem Tage den Aposteln die Zungen gab.«

Unvergesslich sind mir auch die Worte, welche meine Mutter an den Lehrer richtete, als sie mich ihm übergab: »Herr Vater, möge ich die Magd deiner heiligen Rechten sein, ich habe dir meinen Sohn als Leibeigenen gebracht, das Fleisch dir, die Knochen mir« [armenisches Sprichwort, es bedeutet: Du kannst mit ihm machen, was du willst, nur zerbrich ihm keine Knochen]. Herr Thodik, so hieß mein Lehrer, war ein sehr angesehener Mann, nicht nur in unserer Stadt, sondern in der ganzen Umgegend. Unsre Schule war in der Priesterwohnung in einem Zimmer, das Herr Thodik nicht für sich brauchte, dicht neben dem Stall. Der enge, dumpfe Raum war vollgepfropft mit Schülern bis zur Höchstzahl von vierzig. Außer den Schülern enthielt dieser Schulsaal noch drei neugeborene Kälber des Herrn Priesters. Im Winter war's gut dort sein, obwohl wir keine Heizung hatten, denn wir öffneten die Fenster, die in den Stall gingen, und der warme Dunst strömte wie ein Nebel in unser Schulzimmer, das bald so warm war wie ein türkisches Bad. Aber im Sommer war es unausstehlich. Der Schmutz des Stalles verpestete die Luft und brachte allerhand Ungeziefer hervor, das im Bund mit den Flöhen in unzähligen Scharen in unser Schulzimmer eindrang. Es waren kleine Tierchen, kaum sichtbar, aber wie fürchterlich sie stechen, das weiß kein Mensch.

Der Unterricht begann morgens früh. Der Lehrer saß in einer Ecke, vor ihm ein Koranständer. Jeder der Schüler hatte sein besonderes Buch, und alle diese Bücher waren verschieden. Denn jeder Vater gab seinem Sohn irgendein altes Buch, das noch von seiner Vorfahren Zeit in der Familie war, und sagte zu ihm: »Nimm dieses Buch und sage deinem Lehrer, daß er dich daraus lesen lasse.« Ob das Buch nun ein Psalmbuch, ein alter Kirchenvater, eine Gesundheitslehre oder ein Traumbuch war, das schadete nichts: war es doch ein Buch, und das genügte. Nun kamen die Schüler der Reihe nach vor, küssten die rechte Hand des Lehrers, knieten vor ihm nieder, legten ihre Bücher auf den Ständer und begannen ihre Lektion herzusagen. Für jeden Fehler erhielt der Schüler einen heftigen Stockschlag auf die Hand. Wehe, wenn einer seine Lektion überhaupt nicht gelernt hatte, dann kam es zu einem folterähnlichen ›Falachka‹. Kopfüber auf ein Gestell gespannt, musste der beste Freund die Fußsohlen mit einem Rohrstock so lange bearbeiten, bis der Schuldige vor Schmerz beinahe ohnmächtig wurde.

Trotz alledem sieht Raffi seinen Lehrer als ein Kind seiner Zeit: Unser Lehrer war kein schlechter Mensch, im Gegenteil, er war sehr gutherzig, aber alle diese Strenge und Grausamkeit entsprang seinen pädagogischen Anschauungen. Er war steif und fest davon überzeugt, daß kein Kind etwas lernen könnte, ohne gequält und geschlagen zu werden, und glaubte ebenso unentwegt an die bildenden Eigenschaften seines ›Falachkas‹ wie an die wunderwirkende Macht seiner Zaubersprüche.

Es ist etwas aus dem kleinen Raffi geworden. Und Schläge mit einem Spanischen Rohr auf die Handflächen, ›Pfötschle‹ genannt, habe ich, kaum war ich in die Schule gekommen, als Erste kennengelernt. Die Prügelstrafe gab es auch in Deutschland noch weit nach dem Zweiten Weltkrieg. Heute gilt sie in ihren Auswüchsen als Skandal.

Weiter mit dem evangelischen Pfarrer Ewald Stier aus Marburg, einem Zeitzeugen, der sich für die Rechte der Armenier einsetzte: Eine starke Beschränkung hat in der Türkei durch die neuere Gesetzgebung auch das Schulwesen der christlichen Nationen erfahren, das bis dahin ganz unter kirchlicher Leitung stand und unter dieser zu besonderer Blüte gediehen war. Besonders gilt das von den armenischen Schulen. Der Armenier ist bildungshungrig wie wenig andere Völker, zumal des Morgenlandes. Seit Mitte des vorigen Jahrhunderts ist durch die unablässige und zielbewusste Arbeit erleuchteter Patriarchen und Bischöfe das bis dahin arg daniederliegende Schulwesen gehoben worden. In der Türkei gab es vor dem Kriege über tausend armenische Volksschulen, die ohne jeden Staatszuschuss aus den eigenen Mitteln der Armenier erhalten werden mussten, wobei sie noch außerdem für die türkischen Staatsschulen zu steuern hatten … Nicht wenig, nämlich den Zehnten vom Ertrag der Felder und Bäume, was sich durch ungerechte Eintreibung manchmal bis auf 40 Prozent steigerte, wozu noch andere Abgaben aller Art kamen z. B. für Wohltätigkeitsfeste der Schulvereine. Da halfen wohlhabende Glaubensbrüder mit Stiftungen. Ein Industrieller aus Baku ließ jährlich vierzig armenische Studenten auf seine Kosten ausländische Universitäten besuchen. Etwas für die Schule zu tun, bedeutete bei den Armeniern, seine religiöse Pflicht zu erfüllen. Für die Ausbildung der Intelligenz war kein Opfer zu groß. Das galt auch für die Diaspora-Armenier, wenngleich sie sich sprachlich auseinanderentwickelt hatten.

Wie kam es zum Genozid?

Nationalismus war die Religion des 19. Jahrhunderts, weltweit. Auch die im Osmanischen Reich lebenden Armenier besannen sich auf ihre Wurzeln und ihre eigene Kultur. In Istanbul und in anderen Großstädten fanden sich Intellektuelle zusammen, die dieses Wiedererwachen der Eigenständigkeit literarisch und politisch artikulierten. In »Der nationale Kulturwille der Armenier« betont Dr. Melkon Krischtschian: **Nicht Völker wollen wir bekämpfen, lautete der Grundsatz seit Anfang der neunziger Jahre, sondern Regierungen und ihre Systeme, worunter alle Völker leiden, wenn auch nicht im gleichen Grade. Nicht ein Nationalstaat war das Ideal der neuarmenischen geistig-politischen Wiedergeburt, sondern die staatsbürgerliche kulturelle Freiheit und Gleichberechtigung in einem [Viel-]Völkerstaat.**

Die in der türkischen, ostanatolischen Provinz lebenden Westarmenier hatten dagegen immer mehr unter der Diskriminierung durch das veränderte Millet-System zu leiden: Christen waren niemals den Muslimen gleichberechtigt. So galt in der muslimischen Rechtsprechung die Aussage eines Christen nicht, wenn ein Muslim widersprach. Der Kriegsdienst war ihnen zwar untersagt, doch sie mussten sich davon loskaufen. Erst wenige Jahre vor dem Ersten Weltkrieg wurde ihnen erlaubt, in der osmanischen Armee zu dienen.

Dann wurde die Tanzimat-(Reform-)Periode eingeläutet, ein sultanischer Erlass des Reformedikts »Hatt-ı Sherif von 1839:
– den Untertanen wird die volle Sicherheit ihres
– Lebens ihrer Ehre und ihres Vermögens garantiert die Steuern werden gerecht und geregelt festgesetzt und eingetrieben
– die Wehrdienstpflichtigen werden geordnet einberufen und ihre Wehrdienstzeit wird geregelt.

Diese erstmals in einem in Anwesenheit aller europäischen Botschafter zugesicherten Reformversprechen blieben unerfüllt – zur großen Enttäuschung der Armenier. Der eigentliche Zweck dieser Reform war die Auflösung des Millet-Systems. Waren sämtliche Nichtmuslime bisher in drei Millets aufgeteilt, die ihren religiösen Führern unterstanden, so übernahmen ab dem Ende des 18. Jahrhundert ausländische Schutzmächte die Funktion der Ethnarchen: Großbritannien bürgte für die Juden und Armenier, Frankreich für die Katholiken und Russland für die Orthodoxen.

Auf Druck Englands, Frankreichs und Österreichs wurden im Pariser Frieden von 1856, der den Krimkrieg beendete, Rechte und Pflichten jedes Untertanen bestätigt:
– Gleichstellung in öffentlichen Ämtern
– im Militärdienst
– vor Gericht
– in der Bildung
– Abschaffung der Kopfsteuer
– Einführung einer weltlichen Gerichtsbarkeit.

Gegenleistung war die Akzeptanz durch die europäischen Mächte: Das Osmanische Reich wurde in das ›Konzert der europäischen Mächte‹ aufgenommen, der ›Pentarchie‹: Frankreich, Österreich, Großbritannien, Russland und Preußen (ab 1871 Deutschland).

Besonders wegen der weltlichen Gerichtsbarkeit nahmen die gesellschaftlichen Spannungen zwischen muslimischen und christlichen Bevölkerungsgruppen rapide zu, denn die juristische Gleichstellung aller Untertanen galt als Bedingung für die Akzeptanz durch die europäischen Mächte. – Aber wo blieb das Recht der Scharia, die Identifikation mit dem muslimischen Glauben, der kollektive Stolz? Es entstanden auch auf osmanischer Seite organisierte Gruppierungen, z. B. die Oppositionsbewegung der unzufriedenen Beamten, die ›Jungtürken‹. Sie untermauerten ihre Kritik durch eine engere Hinwendung zum Islam, aber ebenso wollten sie europäisches Denken mit islamischer Tradition verbinden.

Am 23. Dezember 1876 wurde die Verfassung verabschiedet, die, nie eingeführt, nach Ausbruch des Russisch-Türkischen Krieges 1877/78 von Sultan Abdul Hamid II. wieder außer Kraft gesetzt wurde.

Die Realität sah sowieso anders aus: Die osmanischen Sultane erklärten zwar immer wieder die rechtliche Gleichstellung der Christen, hoben aber das Millet-System nicht auf. Im Gegenteil, sie legten den christlichen Minderheiten erdrückende Steuerlasten auf. Seit 1876 regierte Sultan Abdul Hamid II. das Osmanische Reich mit eiserner Faust. Wegen seiner Massaker und Progrome der Jahre 1894 bis 1896 mit etwa 300 000 Opfern unter den ›ermenli milleti‹, den christlichen Armeniern, hieß er fortan ›der Rote Sultan‹. Auch andere christliche Gruppierungen wie die aramäischen Christen und die Georgier blieben nicht verschont. Ausnahme waren die Griechisch-Orthodoxen mit dem Zarenreich als starker Schutzmacht.

Druck erzeugt Gegendruck. Folglich schloss sich die armenische Intelligenz der 1890 in Russisch-Armenien gegründeten ›Sozial-revolutionären armenischen Föderation‹, der ›Daschnak-Partei‹ zusammen. Die Bezeichnung ›revolutionär‹ galt nach dem Sprachgebrauch der türkischen Revolutionsepoche für alle ernsthaften Reformbestrebungen als unerlässlich. Hauptziel der gemäßigten Kräfte war, Verbesserungen für die türkischen Armenier zu erreichen. Eberhard-Joachim Graf von Westarp führt aus in »Unter Halbmond und Sonne – im Sattel durch die asiatische Türkei«: **Kann man es den Armeniern verargen, wenn sie alle mehr oder weniger revolutionär gesinnt sind, wenn sie sich zusammentun zu revolutionären Verbindungen, die ihre Sitze hier und dort haben, wenn sie Programme aufstellen, nach denen sie ihre Ziele zu erreichen hoffen, und diese Programme weit über das Erreichbare hinausgehen? Ein Teil der Armenier, der gemäßigtere, verlangt nichts anderes als die Durchführung der im Frieden von S. Stefano und im Berliner Kongreß versprochenen Reformen, das heißt Reformen seitens der Pforte, aber unter europäischer Kontrolle. Daneben aber trifft man auch häufig auf phantastische Hoffnungen, die auf einen selbständigen Staat hinzielen. Charakteristisch ist auch, was mir häufiger gesagt wurde: »Warum kommt ihr Europäer nicht und helft uns? Wir warten darauf, daß irgendeine Macht sich unser erbarmt, ihr wißt doch, wie es mit uns steht. Warum kommen die Deutschen nicht und befreien ihre Glaubensgenossen?«**

In ihrer Verzweiflung versuchten die Armenier durch Demonstrationen und am 26. August 1896 mit der Belagerung der Ottomanischen Bank ihrem Unmut Ausdruck zu verleihen. Als noch unbesonnener ist der Versuch zu werten, den ›Blutrünstigen Sultan‹ mittels einer Zeitbombe in Angst und Schrecken zu versetzen. Diese unüberlegten Handlungen heizten die Stimmung auf und trugen nur zur Verschlechterung ihrer Lage bei.

Der radikale Flügel der Daschnak-Partei propagierte einen Volksaufstand gegen die osmanische Regierung; armenische Terroristen begannen mit der Ermordung osmanischer Beamter. Die Daschnak-Partei wurde zur Dachorganisation für sämtliche bis dahin existierenden revolutionären Kräfte. Zusätzlich entstanden ab 1885 durch Eid verschworene Kampfgruppen der armenischen Landbevölkerung,

Armenische Kampfgruppe, 1885

die sich als ›Selbstschutzverbände‹ verstanden und sich ›Hajdukner‹ oder ›Fedajiner‹ nannten und bereit waren, dafür auch mit ihrem Leben einzustehen. *Der Name Zeitun hat für alle Armenier dadurch einen besonderen Klang, daß es hier und in der ganzen Umgegend zur Zeit der Massakres von 1894 und 1895 zu einem regelrechten Krieg zwischen den armenischen Bergbewohnern und den türkischen Truppen kam. Siegreich haben diese kleinen Scharen der armenischen Bergbewohner mit ihrer primitiven, selbstgeschaffenen Bewaffnung sich gegen ein Heer von 60 000 türkischen Soldaten unter der Führung von Ferid Pascha verteidigt. Etwa 10 Stunden westlich, an einem der malerischen Plätze dieser wunderschönen Gebirgslandschaft liegt das armenische Kloster Furnas. ›Der Bartholomaeus‹, der Bischof dieses Klosters, war der streitbare Führer der Armenier in diesem Kampf. Er ist eine interessante, charaktervolle Persönlichkeit von einer wahrhaft leidenschaftlichen Liebe zu seinem Volk, der mit jugendlichem Feuer den starken Sinn alttestamentlicher streitbarer Helden verbindet – eine typische Gestalt für die urwüchsige harte Bevölkerung dieses armenischen Gebietes,* berichtet D. E. Lohmann in der Broschüre »Orientalisches«.

Im Gegenzug stellte der Sultan ab 1891 nach dem Vorbild der Kosaken irreguläre Kavallerieeinheiten auf, die sich vorwiegend aus regierungsloyalen kurdischen Stämmen rekrutierten und ihm zu Ehren ›Hamidiye‹ genannt wurden. Für ihre Dienste wurden die Hamidiye mit Steuerfreiheit und dem Recht auf Plünderung belohnt. Offiziell waren sie zum Schutz der Grenzen zu Russland gegründet worden, tatsächlich aber sollten sie als innenpolitische Kampftruppe gegen die Armenier fungieren. Die systematische Vernichtung der Armenier begann 1896.

Uwe Feigel fasst die politische Position des Kaiserreiches in seiner Dissertation »Das evangelische Deutschland und Armenien« zusammen. Er stellt fest, dass im Vergleich zu den Verfolgungen der vorangegangenen Monate das Massaker in Konstantinopel (1896) insofern anders einzustufen war, als es vor den Augen der Europäer stattfand. Sie waren über die Vorfälle bestens informiert. Nach ihrem Ermessen wäre eine humane Lösung nur durch die Teilung der Türkei möglich gewesen. Das hätte aber das globale Gleichgewicht gestört und ein Kriegsrisiko heraufbeschworen. Also verzichtete man auf jegliche Aktivitäten – und opferte die Armenier. Diese Haltung der jeweiligen Regierungen stand aber nicht im Einklang mit der Stimmung der Bevölkerung Englands und Frankreichs.

Erst als England und Russland die Karten durcheinanderwarfen, brachte das Abdul Hamid auf die Idee, dass die Armenier der Türkei ernstlich gefährlich werden könnten. Er resümierte, dass er durch das Eingreifen Europas nun schon Bulgarien verloren hätte und nun wolle man ihm wegen dieser Armenier auch noch Ostanatolien wegnehmen! Das erzeugte bei ihm eine Art Verfolgungswahn, und er entschloss sich zu den Massakern.

Dazu Vahagn N. Dadrian: **Um die Eskalation und das Ausmaß des Konfliktes zu verstehen, muss man die Kultur der Straffreiheit in Rechnung stellen, die genozidale Verbrechen damals begleitete. Die Massaker der Ära Abdul Hamids entzogen sich sowohl der nationalen als auch der internationalen Strafverfolgung. Die rivalisierenden Großmächte hatten sich zwar durch eine Vielzahl von Übereinkünften und Verträgen verpflichtet, auf die Verbesserung der Lebensbedingungen für Christen im Osmanischen Reich hinzuwirken und eventuelle Schritte zu überwachen. Die Vereinbarungen, die sie auf der Pariser Konferenz 1856 und beim Berliner Kongress 1878 getroffen hatten, waren allerdings recht unverbindlich. So griffen sie auch bei den immer wiederkehrenden Massakern nicht ein. Dieses Prinzip der Straflosigkeit beeinflusste mit Sicherheit den Entschluss der Osmanen, im Ersten Weltkrieg drakonisch gegen die in die Schusslinie geratenen Armenier vorzugehen.**

Der deutsche Kaiser hielt dem orientalischen Despoten die Treue. So wenig er ihn persönlich schätzte, so hoch hielt er die deutsch-türkische Völkerfreundschaft.

Er bot Deutschland als Protektionsmacht des Islams an, um politisch-ökonomischen Zugriff auf den Orient zu bekommen. Der Vorvertrag zum Weiterbau an der Anatolischen Bahn nach Bagdad und bis Basra am Persischen Golf, landläufig ›Bagdadbahn‹ genannt, war das wichtigste wirtschaftspolitische Ergebnis seiner zweiten Orientreise. Besiegelt wurde er am 23. Dezember 1899 durch den Vorstandssprecher der Deutschen Bank, Georg von

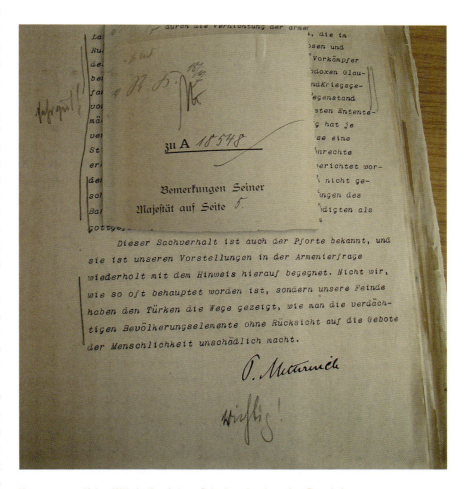

Kommentar von Kaiser Wilhelm II. auf einem Schreiben des deutschen Botschafters in Konstantinopel, Paul Graf Wolff Metternich

Siemens, und dem türkischen Minister für Öffentliche Arbeiten, Mustafa Zihni Paşa. Die Ausführung übernahm die Firma Holtzmann. Für dieses wichtigste Prestigeobjekt des deutschen Imperialismus verleugnete Wilhelm II. weitgehend, was ihn im Blick auf die Armenier einst bewegt hatte: **Aber die Armenier sind doch auch Christen** [Randnotiz auf einem Brief Konstantin von Neuraths an Reichskanzler von Bethmann Hollweg]. **Möge seine Majestät der Sultan** [Abdul Hamid] **und mögen die 300 Millionen Muslime, welche auf der Erde zerstreut lebend in ihm ihren Kalifen verehren, dessen versichert sein, dass zu allen Zeiten der Deutsche Kaiser ihr Freund und Beschützer sein wird,** so ist 1898 ein Trinkspruch Wilhelms II. auf seiner übernächsten Station, bei einem Empfang in der Stadthalle, als ›Damaskusrede‹ bekannt geworden. So sehr Historiker seither versuchten, die Bedeutung dieser Rede als ›spontane, noble Geste‹ herunterzuspielen, trifft sie doch die Tendenz seiner Politik. Hatten bereits seit 1835 preußische Offiziere jeweils für kürzere Zeit Dienst in der osmanischen Armee getan (von Moltke sprach von einer ›Nation in Filzpantoffeln‹), sah sich nach der Niederlage im Russisch-Türkischen Krieg (1877/78) der Sultan gezwungen, deutsche Militärfachleute ins Land zu holen, die die osmanischen Streitkräfte reorganisieren sollten. Wirtschaftlich-industrielle Kontakte wurden angebahnt, und schon 1889, ein Jahr nach seinem Regierungsantritt, reisten Kaiser und Kaiserin mit großem Hofstaat nach Konstantinopel. Friedrich Naumann, der spätere erste Vorsitzende der Deutschen Demokratischen Partei und Mitglied der Weimarer Nationalversammlung, der den Kaiser begleitete, nannte in seinem Reisebericht »Asia« Abdul Hamid zwar einen ›gekrönten Massenmörder‹, fand aber die Sorgen für das eigene Volk wichtiger als die Sorge für fremde Asiaten. Die Frage, ob man den Armeniern politisch helfen könne, stellte sich Bismarck schon 1876 und kam zu der Auffassung, dass man als Christ natürlich Interesse an unterdrückten Christen in anderen Länder haben dürfe. Aber Deutschland solle dann darauf verzichten, einzugreifen, wenn andere Mächte das besser könnten und auch strategisch stärkeres Interesse hätten.

Sultan Abdul Hamid II.

Kaiser Wilhelm II.

Bismarcks Einstellung, zur ›Orientalischen Frage‹ (weder eine Vermittlerrolle zu übernehmen, noch sich in kriegerische Auseinandersetzungen mit England, Österreich und Russland hineinziehen zu lassen), gipfelt in der am 5. Dezember 1876 vor dem Reichstag geäußerten Überzeugung, dass er für Deutschland kein Interesse sehe, welches auch nur die gesunden Knochen eines einzigen pommerschen Musketiers wert wäre. Eine Zukunft ohne dauernde nachbarliche Verstimmung sei für Deutschland unendlich viel wichtiger als alle Verhältnisse der Türkei zu ihren Untertanen und zu den europäischen Mächten.

Gegen Armenier gerichtete Pogrome waren dann in den Augen deutscher, sowieso gegen die ›armenische Rasse‹ eingestellter Politiker legitim, zumal die armenischen Führer sie selber provoziert hätten. Die Brutalität, mit der Türken und Kurden während der 1890er Jahre gegenüber Armeniern agierten, relativierten armenienfeindliche Stimmen mit dem Hinweis auf die Geschichte des Orients, die stets äußerst blutig verlaufen sei. Bei den Militärs überwogen anti-armenische Klischees wie: ›Die Armenier sind die Feinde der Türken, folglich sind sie auch Feinde der Deutschen‹.

Einzelne relativierten in ihren Berichten, darunter der Vizekonsul von Iskenderun (damals Alexandrette), Hermann Hoffmann-Fölkersamb: ... in Wirklichkeit sind Hunderttausende der erwerbsfähigen Armenier fleissige und geschickte Handwerker und rührige, strebsame und unternehmende Ackerbauer. Letzteres wird von Beurteilern häufig übersehen. Dabei sind gerade die Gebirgsarmenier, die überwiegend von Landwirtschaft leben, ohne gewisse hässliche Züge der armenischen Rasse wie Selbstsucht, Undankbarkeit und Skrupellosigkeit ganz zu verleugnen, ein sehr viel sympathischerer Menschenschlag als die der Welt bekannteren handeltreibenden Armenier der Großstädte.

Wie Abdul Hamids kurdische Helfershelfer eingeschätzt wurden, mögen Auszüge aus einem Bericht des Konsuls Bergfeld von Trapezunt an den Reichskanzler von Bethmann Hollweg schildern: Auch wenn Bergfeld aus seiner Ablehnung der Armenier kein Hehl machte – die Armenier weisen kaum einen menschlich sympathischen Zug auf – erwirkte er doch Vergünstigungen für Kranke, Schwangere und Kinder.

Die Kurden sind intelligent, tapfer und gelten für vorzügliche Schützen. Der ausserordentlich gebirgige Charakter der von ihnen bewohnten Gebiete und der Mangel an fahrbaren Strassen hat sie bisher von der Aussenwelt fast vollkommen abgeschlossen. Sie leben daher heute noch unter denselben Verhältnissen und in denselben Anschauungen, wie vor Jahrhunderten. Das Feudalsystem steht bei ihnen in voller Blüte und ihre Fürsten herrschen mit unumschränkter Gewalt. Die grössten Tribus werden von den Kurden von Dersim und den Milli Kurden, in der Gegend von Diabekir, gebildet. Sultan Abdul Hamid errichtete die unregelmäßigen kurdischen, sog. Hamidie-Regimenter, wobei die Offiziersstellen den Kurdenchefs übertragen wurden. Durch diese Verleihung von Kommandogewalt wurde das Ansehen der Kurdenfürsten bei ihren Vasallen erheblich verstärkt. Eine gemeinsame Organisation aller Kurden fehlt. Es dürfte auch schwerfallen, eine solche zu schaffen. Denn Stammesfehden der verschiedenen Kurdenstämme untereinander waren und sind seit jeher an der Tagesordnung. Der Regierung Abdul Hamids gelang es nicht, diesen Kämpfen ein Ende zu machen. Es fehlte ihr hierzu an der erforderlichen Kraft, vielleicht auch dem guten Willen. So herrschten dauernde Fehden unter den Kurdenstämmen, die Plünderungen und Grausamkeiten auch gegenüber den im kurdischen Gebiet wohnenden Armeniern im Gefolge hatten. Diese suchten sich und ihr Eigentum dadurch zu schützen, dass sie sich als Vasallen unter den Schutz eines Kurdenfürsten stellten. Aber ihre Lage wurde hierdurch kaum gebessert. Ihre Lehnsherren erhoben von ihnen drückende Abgaben, und in den kurdischen Stammesfehden bildeten sie wegen ihrer verhälnismässigen Wohlhabenheit die Hauptopfer der Beutelust der feindlichen Stämme. Die Landesbehörden schlossen diesem Treiben gegenüber beide Augen. Sie wussten, dass ein Wandel der Verhältnisse in Konstantinopel kaum gewünscht wurde. Sie nutzten daher die Lage in ihrer Weise aus und liessen sich ihr Schweigen von den Kurden bezahlen. Daraus entwickelte sich ein System der Ermutigung der Kurden zu Übergriffen gegen die Armenier und der Teilung der Beute zwischen ihren Führern und den Beamten ...

Um den dadurch geschaffenen und fast unerträglich gewordenen Verhältnissen zu entgehen, wanderten zahlreiche armenische Familien aus, wobei sie ihre Ländereien im Stiche ließen, oder weit unter dem Werte an die Kurden verkauften. Das neue Regime in der Türkei bemühte sich zunächst den Räubereien der Kurden ein Ziel zu setzen ...

Einen speziellen Fall schildert Ewald Banse (1883–1953), ein Geograph, Privatgelehrter, Schriftsteller (als Orientalist und Völkerkundler später wegen seiner geistigen Nähe zu Hitler und Atatürk umstritten) in seinem frühen Reisebuch »Auf den Spuren der Bagdadbahn« von 1913: Es muß im Anfang der siebziger Jahre gewesen sein, als sich [so erzählte man mir] in der damals wüsten Ruinenstätte Uerânschehir, die auf den südlichsten Ausläufern des Karádscha daṛ liegt, eine Rotte heimat- und rechtloser Kurden einnistete. In alle Richtungen dehnten sie ihre Raubzüge aus, hielten heute zwischen Urfa und Djârbekr eine Maultierkaruân an und fielen morgen einem Râsu der Schámmar in die schwarzweißen Halfter. Die türkische Verwaltung, die damals jene Gegenden viel loser in der Hand hielt als heute, richtete nichts gegen die flüchtige Bande und deren entlegene, ihr kaum bekannte Höhle aus. Der Führer der Räuber wurde wohl bei Gelegenheit einmal erschossen, doch hatte die Kraft seiner Lenden im Verein mit der Schönheit einer gestohlenen arabischen Beduinin rechtzeitig für einen Nachfolger gesorgt, der seinen Vater weit überragte. Der junge Ibrâhîm organisierte das Erbe, arbeitete sich zum Wegelagerer allergrößten Stils herauf und schuf sich schon gegen 1890 ein richtiges Reich, das von der Türkei durchaus unabhängig war. Sein Umfang wird zur Blütezeit [etwa nach 1900] mindestens 25 000 qkm betragen haben [doppelt so groß wie Mecklenburg-Schwerin] und Ibrâhîms Hand reichte bis vor die Tore von Urfa, Sséwerik, Djârbekr, Mardîn und Nessêbin und umfasste im Süden noch den Dschebel Abd el Asîs. Nachdem mehrere Strafexpeditionen seitens der Uâli von Urfa und Djârbekr erfolglos verlaufen waren, entschlossen sich die Türken – es war noch unter Abd ül Hamid –, dem gefährlichen Menschen den Paschatitel anzuhängen, alljährlich eine fette, runde Subvention auszusetzen und Martinigewehre, Patronen sowie andern Kriegsvorrat zu schicken. Dafür verpflichtete sich Ibrâhîm, für Sicherheit auf den Wegen seiner Herrschaft zu sorgen …

Weiter im Bericht Konsul Bergfelds an die Regierung in Berlin: **Die Armenier empfinden die Haltung der Regierung als Gleichgültigkeit gegenüber ihren Leiden. Einige gehen sogar so weit, zu behaupten, dem jungtürkischen Komitee sei bei seinem übertriebenen osmanischen Nationalismus und mohamedanischen Fanatismus eine Vertreibung oder Ausrottung der Armenier durch die Kurden nicht unwillkommen. Gleichwohl sind sie einer Selbsthilfe abgeneigt. Wenn ihre geheime Ausrüstung mit Waffen im Laufe der letzten Monate unverkennbar Fortschritte gemacht hat, so ist das meines gehorsamen Erachtens mehr als ein Akt erhöhter Vorsicht aufzufassen, um im Falle der Not besser gerüstet zu sein, als es bisher der Fall war. Nach der Behandlung der Glaubensgenossen in Russland erhoffen die Armenier von einem Anschluss an den östlichen Nachbarn keine Besserung und streben diesen daher nicht an. Ebensowenig wünschen sie die Bildung eines selbständigen Staates. Denn sie befürchten, dass dieser doch schliesslich eine Beute Russlands werde, wie es dessen Gewohnheit sei, schwächere Nachbarn zu unterwerfen. Sie erhoffen vielmehr eine Besserung ihrer Lage von der Einführung von Reformen und rechnen dabei auf eine Einwirkung der europäischen Mächte bei der Hohen Pforte zu ihren Gunsten, wobei behauptet wird, dass Deutschland ihnen ein besonderes Interesse entgegenbringt. Allerdings verstehen sie unter Reformen eine ausgedehnte Selbstverwaltung unter der Oberhoheit der türkischen Regierung.**

In der jungtürkischen Revolution erzwangen aufständische Truppeneinheiten am 23. Juli 1908 die Wiederinkraftsetzung der osmanischen Verfassung von 1876. Das Osmanische Reich war durch die bürgerliche Revolution zu einer konstitutionellen Monarchie geworden, Abdul Hamid II. blieb aber an der Macht. Die im ›Komitee für Einheit und Fortschritt‹ – ›Ittihad ve Terakki‹ organisierten Jungtürken wirkten im Hintergrund als Kontrolleure, ohne die Regierung direkt zu übernehmen.

Den Kern dieser Ittihadisten bildeten Offiziere, die ihre Ausbildung in der Militärischen Lehranstalt von Konstantinopel erhalten hatten. Viele von ihnen waren durch die Schule des preußischen Militarismus gegangen, da der Sultan seine Truppe durch deutsche Offiziere wie General Colmar von der Goltz, auch in Preußen, ausbilden und modernisieren ließ. Entsprechend groß war ihre Sympathie für das deutsche Kaiserreich, das damit und mit dem Bagdadbahn-Projekt an der Penetration, der systematischen Unterwanderung des Osmanischen Reiches, arbeitete. Im August 1916 waren es 630 deutsche Offiziere und 5900 Mann, dazu Kriegsgerät. Des Weiteren floss seit Januar 1916 eine monatliche finanzielle Unterstützung von 80 Millionen Mark, Erhöhung stand bevor. Diese Zahlen fand ich im Ausstellungskatalog des DB-Museums Nürnberg »Bagdad- und Hedjasbahn – Deutsche Eisenbahngeschichte im Vorderen Orient«.

Trotz alledem, der ›Kranke Mann am Bosporus‹ (eine gängige, von den Medien ausgehende Charakterisierung des Osmanischen Reiches) siechte weiter dahin. Sultan Abdul Hamid II. versuchte, den durch die bosnische Annexionskrise innenpolitisch geschwächten Jungtürken die Macht wieder zu entreißen. Das führte nicht nur zu seiner Absetzung im April 1909, sondern löste im kilikischen Adana und in den umliegenden Gebieten schwere Übergriffe auf die Armenier aus. Zwischen 15000 und 20000 Armenier wurden innerhalb weniger Wochen massakriert. Die Kriegsschiffe Deutschlands, Frankreichs, Großbritanniens, Italiens, Österreichs, Russland und die USA schritten nicht ein. Als Schuldige verurteilte die neue Regierung in Konstantinopel 127 Muslime (und sieben Armenier) dafür zum Tode – eine Farce.

Präventive Maßnahmen oder Forderungen nach Vergeltung seitens ausländischer Staaten blieben aus, auch angesichts der abertausendfachen Ermordung armenischer Männer, Frauen und Kinder. Dies ermutigte die Anführer der Jungtürken zu einer radikalen Lösung der Probleme zu schreiten, die ihnen die Armenier angeblich bereiteten. Dementsprechend erweisen sich die Massaker der Vorkriegszeit, die unbestraft blieben, nicht nur als Ursache, sondern vielmehr als Vorbedingung des Genozids.

Die Machtübernahme durch die Jungtürken als Repräsentanten einer westlich-liberalen Ideenwelt war anfangs hoffnungsvoll begrüßt worden, denn sie versuchten, ein parlamentarisch-konstitutionelles Regierungssystem im Osmanischen Reich einzurichten, das auch christlichen und nichttürkischen islamischen Minderheiten des Vielvölkerstaats Mitbestimmungs- oder Autonomierechte zu gewähren bereit war. Doch gewannen rasch türkisch-nationalistische und turko-rassistische Vorstellungen gegenüber liberal-aufklärerischen Ideen die Oberhand, vor allem bei den berühmt-berüchtigt gewordenen Ittahadisten, die bald die Macht an sich rissen. Einer der führenden Köpfe war Enver Bey, der spätere Kriegsminister Enver Paşa, der ein neues großtürkisches, ›turanisches‹ Reich anstrebte. 1913, am Vorabend des Weltkriegs, etablierte das ›jungtürkische Triumvirat‹ Talât Bey (der spätere Großwesir Talât Paşa), Enver Bey und Cemal Bey (der spätere Marineminister Cemal Paşa) nach einem Staatsstreich ein diktatorisches System, das gewillt war, künftig gegen die ›inneren Feinde‹ vorzugehen.

1912 erschien der folgende Artikel in den »Deutsch-Armenischen Blättern. Mitteilungen der Deutsch-Armenischen Gesellschaft«: **Jede Kulturarbeit im Orient bedarf des Armeniers als des fleißigen und intelligenten Vermittlers. Davon wissen die wirklichen Kenner des eigentlichen Armeniens sämtlich zu berichten. Die maßgebenden politischen und kommerziellen Kreise im Orient, auch die deutschen, sind davon überzeugt. Die einsichtigen Türken geben das selber zu. Sie wollen Armenien nicht verlieren, weil sie wissen, daß sie damit eine Quelle von Kraft** [und ihren Hauptsteuerzahler] **aufgeben würden, die das türkische Reich nicht entbehren kann. Armenien kann aber der Türkei nur erhalten bleiben, wenn europäische Verwaltung ihm das verschafft, was das türkische Beamtentum ihm noch auf eine Reihe von Jahren hinaus nicht gewähren kann: Ruhe und Sicherheit für Leben und Eigentum.**

In der armenischen Gemeinschaft wird die Tradition des Erzählens gepflegt, im Alltag und erst recht an Festtagen. Alte Geschichten und neue Geschichten, die in der Schilderung von Verfolgung und Leid übereinstimmen. Das ist nicht Selbstmitleid, sondern eine Aufforderung zum Nichtvergessen ebenso wie eine Bestätigung der Zugehörigkeit zur Schicksalsgemeinschaft. Nur was nicht aufhört wehzutun, bleibt im Gedächtnis. So ist auch das viel zitierte Gedicht von Howhannes Tumanjan zu verstehen:

Alter Segen

Unter dem mächtigen Nussbaum,
zusammen sitzend, feierten sie,
unsere Großeltern und unsere Väter.

Wir, drei Schulkameraden,
mit unbedecktem Haupt vor ihnen stehend,
sangen unsere Lieder.

Als unsere fröhlichen Lieder verklangen,
erhoben die Ältesten ihre Gläser
und segneten uns mit den Worten:
»Ihr sollt leben, aber nicht wie wir.«

Die Zeit verging, und auch sie sind gegangen,
und die fröhlichen Lieder wurden traurig.
Und ich erinnerte mich in unseren dunklen Tagen
an die Worte, mit denen man uns segnete.

Friede sei mit euch, ihr glücklosen Väter,
der Schmerz, der euch quälte, hat auch uns erfaßt,
und in traurigen und in fröhlichen Stunden,
sagen wir eure Worte,
beim Segnen unserer Kinder:
»Ihr sollt leben, aber nicht wie wir.«

Kinder umstehen Großarmenien,
Kinderkunstmuseum Jerewan

Das dunkle Kapitel: Der Genozid

Am 14. November 1914 trat das Osmanische Reich an der Seite Deutschlands und Österreich-Ungarns, der ›Mittelmächte‹, in den Ersten Weltkrieg ein. In seinen 1920 veröffentlichten Erinnerungen »Fünf Jahre in der Türkei« schreibt General Otto Liman von Sanders (1855–1929), Chef der deutschen Militärmission im Osmanischen Reich, über die Ziele des deutsch-türkischen Bündnisses im Ersten Weltkrieg: **Auf militärischem Gebiet waren die deutschen Erwartungen der türkischen Betätigung weit überspannte und daher unmöglich! Die Türkei sollte nicht nur die Meerengen verteidigen, ihre eigenen Grenzen auf ungeheuren Entfernungen schützen, sondern sie sollte Ägypten erobern, Persien unabhängig machen, in Transkaukasien die Schaffung selbständiger Staaten vorbereiten, womöglich in der Folge durch Afghanistan Indien bedrohen und schließlich auch noch auf europäischen Kriegsschauplätzen aktive Hilfe leisten.** Gegner waren die Staaten, die sich in der ›Entente‹ zusammenschlossen: Frankreich, England und Russland mit seinen kleinen Verbündeten Serbien, Belgien und Rumänien. 1915 kam Italien dazu und zuletzt kriegsentscheidend 1917 die USA. Das nächstgelegene Ziel der Türken war es, die in den vorangegangenen Kriegen verlorenen Gebiete in einer großen Kaukasusoffensive zurückzuerobern. Doch der neue Russlandkrieg endete um die Jahreswende 1914/15 mit einer verheerenden Niederlage und erneuten Gebietsverlusten.

In der Hoffnung auf Unabhängigkeit waren armenische Freiwilligenbataillone auf russischer Seite an den Kampfhandlungen beteiligt. Doch obwohl die armenische Zivilbevölkerung und die in der osmanischen Armee dienenden Soldaten mehrheitlich loyal geblieben waren, machte die Staatsführung des Osmanischen Reiches die Armenier nun kollektiv für die militärischen Probleme in Ostanatolien verantwortlich. Das Zerrbild eines armenischen Sabotageplans wurde verstärkt. Die armenischen Soldaten der osmanischen Armeen wurden entwaffnet, dann zum Teil liquidiert oder in Arbeitsbataillonen zusammengefasst – armenische Zwangsarbeiter leisteten einen entscheidenden Anteil am Bau der Bagdadbahn. Die Überlebenden kamen in organisierten Massakern um.

Die tragenden Elemente bei diesen und auch den folgenden Aktionen waren hauptsächlich die aus Kurden, freigelassenen Straftätern, ›Briganten‹ (Räubern) und Flüchtlingen aus dem Balkan- und Kaukasusgebiet bestehenden Angehörigen der Spezialeinheit ›Teşkilat-ı Mahsusa‹, einer Geheimorganisation des ›Komitees für Einheit und Fortschritt‹ und anderer Freiwilligen-(sprich: Mörder-)Banden. Wenige Stunden nach der Unterzeichnung des militärischen und politischen Geheimpakts mit dem deutschen Kaiserreich am 2. August 1914 erklärte das Ittahadisten-Regime die Generalmobilmachung. Der erste Schritt des ebenso perfide wie perfekt geplanten Genozids war die Einberufung und die massenhafte Ermordung aller wehrfähigen armenischen Männer zwischen achtzehn und sechzig Jahren, um die ›Opferbevölkerung‹ so wehrlos wie möglich zu machen. Es gibt zahlreiche Augenzeugenberichte über diese Liquidierungen und die sich anschließende Ermordung der Zivilbevölkerung.

Ehe das Deportationsgesetz als Vorkehrungsmaßnahme für den Schutz des osmanischen Staates während des Ersten Weltkrieges in Kraft trat, fanden im Februar und April 1915 die ersten Deportationen in Anatolien statt, die jedoch noch nicht die planmäßige Vernichtung zum Ziel hatten, und sich deshalb auf die Überführung von Bevölkerungsteilen aus Adana, Zeitun und Dörtyol ins Landesinnere beschränkten. Der 24. April war der eigentliche schwarze Tag für die Armenier: In der Nacht auf den 25. wurden in Konstantinopel etwa 600 armenische Intellektuelle, Schriftsteller, Journalisten, Geistliche, Musiker (Komitas!), Rechtsanwälte, Ärzte und

Abgeordnete in Razzien verhaftet, diskriminiert und gepeinigt und von Haydarpaşa, dem Kopfbahnhof der Bagdadbahn, mit den Zügen nach Ostanatolien deportiert. Bis auf sieben von ihnen wurden alle ermordet. Ex-Erzbischof Dr. Mesrop K. Krikorian schreibt dazu: **Man hat bewusst gleich zu Beginn das Volk enthauptet, damit keine dieser Persönlichkeiten irgendeine Rettungsaktion starten konnte.**

Das stand im zeitlichen Zusammenhang mit den kritischen Wochen im April 1915, als eine alliierte Invasion Konstantinopels drohte, die jedoch durch die siegreiche Schlacht von Gallipoli abgewendet wurde. Allerdings war der Oberbefehlshaber der türkischen Truppen ein deutscher General: Liman von Sanders.

Bei einem Aufstand in Van im April 1915, angezettelt durch die armenische Huntschak-Partei, kam es zu zahlreichen Schandtaten gegen die wehrlose muslimische Bevölkerung. Vorausgegangen waren blutige Massaker in zahlreichen armenischen Ortschaften ringsum. Die zu erwartenden Repressionen sollten Russland zum Eingreifen bewegen. Doch der türkischen Regierung war es eine willkommene Rechtfertigung für ihr weiteres Vorgehen gegen den armenischen Bevölkerungsteil.

Dieser hie und da aufflackernde Widerstand gegen die Grausamkeiten des Regimes diente als Vorwand dafür, dass der Innenminister Talât Paşa schließlich per Gesetz vom 27. Mai 1915 die Deportation der Armenier aus den Kriegsgebieten in offene Konzentrationslager in der syrisch-mesopotamischen Wüste anordnete. Der Begriff ›Umsiedlung‹ war zur Beruhigung der Europäer gedacht. Bis in den Juli des Jahres 1915 hinein wurden die meisten Armenier zunächst in ihren Hauptsiedlungsgebieten an einigen Orten konzentriert, überwiegend in den Hauptstädten der betroffenen Vilayets. Sie wurden entweder gleich dort von türkischen Polizisten und Soldaten oder kurdischen Hilfstruppen ermordet oder auf Befehl Talâts ab dem 27. Mai 1915 auf Todesmärsche über unwegsames Gebirge Richtung Aleppo geschickt.

Auch die Bagdadbahn wurde eingesetzt. Menschenunwürdig, aufs Äußerste demütigend, mörderisch, war der Transport von Alten, Kranken, Frauen und Kindern in zweistöckigen Viehwaggons, den ›Hammelwagen‹. Der Weiterbau der Bagdadbahn war während des Krieges ins Stocken geraten, z. B. lag der Tunnelbau im Taurusgebirge für Monate still, weil die armenischen Arbeiter deportiert worden waren. Cemal Paşa persönlich war es, der den Deportationsbefehl der armenischen Fachkräfte stoppte. Deutsche am Bau der Bagdadbahn spielten unterschiedliche Rollen. Oberstleutnant Böttrich als Personalchef unterzeichnete gegen den Widerstand der Deutschen Bahngesellschaft die Papiere zur Verschickung armenischer Angestellter, während Ingenieure versuchten, ihre Experten und Arbeiter zu retten. Aber sie gingen alle in den Tod.

Dass es dabei nicht um Umsiedlung ging, berichtete u. a. Max Erwin von Scheubner-Richter (1884–1923), der damalige deutsche Vizekonsul in Erzurum, Ende Juli 1915 dem Botschafter von Wangenheim: **Von den Anhaengern letzterer [i. e. der ›schrofferen Richtung‹] wird uebrigens unumwunden zugegeben, dass das Endziel ihres Vorgehens gegen die Armenier die gaenzliche Ausrottung derselben in der Tuerkei ist. Nach dem Kriege werden wir ›keine Armenier mehr in der Tuerkei haben‹ ist der wörtliche Ausspruch einer maßgebenden Persoenlichkeit. Soweit sich dieses Ziel nicht durch die verschiedenen Massakers erreichen lässt, hofft man, dass Entbehrungen der langen Wanderung bis Mesopotamien und das ungewohnte Klima dort ein Uebriges tun werden. Diese Loesung der Armenierfrage scheint den Anhaengern der schroffen Richtung, zu der fast alle Militär- und Regierungsbeamte gehoeren, eine ideale zu sein. Das tuerkische Volk selbst ist mit dieser Loesung der Armenierfrage keineswegs einverstanden und empfindet schon jetzt schwer die infolge der Vertreibung der Armenier ueber das Land hier hereinbrechende wirtschaftliche Not.**

Nachrichten die Ausrottung droht. Darauf schrieb der damalige Kanzler von Bethmann Hollweg beruhigend: **Die deutschen Christen können darauf vertrauen, dass ich alles, was in meiner Macht steht, tun werde, um den mir von Ihnen vorgetragenen Sorgen Rechnung zu tragen.** – Eine glatte Lüge, wie sich kurze Zeit später zeigen sollte.

Den zweiten Versuch unternahm der deutsche Botschafter in Konstantinopel, Paul Graf Wolff Metternich (1853–1934): **Ich habe gegenüber den türkischen Verantwortlichen wegen der Vernichtung der Armenier eine äusserst scharfe Sprache geführt,** schrieb er am 7. Dezember 1915 an seine Vorgesetzten in Berlin. Doch auch seine zahlreichen Protestschreiben nützten nichts. Er riet zu einer Pressekampagne und mit der Lobhudelei der Türken aufzuhören: **Was sie leisten, ist unser Werk, sind unsere Offiziere, unsere Geschütze, unser Geld. Ohne unsere Hülfe fällt der geblähte Frosch in sich selbst zusammen. Wir brauchen gar nicht so ängstlich mit den Türken umzugehen.** Und: **Um in der Armenienfrage Erfolg zu haben, müssen wir der türkischen Regierung Furcht vor den Folgen einflössen. Wagen wir aus militärischen Gründen kein festeres Auftreten, so bleibt nichts übrig, als … zuzusehen, wie unser Bundesgenosse weiter massakriert.**

Von Bethmann Hollweg lehnte rundweg ab. Graf Wolff Metternich wurde nach nur zehn Monaten auf einen Protest des Kriegsministers Ismail Enver wieder abberufen.

Am 29. August 1915 schrieb Talât Paşa in einem chiffrierten Telegramm, dass es **keine Veranlassung gebe, Volk oder Regierung wegen der überflüssigen Grausamkeiten zu beschmutzen.**

Zwei Tage später erklärte er dem deutschen Sonderbotschafter in Konstantinopel, Fürst Hohenlohe-Langenburg (1863–1950), die Maßnahmen gegen die Armenier seien überhaupt eingestellt: **La question arménienne n'existe plus.**

Was das Ziel von Anfang an war, erklärte der vom türkischen Ministerium des Inneren entsandte Verschickungskommissar völlig offen Konsul Rößler in Aleppo, der es am 20. Dezember 1915 an Reichskanzler Bethmann Hollweg meldete: **Wir wünschen ein Armenien ohne Armenier.**

Die deutsche Reichsregierung wusste genau Bescheid, wurde kontinuierlich von den sich ereignenden menschlichen Katastrophen unterrichtet – und griff nicht ein! Der sozialdemokratische Abgeordnete Karl Liebknecht stellte am 18. Dezember 1915 im Reichstag die direkte Frage: **Welche Schritte hat der Herr Reichskanzler bei der verbündeten Regierung unternommen, um die gebotene Sühne herbeizuführen, die Lage des Restes der armenischen Türkei menschenwürdig zu gestalten und die Wiederholung ähnlicher Greuel zu verhindern?**

Von Bethmann Hollwegs Antwort: **Unser einziges Ziel ist, die Türkei bis zum Ende des Krieges an unserer Seite zu halten, gleichgültig, ob darüber Armenier zu Grunde gehen oder nicht.**

Allen Beteiligten und Verantwortlichen muss klar gewesen sein, dass die ›Delokalisierung‹ unter den Bedingungen von 1915/16 einem Todesurteil sehr nahe kommen musste. Viele der Armenier, die schließlich auf Umwegen und im Kreis geführt die durch nichts vorbereiteten Lager im heutigen Syrien erreichten, starben mangels Versorgung, an Auszehrung und Seuchen, sofern sie nicht unterwegs durch Übergriffe kurdischer Stämme ums Leben kamen. Auch türkische Polizisten, Gendarmen und Soldaten beteiligten sich, teils auf Befehl ihrer Vorgesetzten, teils eigenmächtig, an der Massakrierung der Ausgesiedelten, oder umgekehrt musste die Gendarmerie die Kolonne vor Angriffen der Bevölkerung schützen.

Der venezolanische Offizier Rafael de Nogales, der im Dienst der osmanischen Armee stand, schildert als Augenzeuge die Ereignisse in seinem Buch »Vier Jahre unter dem Halbmond«, wie Armenier auf ihren Todeszügen auch mancherorts von Zivilisten beschützt und versteckt wurden. Sehr viele gutherzige türkische, kurdische oder alewitische Familien nahmen sich der Kinder der Nachbarn an, bis zu deren erwarteter Rückkehr. Doch als man erkannte, dass es eine Reise ohne Wiederkehr war, wurden diese Kinder schließlich auch offiziell zu Mitgliedern ihrer neuen Familien. Oft wurde der Name des Vaters mit ›Abdullah‹ eingetragen, ›Diener Gottes‹, wie man Dahergelaufene in der Türkei oft nennt. In der Regel wurden diese Menschen gut behandelt, und ihre Herkunft kam niemals zur Sprache. »Da zeigt sich wieder die armenische Ader« wurde zu einer feststehenden Redewendung, wenn z. B. diese Mädchen ihren eingeheirateten Familien besonders liebevolle Großmütter geworden waren, und sie wurden dafür von allen geachtet. Dagegen steht, dass zehntausende, vor allem junge Mädchen und Waisenkinder, zwangsislamisiert oder sehr jung mit Türken verheiratet wurden. Mitunter artete das Verhältnis in eine Art Leibeigenschaft aus.

Lore Bartholomäus bringt es auf den Punkt: **Sie wissen, wie viele Kinder man damals in türkische Häuser verschleppt hat? Die schönsten Mädchen, die am besten aussehenden Jungen suchte man sich aus und behielt sie als Sklaven. Man braucht bei einem Türken nur an der Haut zu kratzen, da kommt schon das armenische Blut hervor. Niemand spricht offen darüber, aber jeder weiß es.**

Valentin Podpomogov (Ter-Astvatsatryan) ›Requiem‹, 1979

Schicksale

1976 kreuzten sich meine Wege erstmals mit denen eines Armeniers. In einem Hotel in Aleppo hatte ich einen Herrn am Nebentisch nach dem Weg zu einer bestimmten Moschee gefragt. Schroff erklärte er mir, dass er sich überhaupt nicht für Moscheen interessiere, er sei Armenier und Christ. Doch seine angeborene orientalische Gastfreundlichkeit gewann rasch wieder die Oberhand, und er bot an, uns in seinem Wagen dorthin zu bringen. Nicht genug, er fuhr oder begleitete uns, eine junge Familie mit zwei Kindern, den ganzen Nachmittag durch seine Geburtsstadt, zeigte uns auch das, was Touristen üblicherweise verborgen bleibt.

Was für ein Glücksfall, genau auf ihn zu treffen! Lange Jahre, bis zu seinem Tod, schrieben wir uns immer zu Weihnachten kurze oder lange Briefe, luden ein nach Bayreuth und Beirut (sein Foto s. S. 245), wo er mit seiner Familie lebte – bis ich Armenien kennenlernte, anfing zu recherchieren und zu schreiben und die Frage nach dem Schicksal seiner Familie an ihn richtete: »Wie kam es, dass Ihre Eltern überlebt haben, dass Sie überhaupt geboren wurden?« Er antwortete nicht spontan, er wollte erst wissen, warum mich das interessiere. Da schickte ich ihm mein halbfertiges Manuskript, und er war überrascht und erfreut, dass ich ihm, der regelmäßig sonntags zur Messe ging, so viel Neues über seine Kirche, ihre Geschichte und die seines Landes erzählen konnte. Er schilderte mir das Unglück seiner Familie in einem langen Brief, was ihn sehr aufgewühlt haben muss. Ich gebe ihn auszugsweise wieder:

Mein Vater war der jüngste von sechs Brüdern und zwei Schwestern, geboren in Urfa [Edessa] **im Jahre 1888. Mein Großvater war ein sehr wohlhabender Mann, der zweitreichste in Urfa. Mein Vater überlebte mit seinem älteren Bruder. Sie verloren sich aus den Augen, aber durch ein Wunder fanden sie sich Monate später in Aleppo wieder. Vaters älterer Bruder, 1884 geboren, wurde durch Miss Karen Jeppe gerettet, eine unverheiratete, dänische, barmherzige Missionarin in Urfa von der hochherzigen deutschen Christenmission. Mein Vater und mein Onkel haben 1920 am selben Tag zur selben Stunde in Aleppo geheiratet. Mein Vater und mein Onkel fanden ihre Verlobten durch Zufall in Aleppo bei Waisenkindern wieder, 14 und 16 Jahre alt. Meine Mutter erzählte uns, daß die barbarischen Soldaten einen langen Zug von Armeniern zu Fuß, halb nackt und ohne alles, in die Syrische Wüste nach Deir-Zor in Ostsyrien jagten, um sie zu töten oder in den Euphrat zu werfen. Meine Mutter litt an Malaria oder Diphterie, und meine Großmutter, die ihre ganze übrige Familie verloren hatte, trug sie, und konnte nur mit Mühe dem Zug folgen. Der türkische Soldat trieb meine Großmutter an, stieß sie fortwährend mit Füßen bis sie in den Wüstensand nieder fielen, und das bei der allergrößten Hitze. Der Soldat trat meine Großmutter, schlug sie, und zwang sie, mit dem Zug weiter zu gehen. Meine arme Mutter blieb am Boden liegen, bis später arabische Dorfbewohner sie mit zu ihrem Zelt nahmen ... Später vermittelten wohlwollende Menschen durch Verhandlungen, sie nur für einige Wochen in einer Waisenhaus-Mission unterzubringen, bis Leute meinen Vater informierten, daß seine Verlobte bei entfernten Verwandten lebte. Meine Mutter erinnerte sich immer wieder, und voller Schmerz und unter Tränen erzählte sie uns, wie ihr fast das Herz brach in ihrer traurigen Situation in der tödlichen Einsamkeit der Wüste, wo sie im Sand lag, krank und durstig, wie die Karawane weiterzog unter den Schlägen der türkischen Barbaren, und sie erinnerte sich noch der weinenden Stimme ihrer Mutter, die auch noch eine junge Frau war, die von fern rief: »... Elisa, Elisa, meine liebe Tochter, fürchte dich nicht, Gott wird mich zu dir zurückbringen, und wir werden wieder zusammen sein ...« Und das war das Ende der Geschichte.**

Die Vertreibung meines Großvaters [des Vaters meiner Mutter] **ist eine andere schlimme Geschichte unter den tausenden und abertausenden anderen schrecklichen**

Tragödien des armenischen Holocaust, des ersten im 20. Jahrhundert. Durch den türkischen Genozid im Jahre 1915 wurden 1,5 Millionen Armenier massakriert oder man warf sie aus ihrem Land. Mein Großvater war ein Färbermeister oder Techniker in einer Färberei, die einem Deutschen gehörte und die er leitete. Meine Mutter war jung und sie erinnerte sich nicht genau, wem dieses Unternehmen gehörte. Aber sie wusste, daß der Geschäftsführer ein Deutscher namens Eckhardt war. Sie beschrieb ihn als einen großen, umgänglichen Mann mit blauen Augen, und er sprach armenisch ebenso gut wie sein Sohn Bruno. Also, eines Tages im April 1915, dem Genozid-Monat, war die Stadt Urfa voll von Menschen, die man zusammengetrieben hatte, die sofort massakriert wurden, oder die auf dem Weg in die Wüste starben, erschlagen wurden oder an Hunger, Durst oder Typhus usw. starben. Die Vandalen von türkischen Soldaten kamen zu meines Großvaters Haus, geleitet von Herrn Eckhardt. Dieser Bastard von einem Deutschen [sorry] war der Judas Ischariot, der wusste, daß mein Großvater zuhause war, und er brachte die Mörder, ihn gefangen zu nehmen. Meine Mutter erinnert sich auch, daß das ganze Haus entsetzt war, und sie baten Herrn Eckhardt mitzuteilen, daß er nicht hier sei. Der aber schrie vor den Türken in Armenisch »... Muegerditch, Muegerditch, [das heißt ›Getaufter‹ und ist aber ebenso ein männlicher Vorname] komm heraus, komm heraus aus deinem Versteck, ich weiß, daß du da bist, komm heraus, aber schnell!« Sie ergriffen ihn und nahmen ihn mit, und auch er wurde massakriert zusammen mit den eineinhalb Millionen. Ich möchte Sie daran erinnern, daß es in Urfa auch junge Kämpfer gab, die der türkischen Armee und Aggression 35 lange Tage standhielten. Dann halfen die Deutschen mit Geschützen, sie zu vernichten.

Wie war denn das möglich, was war da in Urfa Schreckliches geschehen? – Im August 1915 erreichten die türkischen Säuberungsaktionen auch Urfa. Die Notablen wurden festgesetzt bzw. deportiert und massakriert. Elendszüge, zehntausende ausgewiesener Frauen und Kinder und Greise aus den östlichen Landesteilen zogen in immer bedauerlicherer Verfassung vorüber. Massenweise gingen sie an Hunger und Krankheiten zugrunde. Razzien im armenischen Viertel mit Toten auf beiden Seiten lösten am 19. August ein Massaker aus. Als schließlich Armenierinnen aus dem benachbarten Aidaman vorübergetrieben wurden, bestand kein Zweifel mehr, dass nun die eigene Vertreibung und Vernichtung bevorstand – nach vorangegangener Schändung der Frauen und Töchter. Die Armenier Urfas widersetzten sich ihrer Deportation, indem sie sich verbarrikadierten in ihrem höher gelegenen, verteidigungstechnisch äußerst geschickt angelegten Viertel, das annähernd die halbe Stadt umfasste. Junge, desertierte armenische Soldaten kamen ihnen zur Hilfe. General Fakhri Paşa und sein Adjutant, der Artillerie-Oberst Eberhard Graf Wolffskeel von Reichenberg, ein ihm durch Armenienhass verbundener Waffenbruder von Zeitun und dem Musa Dagh, kommandierten die Beschießung des armenischen Viertels von der Zitadelle des alten Edessa aus. Franz Eckart hatte zuvor von oben das deutsche und das amerikanische Grundstück gezeigt. Wolfskeel traf so zielgenau die Kathedrale und den armenischen Anführer darin, dass die Aufständischen aufgeben mussten, schrieb Jakob Künzler, Diakon und Leiter des Spitals von Urfa am 2. Dezember 1919 an Lepsius in Potsdam. Bruno Eckart, der Bruder von Franz Eckart, veröffentlichte 1922 »Meine Erlebnisse in Urfa«. Darin schildert er den Ablauf der Belagerung des Armenierviertels, bei der sich Deutsche auf beiden Seiten der Barrikade befanden: Graf Wolffskeel auf der Seite der türkischen Angreifer, die Missionsangehörigen auf der Seite der Belagerten und Bedrängten. Das ist nicht mehr missverstandene Behördenloyalität in Fehleinschätzung der sich anbahnenden Entwicklung, wie anfangs durch einige deutsche Missionare!

Im »Blue Book«, einer Zusammenstellung von Zeugenberichten des damals 26-jährigen Arnold

J. Toynbee mit Viscount James Bryce, geben sie Eckart, seit Juli 1915 Leiter des ›deutschen Nachrichtensaals‹, die Schuld an gleich drei Armenier-Massaker. Toynbee stufte dieses Werk später selbst als Kriegspropaganda ein. So wird z. B. berichtet, die Türken hätten einen großen Teil der armenischen Bevölkerung ergriffen, in die große Kirche getrieben, mit Erdöl übergossen, angezündet und die Türen versperrt. Die Menschen und die Kirche verbrannten. Meine Nachforschungen ergaben, dass sich die Lebendverbrennung von 3 000 Armeniern tatsächlich ereignet hatte, jedoch bei den vorangegangenen Pogromen am 29. Dezember 1895. Aus Furcht, auch massakriert zu werden, hatten sie sich in ihre Kathedrale geflüchtet. Die amerikanische Augenzeugin und Missionarin Corinna Shattuck schilderte das mit dem aus der Bibel entlehnten Wort ›Holocaust‹ – ›Ganzbrandopfer‹. Sie war die Erste seit dem 15. Jahrhundert, die diesen Begriff beim systematischen Vernichten eines Volkes wieder gebrauchte.

Johannes Lepsius

Wegbegleiter

Mit Urfa und mit dem Schicksal der Armenier in dieser schweren Zeit eng verbunden war Johannes Lepsius (1858–1926). Er wuchs als sechstes und jüngstes Kind des Ägyptenforschers Carl Richard Lepsius in Berlin auf. Seine Mutter Elisabeth war eine enge Freundin und Förderin Johann Hinrich Wicherns. Im Hause Lepsius trafen sich viele wichtige Persönlichkeiten aus Politik, Kultur und Kirche. Lepsius hatte Philosophie und Theologie in Erlangen und München studiert. Nach dem zweiten theologischen Dienstexamen ging er ab 1884 als Hilfsprediger und Lehrer in die Deutsche Gemeinde in Jerusalem. Dort lernte er nicht nur seine Frau Margarethe kennen, sondern auch das ›Syrische Waisenhaus‹, eine vorbildliche Einrichtung für christliche wie muslimische Kinder. 1887 trat Lepsius in Friesdorf im Südharz eine Pfarrstelle an. Schon während dieser Zeit im Pfarramt machte er von sich reden: Um die Region wirtschaftlich zu beleben, gründete er 1888 in Friesdorf eine Teppich-Manufaktur, in der vierzig Frauen Arbeit fanden. Die Gewinne daraus wollte er für die Missionsarbeit im Orient einsetzen, für die Missionierung von Muslimen. 1896 wurde die ›Deutsche Orient-Mission‹ (DOM) gegründet; sie wirkte aber nie ihrem Namen entsprechend.

Durch die türkische Verfolgungswelle 1895 gegen Armenier betrachtete es Lepsius als seine vordringliche Aufgabe, sich vor Ort über die Geschehnisse zu informieren und Hilfe zu organisieren. Er reiste als Teppichfabrikant getarnt im April 1896 in die Türkei. In einem riesigen ›Han‹, einer früheren Karawanserei, begründete er sein erstes Waisenhaus für mehr als einhundert elternlose Kinder und unterstellte sie der Dänin Karen Jeppe und zwei älteren armenischen Hauselternpaaren. Bis 1899 waren es schon sieben Hilfsstationen in der Türkei, auch für Flüchtlinge in Persien und Bulgarien. Es folgten Kliniken, Apotheken, Schulen und Werkstätten. Er kümmerte sich um die berufliche Ausbildung seiner Waisenkinder. Um weitere Arbeitsplätze zu schaffen, verlegte Lepsius seine Teppich-Manufaktur von Friesdorf nach Urfa. Es entstand eine Teppichknüpferei unter Verwendung alter persischer Muster, die vielen armenischen Frauen, meist Witwen und Mädchen, Arbeit gab. Leiter war Franz Hugo Eckart, die künstlerischen Entwürfe lieferte dessen Bruder Bruno. Zurück in Deutschland, begründete Lepsius zusammen mit dem anderen Pionier der Armenienhilfe, Pastor Ernst Lohmann, den ›Deutschen

Hilfsbund für Armenien‹, heute: ›Christlicher Hilfsbund im Orient‹, mit Sitz in Bad Homburg.

Lepsius' Hauptverdienst ist das von ihm ins Leben gerufene und durch Jahrzehnte effektiv wirkende ›Armenische Hilfswerk‹, das er bereits 1896/97 begann, finanziert durch eine große humanitäre Werbekampagne in ganz Deutschland. Nach dem Völkermord kamen weitere Flüchtlingsheime, Waisenhäuser und Armenier-Neusiedlungen in Syrien und im Libanon dazu. Er hat Tausenden das Leben gerettet.

»Armenien und Europa. Eine Anklageschrift wider die christlichen Großmächte und ein Aufruf an das christliche Deutschland«, diese von Lepsius zusammengestellte Dokumentation der Tatsachen erschien nach Vorabdrucken im August und September 1896 im vielgelesenen Berliner »Der Reichsbote« als Buch, das noch im selben Jahr ins Französische und 1897 ins Englische übersetzt wurde. 1898 erschienen Teile in Russisch in einem Moskauer Verlag. Lepsius und sein Wirken gewannen europaweit großes Ansehen – aber dem Rad in die Speichen zu fallen, dazu reichte es nicht. Seine zweite Dokumentation über den Völkermord an den Armeniern »Bericht über die Lage des armenischen Volkes in der Türkei« wurde am 7. August 1916 von der deutschen Zensur verboten, nur 20 000 Exemplare konnten vorher gezielt verschickt werden. Lepsius versuchte – leider vergeblich – politisch Einfluss zu nehmen, besonders in Deutschland, das zu dieser Zeit der wichtigste militärische Verbündete des Osmanischen Reichs war und eine große Anzahl von Offizieren und Soldaten in der Türkei stationiert hatte, aber auch bei direkten Gesprächen mit Offiziellen in der Türkei, etwa dem Oberbefehlshaber Enver Paşa. Die politischen Parteien in Deutschland ignorierten die Mahnungen Lepsius' weitgehend. So reiste er wieder in die Türkei, um mit den jungtürkischen Machthabern zu verhandeln. Aufgrund drohender strafrechtlicher Verfolgung im Zusammenhang mit der deutschen Militärzensur konnte er schließlich seine Aktivitäten nur von den benachbarten Niederlanden aus fortsetzen.

Eines seiner bedeutungsvollsten Werke ist seine 1919 veröffentlichte Publikation »Deutschland und Armenien 1914–1918: Sammlung diplomatischer Aktenstücke«, auch bekannt als »Lepsiusdokumente«. Sie sollten später zum wichtigsten Beleg über den Verlauf des Völkermordes an den Armeniern werden. Das Auswärtige Amt hatte Lepsius 1918 die Aufgabe erteilt, das Aktenmaterial über die Haltung der deutschen Regierung in der Armenienfrage zu veröffentlichen. Lepsius selbst ging es bei seiner Arbeit aber nicht um das Verwischen der deutschen Mitschuld, sondern nach seinen eigenen Worten um das **In-den-Vordergrund-Stellen der Faktizität des Völkermords an den Armeniern.**

Lepsius beschreibt diese schwierige Aufgabe beim Erstellen dieses Werkes mit den Worten, dass es eine Kunst zwischen den vier Fronten Entlastung Deutschlands, Belastung der Türkei, Reservebedürftigkeit des Amtes und Vertrauensgewinnung der Armenier war.

Vollständig waren die zur Verfügung stehenden Unterlagen nicht. Der deutsche General Hans von Seeckt, der die Türkei nach dem Ersten Weltkrieg als letzter verbündeter Offizier verließ, hatte einen ganzen Koffer mit Akten der jungtürkischen Regierungspartei mitgenommen. Diese mit Sicherheit brisanten Dokumente wurden entweder gezielt oder während der Bombenangriffe des Zweiten Weltkrieges vernichtet.

Karen Jeppe trat 1902 mit 26 Jahren einem von Åge Meyer Benedictsen gegründe-

Karen Jeppe

ten Hilfsverein für die Armenier im Osmanischen Reich bei. 1903 reiste sie nach Urfa, wo sie in den von Johannes Lepsius nach den dortigen Armenier-Pogromen von 1895 gegründeten sozialen Einrichtungen arbeitete. Während der 1915 beginnenden Verfolgungen der anatolischen Armenier gelang es Karen Jeppe, die von ihr geleiteten karitativen Einrichtungen vor dem Zugriff der türkischen Einheiten zu schützen. Franz Werfel erwähnte sie in diesem Zusammenhang namentlich und setzte ihr ein Denkmal in seinem Roman »Die vierzig Tage des Musa Dagh«.

Bei meinen Recherchen im Politischen Archiv des Auswärtigen Amtes bin ich immer wieder auf Umschläge mit Briefen von zarter Frauenhand in blassblauer Tinte gestoßen. Aber allein der Umfang, zehn oder zwanzig DIN-A5-große Bogen dünnen Papiers, ließ den Inhalt ahnen. Er war mit Grauen zu lesen: Es waren starke Frauen aus den Waisenhäusern, die die beobachteten Gräuel nach Berlin berichteten. Ihre einzige Waffe war die Feder. Sie hofften auf Unterstützung aus Deutschland, um die ihnen anvertrauten Kinder und Jugendlichen vor einem ähnlichen Schicksal zu retten, das ihnen bei Schließung der Waisenhäuser gedroht hätte, oder als kurzen Prozess: den Mädchen der Harem und den Jungen der Tod – Und trotzdem mussten sie alle Einrichtungen aufgeben!

Armin T. Wegener

Ein anderer Augenzeuge des Todesganges der Armenier war der Humanist und Schriftsteller Armin T. Wegner (1886–1978). 1916 war er als Sanitätsoffizier unter Feldmarschall Colmar Freiherr von der Goltz in Ostanatolien tätig und sah dabei mit eigenen Augen die Vertreibung und Ermordung der Armenier durch die Türken. Er zeigte Zivilcourage und begab sich trotz strengen Verbots in die armenischen Flüchtlingslager, machte hunderte und aberhunderte Fotos von ihrem Elend, schmuggelte Briefe der Verfolgten zur amerikanischen Botschaft, machte sorgfältigste Aufzeichnungen, wie sie zu Tode kamen. Seine Versuche, in Berlin die deutsche Öffentlichkeit zu informieren, und andere Aktivitäten machten ihm in der Türkei das Leben an der Front schwer. Nach einer Strafversetzung in Cholera-Baracken wurde er aus dem Militärdienst entlassen. Bei den Friedensverhandlungen in Versailles appellierte er in einem offenen Brief an den amerikanischen Präsidenten Woodrow Wilson, sich für das armenische Volk einzusetzen und den Verbrechen an dieser Minderheit in der Türkei ein Ende zu setzen. Vergeblich, die ›Staatsinteressen‹ waren wichtiger.

Gegen das ›organisierte Schweigen‹, wie es Ralph Giordano nannte, habe sich kein anderer deutscher Pazifist so nachhaltig engagiert wie Armin T. Wegner, der akribisch die organisierte Abschlachtung und Ausrottung der schutzlosen Zivilbevölkerung, die Hungermärsche mit ihren Durst- und Seuchentoten beschrieben hatte. Die Welt blieb stumm – eine Ermutigung für weitere Großverbrechen.

Wer redet heute noch von der Vernichtung der Armenier?, fragte Hitler am 22. August 1939 Vertreter seines Generalstabs, als er in Obersalzberg den Überfall auf Polen vorbereitete.

Das Genozidmemorial von Jerewan

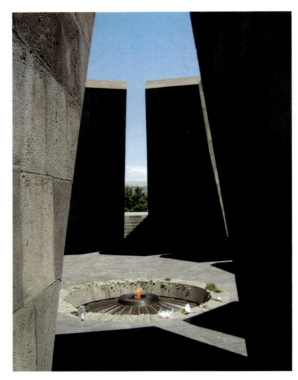

Ewige Flamme am Genozidmemorial, Jerewan

Da sitze ich nun in Tsitsernakaberd auf den schwarzen Basaltstufen. ›Tsitsernakaberd‹, ein Name wie das fröhliche Zwitschern eines Vogels. Mag er ›Schwalbenfestung‹ bedeuten, ich verbinde ihn mit den schönen, fremdartig-meditativen Melodien des großen Komitas, die mich hier umfangen. Hoch über der Stadt ist es das in Stein gefasste Andenken an die eineinhalb Millionen Armenier, die während des Völkermordes 1915 umgekommen sind.
Über die breite Trauerallee, vorbei am unterirdischen Museum – ich konnte es nie bis zu Ende ertragen – nähere ich mich dem Monument, das schwarz in den Himmel ragt: zwei dicht aneinandergeschmiegte oder sogar verbundene, ungleich hohe, nadelspitze Obelisken. Stehen sie nun für den Großen und den Kleinen Ararat oder das Mutterland und die Diaspora? Das Mutterland ist schwach ohne Diaspora, Diaspora ohne Mutterland ist sinnlos. Oder armenisch: zwei Naturen in einem Obelisk. Daneben das weite Rund von zwölf Stelen, die die Trauer um die an die Türkei verlorenen zwölf Vilayets, Verwaltungsbezirke, symbolisieren. Leicht geneigt erinnern sie an gramgebeugte, uralte Chatschkare. Treppenschluchten leiten hinunter zum ewigen Feuer. Die Flammen züngeln aus einer Kupferschale wie aus dem Erdinneren: das Ewige Feuer versenkt, unter der Erde, wo Tod und Auferstehung sich treffen. Einzelne weiße oder rote Nelken legte man am steinernen Rand nieder, die Blüten überragend. Ich habe nie traurigere Blumen gesehen als diese, wenn sie dann welkend ihre Köpfchen neigen.
Das Memorial wurde noch zur Sowjetzeit am fünfzigsten Gedenktag des Genozids im Jahre 1965 mit einer 24-stündigen Demonstration in Jerewan ertrotzt, an der sich eine Million Armenier beteiligten. 1968 war es fertiggestellt. Jedes Jahr am 24. April, dem Beginn der Katastrophe, pilgern Tausende herauf, statt ans Grab der Großeltern, das es nicht gibt, schweigend der Opfer dieses Verbrechens zu gedenken.
Den Architekten Artur Tarkhanyan und Sashur Kalashyan, zusammen mit dem Künstler Hovhannes Chatschatryan, ist ein beeindruckendes Denkmal gelungen. In mich und auf die Stufen zurückgezogen, trauere ich mit um die vielen unschuldig Getöteten, um meine seither verstorbenen Lieben und um den armenischen Freund, der mir das Schicksal seiner Eltern geschildert hat. Und um Komitas, der mir hier in seiner Musik wieder so nahe ist.
Doch getröstet gehe ich zurück, an der hundert Meter langen ›Mauer des Schweigens‹. Vorn sind

die Städte und Dörfer der Türkei eingemeißelt, in denen Massaker verübt wurden, die ich früher ahnungslos, jetzt umso bewusster besucht habe: Istanbul, Ankara, Kayseri, Urfa, Kars, Trabzon, Van, Malatya ... Auf der Rückseite lese ich die Namen derer, die sich damals für die Armenier eingesetzt, sich verdient gemacht haben, allen voran der evangelische Pastor Johannes Lepsius, daneben Franz Werfel wegen seines Romans »Die vierzig Tage des Musa Dagh«, Armin T. Wegner, James Bryce und Papst Benedikt XV. Kleine gravierte Tafeln sind es. Sie bedecken Nischen mit Erde von ihren Grabstätten.

Noch ein letzter Blick auf den 44 Meter hohen Obelisk. Symbolisiert er nicht auch das wiedererstandene Armenien?

Tsitsernakaberd, Genozid-Gedenkstätte, Jerewan

Die Täter und ihr schlimmes Ende

Der ›Rote Sultan‹, Abdul Hamid II., ist er der einzige, der eines natürlichen, beinahe gnädigen Todes gestorben ist. Nach dem Marsch der Jungtürken auf Istanbul dankte er am 23. Juli 1908 ab. Endgültig abgesetzt wurde er am 27. April 1909 durch das ›Komitee für Einheit und Fortschritt‹ unter Enver, Cemal und Talât. Neuer Sultan wurde als Mehmet V. sein jüngerer Bruder, ein gebrochener, kranker Mann, eine Marionette in ihren Händen. Abdul Hamid wurde als Gefangener nach Saloniki gebracht. Als im Herbst 1912, im ersten Balkankrieg, feindliche bulgarische Truppen dorthin vordrangen, wurde er in den Beylerbeyi-Palast nach Konstantinopel verlegt. Dort verbrachte er seine letzten sechs Lebensjahre unter Arrest, krank und einsam. Er starb am 10. Februar 1918 und wurde im Familien-Mausoleum, der Türbe seines Großvaters Mahmud II., beigesetzt. So blieb ihm erspart, die Niederlage des Osmanischen Reiches im Ersten Weltkrieg zu erleben und den endgültigen Zusammenbruch und den Sturz der osmanischen Dynastie im November 1922.

Ehe ich mit der türkisch-armenischen Geschichte fortfahre, ein kurzer Abriss über die Herkunft und Aufgabenteilung der drei leitenden Köpfe der Jungtürken:

Innenminister Mehmed Talât, geboren im Juli 1872 in der Provinz Edirne, als Sohn eines kleinen Zollbeamten, konnte in Konstantinopel dank eines französischen Stipendiums Technik studieren und war als Telegrafenbeamter in den Staatsdienst übernommen worden. 1906 war er Gründungsmitglied und wurde führender Kopf des ›Komitees für

Mehmed Talât

Einheit und Fortschritt‹. 1908 wurde er als dessen Abgeordneter seiner Heimatprovinz ins osmanische Parlament gewählt. Er war verantwortlich für den Wandel von demokratisch-parlamentarischen Zielen unter Einbeziehung der religiösen Minderheiten zu nationalistisch-islamischen. Ab 1909 schleuste er zunehmend seine Gefolgsleute auf einflussreiche Positionen im Staat. 1911/12 wurde er erstmals Innenminister.

In der Familie eines makedonischen Eisenbahnarbeiters kam am 22. November 1881 Ismail Enver zur Welt. Sein Vater erkannte und förderte dessen hohe Begabung mit guter Schulbildung. Enver wählte die Offizierslaufbahn. Um 1897 wurde er Mitglied der jungtürkischen

Ismail Enver

Bewegung, die zunehmend auf das osmanische Offizierskorps Einfluss gewann. Damals noch ›Mann der zweiten Reihe‹, arbeitete er maßgeblich an den engen deutsch-türkischen Bündnisbeziehungen und amtierte folgerichtig von 1909 bis 1911 als Militärattaché an der osmanischen Botschaft in Berlin. Zwischen Sommer 1913 und Ende 1914 stand Enver auf dem Höhepunkt von Macht und Ansehen. Er war Politiker, General und Kriegsminister mit dem Ehrentitel ›Paşa‹, verheiratet mit einer osmanischen Prinzessin.

Ahmet Cemal, geboren am 6. Mai 1872, stammte von der damals noch zum Osmanischen Reich gehörenden Insel Lesbos. Wie

Ahmet Cemal

sein Vater, ein Militärarzt, studierte er Medizin, promovierte, wurde Chirurg und Offizier. Auch er hatte in der Partei ›Einheit und Fortschritt‹ keine führende Rolle übernommen. Als er im August 1909 als Gouverneur der Provinz Adana in Kilikien eingesetzt wurde, gründete er – wie es der US-Botschafter Morgenthau sen. anerkennend bestätigte – sogar ein Waisenhaus für armenische Kinder, deren Eltern bei den ersten Massakern des Frühjahrs ermordet worden waren.

Mit einem blutigen Staatsstreich übernahm am 23. Januar 1913 das jungtürkische Triumvirat Talât / Enver / Cemal die Macht im Osmanischen Reich. Talât verantwortete die Verwaltung einschließlich Gendarmerie und Gerichtsbarkeit, Enver die Führung des Heeres und der Marine und Cemal die desolaten Finanzen und die Verbesserung der Infrastruktur (Bagdad- und Hedjasbahn). Am 24. Februar 1915 äußerte Enver als osmanischer Vize-Generalissimus gegenüber dem deutschen Konsulatsverweser in Erzurum von Scheubner-Richter, dass der Krieg die ›finale‹ Erledigung des Armenierproblems ermögliche. **Die Seele der Verfolgung ist Talaat**, schrieb am 9. Dezember 1915 in einem ausführlichen Bericht der deutsche Botschafter Graf Wolff Metternich an Reichskanzler von Bethmann Hollweg. Im Februar 1917 stieg Talât in das höchste Amt auf: Er wurde Großwesir und damit Regierungschef des Osmanischen Reiches. War der von der jungtürkischen Regierung angeordnete Völkermord, die Deportation der Armenier in die Syrische Wüste wurde wohl von und um Talât zentral organisiert, war Cemal als Generalgouverneur von Syrien / Damaskus mitverantwortlich, besonders dafür, dass keinerlei Lager bzw. Infrastruktur für die überlebenden Zwangsumgesiedelten vorbereitet war. Die Armenier betrachten ihn bis heute als den ›Aufseher des Völkermordes‹, auch wenn er an der Entscheidung der Führungsspitze nicht beteiligt war.

Mit dem Waffenstillstand von Mudros am 30. Oktober 1918 war der Krieg zwischen dem Osmanischen Reich und den Entente-Staaten beendet. Der deutschfreundliche Flügel der Jungtürken musste einer ententefreundlicheren Regierung weichen. Schon am 2. November 1918 floh das Triumvirat zusammen mit etlichen anderen führenden Jungtürken in einem deutschen U-Boot nach Odessa am Schwarzen Meer. Organisiert hatte das der Generalstabschef der osmanischen Armee, Fritz Bronsart von Schellendorf, der zur deutschen Militärmission gehörte. Ihr nächstes Ziel war Berlin, wo sie getrennt Unterschlupf fanden. Die Regierungen Frankreichs, Großbritanniens und Russlands hatten die ›Hohe Pforte‹ bereits am 24. Mai 1915 in einer gemeinsamen Erklärung davon in Kenntnis gesetzt, dass sie alle Mitglieder der osmanischen Regierung und deren Beauftragte persönlich verantwortlich machen würden, sollte sich deren Verwicklung in die an den Armeniern verübten Gräueltaten herausstellen. Unter ihrem Druck, Großbritannien übernahm die Führungsrolle, ordnete Sultan Mehmed VI. mit dem neuen Großwesir Ahmet Izzet Paşa am 14. Dezember 1918 die strafrechtliche Verfolgung der für den Genozid verantwortlichen jungtürkischen Funktionäre an. Angeklagt waren zahlreiche regionale und lokale Beamte, Offiziere und Funktionäre sowie 31 Minister der Kriegskabinette, die dem ›Komitee für Einheit und Fortschritt‹ angehört hatten. Deren Verfahren liefen vom 28. April bis 25. Juni 1919. Talât Paşa, Enver Paşa und Cemal Paşa wurden in Abwesenheit zum Tode verurteilt. Insgesamt sprach das Militärgericht nach osmanischem Recht siebzehn Todesurteile aus, von denen drei vollstreckt wurden. Die in der Türkei verbliebenen Verurteilten kamen frei, als Mustafa Kemal Paşa ab 1920 zunehmend an Macht gewann.

Enver Paşa hatte während seines früheren Berliner Aufenthalts in Klein-Glienicke in Potsdam gewohnt, sich rasch deutsche Sprachkenntnisse erworben (oder hatte er in Istanbul eine deutsche Klosterschule besucht?), war gesellig und häufig Gast auf Empfängen. Durch das hohe Ansehen, das er dort und überhaupt im Kaiserreich genoss, war die 1906 gebaute stattliche Verbindungsbrücke über den Teltowkanal nach Babelsberg 1915 ›Enver-Paşa-Brücke‹ benannt worden. Er fand Unterschlupf bei dem befreundeten Kunsthistoriker Friedrich Sarre, dem Direktor der Islamischen Abteilung des Berliner Kaiser-Friedrich-Museums. Cemal Paşa, als Mitglied der Freimaurergroßloge der Türkei, fand ebenfalls Aufnahme bei Logenbrüdern oder Freunden. Auch er hatte bereits vorher längere Zeit in Berlin gelebt. Talât wohnte ab dem 10. November als ›Ali Sai‹ zunächst für wenige Tage in einem Hotel am Alexanderplatz, danach in einem Sanatorium in Neubabelsberg. Nach einiger Zeit hatten ihm Freunde eine Dreizimmerwohnung in der Hardenbergstraße in Charlottenburg besorgt, wohin er seine Frau Hayriye Hanım nachkommen ließ. So war das Triumvirat in der deutschen Hauptstadt mit dem Status politischer Flüchtlinge komfortabel untergekommen. Als Halil Rifat Paşa Botschafter der neuen Regierung des Osmanischen Reiches wurde, erfuhr er von Talâts Aufenthalt in Berlin. Umgehend forderte er dessen Auslieferung an die Türkei. Als früherer Großmeister der ›Großloge der Freien und Angenommenen Maurer der Türkei‹ hatte Talât aber in Berlin längst Verbindung zu seinen deutschen Logenbrüdern Walther Rathenau (1867–1922) und Gustav Stresemann (1878–1929) aufgenommen. Beide setzten sich dafür ein, dass das Auslieferungsersuchen unbeantwortet blieb. Rifats dürftige Versuche, durch den ›Türkischen Club‹ in Berlin Stimmung gegen die in Deutschland Asyl genießenden Jungtürken zu schüren, blieben ohne Erfolg.

An der Vollstreckung der Todesurteile der am Genozid Schuldigen war nun anscheinend niemand mehr ernsthaft interessiert. So fand sich am 24. April 1919, dem vierten Jahrestag der Deportationen, eine der Daschnakenpartei nahestehenden Gruppe Überlebender des Genozids zusammen. Als Rächer des armenischen Volkes wollten sie selbst zur Tat schreiten. Mgrditch Haroutounian, der Kollaborateur, der für Talât Paşa die ›schwarze Liste‹ potenzieller Opfer aus den Reihen der Notabeln Konstantinopels zusammengestellt und diese gezielt getötet hatte, wurde das erste Opfer, Täter war Soghomon Tehlirjan, von dem noch die Rede sein wird. Mit dieser erfolgreich durchgeführten Exekution entstand die Idee, unter dem Codenamen ›Operation Nemesis‹ konsequent weitere Racheaktionen durchzuführen. (›Nemesis‹, die weniger bekannte griechische Göttin der vergeltenden Gerechtigkeit, der Rache). Die führenden Persönlichkeiten des Geheimbundes waren Armen Garo, Shahan Natalie und besagter Soghomon Tehlirjan. Eine Liste mit sämtlichen Namen der verantwortlichen jungtürkischen Führer sowie der armenischen Verräter wurde verfasst, deren Hinrichtung entsprechenden Rächern zugeteilt. Sie operierten weltweit erfolgreich. Die meisten Attentäter wurden nicht gefasst. Die aber festgenommen wurden, kamen davon, ohne ihre Zugehörigkeit zur ›Operation Nemesis‹ preiszugeben.

Enver hielt sich längere Zeit in Berlin auf, ehe er sich nach Buchara durchschlug, um seine großtürkischen Träume nach einem neuen Kalifat im ehemaligen Turkestan in Samarkand zu verwirklichen. Er kam am 4. August 1922 bei Baldschuan, nahe der tadschikischen Hauptstadt Duschanbe auf Seiten islamischer Verbände im Kampf gegen russische Truppen bei einem Gefecht ums Leben. Dass ein Armenier sein Kontrahent war, wäre möglich, ist aber nicht nachzuweisen.

Cemal blieb dagegen nur kurz in Berlin. Über Moskau reiste er nach Afghanistan und wirkte dort in Kooperation mit den Bolschewiki in Russland als militärischer Berater der afghanischen Armee im erfolgreichen Unabhängigkeitskrieg gegen Großbritannien. Ebenso bahnte er die militärisch-ökonomische Kooperation zwischen Sowjetrussland und der türkischen Nationalbewegung um Kemal Atatürk mit an, in dessen Gefolgschaft sich etliche ›verdiente‹ alte Jungtürken wiederfanden. Nur geriet er bei seinen Aktivitäten ins Visier der ›Operation Nemesis‹. Am 25. Juli 1922 wurden Cemal in der georgischen Hauptstadt Tiflis bei einem Spaziergang, zusammen mit seinem Sekretär Nusrat Bey, durch deren Mitglieder Stepan Dzaghigian und Artashes Kevorkian erschossen.

Talât zimmerte von Berlin aus an seinem politischen Comeback. Aus der Ferne unterstützte er in der Türkei die Milizen des türkischen Befreiungskrieges um Mustafa Kemal Paşa. Dieser hatte zum Ziel, den Friedensvertrag von Sèvres von 1920 zu boykottieren, d. h. die vereinbarten, Griechenland bzw. Armenien zugeschlagenen Landesteile sowie die Besatzungszonen der Entente-Mächte für die Türkei zurückzugewinnen. (Eine weitere Forderung war die Bestrafung der Kriegsverbrecher.) Den Platz des Staatsoberhaupts würde er dann wieder einnehmen. Doch zunächst besetzte er Platz 1 auf der ›Operation-Nemesis‹-Liste der gesuchten Völkermörder, für seine Liquidierung war der Student Soghomon Tehlirjan ausgesucht und beauftragt. Nachdem dieser die Gewohnheiten seines Opfers einige Zeit beobachtet hatte, exekutierte er am 15. März 1921 Talât mit einem präzisen Schuss auf offener Straße in der Berlin-Charlottenburger Hardenbergstraße.

Soghomon Tehlirjan

Schon drei Monate später, am 23. Juni 1921 begann sein Prozess am Berliner Schwurgericht Moabit, dauerte nur zwei Tage und endete mit einem Freispruch! Nach den Aussagen von Lepsius, Konsul Rößler aus Aleppo und dem Verlesen einer Aktennotiz des Konsulatsverwesers von Scheubner-Richter hatte das Gericht so viel Einsicht in die Taten Talâts, dass es zu dem Schluss kam, nicht der Mörder, sondern der Ermordete sei an dem Attentat schuld gewesen.

Das persönliche Schicksal Tehlirjans dürfte dabei ebenso zu berücksichtigen gewesen sein: Am 2. April 1897 in der Nähe der ostanatolischen Stadt Erzincan geboren, wuchs er als Sohn eines wohlhabenden Händlers und Geldverleihers zusammen mit einem Bruder und zwei Schwestern auf. Sämtliche Angehörige kamen im Herbst 1915 ums Leben, als türkische Gendarmen zusammen mit einer kurdischen Bande die armenische Bevölkerung massakrierten. Er selbst erlitt ›nur‹ einen Schädelbruch durch einen Schlag mit einem Gewehrkolben, sodass er wie tot hinfiel und möglicherweise, selbst hilflos, die Angst-, Schmerzens- und Todesschreie seiner Angehörigen ertragen musste. Zwei Tage lag er unter den Toten, bis er von Rot-Kreuz-Helfern, die sie bestatten wollten, entdeckt und medizinisch versorgt wurde. Durch die engagierte und hervorragende Verteidigung der Anwälte und Völkerrechtslehrer Dr. Theodor Niemeyer, Dr. Johannes Werthauer und Dr. Adolf von Gordon wurde seine Schuldunfähigkeit anerkannt.

Talât und Tehlirjan müssen noch einmal im Zusammenhang mit dem ›Dritten Reich‹ erwähnt werden: Am 8. Dezember 1942 wurde auf Hitlers Anweisung der Sarg Talâts vom Türkischen Friedhof in Berlin-Lichterfelde nach Istanbul überführt. Der neuerlichen Beisetzung in der Gedenkstätte für die jungtürkische Bewegung in Istanbul am 24. Februar 1943 wohnten sowohl der türkische Staatspräsident Ismet Imömü als auch der deutsche Botschafter Franz von Papen bei. Musikalisch untermalt wurde die Zeremonie von einer Militärkapelle in Janitscharenuniform mit dem »Lied vom Guten Kameraden«. 1966 wurde die Urne Envers ebenfalls hier, bei weiteren verdienten Jungtürken, beigesetzt.

Ende 1921 wanderte Tehlirjan in die USA aus und richtete sich mit einer Starthilfe der ›Gulbenkian-Foundation‹ einen Metallbearbeitungsbetrieb ein. Seine neue geistige Heimat fand er bei den Quäkern. So wurde er in den Jahren nach dem Zweiten Weltkrieg einer der Hauptinitiatoren der ›Quäkerspeisung‹ in der amerikanischen Besatzungszone, die mehr als ganz Bayern umfasste. An Schulkinder aus bedürftigen Familien – und wer war das damals nicht – wurde in den Schulhäusern der größeren Städte täglich mittags eine von den Quäkern gestiftete warme Mahlzeit ausgegeben.

Die Zeit danach

Als Folge des Ersten Weltkrieges entstanden neue unabhängige Staaten, die vormals zum österreichisch-ungarischen Vielvölkerstadt, zum Deutschen Kaiserreich, zum Osmanischen- und zum Russischen Reich gehört hatten. So wurde mit dem Sieg von Sardarabad, als mit allen verfügbaren Kräften verhindert werden konnte, dass türkische Truppen in die Ararat-Ebene einmarschierten um Jerewan zu erobern, am 28. Mai 1918 die Demokratische Republik Armenien proklamiert, ein unabhängiger Staat, mit den Gebieten Van, Bitlis, Erzurum und Trabzon. Das wurde im Vertrag von Sèvres am 10. August 1920 festgeschrieben – er war allerdings das Papier nicht wert und ist nie in Kraft getreten, nicht nur, weil er nicht von allen Vertragsstaaten ratifiziert wurde, sondern auch, weil Armenien von der russischen Roten Armee besetzt wurde. Die Türken fielen unter Mustafa Kemal in die den Armeniern zugesprochenen Gebiete von Van, Bitlis, Erzurum und Trabzon ein. Es blieb nichts anderes übrig, als Russland als Schutzmacht anzuerkennen, wie es sich seit den Zeiten Katharinas der Großen immer wieder angeboten hatte. Besondere Einwanderungsrechte hatten die Zahl der Armenier in Transkaukasien von etwa 200 000 im Jahre 1846 auf 1,68 Millionen im Jahre 1915 ansteigen lassen. Am 29. November 1920 wurde die ›Armenische Sozialistische Sowjetrepublik‹ ausgerufen. Im sowjetisch-türkischen Vertrag vom 21. März 1921 wurden die jüngsten türkischen Eroberungen bestätigt. Am 5. Juli 1921 wurde Karabach, seit Anbeginn der Geschichte ein armenisches Gebiet, unter sowjet-aserbaidshanische Verwaltung gestellt, so gut wie verschenkt. Im September 1922 setzte die türkische Armee unter Mustafa Kemal Smyrna in Brand. Wieder waren 100 000 Opfer zu beklagen, die hier verbliebenen Armenier, Griechen, Assyrer und Juden. Die neue Stadt wurde in Izmir umbenannt.

Im Friedensvertrag von Lausanne vom 24. Juli 1923 distanzierten sich die westlichen Siegermächte des Ersten Weltkriegs von ihrer Zusicherung einer armenischen ›Heimstatt‹ in Westarmenien oder Kilikien. Seither wurden Armenier in der Türkei nur noch als religiöse Minderheit, mehr oder weniger rechtlos, nicht aber als Volksgruppe geduldet. Der Ararat, der heilige Berg, war endgültig verloren. 1921 musste Sowjetarmenien weitere Gebiete an Aserbaidshan (Karabach und Nachitschewan) und Georgien (Batum und Achalkalak) abtreten. Nach einem missglückten Aufstand der nationalistischen Daschnaken 1921 wurde Armenien 1922 mit Georgien und Aserbaidshan zur ›Transkaukasischen Sozialistischen Föderativen Sowjetrepublik‹ zwangsvereinigt. 1936 wurde Armenien eine Unionsrepublik der UdSSR und blieb es bis zur Unabhängigkeitserklärung. Am 23. August 1991 wurde sie in ›Republik Armenien‹ umbenannt. Das bedeutete wohl Freiheit, aber auch den Wegfall einer minimalsten sozialen Absicherung, mitunter grenzenlose Armut. Ich erinnere mich an alte Frauen, verarmt, aber ›von Familie‹, die scheu am Rand der Straße standen und Sonnenblumenkerne feilboten. Gebettelt wurde nicht.

Aber wie hat die Kirche diese Zeit des Sozialismus überlebt? – Schlecht, äußerst geschwächt, beginnend zwischen 1903 und 1905 mit Enteignungen im Zuge der Russifizierung im Russischen Reich und durch den Verlust der Gläubigen durch den Genozid. In den 1920ern versuchten die Bolschewiki durch weitere Enteignungen und überhöhte Steuerforderungen, die Kirche zu vernichten. Das konnte sie nur durch die finanzielle Unterstützung von Auslandsarmeniern überdauern. In den 1930er Jahren ging die Sowjetmacht zur physischen Vernichtung über. Höhepunkt war die Ermordung des Katholikos Aller Armenier, Choren I., in der Nacht vom 5. auf den 6. April 1938: Stalins Geheimdienst NKWD ließ ihn in seiner Residenz erdrosseln. Das Katholikosat von Etschmiadsin wurde am 4. August 1938 geschlossen. 3 000 Kirchen und Klöster wurden geplündert, Geistliche erschossen oder nach Sibirien verbannt. Von den ehemals in Ostarmenien amtierenden 1 115 Priestern war zu diesem Zeitpunkt nur noch ein Dutzend im Amt, von 850 Kirchengebäuden waren 1938 nur noch vier geöffnet. Die kirchlich-administrativen Strukturen waren am Ende dieses Prozesses vollständig zerstört.

Das Kilikische Katholikosat wurde 1921 aus Sicherheitsgründen nach Aleppo in Syrien und 1930 in den Libanon, nach Antelias bei Beirut verlegt, wo ein Priesterseminar, eine Verlagsdruckerei, eine neue Patriarchalkathedrale namens ›Grigor der Wundertäter‹ und ein Martyrion für die Opfer des Völkermords an den Armeniern errichtet wurden. 1998 wurde dann noch das ›Cilicia Museum‹ eröffnet.

Ihr Überleben hatte die armenische Kirche vor allem zwei Faktoren zu verdanken:

1. der ersten Lockerung der Verfolgung während des Zweiten Weltkrieges und der zweiten nach dem Tode Stalins (bereits in den 1950er Jahren wurden einige hingerichtete Geistliche rehabilitiert)

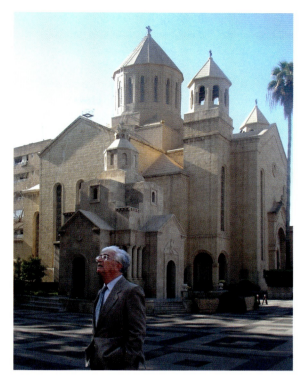

Hrant der Bedrossian vor dem Katholikosat von Antelias (Libanon)

2. durch die Unterstützung seitens der Gemeinden in der Diaspora, darunter die armenischen Patriarchate von Jerusalem und Antelias, mit der Möglichkeit, den Nachwuchs an Geistlichen auszubilden.

Letztlich scheiterte der Versuch der Vernichtung des Christentums auch deshalb, weil die Armenier im Herzen ihrer Kirche treu geblieben sind. Allerdings ging das religiöse und theologische Wissen der Bevölkerung zurück. Wohl wurden einige Jungen und Mädchen im ›Kinderkunstmuseum‹ von Jerewan nicht allein künstlerisch unterwiesen, sie hatten dort insgeheim etwas Religionsunterricht, lernten die Geschichten der Bibel kennen. Wie oft ist allein die auf dem Ararat angelandete Arche

Noah ausgestellt! Nach siebzig Jahren unter dem atheistischen Sowjetregime war auch die Generation der Großmütter weggestorben, die den Glauben hätte weitertragen können. Kaum jemand besaß noch eine Heilige Schrift, kaum jemand wagte es gar, einen Gottesdienst zu besuchen. Jedoch, wie erwähnt, war der Gedenktag der Heiligen Vartanen am 15. Februar als Feiertag gestattet, obwohl sein Inhalt von den Sowjets strikt abgelehnt wurde. Kirchliches Leben kehrte erst unter Choren I. zweitem Nachfolger, Katholikos Vasken I., wieder zurück. Am 30. September 1955 gewählt und am 2. Oktober geweiht, erfüllte er dieses hohe Amt beinahe vierzig lange Jahre. Der Wiederaufbau der alten Kirchen und Klöster war ihm eine Herzensangelegenheit, also unternahm er zahlreiche Reisen, seine Auslandsarmenier dafür zu gewinnen. Weil seine Unternehmungen mit dem entsprechenden Erfolg gekrönt waren, ging er als ›Šinarar Katholikos‹, als ›Katholikos der Erbauer‹ in die Geschichte ein. Ihm ist es zu verdanken, dass sich ökumenische Beziehungen mit katholischen, evangelischen und anderen orthodoxen Kirchen anbahnten, dass sich das Verhältnis zwischen Staat und Kirche normalisierte, und die Aktivitäten der Kirche eine Renaissance erlebten.

Wie stehen die Armenier selbst zu dieser Zeit unter sowjetischer Herrschaft? Die Historikerin Taline Ter Minassian gibt in einem am 26. November 2007 von Arte ausgestrahlten Interview darüber Auskunft: **Die Sowjetzeit ist heute in Armenien ein Tabuthema. Dabei ist dies eine sehr interessante Periode für Historiker, insbesondere hinsichtlich der Entstehung des armenischen Nationalstaats. Es ist eines der Paradoxe der zeitgenössischen armenischen Geschichte, dass die Beziehung zum Staat und zum Staatsgebiet während der Sowjetzeit aufgebaut wurde. Selbstverständlich war die armenische Nation ebenso wie alle anderen in das zentralistische Sowjetreich integriert. Doch indem sie den verschiedenen Nationalitäten jeweils ein eigenes Territorium zugestand, fungierte die Sowjetmacht als Katalysator für die Entwicklung der armenischen Identität im 20. Jahrhundert. Die Behauptung, das armenische Staatsgebiet gegen Ende des 20. Jahrhunderts sei das Ergebnis der Sowjetpolitik, ist heute tabu. Die Menschen glauben, ihr Heimatland habe schon immer existiert, was jedoch falsch ist, denn das sowjetische Armenien ist nur ein ganz kleiner Teil dessen, was man als das historische Armenien bezeichnen könnte. Das heutige Staatsgebiet liegt am Rande des historischen Armeniens; zu Beginn des 20. Jahrhunderts war es nicht vollständig armenisch, sondern entstand auf Kosten anderer dort ansässiger Bevölkerungsgruppen, wie der Perser, Aserbaidshaner usw. (Das heutige Armenien entspricht größenmäßig dem 13. Bundesstaat des ehemaligen Großarmeniens.)**

Armenisches Staatswappen

Das neue Staatswappen Armeniens wurde am 19. April 1992 eingeführt und zeigt einen viergeteilten Wappenschild mit einem darauf liegenden Herzschild. Die vier Felder stellen die vier Wappen der armenischen Königsdynastien dar: der Artaxiden, der Arsakiden, der Bagratunier und der kilikischen Rubeniden. Sie umrahmen die Darstellung der Herkunft auf dem kleinen Herzschild, nämlich den Großen und den Kleinen Ararat mit der Arche Noah darüber auf den Wassermassen der Sintflut. Der Schild wird rechts von einem Adler getragen und links von einem Löwen als Symbole für Geisteskraft, Stärke und Macht des Volkes. Das Schwert dahinter steht für Abwehr, die Feder und eine Getreidegarbe für Kreativität und Frieden. So hat man sich alle Werte von biblischen Zeiten bis zu den souveränen Königreichen ›auf den Schild gehoben‹. Der Ararat ziert das Staatswappen also bis heute. Hebräisch heißt er ›Ararat‹, armenisch ›Masis‹, der Erhabene, der nun ›Berg in Gefangenschaft‹ genannt wird. Bis 1990 schmückte er die armenische Flagge, obwohl er heute auf türkischem Boden liegt. 1922, als Sowjetarmenien sich dazu entschied, habe man auf Seiten der türkischen Regierung dagegen protestiert, wird erzählt. Darauf soll der sowjetische Außenminister Georgi Tschitscherin schlagfertig geantwortet haben, der Halbmond auf der türkischen Fahne gehöre ja auch nicht zum Territorium der Türkei.

Die armenische Nationalflagge ist eine Trikolore. Seit dem 24. August 1990 besteht sie aus drei gleich breiten horizontalen Streifen: oben rot, in der Mitte blau und unten orange. Das Rot erinnert an das Blut des Unabhängigkeitskampfes, blau steht für den Himmel, orange steht für die Arbeit des Volkes und den Wohlstand, den nur Arbeit hervorbringen kann.

Die Republik Bergkarabach ist heute ein ausschließlich von Armeniern bewohntes Gebiet, das völkerrechtlich zu Aserbaidshan gehört. de facto aber unabhängig von der Zentralregierung in Baku ist. Am 2. Juni 1992 führte die Republik Bergkarabach eine eigene Flagge ein, die die Farben der armenischen Trikolore trägt – rot, blau und orange. Nur ist das hintere Drittel durch ein weißes, fünfstufiges Treppenmuster unterbrochen, wirkt wie angesetzt. Die weiße Unterbrechung symbolisiert die gegenwärtige Trennung von Armenien und die Hoffnung auf die Vereinigung mit dem Mutterland.

Für die armenische Nationalhymne »Mein Vaterland« wurde durch Beschluss des Obersten Sowjets vom 1. Juli 1991 die Nationalhymne der Ersten Republik (1918–1920), ein leicht geändertes Kampflied der Patrioten im Marschrhythmus, verwendet. Der Text in ostarmenischer Sprache stammt von Michael Nalbandjan (1829–1866), einem bekannten und beliebten Dichter des 19. Jahrhunderts:

Unser Vaterland, frei und unabhängig,
Das von Jahrhundert zu Jahrhundert lebte.
Seine Kinder rufen:
||: Freies, unabhängiges Armenien. :||

Hier Bruder, für Dich eine Flagge,
die ich mit meinen eigenen Händen machte.
Nächte habe ich nicht geschlafen,
||: mit Tränen wusch ich sie. :||

Blick darauf, drei Farben
Es ist unser überliefertes Symbol.
Lasst sie gegen den Feind strahlen.
||: Lass Armenien stets glorreich sein. :||

Überall ist der Tod das Gleiche
Jeder stirbt nur einmal.
Aber glücklich ist der eine
||: Der gerne für sein Vaterland stirbt. :||

Unser Vaterland, frei und unabhängig,
Das von Jahrhundert zu Jahrhundert lebte.
Seine Kinder rufen:
||: Freies, unabhängiges Armenien. :||

Vielleicht eine Vision

Hrant Dink, der armenische Journalist, wurde im Januar 2007 in Istanbul von nationalistischen Kräften auf offener Straße ermordet – Gott sei's geklagt!

Hrant Dink

Wegen der Trennung seiner Eltern war er bis zum Alter von fünfzehn Jahren im protestantischen Waisenhaus von Joğvaran, im Istanbuler Stadtteil Gedikpaşa aufgewachsen. Er verteidigte die Armenisch-Apostolische Kirche ihrer historischen Rolle wegen, achtete das Amt des Patriarchen, aber kritisierte den Inhaber. Als Linker hinterfragte er kirchliche Strukturen und blieb doch weiter gläubig. 1998 hatte er bekannt: Ich bin ein Bürger der Türkei und gehöre zu diesem Land, ich bin Armenier, und ich bin bis auf die Knochen Anatolier. Nicht einen Tag hab' ich mir überlegt, aus meinem Land zu gehen und mich im Westen einzurichten, in diesem fertigen Freiheitsparadies; mich wie ein Blutegel in einer Demokratie einzurichten, die andere unter vielen Mühen errichtet haben. Er begründete seine Wochenzeitung »Agos« (türkisch wie armenisch: ›Ackerfurche‹, in die der Same fällt und aufgeht), in der politisch heikle Themen offen diskutiert werden, und zwar in zwei Sprachen, armenisch und türkisch. »Agos« berichtet über die Schikanen der türkischen Bürokratie, der Enteignungen, über Diskriminierungen und Gesetze, die sich gegen Presse- und Meinungsfreiheit richten. In einem Aufsatz vom 5. Dezember 2005 brachte Dink den Krieg der Vartanen in Beziehung zu dem großen Genozid: Die Armenier bieten das Bild einer typisch nahöstlichen Nation. In ihrer Geschichte spielte die Religion bis zum letzten Jahrhundert eine zentrale Rolle. Danach waren die Religion und der Nationalismus deckungsgleich, und für die »Nationalkirche« waren Religiosität und Nationalbewusstsein fast dasselbe. Kein Wunder, daß das eine ohne das andere gar nicht zu haben war. Eines der Beispiele dafür ist der Krieg der Vartanyans, den die Armenier kurz nach ihrer Christianisierung gegen die heidnischen Perser führten … Ganz sicher ist, daß dieser Krieg für die Armenier eine zentrale Rolle spielt. Die armenische Geschichte kennt eigentlich nur zwei Eckpunkte: die Katastrophe von 1915 und diesen Krieg aus dem Jahr 451. 1915 steht für das Leid und die Verfolgung, und 451 symbolisiert das Heldentum. Es gibt keine Nation des Nahen Ostens, die in ihrer Geschichte nicht auch diese beiden Eckpunkte hat: das Leid und die Verfolgung sowie das Heldentum … Die Kämpfe, in denen sich die Armenier den feueranbetenden Persern widersetzten, sind einerseits das Material, aus dem das nationale Heldentum geschnitzt wird. Andererseits hat dieser Krieg die Kirche in das Zentrum armenischer Identität gerückt. Denn man ist damals lieber gestorben, als dass man seinen Glauben aufgegeben hätte. Auch wenn die Kinder von Sankt Vartan den Krieg damals verloren haben, an ihre Heldentaten wird noch heute alljährlich und wie im Ritual erinnert. Alle Schulen in der Diaspora und in Armenien erklären an den Wänden ihrer Klassenräume auf einer Seite das Jahr 451 und auf der anderen das Jahr 1915.

Nähern wir uns der gegenwärtigen Situation zunächst mit weiteren Fragen an Taline Ter Minassian in ihrem von Arte ausgestrahlten Interview: »Haben die Menschen, die den Völkermord überlebten und in den Westen kamen, über das Erlebte gesprochen?« **Die Flüchtlinge der 1920er Jahre bewahrten darüber Stillschweige Ich nehme an, dass dies aus dem Schuldgefühl der Überlebenden heraus geschah und auch aus Scham. Diese Verdrängung hängt mit Gewalt und Sexualität zusammen, mit den Zwangsehen und den Beschneidungen von armenischen Kindern, die für Moslems ausgegeben wurden. Diese Lebensdramen verletzen die körperliche Unversehrtheit und in einer zutiefst in Traditionen verwurzelten Gesellschaft vor allem das Ehrgefühl der Menschen … Soweit ich weiß, begannen die Überlebenden lange nach den Ereignissen darüber zu sprechen. In der Diaspora kennt jeder Geschichten von alten Menschen, die mit 85 oder 95 Jahren plötzlich über Ereignisse sprachen, die sie als Kinder erlebt hatten. Manchmal waren es Dinge, die sie sich selbst nicht verzeihen konnten: Das ist das Schrecklichste an diesen Geschichten.**

»Weiß die türkische Bevölkerung, was damals geschah? Hat die türkische Führung bezüglich des Genozids ein Tabu verhängt?« **Die Türken wissen, dass etwas geschehen ist. Was derzeit vor sich geht, ist interessant, denn die Erinnerung an diese Ereignisse kommt stückweise wieder zu Tage, und zwar durch die Nachkommen von türkischen oder kurdischen Familien, die von den Erlebnissen ihrer Großeltern oder Urgroßeltern berichten oder plötzlich entdecken, dass sie armenischer Abstammung sind. Eines der frappierendsten Beispiele betrifft eine der Adoptivtöchter Mustafa Kemals** [Sabiha Gökçens, die damals, um ihr Leben zu retten, zum Islam übergetreten war], **deren mutmaßliche armenische Abstammung der Journalist Hrant Dink von der Zeitung Agos enthüllte. Dies löste einen Skandal aus, weil es an Mustafa Kemals Mythos rüttelte; zudem machte sich der Journalist damit der Beleidigung der türkischen Identität schuldig, was nach Artikel 301 des türkischen Strafrechts eine Straftat ist.**

»Sie sprechen oft von der Erinnerung der Armenier und unterscheiden dabei zwischen den Armeniern in der Diaspora und denen in der Türkei. Zwischen diesen Gemeinschaften scheinen also große Unterschiede zu bestehen?« **Die Diaspora versteht sich als Sammelbecken für die Erinnerung der Überlebenden des Völkermordes. Diese Erinnerung wurde im sowjetischen Armenien weit weniger gepflegt … [Die Diaspora] nährt alle Tabus, die mit dem Selbstbild des »ewigen Opfers« zusammenhängen, das die Armenier in dieser Darstellung des Genozids entwickeln.**

Hier sei das Lied zum sechzigsten Gedenken des Völkermordes erwähnt, die Anklage an die westlichen Mächte von Charles Aznavour, alias Schahnur Waghinak Aznavourian, als Kind armenischer Eltern 1924 in Paris geboren, der seit Juni 2009 armenischer Botschafter der Schweiz ist:

> Sie fielen, ohne es zu verstehen, Männer, Frauen und Kinder,
> geboren zu leben.
> Sie fielen langsam und schweigend, wie Betrunkene,
> mit erschrockenen Augen, verstummt.
> Sie fielen, während sie Gott anriefen, an den Toren von Kirchen,
> an offenen Türen.
> Sie starben, zerstreut in der Wüste,
> gejagt von Durst, Hunger, Feuer und Schwert.
> Sie fielen zu Tausenden, einfaches Volk.
> Sie fielen, um bedeckt zu werden
> vom Wind und Sand des Vergessens.
> Sie fielen durchs Schwert, durch die Kugel,
> wie verwundete, unschuldige Vögel.
> Sie fielen namenlos, spurenlos,
> vergessen in ihrem letzten demütigen Schlaf.
> Sie fielen im einfältigen Glauben,
> daß ihre Kinder in Freiheit leben sollten.
> Ich bin der Sohn dieses Volkes, das ohne Grab ruht,
> das lieber sterben wollte, als seinen Glauben zu verraten.
> Nie beugten sie ihr Haupt unter all diese Beleidigungen;
> sie leben trotz allem weiter ohne Klage.
> Sie fielen, sie sanken in den ewigen Schlaf der Zeitalter,
> der Tod erschlug sie, ihr Mut war ihre Sünde.
> Sie waren Söhne Armeniens.

Ich fühle mit den Armeniern, aber ich kann nicht als Armenierin fühlen. Deshalb kann ich nur weiter zitieren, wie jetzt zum Abschluss wieder Hrant Dink, der mir bei all seinem Anprangern der Missstände als Vordenker und Visionär erscheint, wenn ich die durch ›König Fußball‹ im September 2006 angestoßene Entspannungspolitik mit den Türken freudig-gespannt weiterverfolge. So schrieb er bereits am 5. April 2002 in seinem Artikel unter der Überschrift »Den Schmerz ernsthaft und mit Würde auf sich nehmen«:

Mein größter Wunsch ist es, dass bei der Zusammenkunft der armenischen Diaspora mit den Armeniern im Mai in Jerewan das Thema Völkermord nicht mehr Raum einnimmt als notwendig. Besonders, dass in letzter Zeit überall auf der Welt Parlamente gedrängt werden, den Völkermord anzuerkennen, geht mir gewaltig auf die Nerven. Richtig schlecht wurde mir, als ich las, dass sich das Parlament der Schweiz mit der Frage beschäftigt hat, ob die assyrischen Christen einen Völkermord erlebt haben oder nicht. Die Schweizer haben abgelehnt, einen solchen Beschluss zu fassen, und es heißt, sie würden es bereuen, dass sie vor zwei Jahren den »Völkermord an den Armeniern« anerkannt haben. Ich weiß nicht, wie es Ihnen geht, ich finde das ganz unerträglich. So sind die Fremden eben. Heute erkennen sie etwas an, weil es ihnen in den Kram passt und morgen nicht mehr, weil es ihre Interessen stört. Da frage ich mich doch: Was hat denn meine geschichtliche Realität damit zu tun, ob diese Leute irgendetwas anerkennen oder nicht?

Seit einigen Jahren verfolge ich [die Gedenkfeiern zum] 24. April in Armenien live am Fernseher. Die Leute dort steigen an diesem Tag still zum Mahnmal von Dzizernagapert hinauf, legen ihre Nelken vor den brennenden Fackeln nieder, bekreuzigen sich und gedenken in Ernst und Würde jener, die sie während dieser schrecklichen Ereignisse verloren haben. Keine Spur von Aufregung oder politischen Parolen. Auch in der Diaspora gibt es an diesem Tag Kundgebungen, aber ganz anderer Art. Da werden Fahnen verbrannt, Parolen gerufen und Transparente entrollt. Das sind alles Armenier, die in Armenien und die in der Diaspora. Aber bei diesem Thema reagieren sie völlig unterschiedlich. Die einen sind angespannt und überaus erregt, die anderen sind ernst und würdig. An diesem Tag fühle ich mich mit den Leuten in Armenien eins. Ich greife hier zu dieser Gegenüberstellung, damit die Haltung, die ich »den Schmerz in würdevollem Ernst auf sich nehmen« nennen möchte, noch deutlicher hervortritt, und rufe alle Armenier auf, diese Haltung zu übernehmen. Brauchen wir Parlamentsbeschlüsse aus den verschiedensten Ecken der Welt, die doch stets auch verlogen wirken, um unseren Schmerz in Würde anzunehmen? Wird das, was wir wissen, wirklicher, wenn andere es anerkennen? Stärkt es unseren inneren Frieden, wenn unsere Wirklichkeit zum Spielball ihrer Ungnade oder Gnade wird? Kann ihr verrostetes Gewissen denn Trost für unsere Herzen sein? Lasst uns mit diesem Spiel aufhören. Lasst ihnen ihr verrostetes Gewissen und lasst uns unsere Wirklichkeit. Befreien wir unseren fast hundert Jahre alten Schmerz doch aus den Händen dieser Leute. Lassen wir sie mit dem Problem allein, ob oder was sie anerkennen, und lassen wir nicht länger zu, dass unser Schmerz tagespolitisch ausgebeutet wird; nicht von Armeniern, nicht von Türken und auch von niemandem sonst. Wir sind die Enkel jener Menschen [die damals umgekommen sind] und sollten Schluss mit dieser Ungeheuerlichkeit machen. Nehmen wir unseren Schmerz in würdevollem Ernst an und tragen ihn, wenn es denn nötig ist, bis zum Jüngsten Gericht. Ich spreche seit einiger Zeit davon, dass wir Armenier neue Begriffe und Sichtweisen brauchen. Es geht dabei meist um Begriffe, die uns wie »Ernst und Würde« eigentlich gar nicht fremd sind. Wir haben sie im tiefsten Innnern, doch kehren wir sie nicht in überlegter Form nach außen, und sie bestimmen auch nicht, was wir tun. Unsere Schwäche führt dazu, dass die von anderen vorgebrachten Konzepte wie »Rache«, »Boden« und »Entschädigung« unsere eigenen Konzepte überlagern. Und jeder Nicht-Armenier denkt, das sei die ganze Wirklichkeit der Armenier auf dieser Welt. Zum Beispiel die Forderung nach Land und Territorium. Wie lange noch wollen wir zulassen, dass unsere Stimme an solch einem falschen Heldenton erstickt? Oder die Forderung danach, dass materiell entschädigt wird. Was kosten denn die Seelen unserer Großmütter und Großväter? Man stelle sich nur vor, es würde jetzt bezahlt und aufgetischt. Wer von uns brächte denn einen Bissen hinunter? Allein daran zu denken, bereitet mir tiefen Ekel. Wir sollten die Zukunft der Armenier in ganz anderen Begriffen denken und gestalten, welche die abgestorbenen Fähigkeiten dieses Volkes erneut und schnell zum Blühen bringen. Deshalb müssen Haltungen wie »den Schmerz in Ernst und Würde auf sich nehmen« und »sich nicht von den eigenen Ängsten ins Bockshorn jagen lassen« ganz schnell Wirklichkeit werden, denn andernfalls fahren wir damit fort, unsere Wirklichkeit von der Gnade der Anerkennung der anderen abhängig zu machen, was uns die eigenen Hände bindet.

Wie ernst Hrant Dink sowohl seine armenische Identität als auch seine türkische Staatsbürgerschaft nahm, zeigt, dass er sich die Frage stellte: Wie mit den Türken umgehen? Und seine Antwort, im Jahre 2002 vollkommen neu, schier unfassbar, lautete: Gemeinsamkeiten suchen! Demokratie konnte für ihn nur im Lande und nur gemeinsam gestaltet werden. Er wurde im Oktober 2005 wegen angeblicher rassistischer Äußerungen gegen Türken angeklagt, weil einer seiner Artikel impliziere, türkisches Blut sei ›giftig‹. Dieses Missverständnis war auch das Motiv seines 16-jährigen Mörders, der erst 2011 zu 22 Jahren Haft verurteilt wurde. Am 14. September 2010 befand der Europäische Gerichtshof in Brüssel den türkischen Staat für schuldig, in seiner Verpflichtung versagt zu haben, das Leben Hrant Dinks zu schützen. Die Behörden seien über Mordpläne türkischer Nationalisten informiert gewesen. Auch habe die Justiz keine wirksame Ermittlung zur Aufklärung des Mordes geführt. Aber was sind 100 000 Euro Schmerzensgeld gegen den Verlust eines Menschen, so einer Persönlichkeit!

Tatsächlich hatte Dink in dem fraglichen Artikel die Diaspora-Armenier dazu aufgerufen, sich von ihrem Hass auf die Türken zu befreien, der ihr Blut vergifte, und dieses ›vergiftete Blut‹ durch das ›reine Blut‹ einer normalen Beziehung zur Türkei zu ersetzen. Aus dem Kontext gerissen, wurde der entsprechende Satz dahingehend missgedeutet, das Blut der Armenier sei durch den türkischen Anteil daran vergiftet worden. Er wurde als ›Türkenfeind‹ angeprangert, vor ein Kassationsgericht gestellt und zu sechs Monaten Haft verurteilt, wenngleich auf Bewährung, aber es warf ihn schier zu Boden. Er zog deshalb bis vor den Europäischen Gerichtshof für Menschenrechte, wurde aber vor der Entscheidung ermordet. Den toten Hrant Dink überhäufte die Regierung mit Solidaritätsbekundungen. Aber warum hatte sie zu Hasskampagnen und den noch laufenden weiteren drei Gerichtsverfahren gegen Dink geschwiegen, als er noch lebte?

Den acht Kilometer langen Trauerzug mit seinem Sarg begleiteten 100 000 Menschen, Armenier wie Türken, ein gemeinsames Lied singend, von mobilen Lautsprechern übertragen: ›San Gelin‹, die ›blonde Braut‹, erzählt die Geschichte von einem muslimischen Jungen und einem armenischen Mädchen, die trotz ihrer großen Liebe nicht zusammenkommen, nicht heiraten dürfen. Niemand weiß, ob dieses Lied türkischer oder armenischer Herkunft ist, aber jeder wusste, warum sie als Hymne für diesen schweren Gang ausgewählt worden war.

Wenden wir uns noch einmal Hrant Dink zu: **Als Staatsbürger der Türkei ist es mein größter Wunsch, dass mein Land mit seinen Nachbarn gut auskommt. Doch herrscht, was die Nachbarn betrifft, in der Türkei seit Gründung der Republik eine Art Paranoia, die einen entsetzlich flachen Nationalismus schürt, welcher verhindert, dass Demokraten an die Regierung kommen und der alle Entwicklungen blockiert. [Eine behauptete] Bedrohung durch die Nachbarstaaten rechtfertigt gleichzeitig, dass große Teile der Ressourcen in die Verteidigung gesteckt werden, obwohl sie dringend für Bildung, Gesundheit und Wirtschaftsentwicklung gebraucht würden.**

Einer dieser Nachbarn ist jetzt die Republik Armenien; mit ihr gibt es nicht einmal einen offenen Grenzübergang und keine diplomatischen Beziehungen. Mich dafür einzusetzen, dass das anders wird, ist meine erste Pflicht ... Dass ich Staatsbürger der Türkei bin, ist doch kein Hindernis dafür, dass ich mich dafür einsetze, dass es meinen Landsleuten, die in Armenien wohnen, besser geht. Ich will doch nur, dass Armeniens Zukunft gesichert ist und es mit seinen Nachbarn in Einvernehmen lebt ...

Der türkisch-armenische Dialog hat noch eine ganz andere Dimension, die heute utopisch erscheinen mag. Was würde ich nur dafür geben, dass sie Wirklichkeit wird! Deshalb stelle ich der armenischen Diaspora immer die gleiche Frage: »Was ist uns wichtiger, die Demokratisierung der Türkei oder ihre Anerkennung des Völkermords?« Eine demokratische Türkei, die Mitglied der Europäischen Union ist, ist gleichzeitig auch Antrieb für eine Mitgliedschaft Armeniens. So betrachtet, hat das Schicksal uns untrennbar verbunden.

Aus allen diesen Gründen will ich, dass sich das türkisch-armenische Verhältnis endlich normalisiert ... Doch leider gibt es immer noch viele, die gar nicht gemerkt haben, dass jetzt ein neuer Sprössling da ist, und die noch immer am Stumpf des abgesägten Baumes weinen. Sie wissen nicht, dass, wenn sie ihre Tränen der Trauer in Freudentränen verwandeln und wenn sie diese Tränen statt auf den Stumpf jetzt auf den Sprössling gießen, er ihnen Segen bringen wird ... Die Christen in Europa, die gegen den Beitritt des Landes zur Europäischen Union sind, sollten sich das gut überlegen. Es ist viel segensreicher, wenn die Religionen zusammenleben, als wenn sie nebeneinander existieren. Denn religiöse Differenz führt nicht dazu, dass Religionen untergehen, im Gegenteil, sie stärkt religiöses Bewusstsein. Wenn ich fünfmal täglich den Ruf des Muezzins höre und so fünfmal am Tag erinnert werde, dass ich Christ bin, ist das fürs Christentum nicht schlecht.

Als Gegenstück zur deutsch-türkischen Völkerfreundschaft hatten die Deutschen noch die Hypothek einer Erbfeindschaft mit Frankreich. Als Jugendliche habe ich deren Ende miterlebt und wie wieder Freundschaften geschlossen wurden. Bei der Jumelage, der ›Verzwillingigung‹ des Herrenclubs meines Vaters mit dem Partnerklub in Caen in der Normandie, war Jugendaustausch vereinbart worden, und ich war 1962 als eine der Ersten mit drüben. Ich war bei einer weltoffenen Apothekerfamilie in deren Sommerhaus an der Kanalküste, ein Dauerbesuch von vieren, denn jedes der vier Kinder hatte sich einen gleichaltrigen, ausländischen Feriengast einladen dürfen. Schön war das und interessant, und alle begegneten mir ebenso freundlich wie nachsichtig, wenn meine Französischkenntnisse noch allzu unvollkommen waren. Und ich ging ohne jegliches Vorurteil auf sie zu – woher hätte ich als Nachgeborene das auch haben sollen? Mein ganzes Misstrauen galt lediglich dem unbekannten Getier, das, frisch aus dem Meer gezogen, auf den Tisch kam. Und ebenso an- und aufgenommen mag sich einige Wochen später Marie-José, meine neue französischen Freundin, gefühlt haben, die älteste Tochter dieser Familie. Wie mir wird es ihr beim Essen ergangen sein, wenn sonntags die Schüssel mit dampfenden Klößen vor ihr stand. Nicht mehr die Generation meines Vaters, längst die nächste und übernächste trifft sich seither allsommerlich mit den französischen Freunden in Frankreich oder Deutschland zu ihrer Jumelage. – Werden wir so eine Aussöhnung und Annäherung zwischen Armeniern und Türken auch noch erleben?

Wie ist zu deuten, dass der türkische Staat im Jahre 2007 mit Restaurierungsarbeiten an der geschändeten Heiligkreuzkirche von Achtamar im Van-See begann? 2005 hatte das noch Hrant Dink gefordert und ihre Öffnung, **um auch unsere müden Seelen wieder zu restaurieren**. 2009 fertiggestellt, wurde sie Kulturdenkmal und Museum; und am 19. September 2010 konnte der erste armenische Gottesdienst seit den Massakern von 1895 gefeiert werden. Dass das achtzig Kilogramm schwere Kreuz nicht oder nicht rechtzeitig die Turmspitze zierte, dafür mag es statische oder politische Bedenken gegeben haben. Die Katholikoi von Etschmiadsin und Antelias hielt es von ihrem Kommen ab, aber der Patriarch von Istanbul, Aram Atesyan, zelebrierte die Messe für die fünfzig Auserwählten im Gotteshaus von 921 und für die über 4000 draußen bei der Übertragung auf zwei Großleinwänden: eine friedliche Demonstration der armenischen Christen aus aller Welt in diesem uralt-armenischen Gebiet, ein Ereignis für die jetzt hier ansässigen Kurden und türkischen Muslime, die ebenso teilnahmen. **Nach 95 Jahren eines schwer lastenden Schweigens konnte wieder das festliche Geläut auf der Insel gehört werden**, wenn auch nur als Tonbandaufzeichnung, da es für echte Glocken keine Erlaubnis gab. **Endlich wurde an diesem uns so heiligen Ort wieder die Eucharistie gefeiert. Das ist ein großes Zeichen der Hoffnung**, davon berichtete voll Freude die Homepage der »Armenier in RheinMain«, ansässig in Mainz. Der Patriarch nannte es ein Wunder. Aber er vergaß nicht, den Behörden zu danken, in türkischer Sprache.

Erster armenischer Gottesdienst nach über 100 Jahren in der restaurierten Kirche von Achtamar, Ostanatolien

In Jerewan

Ein Wiedersehen nach Jahren: Ankommen nach einer Nacht ohne Ruhe – die Armenier scheinen Weltmeister im Dauerunterhalten zu sein – Flughafensituation wie in einem Entwicklungsland, Ankunft in Jerewan im Verlöschen der Straßenbeleuchtung um sechs Uhr, im Hotel empfangen mit russisch-unterkühltem Charme. Ausschlafen, dann ein Blick aus dem Fenster. Ararat hatte ich gebucht, doch der war nur zu ahnen hinter dickem Smog. Dafür gab es eine Aussicht auf Hühnerställe oder Kleintierhaltung – nein, da waren ja überall Antennen, das waren menschliche Behausungen!

Der erste Rundgang in der Stadt – der erste Eindruck, der sich tagtäglich wieder bestätigte, war zum einen die ganz enge Verbundenheit mit der Geschichte, das Nationalgefühl, zum anderen das Entgegenkommen, die persönliche Anteilnahme und Hilfsbereitschaft von Menschen, die ich vorher nicht kannte, ob nun ein Kontakt vorbereitet war oder nicht.

Zur ersten Orientierung vertiefte ich mich in den Stadtplan Jerewans – und da traf ich sie alle wieder, über die ich jahrelang recherchiert hatte. Die meisten Straßenschilder tragen Namen der Großen der Vergangenheit – und das sind viele. Später, bei den persönlichen Begegnungen, setzte sich das fort mit den Vornamen der Helden und Heiligen bis zu meinen beiden guten Geistern in der Nationalbibliothek namens ›Armina‹ und ›Ani‹. Man nennt sich beim Vornamen. Das lässt ein Sich-fremd-Fühlen nicht aufkommen. Ich war also jedermanns ›Gisela‹, vom Schild des abholenden Taxifahrers am Flughafen

Blick auf Hinterhofbebauung mit Ararat

Northern Prospect in Jerewan

Svartnots bis zum Bischof. Diesmal konnte ich mich in der Stadt zurechtfinden: Die Straßennamen sind nicht mehr in armenischen und kyrillischen Lettern an den Hausecken, sondern an Masten an der Außenkante der Gehsteige angebracht, in armenischen und lateinischen Druckbuchstaben. Aber mitunter stand ich davor und marterte mein Gehirn: Mein Gott, wer war das jetzt gleich wieder?!

Ich begann meinen ersten Spaziergang am ›Platz der Republik‹ und erlebte eine neue, die andere, die moderne Seite Jerewans: Was hat sich hier nicht alles getan! Man hatte marode, nicht mehr zu restaurierende Altstadtbebauung samt wild gewachsener Hinterhofbesiedelung einfach abgerissen, wohl auch manches, aus Kostengründen nicht mehr zu rettende, herrschaftliche Haus. So konnte wieder ein Stück der Sichtachse weitergeführt werden, die im Norden mit der ›Kaskade‹ beginnt, über die Oper und über diese neue, 27 Meter breite, einzige Fußgängerzone, den ›Northern Prospect‹, zum ›Platz

Städtebauliches Modell von Jerewan, 2010

der Republik‹ und auf den Ararat zu. Die ursprüngliche Planung von 1924 stammt von dem Architekten Tamanyan (1878–1936), dem ehemaligen Vizepräsidenten der St. Petersburger Akademie der Künste. Jetzt ausgeführt durch das Büro Narek Sargsyan, war innerhalb von fünf Jahren diese neue Prachtstraße entstanden, acht- bis neunstöckig, europäisch-großstädtisch und doch ein bisschen morgenländisch, einfach schön und einer Hauptstadt würdig, in diesem heimischen rosa Stein. Da ein Kontakt stets den nächsten ergab, wurde ich auch in die Räume dieses Architekten eingeladen, konnte die Planung sehen und das Städtebaumodell fotografieren.

Der erste Tag war dem Ankommen gewidmet, einfach Touristin spielen, mich umschauen, mich wieder auskennen lernen. Ich war überrascht von der Anzahl der Läden und dem Angebot in den Auslagen. Es fehlte nicht an Käufern. In den Supermärkten drängten sie sich, standen Schlange vor den Kassen. Und erst die Mode – Jerewan ist durchaus eine Einkaufstadt – so viel tragbare Eleganz, zumindest in der festlichen Zeit vor Silvester bis weit nach dem armenischen Weihnachten am 6. Januar. Überall im Innenstadtbereich verstreut, entdeckte ich Niederlassungen internationaler Marken. Ich probierte Escada und Armani in Weltstadtchic entsprechenden Boutiquen und Etagen und kaufte – Salamander. Aus dem sibirischen Deutschland kommend, suchte ich leichtere Stiefel für das frühlingshafte Wetter. Die einheimischen gängigen Modelle waren kniehoch und hatten mindestens zehn Zentimeter hohe Absätze. Armenierinnen bewältigen das spielend, die Gehsteige erlauben es. Sie legen stets größten Wert auf die neueste Mode und gutes Aussehen, inzwischen ganz dem westlichen Geschmack angepasst. Ich jedoch wollte die Stadt zu Fuß erobern, Kilometer um Kilometer.

Es hat sich eine gut gekleidete, breite, konsumfreudige Mittelschicht entwickelt. Die Herren, von

Grünphase für Fußgänger, Jerewan

Abovianstraße, Jerewan

mittleren Jahren an, trugen beinahe einheitlich einen schwarzen Blazermantel, kürzer oder länger, die Jugend gab sich sportlich in Minis oder hautengen Jeans, niemals in zerrissenen oder ausgefransten. Auch Tattoos, Piercings oder künstliche Fingernägel sah ich nicht. Kinderwagen sind selten im Straßenbild; es gibt nur ein einziges, anscheinend sehr kostspieliges, italienisches Modell. Man telefoniert stets und ständig. Der Verkehr hat gewaltig zugenommen. In Stoßzeiten ist die Innenstadt total verstopft mit Mittelklassewagen, alle sehr gepflegt, wie auch die preiswerten, seifeduftenden Taxen. Aber der Smog legt sich auf die Bronchien. Praktisch ist es, dass die Ampeln für Fahrzeuge wie für Fußgänger die noch verbleibenden Sekunden der Grünphase anzeigen.

Wunderschön weihnachtlich beleuchtet erstrahlen dann abends der repräsentative Platz der Republik und die in ihn einmündenden breiten Boulevards, Zeit, noch einmal zu flanieren und die Kenntnis der einheimischen Wein- und Biersorten zu erweitern, ob im großen, plüschigen Restaurant oder im kleinen an der Straßenecke, ganz urig im Keller, im Fünfsternehotel oder gleich in der ›Black-Berry-Bar‹ in dem letzten, übrig gebliebenen, historischen Haus in der Abovianstraße – falls nicht schon eine feucht-fröhliche Besichtigung der Cognacfabrik vorausgegangen ist …

Nicht zu vergessen sind die kleinen Läden mit landestypischen Souvenirs. Aus Obsidian Gefertigtes wäre als Besonderheit zu nennen, dann Keramik, Teppiche, Bilder, Bücher, Holzgeschnitztes, Miniatur-Chatschkare – allein die Abovianstraße ist eine Fundgrube für sich. Unter dem Namen ›Cafesjian Center for Arts‹ verbirgt sich die Idee, die Kaskade, dieses Relikt schönster sowjetischer Monumentalarchitektur, neu zu beleben. Man trifft sich in den Räumlichkeiten der fünf Zwischenetagen zu Konzerten und Ausstellungen. Allein mehr als 5 000 Arbeiten umfasst die private Sammlung an Glaskunst. Im Erdgeschoss findet man geschmackvolles, hochwertiges Handwerk und Künstlerisches. Die weitläufigen Anlagen davor werden als Skulpturengarten gestaltet.

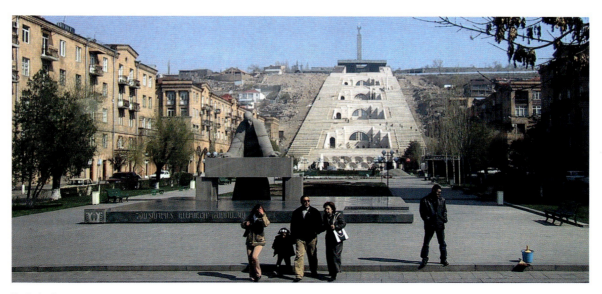

Kaskade, Jerewan

Zu verschiedenen Jahreszeiten unterschiedlich interessant bestückt ist die ›Vernissage‹, der Open-Air-Wochenmarkt, mit Antiquitäten (mit und ohne Anführungszeichen), antiquarischen Büchern, religiöser und weltlicher Kunst. Ebenso viel Kitsch, Schmuck und Handwerkliches: Geknüpftes, Gewebtes und Gesticktes (das armenische Alphabet!) findet sich, bis zu den am Boden ausgebreiteten, gebrauchten Ersatzteilen und Werkzeugen für Notfälle zu Hause oder fürs Auto. Nicht zu vergessen wäre die große Markthalle mit sämtlichen köstlichen Verführungen des Orients. Jeder Stand für sich ist ein Kunstwerk, liebevoll dekoriert. Die Reihe an Möglichkeiten, den Gaumen zu erfreuen, ließe sich spielend fortführen.

Doch nun zu den geistigen Genüssen: Neben der Oper, Theatern, Kinos und Konzerten (deren Programme außerhalb der Saison touristenunfreundlich nur in armenischer Schrift plakatiert sind) ist es die lange Liste der Museen – kein Tag ohne! Das bronzezeitliche Metsamor, die Urartäerfestung Erebuni, das Genozidmuseum, im Zentrum das Historische Museum mit der Nationalgalerie in den Stockwerken darüber waren die ersten, die ich besuchte. Dann ein Wiedersehen mit den beschriebenen Schätzen im Matenadaran. Dort gab es einen Raum mit einer Komitas-Sonderausstellung.

Es lohnt sich, auch die kleineren Sammlungen zu besuchen, denn jede eröffnet eine andere Welt. Komitas blieb ich auf der Spur im ›Museum für Literatur und Kunst‹. Dort hatte ich eher zufällig und nebenbei eine Sonderführung im Komitas-Saal, voller Erinnerungen an ihn. Dicht gedrängte Stuhlreihen vor einem Podest mit zwei Flügeln, einem kleineren und einem ausgewachsenen Konzertflügel. Auf einem Notenständer davor der überschwänglich glückliche Dankesbrief Komitas' an seinen Mäzen Alexander Mantaschian von 1907. Darüber zeigt ein gerahmtes Foto Komitas mit seinem 300-köpfigen Gusan-Chor. Hinter seinem Klavierstuhl eine Vitrine mit einem Brokatumhang aus seiner Zeit als Geistlicher – wie zierlich! Und, was für ein Glücksfall: Noten von seiner Hand, tatsächlich ›Khasen‹! Die letzte Wand zeigt eine vergrößerte

Selbst-Karikatur, ein Geschenk an eine seiner Gesangssolistinnen. Er hatte also auch Freude, sogar Spaß am Leben, hier kann man es spüren, und ein großartiger Karikaturist war er dazu.

Wenn ich bei diesen speziellen Exkursionen mit Fragen an Experten und Bitten um Genehmigung zum Fotografieren oder der Veröffentlichung von Abbildungen begann mit: »English or french?«, wurde sofort jemand geholt. Mitunter bemühten sich zwei oder drei wissenschaftliche Kräfte. Dass jemand über ihr Land schreibt, öffnete mir Türen und Herzen. Ich kam als Fremde, und wir trennten uns, oft nach Stunden, wie Freunde. Grenzenlose Hilfsbereitschaft auf ihrer Seite, auf meiner Umschalten auf orientalisches Zeitgefühl; erreicht habe ich fast alles. Aber ich habe auch Einblick gewonnen in die ganz andere Situation hinter den Ausstellungsräumen: die vielen Menschen auf engstem Raum in überheizten, mit Schreibtischen vollgestopften Büros in diesen altehrwürdigen Gebäuden, wo Parkett und Wände seit Jahrzehnten kaum Pflege oder Renovierung erfahren haben, abgewohnt bis zu beschädigten Granitstufen.

Es drängt sich die Frage auf nach der wirtschaftlichen Entwicklung, die an vielen der hier Beschäftigten vorübergegangen zu sein scheint. Ich höre von einem durchschnittlichen Monatseinkommen von 200 bis 250 US-Dollar. Damit zurechtzukommen, auch bei winzigen Mieten in wahrscheinlich ebenso winzigen Wohnungen in den weit ausufernden Vorstädten Jerewans, gelingt nur durch zusätzliche Einkommen von Familienmitgliedern, die sich als Saisonarbeiter oder für einige Jahre im Ausland verdingen oder ganz dort leben. Hintergrundwissen darüber entnehme ich der Masterarbeit Aram Arestakesyans von 2002 an der Landwirtschafts-Fachhochschule Triesdorf: Durch die geografische Situation Armeniens, die vielen Gebirge, liegen nur drei Prozent des Landes innerhalb einer fruchtbaren Zone von unter 650 Metern Höhe, rund 286 000 Hektar Ackerland werden bewässert. Nach 1991, als Armenien nach dem Zerfall der Sowjetunion seine Selbstständigkeit wieder erlangt hatte, wurden viele Industriebetriebe (Großchemie) und Kolchosen aufgelöst. Die Arbeitslosigkeit im ländlichen Raum stieg auf bis zu 95 Prozent. Die Wirtschaftsbeziehungen zu ›sowjetischen Bruderländern‹ waren abgebrochen. Der Bergkarabach-Konflikt löste die Energie- und Transportblockade zwischen 1992 und 1997 aus. Dazu kamen die zur Türkei, Georgien und Aserbaidshan geschlossenen Grenzen. Das Erdbeben von 1988 hatte bereits ein Viertel der armenischen Industrieanlagen zerstört. Die Dürre des Sommers 1999, gefolgt von einem sehr trockenen Winter, zerstörte Getreide- und Obsternten. Das alles führte zur Landflucht in die Hauptstadt und als diese unterbunden wurde, zu Auswanderungswellen jüngerer, besser Ausgebildeter und Akademiker, vorzugsweise nach Russland, auch wenn man dort den ›Kuchen Arbeit‹ nicht gern mit den Kaukasiern teilt. Aber: **UN-Kriterien setzen die Armutsgrenze respektive den für das Existenzminimum erforderlichen Warenkorb in den GUS-Staaten bei 120 US-Dollar pro Monat an. Der durchschnittliche Monatslohn von 26 US-Dollar verdeutlicht das Ausmaß der Armut. Für angemeldete Arbeitslose betrug die Sozialhilfe vom Staat 6 US-Dollar pro Monat …**

Die Hauptstadt, zur elften Provinz angewachsen, beherbergt inzwischen ein Drittel der Inlandsbevölkerung. Dort hat man teil an der leistungsfähigeren Infrastruktur, einer höheren Lebensqualität durch bessere Versorgungs- und Kulturangebote, hat bessere Verdienstmöglichkeiten und verfügt über größere Kaufkraft. Man kann interessantere Arbeitsstätten mit Hilfe regionaler und überregionaler Verkehrsnetze erreichen. Allgemeine Bildung bis zur Hochschule ist möglich, aber es fehlt an Einrichtungen für berufliche Ausbildung, an Verwaltungsfachleuten bis hin zu qualifizierten Handwerkern. Man greift nach Angeboten, Anregungen,

Anleitungen von außen, holt Wirtschaftsberater ins Land, so u. a. aus Deutschland von der GIZ, der ›Deutschen Gesellschaft für Internationale Zusammenarbeit‹, um Schwachstellen zu analysieren und Lösungsansätze für eine wirtschaftliche Aufwärtsentwicklung vorzuschlagen, von der deutschen Regierung finanziert. Hauptsächliche Projekte sind:

– **Förderung der beruflichen Erstausbildung (zur Kommunalentwicklung und der Förderung kommunaler Selbsthilfeeinrichtungen in ausgewählten Kommunen)**
– **Gemeindeentwicklung (zur Förderung kleiner und mittlerer Privatunternehmen im Handels-, Produktions- und Dienstleistungsbereich)**
– **Beratung bei der Wirtschaftsgesetzgebung (zum Aufbau und der Qualifizierung des staatlichen Finanzkontrollsystems, sowie -maßnahmen)**
– **Finanzierung von Businessplänen insbesondere für kleinere und mittlere Unternehmen**
– **Finanzierung von Selbsthilfemaßnahmen in den nordostarmenischen Regionen Lori und Tavusch;**
– **Investitionsförderung kleiner und mittlerer Betriebe (Produktions- und Verarbeitungsbetriebe, nicht nur landwirtschaftliche Projekte)**

Warenaustausch und Handelsbeziehungen bestehen im größeren Umfang nur noch mit dem Iran. So gehört zum Besitz der iranischen Vertretung die einzige, erhalten gebliebene Moschee des Landes, die ›Gaj Dschami‹, die ›Blaue Moschee‹, ein Relikt der persischen Herrschaft im 18. Jahrhundert. Als Geste gut nachbarlicher Beziehungen wurde sie aufs Beste restauriert.

Zwei Drittel der Armenier, also sechs Millionen Menschen, leben in der Diaspora: in Russland, in Übersee und in Europa, dort wieder die meisten in Frankreich. Ein kleiner Teil schämt sich der armen Verwandten oder ist im Gastland so fest integriert, dass er seine armenischen Wurzeln vergessen hat. In unvorstellbar großem Umfang wird von den Auslandsarmeniern jedoch Kapital ins Land gepumpt. Seit der Gesetzesänderung von 2008 besteht die Möglichkeit einer doppelten Staatsbürgerschaft. Das heißt, diese finanzstarke Gruppe nimmt auch politisch Einfluss, zum eigenen wie zum Vorteil der Stammbevölkerung. Sie investieren in Betriebe, Hotels oder Großprojekte wie den Northern Prospect. Ihnen gehören die eleganten, modernen Häuser in den Villenvierteln. Für sie und die betuchte Oberschicht entstehen Golf-, Reit- und Tennisanlagen und damit Arbeitsplätze auf dem Land. Sponsoren wie Kirk Kerkorian, einer der zwanzig reichsten Amerikaner, hat über seine ›Lincy-Foundation‹ zwischen 2001 und 2004 172 Millionen US-Dollar gesponsert. Ich habe es 2004 selbst erlebt, dass für eine neue Kanalisation sämtliche Hauptstraßen aufgerissen und alle Museen zur Überholung geschlossen waren – nur damit das Geld rasch verbraucht wurde und nicht versickerte …

Noch eine Beobachtung: Im »Arma Hotel«, auf einer Terrasse, dem Ararat schier gegenüber, feierte in

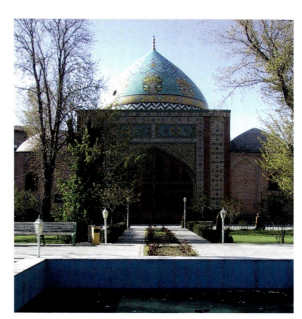

Blaue Moschee, Jerewan

einer lauen Nacht eine Gruppe von etwa zwanzig Personen ganz besonders fröhlich ihrem Rückflug im Morgengrauen entgegen. Irgendwann kam eine Dame an unseren Tisch, die Situation zu erklären: Sie seien alle Auslandsarmenier, Sponsoren, und träfen sich jedes Jahr um diese Zeit für vierzehn Tage, um ihre Projekte zu besuchen – ein Armenier beläßt es nicht beim Scheck, er begleitet und kontrolliert. Sie stellte sich vor als Sekretärin bei der UNO. Sie habe die Patenschaft für ein Dorf übernommen, im vergangenen Jahr eine Turnhalle für die Schule gestiftet, in diesem Jahr ein Amphitheater.

Der Eindruck von Jerewans Straßenschluchten mit Mehrfamilienhäusern, Wohnblocks und Plattenbauten wäre nicht komplett ohne den fünf Kilometer langen Grüngürtel, der sich im Halbkreis um die Innenstadt legt, unterbrochen nur durch die breiten Alleen: Rasenflächen und Anlagen durchzogen von einem Wasserlauf, dazu Bassins, Springbrunnen, Spielplätze, kleine Eiscafés, Lokale und Imbißbuden, mein Lieblingsrestaurant mit dem Inselchen im künstlichen Teich, auf dem sich im Sommer Große und Kleine mit Tretautos vergnügen. Vor der Oper, unterhalb des begrünten Theaterplatzes, der wegen seiner bedeutsamen Kundgebungen in ›Freiheitsplatz‹ umbenannt wurde, überrascht ein licht- und musiküberflutetes Kunsteis-Stadion. Es gibt etliche Fußball-, Sport- und Schwimmstadien in Jerewan. Erwähnenswert wäre ein zweites auffallendes Gebäude auf dem Hügel von Tsitsernakaberd. Beide Säle sind gleichermaßen für sportliche wie musikalische Ereignisse zu nutzen und von 1 300 bzw. 5 000 Sitzplätzen um weitere 1 000 durch eine schwenkbare Tribüne zu vergrößern. In den Anlagen der Stadt gilt es die Gedenkmonumente zu identifizieren: der sinnende Komitas vor seinem Konservatorium ist noch leicht zu erraten (s. Abb. S. 194), aber sonst bereitet die armenische Beschriftung schon Probleme. Hier finden sich die Großen wieder auf ihren Sockeln, aber auch ein armer Straßen-

Impressionen von Jerewan:
<u>oben</u> Straßenzug in Plattenbauweise
<u>unten</u> Restaurant im Grüngürtel

händler in Bronze, der seine Blumen lieber schönen Frauen schenkte, als sie zu verkaufen – ein unvergessenes Original.

Gemäß der armenischen Tradition dürfen wir in der jetzigen Hauptstadt nicht bedeutende Kirchen

Kirche der wundertätigen Gottesgebärerin

erwarten – Klosterakademien erstanden ja stets abseits vom Getriebe der Welt. Die des Heiligen Sargis, hoch über dem linken Hrasdan-Ufer, fällt ins Auge, wenn man sich von Westen der Stadt nähert. Sie ist ein Überbleibsel eines Kirchen- und Klosterkomplexes hinter hohen Mauern, Bischofssitz sogar, eine Einsiedelei wohl aus uralt-christlichen Zeiten. Aber nun ist sie durch mehrmaliges Wiederauf- und Umbauen, zuletzt zwischen 1971 und 1976, die am wenigsten ansprechende Kirche Alt-Jerewans. Der Glockenturm kam erst im Jahr 2000 dazu.

An der Peripherie gibt es ein Dutzend oder mehr kleinere Gotteshäuser. Soweit sie aus dem Mittelalter stammen, haben sie das große Erdbeben von 1679 nicht überstanden, wurden wieder aufgebaut und sind nach der Zerstörung oder Zweckentfremdung und Schändung während der Sowjetzeit nun wieder restauriert, sind spirituelle Zentren ihrer Gemeinden, mitunter mit kunsthistorisch interessanten Details. So entdeckte ich im Nordwesten, zwischen der Sarian- und Puschkinstraße, ganz schön versteckt im dritten Hinterhof, umgeben von stattlichen Wohnblocks, einen freien Platz mit Bäumen, eine Oase der Ruhe: die ›Zoravor-Astvatsatsin-Kirche‹, der ›wundertätigen Gottesgebärerin‹ geweiht, einer der ältesten Sakralbauten Jerewans. Vorher hieß sie ›Ananiaskirche‹, nach einem der 70 oder 72 ›Apostel‹, die in der westlichen Kirche nur ›Jünger‹ genannt werden. Die Apostelgeschichte erzählt *Es war aber ein Jünger zu Damaskus mit Namen Ananias; zu dem sprach der Herr im Gesichte: Ananias ... Stehe auf und gehe hin in die Gasse, die da heißt »die gerade« und frage in dem Hause des Judas nach einem namens Saul von Tarsus; denn siehe er betet [der gefürchtete Christenverfolger!] – und hat gesehen im Gesicht einen Mann mit Namen Ananias zu ihm hineinkommen und die Hand auf ihn legen, dass er wieder sehend werde. Ananias aber antwortete: Herr, ich habe von vielen gehört von diesem Manne, wie viel Übles er deinen Heiligen [die sich zum Christentum bekennen] getan hat zu Jerusalem; und er hat allhier Macht von den Hohenpriestern, zu binden alle, die deinen Namen anrufen. Der Herr sprach zu ihm: Gehe hin, denn dieser ist mir ein auserwähltes Rüstzeug, daß er meinen Namen trage vor Heiden und vor Könige und vor die Kinder Israels. Ananias tat, wie ihm geheißen, legte ihm die Hände auf *Und alsbald fiel es von seinen Augen wie Schuppen, und er ward wieder sehend und stand auf, ließ sich taufen.

In einem Häuschen der dem Gotteshaus vorgelagerten Kapelle führt eine Treppe hinunter in einen winzigen, nur von Kerzen erhellten Raum, der Krypta des Heiligen. Alle knien am blanken Boden. Die schwere Holztür davor zeigt die Szene: den segnenden Ananias, den betend knienden Saulus mit der Taube, dem Heiligen-Geist-Symbol, über seinem Haupt schwebend. Doch es ist schon Paulus, wie er sich nach seiner Bekehrung nannte, denn beide Gestalten tragen einen Nimbus. Paulus, der der größte ›Networker‹ mit rund vierzig Stützpunkten in der antiken Welt und der Lehrer des Evangelisten Lukas werden sollte!

Das alte Kloster wurde bereits im 7. Jahrhundert gegründet. Nach dem großen Erdbeben wurde die Kirche 1693 in ihrem heutigen Erscheinungsbild neu errichtet, nach der Sowjetzeit in den Siebzigern des vergangenen Jahrhunderts den Gläubigen zurückgegeben und unter der Schirmherrschaft von Etschmiadsin sorgfältig renoviert. Zerstörte und abgefallene Teile der Wände und Decken wurden erneuert, eine Empore für den Chor eingebaut, ein stattliches Pfarrhaus entstand, und der Kirchplatz, den man durch einen alten Torbogen betritt, wurde ansprechend gestaltet. Und das alles finanzierte Sarkis Petoian, ein in Frankreich lebender armenischer Mäzen: Denn man spendet und zeigt es stolz an; jeder Stiftername bleibt erhalten bis zum Jüngsten Tag.

Die Kreuzkuppelkirche trägt den Namen ›Zoravor‹ – ›wundertätig, voll von höherer Kraft‹, auch zu Ehren des Heiligen Vartan Mamikonian, dessen Bildnis (s. S. 74) ich hier gesucht hatte. Dennoch zollt man dem Marienbild über dem westlichen Eingangsportal mehr Aufmerksamkeit. Auch wenn das betont schlichte Gotteshaus dem Typ einer rechteckigen, dreischiffigen Basilika ohne Gewölbe entspricht, denn die Lunette mit der Glocke sitzt über dem vorgestellten, säulenverzierten Gavit, strahlt sie Geborgenheit aus wie die alten Klöster. So erklärt es sich, dass sie die am meisten besuchte Kirche Jerewans ist.

Beim Bau der ›Grigor-der-Erleuchter-Kathedrale‹ wurde die alte Bautradition von ihrem Architekten Stepan Kurkchyan wohl bewusst durchbrochen. Von Katholikos Vasgen I. 1996 initiiert, wurde sie zum 1 700. Jubiläum der Christianisierung im Jahre 2001, in Anwesenheit des russisch-orthodoxen Patriarchen Alexius II., am 23. September geweiht. Papst Johannes Paul II. stattete ihr kurze Zeit später einen Besuch ab. Der Vatikan hatte eine Reliquie des Heiligen Gregor gesandt, die im Vorraum unter einem Baldachin des 18. Jahrhunderts aus der

Grigor-der-Erleuchter-Kathedrale von 2001 in Jerewan

Gayane-Kirche verehrt wird. Es ist ein geistiges Zentrum mit einem vieleckigen Grundriss, von drei Türmen mit schirmartig gefalteten Hauben überragt, aus hellgelbem Stein, der in der Abendsonne ocker aufleuchtet. Drei Kirchen sind hier auf 3 822 Quadratmetern vereint: die Hauptkirche mit 1 700 Plätzen in Bankreihen, mit bester Sicht zur riesigen Altarbühne, ein Rundbau, und die Kapellen, nach Trdat III. und seiner Frau Ashkhen benannt, mit je 150 Sitzplätzen, als Kreuzkuppelkirchen rechts und links davor. Der Glockenturm mit mehr als dreißig Bögen dient als gemeinsamer Eingang. Es gibt einen separaten Raum zum Anzünden von Kerzen und Räumlichkeiten für die Gemeinde im Untergeschoss. Man ist stolz auf diese imposante, massive, Ehrfurcht gebietende Kathedrale der Superlative, die größte der armenischen Christenheit. Aber dass die alten Vorgaben nicht eingehalten wurden, dass das Verhältnis 1:7 der Kuppel zum Raum nicht stimmt, fühlt man. Der wichtigste Gedanke wurde nicht übernommen: Die Sphäre, der Himmel auf Erden ist nicht mehr da. Das Materielle, der Unterbau überwiegt. Vielleicht wird sie deshalb nicht so angenommen.

Ein zweites, großes Gemeindezentrum soll entstehen, an der Kathogike, der ältesten und Hauptkirche Jerewans aus dem 7./8. Jahrhundert bzw. was noch von ihr übrig ist. Sie störte beim Bau eines Akademie-Gebäudes an der Ecke Sayat-Nova-/Abovianstraße, also riss man den größten Teil des Gotteshauses dafür ab, übrig blieb nur ein zimmergroßes, lang gestrecktes Kirchenschiff mit einem beinahe ebenso großen Turm darüber. Aber es wird besucht, wie an den unzähligen geopferten Kerzen in der kleinen Halle gegenüber zu sehen ist. Das Kirchlein war mit frischen Blumen geschmückt. Ein Mädchen hatte hergefunden, sein Herz zu erleichtern, kauerte, die Hände vor dem Gesicht, auf dem einzigen Hocker. – Seit meinem letzten Besuch war ein kleines Wunder geschehen: Das ganze,

Kathoghike aus dem 7./8. Jahrhundert vor geplantem neuen Gemeindezentrum, Jerewan

mittlerweile heruntergekommene Universitätsgebäude hatte weichen müssen! Die Kathogike steht nun auf einem riesigen, freien Platz, und eine Tafel zeigt den geplanten Neubau dahinter: kreuzförmig, mit klaren Linien und stimmigen Proportionen.

Doch die eigentliche Mutterkirche ist und bleibt das nahegelegene Etschmiadsin. Stets bekreuzigte sich mein Fahrer an einer bestimmten Stelle und nahm drei Finger seiner rechten Hand an die Lippen. Der Glaube ist hier etwas sehr Fassbares, wie ich es auch einmal bei einer Messe erlebte. Ein Mann trug da sein wenige Wochen altes Kind auf ausgestreckten Armen. Mir kam ›Darbringung im Tempel‹ in den Sinn. Er ließ die Prozession vorüberziehen, als die Gläubigen herandrängten, das Handkreuz oder die vorangetragene Fahne zu küssen. Er wartete auf die Diakone dahinter mit ihren Flagellum-Stäben. Er strich mit seiner Hand über den Seraphim auf der Scheibe, dann über die Stirn des Kindes, erst beim einen, dann beim anderen, der das erwartet hatte und so lange stehen geblieben war. Das Heilige zu berühren und so Segen zu empfangen, ist Realität, wie bei Noah das Zeichen des Regenbogens am Ararat. Deshalb gilt frei nach Jean Paul: **Armenien ist ein Land für die Menschen, die nicht bloß mit dem Auge, sondern mit dem Herzen wandern.**

Der ARARAT von der Höhe bey ERIWAN

Zum guten Schluss

Nicht ein ›Kolophon‹, eine Beschreibung der äußeren Umstände, soll die letzten Abschnitte füllen, sondern ein Erinnern an die Begleiter, die sich nun mit mir über das Erscheinen meines Armenienbuches freuen, aber auch an die, die es nicht mehr erleben.

Ich brachte Interesse für Geschichte und noch mehr für die Geschichten dahinter mit, die ›Lust zu fabulieren‹ und vielleicht ein paar Eigenschaften, die man ›typisch deutsch‹ nennt. Bei der Durchführung dachte ich mitunter an meinen alten Geschichtslehrer, Dr. Konrad Bär, wenn er Extemporalen stets mit der gleichen Formulierung begann: »Stelle in den Zusammenhang der Ereignisse –«, und dann kam eine Jahreszahl, ein Begriff oder eine Persönlichkeit. Und er verlangte, dass wir mit eigenen Worten so erklären, dass es auch die Gemüsefrau auf dem Wochenmarkt versteht. Das bedeutete, übertragen auf das Buch, den Leser dort abzuholen, wo er (möglicherweise) steht, und wenn es bei Null ist, wie bei mir.

Wenn der christliche Glaube für das armenische Volk überlebenswichtig war und ist, war es notwendig, hier auf ein gewisses Grundwissen aufzubauen. Was ist denn davon heute noch als Allgemeinbildung vorauszusetzen? Welche biblischen Geschichten sollte man kennen? Wie viele Menschen sind völlig ohne christliche Unterweisung oder mit ungeschickt vermitteltem Religionsunterricht aufgewachsen. Ich hatte eben das Glück, von Kind auf mein christlich geprägtes Umfeld in denkbar ansprechender Weise zu erleben, bis hin zu meinen späten sieben Semestern als erste und zumeist einzige Gasthörerin bei Professor Dr. Reinhard Feldmeier, bis er einem Ruf an den Lehrstuhl für Neues Testament nach Göttingen folgte.

Im doppelten Sinn konnte ich meinen Horizont erweitern auf gut einem Dutzend Reisen in alle Welt, mit Kirchenrat Paul Rieger von der Evangelischen Akademie Tutzing, dem Begründer des theologisch begleiteten Reisens: Glaubensfragen diskutieren ›en passant‹. Nicht nur in der Wüste wird man von ihnen eingeholt, auch in der Fremde. Er war es, der mich zum Schreiben ermutigte. Mit kleinen Hinweisen verbesserte er meinen Stil. Dann nahm er erstaunt und bewundernd wahr, was ich nach den gemeinsam gewonnenen Eindrücken der ersten Armenienreise durch meine Recherchen alles ans Licht beförderte. So lange es seine Kräfte zuließen, freute er sich mit, wie ein Kapitel nach dem anderen entstand und reifte.

Als Erstleser des Manuskripts übernahm den Part des völlig Ahnungslosen der Professor der Physik, Dr. Jürgen Kalus von der Universität Bayreuth, dem es beinahe Vergnügen bereitete, wenn er etwas fand, das er nicht (oder wenigstens miss-)verstehen konnte, und sei es ein verkringelter Satz.

Dr. Axel Denecke, Professor für Praktische Theologie in Hamburg, bereicherte mein Manuskript mit einer Reihe von Vorträgen auf der Reise mit seiner Gemeinde von St. Katharinen. Er machte mich bei einer Audienz seiner Heiligkeit, Katholikos Aller Armenier, Karekin II. bekannt mit Professor Dr. Hermann Goltz von der Universität Halle-Wittenberg, Inhaber des Lehrstuhls für Konfessionskunde der Orthodoxen Kirchen. Professor Goltz traf ich wieder bei einem Armenien-Seminar in Wittenberg. Das halbfertige Manuskript interessierte ihn so sehr, dass er es über Nacht durchlas. Wertvolle Erkenntnisse über die armenische Schrift gewann ich dort beim Vortrag von Frau Dr. Armenuhi Drost-Abgarjan, mittlerweile Professorin für Armenologie am Orientalischen Institut der Martin-Luther-Universität in Halle. Sie überließ mir sogar ihr Vortrags-

Manuskript. In späteren Jahren folgte noch manch wertvolle Auskunft und Verbesserung, auch von ihrer Assistentin, Frau Hermine Buchholz-Nazaryan. Herr Vahagn Abgaryan in Jerewan, ein Wissenschaftler des Matenadaran, war dort im Dezember 2010 mein Fürsprecher. Nicht nur, dass ich in der Ausstellung frei fotografieren durfte, er vermittelte auch die Erlaubnis des Direktors Hratsch Tamrasyan, bereits veröffentlichte Bilder zu verwenden bzw. aus dem Matenadaran-Fotoarchiv anzufordern. Vahagn verdanke wichtige Informationen und Korrekturen. Naira Sukiasyan, die kenntnisreiche Führerin, übernahm die weitere sachliche Überprüfung des Manuskripts, und sie eröffnete mir die Welt des Brauchtums und Aberglaubens. Das ergänzten mit westarmenischen Traditionen meine Freundin Nadya und ihr inzwischen verstorbener Ehemann Dr. Apraham Hekimoglu, die beide aus Istanbul stammen. Bei seiner Trauerfeier lernte ich Vardapet Serovpe Isakhanyan von der armenischen Rhein-Main-Gemeinde kennen, der sich der bisher unlösbaren Fragen annahm.

Doch am meisten konnte ich mir durch Fernleihen aus Uni-Bibliotheken aneignen. Der Bayreuther Bibliothekar Detlev Gassong war ein Spezialist seines Faches, mit ungeahntem Spürsinn und unerschöpflicher Hartnäckigkeit. Wenn ich mich in etwas verrannt hatte und er aufgeben musste, dann war wirklich nichts mehr zu finden.

Eine weitere ergiebige Quelle eröffnete sich an der Universität Erlangen. Der ehemalige Direktor der Evangelischen Akademie Wittenberg, der jetzige Kultusminister von Sachsen-Anhalt, Stephan Dorgerloh, vermittelte den Kontakt zu einem Studienkollegen, den aus Westarmenien/Istanbul stammenden Professor für Geschichte und Theologie des christlichen Ostens der Universität Erlangen-Nürnberg, Dr. Haçik Rafik Gazer. Für ein Semester besuchte ich auch seine Vorlesung »Christliche Kirchen im Nahen Osten.« Sein Interesse an meinem Armenienbuch entsprach seinem Einsatz dafür. Er empfahl und lieh mir Bücher über Bücher, auch private. Er prüfte, korrigierte und ergänzte, was ich über den armenischen Glauben und seine Ausübung beobachtet und recherchiert hatte. Einige Texte übersetzte er mir eigens aus dem Armenischen, und über manche politischen Zusammenhänge, die ich nicht kennen konnte, klärte er mich auf.

Der Moraltheologe Professor Dr. Volker Eid aus Bamberg schenkte mir den von ihm verfassten, im Handel nicht mehr erhältlichen DuMont-Kunstreiseführer »Ost-Türkei« mit einer freundlichen Widmung und gestattete wie selbstverständlich, daraus zu zitieren. Wertvolle Hinweise erhielt ich von Professor Dr. Jörg Schlumberger, der in Bayreuth Alte Geschichte lehrte und von Herrn Gerhard Hutzler, der nach einem Arbeitsleben als Bankdirektor im Fach »Neueste Geschichte« noch sein Magisterexamen ablegte, der die Ereignisse um die deutsch-türkische Freundschaft in- und auswendig kannte. Er riet mir, mich direkt im Politischen Archiv in Berlin zu informieren, in den Schriftstücken zu blättern, die zwischen der Türkei und Berlin hin- und hergegangen waren. Er und der Würzburger Professor für Neuere und Neueste Geschichte, Dr. Harm-Hinrich Brandt, warfen ein wachsames Auge auf die letzten Kapitel um diesen Themenkreis.

Der Bayreuther Wirtschaftsgeograph Professor Dr. Jörg Maier war im Auftrag der »Deutschen Gesellschaft für technische Zusammenarbeit« (GTZ) zur Analyse der gegenwärtigen Situation und Entwicklung von Visionen mehrfach in Armenien. Von ihm bekam ich Zahlenmaterial. Er bestätigte mir, was ich im gegenwärtigen Jerewan beobachtet hatte. Aber er wusste, was ich nicht erfragen konnte und nicht vermutet hätte: dass ein Lebensstandard über dem Existenzminimum völlig von Auslandskontakten abhängt.

Wenn ich in den letzten zehn Jahren reiste, dann gezielt auf mein Buch bezogen, auch nach Ostanatolien / Westarmenien, ins alte Persien und natürlich zur Armenischen Gemeinde in Neu-Djulfa, einem Stadtteil von Isfahan. Im Libanon kam es 2006 nach dreißig Jahren zu einem Wiedersehen mit meinem Weihnachtsbrief-Freund Hrant der Bedrossian, dem früheren Generalvertreter von Bayer und Hoechst für den Nahen Osten. Zusammen mit seiner Familie folgte ein kulinarischer und kultureller Höhepunkt dem anderen, bis zur vielstündigen Ostermesse Seiner Heiligkeit Aram I., des Katholikos des Großen Hauses von Kilikien, doppelt schön, weil Hrant übersetzte und erklärte. Aber er blieb dabei, wie er mir einmal geschrieben hatte: »Believe me, 95 % of Armenians about all you wrote, do not know.« Er war so angetan von dem zu drei Vierteln fertigen Manuskript, dass er es mitbrachte und zeigte, als wir am Ostermontagmorgen, als Erste und noch Einzige zur Audienz des Katholikos in dessen Palast kamen. Spontan bot mir seine Heiligkeit seine Bibliothek und einen Priester zur Unterstützung an, wenn ich über den Themenkreis des Genozids zu schreiben käme. – Ich verließ ihn wie im Traum, beschenkt mit sieben seiner Bücher.

Armenische Gastfreundschaft und mehr wurden mir zuteil bei meinem abschließenden Besuch in Etschmiadsin durch Bischof Hovhakim, der für die ökumenischen Beziehungen zuständig ist, einem Freund Professor Gazers. Da mir der Termin freigestellt war, wählte ich den 24. Dezember und erlebte vormittags schon die schönste Weihnachtsüberraschung: der herzliche Empfang, Maria, eine überaus freundliche, kundige Begleiterin durch Museen und Schatzkammern bis zum zoroastrischen Kultraum unter dem Altar, mit der ausdrücklichen Weisung, mich alles, was ich brauchte, sehen und fotografieren zu lassen! Dazu die Einladung des Bischofs zu einem besonderen Ereignis, einer Priesterweihe!

Das Schreiben sei ein einsames Geschäft, heißt es, aber ich empfand es nicht so. Ich hatte es selbst gewählt, und es tat mitunter gut, mich aus der Gegenwart zu entfernen. Das konnte sich zu einer Faszination steigern, die Zeit, Hunger und Müdigkeit vergessen ließ. Andererseits lernte ich durch meine Recherchen, meinen Wissensvorsprung, viele neue dafür aufgeschlossene Persönlichkeiten kennen; alte Kontakte lebten wieder auf. Es ergaben sich wundervolle Begegnungen, lange, interessante Gespräche, reger E-Mail-Verkehr. Ich hatte das Glück, die richtigen Menschen zur rechten Zeit zu treffen. Sie begleiteten mich bei meiner Arbeit über kürzere oder längere Zeit, wie in den letzten Jahren Professor Dr. Wilfried Härle (Lehrstuhl für SystematischeTheologie) aus Heidelberg. Konstruktiv-kritisch nahm er sich den Text vor, besonders die theologischen Passagen, und trug ein paar neue gute Gedanken und treffende Lutherworte aus dem reichen Schatz seines Wissens bei. So ließen sich dem Mosaik über die Zeiten und Räume Armeniens noch ein paar besonders (geist-)blitzende Steinchen hinzufügen.

All diesen lieben Menschen, Freunden und Bekannten danke ich von Herzen.

Verzeichnis der Bibelstellen

Zitierte Stellen aus den Lutherbibeln von 1534, 1912 und
1992 (Stuttgarter Erklärungsbibel)
sowie des Neuen Testaments von 1965, übertragen von Jörg Zink.

11	Das Erst Buch Mose IX.	33	1 Mo 30, 22–24	78	Joh 1, 14	165	1 Sam 17, 4–7
11	Das Erst Buch Mose VI.	34	1 Mo 32, 27	79	Joh 3, 13	166	1 Sam 17, 38–46
11	Das Erst Buch Mose VII.	34	1 Mo 50, 20	98	Lk 3, 4	166	1 Sam 17, 49
12	Das Erst Buch Mose VII.	35	2 Mo 3, 5	99	Lk 3, 7–9	167	1 Mo 2, 18
12	Das Erst Buch Mose VII.	35	2 Mo 3, 6	99	Lk 3, 15–16	167	1 Mo 3, 14
12	Das Erst Buch Mose VIII.	35	Stgt.-E-Bibel 82	99	Mt 5, 44–45	167	1 Mo 3, 15
12	Das Erst Buch Mose VIII.	35	2 Mo 4, 2–5	109	Mt 25, 1–13	167	1 Mo 3, 3–5
12	Das Erst Buch Mose IX.	36	2 Mo 18, 18–20	117	Ps 21, 11	167	1 Mo 3, 6
12	Das Erst Buch Mose IX.	36	2 Mo 19, 16–19	117	Mt 28, 20	168	1 Mo 3, 7
12	Das Erst Buch Mose IX.	38	5 Mo 34, 4–6	117	Mt 3, 13–17	168	1 Mo 3, 16–19
13	Das Erst Buch Mose VIII.	41	Mt 11, 28	127	Joh 15, 5	180	5 Mo 5, 8–9
27	Luk 2, 1	41	Mt 5, 44	133	Jes 48, 22	202	Dan 7, 1
27	Mk 6, 21–23	41	Joh 1, 11	149	2 Mo 20, 4	202	Dan 7, 9
28	Mt 6, 20	42	1 Mo 12, 2	151	Joh 19, 38–40	263	Apg 9, 10–15
31	1 Mo 12, 1–3	56	Spr 1, 2	159	Joh 8, 12	263	Apg 9, 18–19
32	Das Erst Buch Mose XVIII.	59	Ps 23	163	Jona 1, 2		
32	1 Mo 22, 18	66	1 Mo 2, 8–9	164	Jona 1, 15		
33	1 Mo 25, 8	66	1 Mo 2, 16–17	164	Jona 2, 1		
33	1 Mo 24, 15–16	66	1 Mo 3, 22–24	164	Jona 3, 5		
33	Das Erst Buch Mose XXIX.	69	1 Kor 15, 51–55	165	Jona 3, 9		

Glossar

Apsis geosteter, erhöhter Altarteil der Kirche
Basilika lang gestreckter, häufig mehrschiffiger (Kirchen-)Bau
Bema siehe Apsis
Bolorgir mittelarmenische Schrift
Chatschkar frei stehender Kreuzstein mit reicher Ornamentik
Daschnak-Partei Zusammenschluss protestierender armenischer Intellektueller
Diakon nicht zölibatär lebender armenischer Geistlicher ohne Erlaubnis, Sakramente zu spenden
Dogma Lehrmeinung, Konzilsbeschluss
Eucharistie Brot und Wein als Leib und Blut Christi, dargereicht im Gottesdienst oder bei der Messe
Evangeliar liturgisches Buch mit Texten aus den vier Evangelien
Entente-Mächte Frankreich, England, Russland mit seinen Verbündeten Serbien, Belgien und Rumänien
Franken Bewohner der westlichen Hälfte des Römischen Reiches
Gavit Erweiterungs-Vorbau einer Kirche nach Westen
Genozid Völkermord
Grabar altarmenische Schrift und Sprache
Hamidiye Abdul Hamid II. kurdische Spezialeinheit
Heiliges Abendmahl siehe Eucharistie
Homilienbuch Erklärungen zu Texten der Evangelien
Huntschak-Partei Zusammenschluss armenischer Nationalisten
Hymnarien Sammlung von Hymnen der Liturgie
Ikonen verehrte Darstellungen von Christus oder Heiligen
Itthadisten türkisch-nationalistische Gruppierung
Katholikos Oberhaupt der Armenisch-Apostolischen Kirche
Kathogike älteste und Hauptkirche eines Klosterbereichs
Khasen Notenschrift aus dem 10. Jahrhundert
Kolophone persönliche Ergänzungen des Schreibers am Ende des kopierten Buches
Konche halbrunder Abschluss eines Armes einer Kreuzkuppelkirche
Konzil Zusammenkunft von Bischöfen zur Findung gemeinsamer Glaubenssätze
Kreuzkuppelkirche Kuppelbau mit vier gleich langen, kreuzförmig angeordneten Armen
Kuppelhalle kreuzförmiger Grundriss mit Eckanbauten zum Langhaus gestaltet
Lateiner siehe Franken
Laterne runder Aufsatz über dem Zentralgewölbe der Kirche mit Öffnungen oder Säulen für den Lichteinfall
Liturgie festgelegter Ablauf von Gottesdienst oder Messe

Martyrium Ruhestätte eines Märtyrers
Matenadaran staatliche Bibliothek, Nationalmuseum für alte Handschriften und Bücher in Jerewan
Mechitaristen von Mechitar von Sebaste gegründeter armenisch-katholischer Orden
Miaphysiten Anhänger der Lehre der vereinigten göttlich-menschlichen Natur Christi
Millet-System besondere Gesetze für nicht-muslimische Minderheiten
Mittelmächte Deutsches Reich, Österreich-Ungarn, Osmanisches Reich, später Bulgarien
Monophysiten siehe Miaphysiten
Muqarnas ›Türkische Dreiecke‹, stalaktitenartige Dekorationselemente
Myron heiliges Salböl
Narthex siehe Gavit
Parusie Wiederkunft Christi am Jüngsten Tag
Paşa hoher osmanischer Ehrentitel
Pendentif Eckzwickel am Übergang der Vierung zur Kuppel
Psalmen Lieder- und Gebetssammlung des Alten Testaments
Reliquie physisch anwesende Substanz von Heiligem
Ritus religiöse, stets sich gleichende Handlungen
Schisma Abspaltung innerhalb einer Religionsgemeinschaft
Shamatun siehe Gavit
Sharakan geistliches Lied
Skriptorium Schule oder Schreibstube der Kopisten des Klosters
Stele hoher, schlanker (Gedenk-)Stein aus einem Stück
Tambour siehe Laterne
Trompe siehe Pendentif
Therme mehrere Räume und Temperaturen umfassende Badeanlage
Tetrakonchos Kreuzkuppelkirche mit vier kurzen gerundeten Armen
Tonir zylindrischer, versenkter Ofen
Trommel siehe Laterne
Tympanon dreieckiges oder halbrundes Feld im Giebel eines Tempels oder einer Kirche
Vardapet studierter Mönch mit Lehrerlaubnis, Gelehrter
Vierung quadratischer Ausschnitt im Kirchendach beim Übergang zur Kuppel
Vilayet Regierungsbezirk
Vishap fischartiges Fabeltier

Personen- und Sachregister

Abas I. Bagratuni 132
Abbas I., der Große, Schah von Persien 132, 210, 211, 212
Abbassiden 131
Abdul Hamid II., Sultan 221, 222, 223, 224, 225, 226, 227, 240, 242
Abgar (Abgar V. Ukhama), König von Edessa 26, 27, 29, 30, 38, 43, 44, 159, 180, 181
Abraham 30, 31, 32, 33, 35, 38, 42, 159, 163
Adam 9, 14, 53, 66, 67, 99, 110, 127, 160, 167, 168, 203
Agathangelos, Chronist 72, 73, 138
Alexander/Alexander der Große 7, 24, 27, 45
Alp Arslan 133, 185
Anahit, urart. Gottheit 46, 47, 54
Araber 8, 32, 100, 131, 132, 146, 147, 169, 174, 177, 178, 179, 181
Aram/Aramu, König 7, 17, 24, 26, 188
Aram I, Katholikos 84, 267, 269
Artsruni, Artsruiden Fürsten- und Königsgeschlecht 8, 132, 140, 156, 157, 159, 160
Argischti, König 18, 21
Aristakes, Historiker 131, 134
Aristakes, Katholikos 75, 78, 107
Armenier 7, 8, 21, 22, 28, 29, 46, 50, 51, 52, 55, 56, 58, 59, 62, 65, 74, 75, 78, 79, 80, 81, 83, 111, 114, 124, 128, 130, 131, 135, 136, 141, 142, 143, 168, 169, 170, 171, 172, 179, 181, 182, 188, 190, 191, 193, 194, 204, 205, 209, 210, 211, 212, 213, 214, 215, 216, 217, 218, 219, 220, 221, 222, 223, 224, 225, 226, 227, 229, 230, 231, 232, 233, 235, 236, 238, 239, 240, 241, 243, 244, 246, 247, 248, 249, 250, 251, 252, 253, 255, 260, 261, 267
Armenisch-Apostolische Kirche 65, 264
Arsakiden 8, 45, 47, 54, 248
Artaxiden 7, 24, 248
Aschot I. Bagratuni 123, 131, 136
Aschot II. Bagratuni 132
Aschot III. Bagratuni 132, 136, 145, 149, 168
Aschughen 154, 155, 192
Bagratiden, Fürstenfamilie 8, 123, 131, 132, 145, 146, 169, 186
Balduin 172, 176
Bartholomäus, Apostel 54, 58, 83, 96, 181
Basileios I. von Byzanz 131
Bergfeld, Heinrich 225, 226
Bethmann Hollweg, Theobald von 224, 225, 231, 233, 241, 243
Bismarck, Otto von 224
Byzantiner 8, 80, 128, 130, 135, 146, 169, 171

Cemal Bey, Cemal Paşa 227, 228, 230, 240, 242, 243, 244, 245
Choren I, Katholikos 247, 248
Chosrow I. 180
Chosrow II. 130
Chosrow, Könige 48, 75, 76
Chosrowanusch, Königin 145, 149
Christen/Christenheit 30, 40, 42, 44, 54, 65, 66, 68, 74, 70, 78, 80, 94, 97, 98, 99, 109, 112, 135, 136, 149, 157, 163, 169, 175, 176, 177, 178, 182, 209, 211, 213, 218, 220, 221, 223, 224, 229, 231, 233, 235, 252, 254, 263, 265
Christus, Christi, Jesus Christus 7, 14, 17, 24, 26, 27, 29, 31, 38, 40, 41, 42, 43, 44, 45, 48, 54, 55, 58, 66, 69, 70, 72, 76, 78, 79, 80, 82, 83, 84, 85, 88, 90, 91, 96, 97, 98, 100, 108, 109, 110, 112, 114, 115, 117, 122, 124, 127, 128, 130, 133, 138, 139, 147, 151, 153, 154, 159, 160, 163, 176, 178, 180, 181, 187, 188, 189, 198, 200, 202, 203, 204, 206, 207, 208, 212
David 59, 71, 159, 160, 165, 166, 187
Diaspora 8, 9, 58, 114, 133, 141, 169, 209, 212, 213, 220, 240, 247, 250, 251, 252
Diokletian 48, 54
Dschingis Khan 8, 135, 175
Eckhardt, Eckart, Bruno und Franz 236, 237
Enver Bey, Enver Paşa 227, 233, 238, 242, 243, 244, 245
Eva 9, 14, 66, 67, 127, 160, 167, 168
Faustus von Byzanz, Chronist 75
Franken 8, 169, 170, 176, 178
Gabriel, Erzengel 53, 153, 154, 163, 201
Gagik Artsruni 132, 156, 157, 158, 159, 160, 162, 165
Gagik I. Bagratuni 95, 136, 139, 140, 141, 145, 186
Gagik II. 133
Gayane 54, 73, 92, 93, 138, 265
Goltz, Colmar von der 226, 239
Gott, Göttin, Götter 9, 11, 12, 13, 14, 15, 17, 18, 21, 24, 27, 28, 29, 30, 31, 32, 33, 34, 35, 36, 37, 38, 39, 40, 41, 42, 43, 44, 45, 46, 47, 48, 52, 53, 54, 55, 56, 58, 65, 66, 67, 68, 72, 73, 75, 76, 77, 78, 79, 80, 81, 82, 83, 84, 85, 88, 89, 91, 98, 99, 102, 105, 107, 108, 109, 111, 115, 117, 118, 127, 130, 132, 133, 134, 136, 138, 139, 147, 152, 154, 159, 161, 163, 164, 165, 166, 167, 168, 171, 173, 176, 177, 178, 187, 188, 189, 198, 200, 202, 203, 204, 206, 207, 208, 235, 244, 248, 250, 251, 252, 257
Gottfried von Bouillon 170, 176
Grigor der Erleuchter, Grigor Luswaworitsch 48, 50, 54, 55, 67, 72, 73, 75, 76, 77, 78, 80, 83, 85, 87, 91, 92, 94, 95, 96, 97, 99, 100, 107, 108, 114, 120, 123, 124, 138, 140, 141, 150, 175, 185, 190, 199, 202, 208, 214, 247, 264
Grigor von Tatev 40, 197, 198, 199
Grigor Pahlavuni, gen. Grigor Magistros 146, 147, 184, 190

Grigor von Narek, Vardapet 161, 168, 190
Grigor von Achtamar, Katholikos 160
Gurgen / Kjurike Bagratuni 145, 149, 150, 168
Hajdukner 222
Hayk / Haik 7, 22, 23, 24, 26
Herodot, Historiker 22, 218
Hethumiden, Fürstenfamilie 175
Hethum I. 175
Hethum II. 176
Hitler, Adolf 226, 231, 239, 245
Hoffmann-Fölkersamb, Hermann 225
Hohenlohe-Langenburg, Ernst Fürst von 233
Holstein, Walter 232
Howhannes Tumanjan 107, 108, 110, 114, 228
Hovhannes Imastaser 151, 190
Hovhannes Odsnezi, Katholikos Hovhannes III. 128, 190
Howsep von Skewra 175
Hripsime 54, 67, 73, 91, 92, 94, 138, 189
Jakob, AT 33, 34, 35, 38
Jakob, Heiliger 52, 53
Jakob, Jakobus d. Ä., Apostel 138, 170, 212, 213
Jakobus d. J., Herrenbruder 213
Javith 7, 12, 22
Jeghische, Vardapet 74, 79
Jersnka, Konstandin 153
Jeppe, Karen 235, 237, 238, 239
Jesus 28, 29, 30, 36, 40, 41, 42, 43, 79, 90, 110, 115, 117, 129, 151, 163, 173, 180, 201, 202, 203
Johannes der Täufer 28, 98, 99, 108, 110, 117, 124, 200, 212
Johannes, Evangelist 78, 79, 90, 91, 124, 127, 138, 151, 157, 158
Jona 163, 164, 165
Joscelin II. 178
Joseph, Mann der Maria 28, 40
Joseph AT 30, 34, 35
Josephus Flavius, Historiker 42
Joseph von Arimathäa / Arimathia 91, 151
Judas, Judas Ischariot, Jünger Jesu 30, 115, 138, 236
Juden 29, 36, 42, 43, 44, 50, 66, 67, 79, 115, 135, 151, 187, 214, 218, 220, 246
Jungtürken 221, 226, 227, 240, 242, 243, 244, 245, 249
Karekin II / Karekin II. Nersisjan, Katholikos 83, 89, 114, 265
Katharina die Große 213, 246
Kemal, Mustafa, Atatürk 243, 245, 246, 251
Kirakos von Gandshak 175
Komitas, Vardabet 189, 191, 192, 193, 194, 229, 240, 259, 262
Komitas Aghtsezi, Katholikos 189
Konstantin der Große 44, 54, 80, 176

Konstantin IX. Monomachus 133, 190
Konstantin VII. Porfiriogenitum 180, 181
Konzil 8, 75, 78, 79, 82, 91, 99, 128, 138, 149, 176, 177, 181
Koriun, Vardabet 56, 206, 208
Kreuzzug, Kreuzzüge 8, 169, 170, 171, 176, 177, 178, 181
Künzler, Jakob 236
Lateiner 59, 170, 173, 176
Lepsius, Johannes 236, 237, 238, 239, 241, 245
Levon I., König 171, 172, 175
Levon II. 175
Levon III. 176
Levon V. Lusignan 176
Liebknecht, Karl 233
Liman von Sanders, Otto 229, 230, 232
Luther, Martin 11, 38, 40, 59, 84, 88, 177, 178, 267, 269
Lyder 24
Mamelukken 8, 176, 209
Mamikonian, Fürstenfamilie 74, 78, 131, 264
Manuel, Mönch und Baumeister 157, 159
Manuel I. Komnenos 173
Marco Polo 175, 204
Maria, Mutter Jesu 28, 40, 46, 66, 67, 79, 80, 91, 124, 126, 129, 151, 153, 154, 160, 163, 181, 187, 201, 202, 203, 204, 212, 213
Markus, Evangelist 127, 138, 157, 171
Marr, Nicolas 20, 135, 141
Mesrop Maschtoz 8, 22, 55, 56, 58, 59, 60, 61, 79, 163, 172, 188, 189, 194, 206, 208, 209
Matenadaran 9, 61, 62, 174, 175, 258, 259, 265, 268
Matthäus, Evangelist 69, 127, 138, 157
Mechitar Herazi 62, 174
Mechitar von Sebasteia 209, 210
Meder 24, 25
Messias 41, 42, 79
Menua 18, 19, 21
Michael, Erzengel 163, 201
Millet 215, 220, 221
Mohammed 80, 177, 204
Mohammed, arm. Gouverneur 128
Moltke, Helmuth Graf von 17, 224
Momik, Vardabet 91, 196, 197, 200, 201, 202, 203, 204
Mongolen 8, 64, 135, 147, 175, 176, 182, 184, 187
Mose, AT 9, 30, 35, 36, 37, 38, 40, 41, 53, 56, 58, 65, 66, 163, 165, 168, 206
Movses von Chorene 7, 19, 22, 24, 25, 26, 28, 29, 30, 35, 43, 46, 102, 132, 180, 188, 189, 203, 206
Muqarnas 196, 201, 202
Muslime 26, 27, 131, 135, 176, 215, 220, 224, 227, 237, 255
Myron 112, 113, 114, 115, 116, 117, 118

Nabatäer 27
Nahapet Kutschak 154
Nalbandjan, Michael 249
Nansen, Fridtjof 133
Naumann, Friedrich 224
Nemesis 244, 245
Nerses I., Ururenkel Grigors des Erleuchters, Katholikos 77, 78
Nerses III., der Erbauer, Katholikos 96, 97, 130
Nerses von Lampron 173
Nerses IV., Katholikos, Schnorhali 125, 147, 172, 173, 178, 190, 200
Noah 7, 9, 11, 12, 13, 20, 21, 22, 30, 50, 52, 53, 67, 73, 96, 97, 98, 102, 103, 110, 112, 167, 169, 199, 248, 266
Omayaden 131, 213
Orbeljan, Historiker 195, 198
Orbeljan, Fürstenfamilie 197, 200, 202
Orontiden, Fürstenfamilie 24
Osmanen 210, 213, 214, 215, 223
Osmanisches Reich 188, 191, 209, 214, 215, 216, 220, 223, 226, 227, 229, 238, 239, 240, 241, 242, 243, 244, 246
Pahlavuni, Fürstenfamilie 137, 140, 146, 184
Parther 8, 45, 54, 55, 130
Paulus, Saulus 9, 42, 56, 69, 198, 202, 262, 263
Perser 8, 24, 48, 54, 78, 85, 130, 155, 174, 180, 210, 248, 250
Peter I. der Große 214
Petrus 115, 137, 138, 198, 202
Pilatus 42, 44, 151
Proschjan, Fürstenfamilie 100, 103, 195
Rachel, Rahel, AT 33, 34
Rebekka, AT 33
Römer 8, 27, 43, 44, 45, 79, 130
Ruben, Rubeniden 8, 169, 170, 172, 248
Russland 51, 211, 214, 220, 222, 224, 226, 227, 229, 230, 243, 244, 246, 260, 261
Sahak I. der Parther, Sahak Partev, Katholikos 55, 58, 74, 78, 79, 188, 189, 206, 207
Sahak III. Dzoraporezi, Katholikos 128, 190
Saladin 171, 173, 178
Salmanassar III. 17, 24
Sarduri II. 18
Sayat Nova 151, 154, 155, 265
Sebeos, Historiker 130
Scheubner-Richter, Max Ernst von 230, 231, 232, 243, 245
Seldschuken 8, 100, 132, 133, 134, 135, 169, 175, 176, 177, 182, 184, 185, 187, 197, 199, 205, 209
Smbat Bagratuni 131, 132, 145, 149, 186
Smbat II. Bagratuni 136, 139, 140

Stephanos Orbeljan, Chronist 198
Stephan von Tharon, Chronist 139, 141
Talât Bey, Talât Paşa 193, 227, 230, 233, 242, 243, 244, 245
Tataren 111, 124, 176, 213
Tehlirjan, Soghomon 244, 245, 246
Thaddäus 30, 43, 54, 83, 96, 100, 180, 197
Thomas Artsruni, Chronist 139, 156, 157, 159
Thoramanian, Thoros 95
Tiberius 43, 44
Tigran II., der Große 7, 24, 25, 26, 172, 188
Tigran VII. 76, 77
Timur Lenk, Tamerlan, Lenk-Temur 8, 65, 110, 111
Toros Toramanyan 141
Toros von Roslin 37, 175
Toros von Taron 197
Trdat I. 8, 47, 48
Trdat III. 8, 48, 54, 55, 72, 73, 75, 85, 94, 95, 96, 129, 138, 189, 265
Trdat, Steinmetz 124, 126
Trdat, Architekt und Baumeister 137, 139, 141, 149
Trobadour 154, 155, 172
Türken 176, 177, 178, 179, 181, 210, 214, 215, 217, 218, 224, 225, 226, 227, 229, 230, 232, 233, 234, 236, 239, 246, 251, 252, 253, 255
Urartäer 7, 17, 19, 20, 188, 259
Vahagn, urart. Gottheit 45, 46, 204
Vartan Mamikonian, Warthanes 8, 74, 75, 78, 264
Vartanen, Vartanyans 75, 78, 130, 248, 250
Waneni, Königin 144
Wangenheim, Hans Freiherr von 230, 231
Wegner, Armin T. 239, 241
Werfel, Franz 239, 241
Westarp, Eberhard von 218, 221
Wilhelm II., deutscher Kaiser 224
Wolffskeel von Reichenberg, Eberhard Graf von 234
Wolff-Metternich, Paul Graf von 223, 233, 243
Zabel, Königin 175
Zakharjan, Fürstenfamilie 100, 148, 185

Geographisches Register

Ararat 7, 9, 11, 12, 13, 14, 17, 20, 21, 23, 50, 51, 52, 53, 56, 58, 73, 89, 92, 93, 94, 95, 96, 107, 108, 110, 122, 123, 147, 160, 210, 214, 240, 246, 247, 248, 249, 256, 257, 262, 266 (siehe Masis)
Achtamar 156, 157, 158, 160, 162, 164, 166, 167, 168, 202, 254, 255
Adana 169, 171, 216, 227, 229, 243 (s. Mopsuestia)
Adrianopel 216 (s. Edirne)
Alexandrien 22
Amberd 183, 184
Amid 132 (s. Diyarbakır)
Anatolien 140, 204, 214, 229
 – **Ostanatolien** 9, 18, 19, 114, 130, 136, 140, 153, 156, 218, 222, 229, 230, 239, 255
 – **Südostanatolien** 169
 – **Zentralanatolien** 193
Angora/Ankara 217
Ani 8, 95, 123, 130, 131, 132, 133, 134, 135, 136, 137, 139, 140, 141, 142, 144, 145, 146, 149, 151, 156, 169, 175, 178, 182, 183, 184, 186, 200, 209, 213
Antakya 170 (s. Antiochia)
Antelias 84, 113, 114, 116, 215, 247, 255
Antiochia 169, 170, 175, 177, 178, 179 (s. Antakya)
Aparan 107
Aragaz 14, 103, 107, 108, 183, 184
Arax 184, 214 (s. Araxes)
Araxes 156, 210 (s. Arax)
Armavir 24, 102
Armenia Maritima 213
Armenien 7, 8, 9, 13, 14, 18, 20, 24, 26, 27, 30, 43, 44, 45, 47, 48, 50, 51, 54, 58, 66, 68, 72, 75, 76, 78, 81, 93, 96, 99, 101, 102, 103, 107, 108, 111, 112, 113, 115, 123, 124, 128, 129, 130, 131, 132, 135, 136, 139, 141, 143, 144, 146, 147, 150, 151, 156, 159, 160, 172, 174, 175, 176, 177, 182, 187, 188, 198, 200, 204, 209, 210, 212, 217, 218, 222, 227, 233, 235, 238, 241, 245, 246, 248, 249, 250, 251, 252, 254, 260, 266, 268, 269 (s. Hayastan)
 – **Großarmenien** 25, 26, 76, 156, 170, 173, 228, 248
 – **Kleinarmenien** 25, 171, 176, 177, 179
 – **Westarmenien** 18, 171, 214, 218, 246, 268, 269
 – **Ostarmenien** 54, 123, 210, 214, 247
 – **Sowjet-Armenien** 212, 246, 248, 249, 251
 – **Russisch-Armenien** 221
 – **Gesamtarmenien** 132, 145
Arpi 201
Artaschat 47, 54
Asat 47, 100, 102
Aserbaidshan 14, 26, 131, 246, 249, 260
Atropatene 26

Avarayr 74
Ayas 175, 176
Azdaak 108
Babylon 13, 156, 218
Baku 220, 249
Basra 223, 232
Batum 214, 246
Beirut 179, 210, 235, 247
Bergkarabach 58, 249, 260 (s. Karabach)
Bethlehem 67, 199, 213
Bitlis 218, 246
Byzanz 8, 55, 75, 95, 97, 130, 131, 132, 133, 172, 177, 181, 214 (s. Konstantinopel, Istanbul)
Caesarea 48, 56, 60, 72, 76, 77, 189 (s. Kaisarijeh, Kayseri)
Calycadnus 171 (s. Saleph)
Çavuştepe 18, 20
Chalcedon 8, 78, 82, 128
Chankiri 193
Chor Virap 50, 51, 52, 93
Deir-Zor 235
Diyabakır 132, 210, 232 (s. Amid)
Djulfa 210 (s. Neu-Djulfa)
Dzizernagapert 252 (s. Tsitsernagabert)
Edessa 22, 29, 30, 43, 56, 96, 132, 133, 170, 173, 177, 178, 179, 180, 181, 233, 236 (s. Şanliurfa, Urfa)
Edirne 216, 242 (s. Adrianopel)
Edschmiadsin 45, 52, 53, 56, 57, 62, 72, 73, 81, 82, 84, 85, 87, 96, 100, 102, 113, 114, 189, 191, 192, 193, 207, 210, 213, 214, 215, 247, 255, 264, 266, 269 (s. Vagharshapat)
Erebuni 21, 259
Erzurum 230, 232, 243, 246
Euphrat 17, 22, 23, 30, 175, 177, 235
Furnas 222
Garni 47, 48, 100, 184, 188
Geghard 82, 100, 101, 185
Gladsor 195, 196
Goktschai 123 (s. Sewan-See)
Golgatha 67, 70, 91, 176
Haghardsin 185, 186
Haghpat 61, 149, 150, 151, 152, 155, 190, 212
Halys 23, 217 (s. Kızılırmak)
Haran 30, 31, 33, 179 (s. Harran)
Harran 30, 34 (s. Haran)
Hayastan 7, 23 (s. Armenien)
Hrasdan 123, 263
Ikonium 175 (s. Konya)
Iran 9, 14, 205, 210, 211, 214, 261 (s. Persien)
Isfahan 178, 210, 211, 212, 269
Istanbul 78, 143, 205, 210, 215, 220, 231, 241, 242, 243, 245, 250, 255, 268 (s. Byzanz, Konstantinopel)

– Islambul 205
– Istambol 205
– Stambul 215
Izmir 256 (s. Smyrna)
Jerewan 9, 13, 14, 16, 21, 47, 61, 73, 98, 118, 123, 124, 131, 141, 193, 194, 204, 228, 240, 241, 246, 247, 252, 256, 257, 258, 259, 260, 261, 262, 263, 264, 265, 268
Jerusalem 29, 32, 36, 38, 42, 50, 52, 68, 115, 169, 170, 171, 173, 176, 178, 180, 212, 213, 215, 237, 247, 263
Jordan 32, 98, 99, 114, 115, 117, 179
Kaisarijeh 217, 218 (s. Caesarea, Kayseri)
Kappadokien 7, 26, 48, 54, 138
Karabach 246 (s. Bergkarabach)
Karmir Blur 188
Kars 132, 205, 214, 241
Kasach 14, 103, 104, 105, 108, 118, 205
Kaukasus 7, 26, 51, 97, 130, 132, 142, 155, 207, 229
– Kleiner Kaukasus 9, 69, 144
Kayseri 133, 189, 205, 241 (s. Caesarea, Kaisarijeh)
Kilikien 8, 88, 113, 133, 169, 170, 171, 174, 175, 176, 190, 209, 213, 215, 243, 246, 269
Kızılırmak 23, 217 (s. Halys)
Konya 175 (s. Ikonium)
Konstantinopel 22, 55, 56, 60, 78, 96, 99, 114, 132, 137, 139, 146, 171, 177, 178, 181, 193, 206, 209, 210, 213, 214, 215, 216, 222, 223, 224, 225, 226, 227, 229, 230, 231, 232, 233, 242, 244 (s. Byzanz, Istanbul)
– Konstantiniye 215
Lori 144, 148, 261
Malatya 17, 241
Manzikert 134, 169
Masis 249 (s. Ararat)
Mesopotamien 20, 22, 23, 130, 190, 216, 230
Metsamor 16, 259
Mopsuestia 169 (s. Adana)
Mughni 118, 119, 122
Musa Dagh 143, 236, 239, 241
Musch 113, 195
Neu-Djulfa 210, 211, 212, 268 (s. Djulfa)
Nicäa 75, 78, 181
Noratus 69, 70
Norawank 200, 201, 202, 203
Odsun 128, 129, 189, 190
Oshakan 58, 206
Persien 29, 45, 55, 74, 78, 108, 130, 132, 175, 188, 211, 212, 229, 231, 237, 268 (s. Iran)
Rom 8, 22, 26, 27, 47, 48, 68, 74, 78, 96, 171, 178, 198
– Oströmisches Reich 54, 147, 214
– Römisches Reich 171
– Römisches Weltreich 41, 54
Saleph 171 (s. Calycadnus)

San Lazzaro 209
Şanliurfa 30, 132, 170 (s. Edessa, Urfa)
Sewan-Region 188
Sewan-See 9, 17, 69, 110, 111, 123, 127, 205 (s. Goktschai)
Siunik 140, 196 (s. Sjunik)
Sjunik 14, 123, 189, 195, 197, 198, 200, 201 (s. Siunik)
Smyrna 232, 246 (s. Izmir)
Sorazkar 14
Spitak 144
Tanahat 189, 195, 196
Tarsus 171, 173, 216, 263
Tatev 40, 67, 197, 198, 199, 200
Tiflis 132, 155, 191, 192, 193, 245
Tigris 23
Toprakkale 18
Trabzon 132, 241, 246
Tsitsernakaberd 240, 241, 262 (s. Dzjernagapert)
Turcomania 204 (s. Türkei)
Türkei 50, 136, 142, 212, 215, 216, 217, 219, 221, 222, 224, 225, 226, 227, 229, 230, 232, 233, 234, 237, 238, 239, 240, 241, 243, 244, 245, 246, 249, 250, 251, 252, 254, 260, 268 (s. Turcomania)
– Osttürkei 138, 268
– Südosttürkei 30, 132, 169, 268
Tušpa 18, 19
Urartu 17, 19, 21, 24, 50
Urfa 29, 170, 216, 226, 235, 236, 237, 239, 241 (s. Edessa, Şanliurfa)
Urmia-See 17, 20, 23, 156
Vagharshapat 72, 85, 92 (s. Etschmiadsin)
Van 18, 20, 132, 205, 230, 231, 241, 246
Van-See 17, 18, 113, 114, 156, 157, 158, 160, 162, 168, 254
Vaspurakan 8, 132, 156, 168

Quellenverzeichnis

Abeghian, Manuk: Der Armenische Volksglaube. Leipzig 1899.
Akkaya, Cigdem: Länderbericht Türkei. Darmstadt 1998.
Aram I. Katholikos d. Gr. H. v. Kilikien: Zum 90. Gedenkjahr. Antelias 2005.
Armenien Ausstellungskatalog Museum Bochum. 1995. 14, 117, 139, 277, 280, 297, 327
Bachmann, Walter: Kirchen und Moscheen in Armenien und Kurdistan. Berlin 1913.
Banse, Ewald: Auf den Spuren der Bagdadbahn, Weimar 1913. 83
Bartholomäus, Lore: In jedem Kreuz ein Lebensbaum. Köln. 18, 29, 38–41, 47, 216–217
Bauer-Manndorff, Elisabeth: Das frühe Armenien. Wien 1984.
Bitow, Andrej: Armenische Lektionen. Frankfurt 2002. 42–44
Bornkamm, Günther: Jesus von Nazareth. Stuttgart · Berlin · Köln · Mainz. 1977, 97, 101–102
Bostroem, Annemarie: Die Berge beweinen die Nacht meines Leides. Berlin 1983. 37, 63, 66, 149/150
Brentano, Clemens: Das arme Leben und bittere Leiden unseres Herrn Jesu Christi. Regensburg 1881. 358
Brentjes, Mnazakanjan, Stepanjan: Kunst des Mittelalters in Armenien. Berlin 1981.
Brentje, Burchard: Drei Jahrtausende Armenien. Leipzig 1973. 142
Brockelmann, Finck / Leipoldt, Littmann: Geschichte der christlichen Litteraturen des Orients. Leipzig 1909. 110
Burckhardt, Georg: Das Gilgamesch-Epos. Berlin 1964.
Canard, Berbérian: Aristakès de Lastivert – Récit des malheurs de la Nation Arménienne. Bruxelles 1973. 48, 91/92
Chudawerdyan, Konstantin / Sargsyan, Yeghishe: Armenien Land und Leute. Eriwan 2001.
DB Museum Ausstellungskatalog: Bagdad- und Hedjasbahn. Nürnberg 2003.
Dobédian, Patrick / Thierry, Jean-Michel: Armenische Kunst. Freiburg 1988.
Dink, Hrant: Von der Saat der Worte. Berlin 2008. 97, 107/108, 109–111, 114, 134
Drost-Abgarjan, Armenuhi / Goltz, Hermann: Unveröffentlichte Übersetzung der Etschmiadsin-Hymne
Eckart, Bruno: Meine Erlebnisse in Urfa. Potsdam 1922.
Dum-Tragut, Jasmine: Armenien entdecken. Berlin 2001.
Eid, Volker: DuMont Kunst-Reiseführer Ost-Türkei. Köln 1990. 213, 217, 220, 250/251
Eliade, Mircea: Ewige Bilder und Sinnbilder. Frankfurt 1998. 168
Evagrius Scholasticus: Kirchengeschichte, 2. Teilband. Turnhout 2007.
Evangelisches Gesangbuch für Bayern und Thüringen, 1994. Nr. 27, 30, 166, 421, 905
Faustus, M. / Lauer M.: Des Faustus von Byzanz Geschichte Armeniens. Köln 1879. 4, 7, 8, 9, 10, 11, 24, 25, 26, 40, 52, 53, 54, 59
Feigel, Uwe: Das Evangelische Deutschland und Armenien. Göttingen 1989.
Flavius, Josephus: Jüdische Altertümer. Wiesbaden 1985. 515
Freely, John: Türkei. München 1986.
Gabrieljan, Vazgen / Daniel Varuzhan: Jerewan. Jerewan 1978. 354/355
Gamber, Klaus / Nyssen, Wilhelm: Verweilen im Licht. Köln 1986.
Ganzhorn, Volkmar: Orientalische Teppiche. Köln 1998. 14
Gasparian, Gurgen: Komitas Vardapet. Yerevan 2009. 12, 17
Gelzer, Burckhardt: Des Stephanos von Taron armenische Geschichte. Leipzig 1907. 190, 195, 214
Giordano, Ralph: Rede zur 90. Wiederkehr des Völkermords an den Armeniern in der Frankfurter Paulskirche am 24. April 2005. 3, 16
Goltz, Hermann: Der gerettete Schatz der Armenier aus Kilikien. Wiesbaden 2000. 30, 79, 81, 82, 84, 87, 88, 110, 112
Goltz, Hermann: Liturgische Gesänge und Hymnen aus Armenien. Münster / Westf. 2005. 4
Gruber, Marianne / Müller, Manfred: Verschlossen mit dem silbernen Schlüssel. München 2000.
Gust, Wolfgang: Der Völkermord an den Armeniern 1915/16. Springe 2005. 14, 75/76, 78, 81, 90, 96, 99, 151, 171, 219, 355, 394/395, 398
Heiser, Lothar: Glaubenszeugnis der armenischen Kirche. Trier 1983. 34, 65, 100, 111/112, 189, 296, 302, 303/304
Heinz-Mohr, Gerd / Sommer, Volker: Die Rose. München 1988.
Herodotus: Historien. München 1958.
Hofmann, Tessa / Wolfensberger, Andreas: Armenien Stein um Stein. Bremen 2005.
Hofmann, Tessa: Annäherung an Armenien. München 2006.
Hofmann, Tessa: Die Nachtigall Tausendtriller. Armenische Volksmärchen. Berlin 1983.
Illert, Martin: Die Abgarlegende. Das Christusbild von Edessa. Turnhout 2007. 287
Iten-Maritz, J.: Der Anatolische Teppich. München 1975. 10
Ipşiroğlu, Mazhar Şevket: Die Kirche von Achtamar. Berlin 1963. 18, 23, 26
Kellner, Hans-Jörg: Urartu. München 1976.

Khalpakhchian, O.: Architectural ensembles of Armenia. Moscow 1980.
Khutschak, Nahapet: Hundertundein Hairen. Jerewan 1998.
Kieser, Hans-Lukas: Der Völkermord an den Armeniern und die Shoah. Zürich 2002.
Kieser, Hans-Lukas: Die Armenische Frage und die Schweiz. Zürich 1999.
Kreisler, Klaus: Kleines Türkei-Lexikon. München 1992.
Krikorian, Mesrob K.: Die Armenische Kirche. Frankfurt 2002. 42, 65, 163
Krikorian, Mesrob K.: Franz Werfel und Komitas. Frankfurt 1999. 77
Künzler, Jakob: Dein Volk ist mein Volk. Leipzig 1939.
Künzler, Jakob: Köbi der Lückenbüsser im Dienste des Lebens. Kassel 1953.
Latchinian, Adelheid: Sehnsucht ohne Ende. Berlin 2005. 154
Lauer, Max: Des Moses von Chorene Geschichte Gross-Armeniens. Regensburg 1869. 10, 19, 20, 21, 22, 26, 27, 43, 44, 49, 50, 51, 70, 88, 89, 90, 91, 92, 93
Lehmann-Haupt, Carl Friedrich: Armenien einst und jetzt. Hildesheim · Zürich · New York 1988. Band 1, Band 2.1, Band 2.2
Levin, Isidor: Armenische Märchen. Düsseldorf 1982.
Liman von Sanders, Otto: Fünf Jahre Türkei. Berlin 1920. 407/408
Lohmann, P. E.: Orientalisches. Frankfurt 1914. 22
Luther, Martin: Biblia von 1534, Nachdruck. Köln 2001.
Luther, Martin: Das Magnificat, verdeutscht und ausgelegt. Wittenberg 1521, digitalisierte Ausg. LB Coburg.
Luther, Martin: Die Bibel oder die ganze Heilige Schrift. Stuttgart 1912.
Luther, Martin: Der kleine Katechismus. München 1952. 10–13
Luther, Martin: Theolog. Realenzyklopädie. Band 6. 240, 241
Mailian, Anna: Begleitheft der CD »Treasures of Light. The Spirit of Armenia«.
Mandelstam, Ossip: Armenien, Armenien. Zürich 1994. 105
Mandelstam, Ossip: Die Reise nach Armenien. Frankfurt 1997. 100, 101, 102
Marr, Nicolas Yacovlevich: Ani, Rêve d'Arménie. Paris 2001.
Mauersberger, Rudolf: Trauermotette nach Klagelieder Jeremias. RMWV4/1
Mennekes, Friedhelm: Die Zittauer Bibel. Stuttgart 1998
Meyer, Enno/Berkian, Ara J.: Zwischen Rhein und Arax. Oldenburg 1988
Micheau, Françoise: Gott nahm die Empfindung aus ihren Herzen … In: Kreuzzüge aus arabischer Sicht, Welt und Umwelt der Bibel, 2003/3. 41

Minassian, Taline Ter/Trébor, Carole: Die Welt verstehen – Geschichte auf Arte – Armenien: Ein Volk, viele Geschichten? ARTE France, April 2006.
Moltke, Helmuth von: Unter dem Halbmond. Tübingen · Basel 1979.
Müller-Wiener, Wolfgang: Burgen der Kreuzritter. Berlin 1966.
Nansen, Fridtjof: Betrogenes Volk. Leipzig 1928. 272
Navarra, Fernand: Ich fand die Arche Noah. Frankfurt 1957.
Nersessian, V. N.: Armenian Sacred and Folk Music Komitas. Richmond Surrey 1998.
Nogales, Rafael de: Vier Jahre unter dem Halbmond. Tübingen · Basel 1979.
Novello, Adriano Alpago: Die Armenier, Stuttgart · Zürich 1996. 41, 52, 84, 85, 88, 120, 122, 123, 131
Oberhuber, Karl: Das Gilgamesch-Epos. Darmstadt 1977.
Parrot, Friedrich: Reise zum Ararat. Leipzig 1985.
Pehlivanian, Meliné: Armeni syn die menschen genant … Berlin 2000.
Pfriemer, Udo/Bedürftig, Friedemann: … daß zum Zwecke Wasser fließe. Berlin 2001.
Piotrowski, B. B.: Urartu. Berlin 1954.
Platt, Kristin / Dabag, Mihran: Generation und Gedächtnis. Opladen 1995. 98, 207, 208/209
Pleitgen, Fritz F.: Durch den wilden Kaukasus. Köln 2000.
Pohl, Manfred: Von Stambul nach Bagdad, München 1999.
Puschkin, Alexander S.: Dramen Märchen Aufsätze / Die Reise nach Arsrum. Berlin 1950. 350.
Renz, Alfred: Land um den Ararat. München 1988. 281
Rohrbach, Paul: Armenien. Stuttgart 1919. 28/29, 30, 34, 36, 37, 40, 41, 62, 69, 82, 83, 84, 118, 135, 138/138
Runciman, Steven: Geschichte der Kreuzzüge. München 1978.
Sanders, Liman von: Fünf Jahre Türkei. Berlin 1919, 407/408
Schmidt-Häuer, Christian: Wer am Leben blieb, wurde nackt gelassen. www.zeit.de, 23.03.2005. 7
Schmökel, Hartmut: Kulturgeschichte des alten Orient. Stuttgart 1961. 628
Schneider, Dux: DuMont Türkei. Köln 1987.
Schröder, Richard: Abschaffung der Religion. Berlin 2008. 202/203, 204, 205, 206
Schüssler-Fiorenza, Elisabeth: Zu ihrem Gedächtnis. Gütersloh 1993.
Seidel, Ernst: Mechitar's des Meisterarztes aus Her »Trost bei Fiebern«. Leipzig 1908. S. IV (Vorrede), 3, 49, 53
Sen, Faruk: Türkei. Darmstadt 1998.
Skerst, Hermann von: Der Gralstempel im Kaukasus. Stuttgart 1986, 79

Soulahian Kuyumjian, Rita: Archeology of Madness – Komitas. Princeton 2001.
Spuler, Berthold: Handbuch der Orientalistik. Leiden/Köln 1963.
Strzygowski, Josef: Die Baukunst der Armenier und Europa, Bd. I und II. Wien 1918. 239, 346, 455, 656
Stuttgarter Erklärungsbibel, Stuttgart 1992.
Tacitus, Cornelius: Sämtliche Werke. London 1935. 184
Tamcke, Martin: Christen in der islamischen Welt. München 2008.
Tamcke, Martin: »Dich, Ararat, vergesse ich nie!«. Berlin 2006.
Theologische Realenzyklopädie, Band 6. Berlin · New York. 240, 241
Thierry, Jean-Michel: Armenien im Mittelalter. Regensburg 2002. 169, 239, 251, 268
Thierry, Jean-Michel: Armenische Kunst. Freiburg 1988. 238/239
Tölle, Marianne: Anatolien: Schmelztiegel alter Kulturen. Amsterdam 1996.
Toynbee, Arnold Joseph: Die blutrünstige Tyrannei der Türken. London 1917.
Tumanjan, Howhannes: Das Taubenkloster. Berlin 1972. 48–49
Voss, Huberta von: Portrait einer Hoffnung. Berlin 2005. 44
Wagner, Moritz: Reise nach dem Ararat und dem Hochland Armenien. Stuttgart 1848. 35, 55, 56
Wartke, Ralf-Bernhard: Urartu, das Reich am Ararat. Mainz 1998. 40, 61
Werfel, Franz: Die vierzig Tage des Musa Dagh. Frankfurt 1990.
Winkler, Gabriele: Koriwns Biographie des Mesrop Mastoc. Rom 1994. 92, 100, 103, 107, 112/113, 114, 116–118
Wolf-Crome, Editha: Aufbruch nach Armenien. Berlin 1985. 99
Zeller, Dieter: Christus unter den Göttern. Stuttgart 1993.
Zink, Jörg: Das Neue Testament. Stuttgart 1965. 135, 205
Zink, Jörg: Tief ist der Brunnen der Vergangenheit. Stuttgart 1988. 74, 116

Abbildungsnachweis

Der Verlag hat sich bemüht, alle Rechteinhaber ausfindig zu machen. Sollten unbeabsichtigt Ansprüche übergangen worden sein, bittet der Verlag, diese nachträglich geltend zu machen.

Archäologisches Institut der Universität Göttingen, Sammlung der Gipsabgüsse, Foto: Stephan Eckardt 44
Armenien, Ausstellungskatalog, Museum Bochum 1995 14
Armenische Gemeinde RheinMain 114
Botschaft der Republik Armenien 248
Bostroem, Annemarie, Die Berge beweinen die Nacht meines Leides 155
Deutsche Bibelgesellschaft, © 1000-Bilder-Bibel, Stuttgart 27
Engelbrecht, Wilfried 166
Gallery of Modern Art Jerewan 234
Getty Images, Foto: Burak Kara 250
Goltz, Hermann, Der gerettete Schatz der Armenier aus Kilikien 171
Kinderkunstmuseum Jerewan 98, 228
Luther, Martin: Der kleine Katechismus 39
Matenadaran 37, 173, 174, 198
National Gallery London 215
Ramming-Leupold, Gisela 3, 15, 16, 18, 19, 21, 22, 25, 26, 28, 30, 31, 34, 36, 42, 45, 46, 47, 48, 49, 50, 51, 52, 53, 54, 55, 57, 61, 62, 63, 64, 66, 67, 70, 71, 72, 4, 81, 82, 84, 85, 86, 87, 89, 90, 92, 93, 94, 95, 97, 100, 101, 102, 103, 104, 105, 106, 107, 108, 109, 110, 115, 116, 119, 120, 121, 122, 124, 126, 127, 129, 135, 137, 140, 142, 143, 144, 145, 147, 148, 150, 152, 156, 158, 159, 161, 162, 164, 167, 169, 170, 183, 185, 186, 187, 192, 194, 196, 199, 201, 202, 203, 204, 207, 208, 211, 223, 240, 241, 247, 256, 257, 258, 259, 261, 262, 263, 264, 265, 270
Sammlung Gisela Ramming-Leupold 43, 59, 125, 141, 222, 266
Steiner, Elisabeth 139
Stoll, Richard 27
Stumptner, Dorothea 113
Tufenkian Carpetcenter Jerewan 205
Urach-Verlag, Kralstempel im Kaukasus 96
Wikipedia (lizenzfreie Bilddateien) 26, 131, 180, 181, 193, 215, 217, 224, 237, 238, 239, 242, 245, 255
Zingerle, Prof. Dr. Arnold 10

Zur Autorin

Gisela Ramming-Leupold, geb. 1943, betriebswirtschaftliche Ausbildung, Assistenz der Geschäftsleitung im väterlichen Großhandelsunternehmen.
Familienzeit als andauernde schöpferische Pause für autodidaktische Studien, Besuch theologischer Vorlesungen an der Universität Bayreuth.

Reisen, vorzugsweise in den Orient, erste Veröffentlichungen. 2001 Entdeckung Armeniens, Beginn 10-jähriger Recherchen. Dafür gezielte Besuche, auch der armenisch besiedelten Gebiete in Istanbul, Ostanatolien, im Libanon und im Iran.

Bibliografische Information der Deutschen Nationalbibliothek
Die Deutsche Nationalbibliothek registriert diese Publikation in der Deutschen Nationalbibliografie; detaillierte bibliografische Daten im Internet unter http://d-nb.de.

Alle Rechte vorbehalten.
Das Werk ist urheberrechtlich geschützt. Jede Verwertung außerhalb der Freigrenzen des Urheberrechts ist ohne Zustimmung des Verlages unzulässig und strafbar. Das gilt insbesondere für Vervielfältigungen, Übersetzungen, Mikroverfilmungen und die Einspeicherung und Verarbeitung in elektronischen Systemen.

2013
© mdv Mitteldeutscher Verlag GmbH, Halle (Saale)
www.mitteldeutscherverlag.de

Gesamtherstellung: Mitteldeutscher Verlag, Halle (Saale)
Umschlagabbildung: Gisela Ramming-Leupold

ISBN 978-3-95462-028-9

Printed in the EU